MW01119200

La batalla del calentamiento

Alfaguara es un sello editorial del Grupo Santillana

www. alfaguara.com

Argentina
Av. Leandro N. Alem, 720
C 1001 AAP Buenos Aires
Tel. (54 114) 119 50 00
Fax (54 114) 912 74 40

Bolivia
Avda. Arce, 2333
La Paz
Tel. (591 2) 44 11 22
Fax (591 2) 44 22 08

Chile
Dr. Aníbal Ariztía, 1444
Providencia
Santiago de Chile
Tel. (56 2) 384 30 00
Fax (56 2) 384 30 60

Colombia
Calle 80, 10-23
Bogotá
Tel. (57 1) 635 12 00
Fax (57 1) 236 93 82

Costa Rica
La Uruca
Del Edificio de Aviación Civil 200 m al Oeste
San José de Costa Rica
Tel. (506) 220 42 42 y 220 47 70
Fax (506) 220 13 20

Ecuador
Avda. Eloy Alfaro, 33-3470 y Avda. 6 de Diciembre
Quito
Tel. (593 2) 244 66 56 y 244 21 54
Fax (593 2) 244 87 91

El Salvador
Siemens, 51
Zona Industrial Santa Elena
Antiguo Cuscatlan - La Libertad
Tel. (503) 2 505 89 y 2 289 89 20
Fax (503) 2 278 60 66

España
Torrelaguna, 60
28043 Madrid
Tel. (34 91) 744 90 60
Fax (34 91) 744 92 24

Estados Unidos
2105 N.W. 86th Avenue
Doral, F.L. 33122
Tel. (1 305) 591 95 22 y 591 22 32
Fax (1 305) 591 91 45

Guatemala
7ª Avda. 11-11
Zona 9
Guatemala C.A.
Tel. (502) 24 29 43 00
Fax (502) 24 29 43 43

Honduras
Colonia Tepeyac Contigua a Banco Cuscatlan
Boulevard Juan Pablo, frente al Templo
Adventista 7º Día, Casa 1626
Tegucigalpa
Tel. (504) 239 98 84

México
Avda. Universidad, 767
Colonia del Valle
03100 México D.F.
Tel. (52 5) 554 20 75 30
Fax (52 5) 556 01 10 67

Panamá
Avda. Juan Pablo II, nº15. Apartado Postal
863199, zona 7. Urbanización Industrial
La Locería - Ciudad de Panamá
Tel. (507) 260 09 45

Paraguay
Avda. Venezuela, 276,
entre Mariscal López y España
Asunción
Tel./fax (595 21) 213 294 y 214 983

Perú
Avda. Primavera 2160
Surco
Lima 33
Tel. (51 1) 313 4000
Fax. (51 1) 313 4001

Puerto Rico
Avda. Roosevelt, 1506
Guaynabo 00968
Puerto Rico
Tel. (1 787) 781 98 00
Fax (1 787) 782 61 49

República Dominicana
Juan Sánchez Ramírez, 9
Gazcue
Santo Domingo R.D.
Tel. (1809) 682 13 82 y 221 08 70
Fax (1809) 689 10 22

Uruguay
Constitución, 1889
11800 Montevideo
Tel. (598 2) 402 73 42 y 402 72 71
Fax (598 2) 401 51 86

Venezuela
Avda. Rómulo Gallegos
Edificio Zulia, 1º - Sector Monte Cristo
Boleita Norte
Caracas
Tel. (58 212) 235 30 33
Fax (58 212) 239 10 51

La batalla del calentamiento

Marcelo Figueras

Av. Leandro N. Alem 720 (1001), Ciudad de Buenos Aires.
www.alfaguara.com.ar

ISBN-10: 987-04-0568-1
ISBN-13: 978-987-04-0568-9

Hecho el depósito que indica la ley 11.723
Impreso en la Argentina. *Printed in Argentina*
Primera edición: noviembre de 2006

Diseño: Proyecto de Enric Satué
Diseño de cubierta: Adriana Yoel
©Imagen de cubierta: Remedios Varo, "El juglar" (1956, Óleo y nácar incrustado sobre masonite, 91 x 22)

Figueras, Marcelo
La batalla del calentamiento - 1ª ed. - Buenos Aires: Aguilar, Altea, Taurus, Alfaguara, 2006.
544 p. ; 24x15 cm.

ISBN 987-04-0568-1

1. Narrativa Argentina-Novela. I. Título
CDD A863

Liber primus

I believe in love. I believe in anything.
LLOYD COLE, *Forest fire*

It's time the tale were told
Of how you took a child
And you made him old.
THE SMITHS, *Reel around the fountain*

En la batalla del calentamiento
había que ver la carga del jinete.
Canción popular infantil

I. Lupus in fabula

El hombre corría entre alerces y coihues, adentrándose en el bosque; el lobo iba detrás. Así vista la escena tenía lógica: se espera que la presa huya y que el predador se lance a perseguirla. Pero al segundo vistazo las inconsistencias se hacían evidentes. El lobo avanzaba con un trote amable, como si no tratase de morder talones sino de conservar la distancia. Y el hombre era enorme, el Kilimanjaro en movimiento. Semejante coloso podía defenderse a mano limpia, descabezando al lobo como quien arranca una manzana. Sin embargo persistía en la huida, porque lo amenazaba un peligro más insidioso que la muerte. El hombre temía haberse vuelto loco. Sólo un loco puede creerse acosado por un lobo que habla. Y el caso era aun peor, porque la bestia hablaba en latín.

"*Di nos quasi pilas homines habent*", dijo el animal a sus espaldas.

El gigante conocía esa frase; el lobo citaba a Plauto.

¿Una bestia versada en los clásicos? No sabía si reírse o llorar.

Tropezó con raíces, el suelo tembló a cada tumbo. Sus pulmones ardían como fraguas. Buscó un árbol al que encaramarse pero los pinos lo rechazaban, erizos de tierra firme. A tiempo distinguió un alerce que le ofrecía su estribo. En dos saltos estuvo arriba, donde el aire era más flaco.

El lobo se detuvo al pie del árbol. Era un macho gris, de pelambre jaspeada y ojos dorados como el día.

La rama que sostenía al gigante crujió bajo su peso. Decidió subir un poco más.

"*Quo vadis?*", quiso saber el lobo. Tenía voz de barítono.

El gigante vagaba por el bosque cuando la bestia lo sorprendió. ¿Qué hacía un lobo en aquellos parajes del sur? Se trataba de una aparición insólita: debía haberse escapado de un zoológico, o del coto de un coleccionista. Existía asimismo la posibilidad de que no fuese un lobo de verdad, sino tan sólo un perro con forma de lobo, ojos de lobo y colmillos de lobo. A fin de cuentas el gigante no era una autoridad en la materia, sólo había visto lobos en las ilustraciones de los libros de Jack London.

Enfrentado a ese *quid*, reaccionó como lo hubiese hecho cualquiera de toparse con un oso polar en el Caribe: registró el absurdo de la aparición y echó a correr, para garantizarse la posibilidad de sentir asombro hasta la llegada de una edad provecta.

Ya había salido disparado cuando oyó el saludo. *Pax tecum,* decía el lobo, *la paz esté contigo.* Como el gigante no se detuvo, la bestia emprendió su propia marcha. Mientras trotaba dijo que no le haría daño, había ido hasta allí para darle un mensaje. Pero sus aclaraciones no hicieron más que oscurecer el ánimo del gigante. Uno podía confundir *pax tecum* con un bostezo, se puede estornudar de tal forma que suene parecido a *pax tecum* ("*¡Paxtecum!*", exclama uno, y le responden: "*¡Salud!*"), pero no puede confundir una frase compleja con la contracción involuntaria y brusca del diafragma.

La idea de la locura no sonaba descabellada. El gigante ya era neurótico por naturaleza, en grado similar al de la mayoría de sus congéneres. (El nivel de neurosis entre los habitantes de Buenos Aires es elevado y sin embargo permanece dentro de límites normales; o al menos eso pretenden los psicoanalistas, en salvaguarda de su reputación.) Pero el pobre venía además de padecer una desgracia real, que lo había condenado a sufrir algo más grave que su *mal du temps.* Si hubiese existido un concurso para aspirantes a la depresión, lo habrían consagrado Estrella del Mañana.

No le quedaba otra esperanza que la de estar atravesando la fase inicial del colapso: quizás estuviese a tiempo de rechazarlo. Necesitaba encontrar un punto débil en la armadura de su delirio, una grieta que le permitiese reingresar al mundo de los sanos. El acento con que el lobo hablaba en latín, por ejemplo. Le sonaba familiar. Preguntó con resquemor, encaramado sobre ramas trémulas:

"¿Profesor Fatone?"

El lobo bajó el morro y produjo una gárgara. El gigante pensó que se había atragantado con una piña, pero enseguida entendió que eso era lo más parecido a una carcajada que podía salir de semejante garganta.

Consideró la posibilidad de estar sufriendo una alucinación. La ilusión era perfecta, veía al lobo hurgando entre las raíces con la misma precisión con que estas palabras se recortan sobre el blanco de la hoja. (Con la misma claridad con que lo vemos, lector, concentrado en las primeras páginas de este volumen.) Los espejismos tienen causas racionales, incluso fisiológicas: una falta de irrigación cerebral, por ejemplo; o un tumor. Esta última opción le pareció al gigante más ominosa que la locura.

¿Y si se trataba de un sueño? En el marco de una pesadilla, un lobo que hablaba latín con el acento de Fatone era una ocurrencia aceptable. Por cierto, nunca había soñado fantasmagoría más vívida. Le picaba la piel allí donde había rozado las agujas de los pinos. Gotas de sudor se deslizaban por el tobogán de su espalda. La rama que se le clavaba en el culo era más que una molestia: era el desembarco aliado en Normandía.

El gigante concedió al sueño el beneficio de la duda: dormido y todo se tienen las sensaciones más intensas. Pero el tufo del lobo le impidió seguir engañándose. Era un vaho agresivo, ajeno a su memoria sensorial, que no podía atribuir a otra cosa que no fuese la bestia. Recordaba haber temido en los sueños, y haber gritado y por ende oído; pero no recordaba haber olido aroma alguno. ¡Nadie huele nada durante un sueño!

Abrumado por la evidencia de su descalabro, el hombre pareció resignarse. Su mente se abocó a un recuerdo, el polvoriento edificio de la universidad, el aula fría y el profesor Fatone, que con el tiempo se había mimetizado con su entorno. El gigante penetró todavía más en su memoria, del mismo modo atropellado en que se había adentrado en el bosque. Pensaba en aquel vocabulario, *rebus*, *sic*, *timor reverentialis*, en las declinaciones, en la lectura de *Ars amandi*, en Ovidio, ¡aquellos versos procaces!, los argumentos con que San Agustín contradice a los escépticos... La frase se le escapó de los labios desde el ramaje más alto de su memoria:

"Credo quia absurdum", dijo. Era la forma en que San Agustín defendía su fe: *Creo porque es absurdo.*

"Ak", soltó el lobo con alivio. ¡Por fin empezaban a hablar!

II. Donde se transmite el mensaje que, ay, queda inconcluso

Desde su altura el gigante no veía más que el serrucho de los colmillos. Se preguntaba cuántas libras de carne habrían desgarrado en el tránsito hacia la adultez.

"Quis es?", atinó a decir en un latín entumecido.

El lobo se alzó sobre sus cuartos traseros, apoyando una pata sobre el tronco. Transmitía una extraña dignidad.

"Soy un mensajero", respondió la bestia. (Lo dijo en el idioma antiguo, pero es tiempo de ir más allá del galimatías).

"¿Mensajero? ¿Qué...? ¿De quién...? ¿Quién te envía?"

El lobo rascó la corteza con sus garras. Era su forma de guardar silencio.

Esa reticencia fastidió a al gigante. ¿Por qué callaba el lobo justo ahora? Volvió a sentir las raspaduras, la ropa pegada al cuerpo, el hormigueo en la pierna. La sumatoria de molestias le impuso el ridículo de su situación. ¿Qué hacía allí arriba, un colosal Humpty-Dumpty encajado en la copa del árbol? ¿Y por qué había aceptado dialogar con una Alicia salvaje y peluda, en contra de sus mejores instintos?

"¿Cómo es posible que hables?", preguntó, incurriendo en un error que el lobo dejó pasar. (Dijo *potet* cuando debió haber dicho *potest.*) "¡Los lobos no hablan!"

"Todo lo que necesitamos es un maestro muy paciente."

"¿Pero por qué en latín?"

"Es la lengua de nuestra Orden.

"¿Orden? ¿Qué Orden?"

La bestia fingió no haber oído. Pero el gigante sentía demasiada curiosidad.

"Dime, ¿quién te enseñó?"

El lobo volvió a clavar sus uñas en el árbol. Al instante encontró una respuesta adecuada, que callaba lo que no quería decir y a la vez lo devolvía a su cometido inicial:

"Mi amo." (La palabra que empleó fue *domine.*) "Aquel que me envió a darte el mensaje."

"¿Lo conozco?"
"¿Cómo puedo saberlo?"
"¿No dijiste que enseñaba latín?"
"Me enseñó a mí. Pero adoctrinar lobos es tan sólo una de sus tareas."
El gigante se convenció: Fatone le había preparado una elaborada venganza, a modo de pago por las bromas que perpetrara en su contra años atrás.
"¡Esto es cosa de Fatone!"
"¿Quién es Fatone?", preguntó el lobo, intrigado por el apellido recurrente. Pero el gigante no creyó en su inocencia, e insistió:
"¿Quién más podía saber que yo entiendo el idioma?"
"Mi amo sabe lo que necesita saber", dijo el lobo.
"Eso está por verse. A lo mejor se equivocó de persona", dijo el hombre. Estaba dispuesto a fingir ser otro, con tal de frustrar el cometido del bromista. "¿Cómo sabes que yo soy aquel a quien buscas?"
"Tu nombre es Teodoro Labat."
Teo sintió un vahído. En boca del lobo su apellido sonaba a condena. La-*bat:* una trampa que se cierra con chasquido metálico. Toda la voluntad que había reunido para engañar al lobo se disipó en un segundo. Ya no le quedaba energía para mentir, ni para mentirse. ¿Pero cómo había sabido Fatone que Teo iba a estar allí, en ese bosque, cuando el mismo Teo lo decidió sobre la marcha?
"Me agrada el latín", dijo el lobo. "Aun así, no quiero aprender otro idioma humano. Mi garganta no fue concebida para ciertos sonidos."
En efecto, labiales y sibilantes le demandaban un esfuerzo que producía dolor en sus mandíbulas y no siempre se coronaba con el éxito: si se descuidaba, *bonum* podía sonar como *gonum.* Y con las vocales no la tenía más fácil. Para pronunciar la *a* de forma clara, debía abrir la boca de una forma que le inducía bostezos.
"Tu amo está loco", dijo Teo. "¿Qué hombre va a quedarse quieto delante de un lobo, escuchando lo que tenga para decir?"
"Uno de tu tamaño, por ejemplo."
Teo se movió en lo alto, inquieto. ¿Lo estaban acusando de cobarde?
"Mi amo tiene un peculiar sentido del humor", dijo el lobo. "Me escogió para hablarte por una razón simple. El mensaje que traigo es de tal naturaleza, que no lo hubieses creído de labios de un hombre."
Era un buen argumento, pero Teo no quiso admitirlo.

"Si hubieses sido un hombre no habría sentido miedo", dijo refunfuñando.

"¿Le temes a un lobo más que a tu gente? No hay especie más dañina que la tuya en este mundo. Ya lo dijo Hobbes: el hombre es el lobo del hombre."

Teo soltó una risotada. Estaba dispuesto a suspender su incredulidad en favor de un lobo que habla (después de todo, había crecido oyendo las fábulas de Esopo), pero un lobo que había leído *Leviatán* le parecía un ultraje. Se lo imaginaba sentado sobre sus cuartos traseros, humedeciendo su pata con la lengua y pasando las páginas de un libro.

"Qué bicho más educado", dijo Teo, volviendo al español vernáculo. La risa le producía espasmos que entrecortaban sus frases. "En cualquier momento me habla de física cuántica... ¡O de arte abstracto!" Imitó la pronunciación gutural del lobo para decir: "¡Considero que Pollock es más elocuente que Warhol!".

Una carcajada lo dobló en dos. Las hojas temblaron, un centenar de verdes llamaradas.

El lobo reaccionó con furia, saltando hacia Teo y mordiendo el aire; sus dientes de pedernal produjeron chispas. Asustado, Teo subió todavía más. Los lobos carecían de sentido del humor, o por lo menos este ejemplar no lo tenía, *quod erat demonstrandum.*

"¡Necio!", protestó el animal. Después volvió a la posición natural del cuadrúpedo y sacudió la cabeza. El trato con los hombres lo exponía al cinismo, como le ocurrió a Diógenes, cuya célebre frase repetía a menudo. (En este caso, *cuanto más conozco a los hombres, más quiero a mi perro* tenía en boca del lobo un subtexto alimenticio inexistente en el original.)

"Vine a darte un mensaje. ¿Quieres oírlo o no?", preguntó con un ladrido.

Teo sentía deseos de negarse. Le ofendía su indefensión, desterrado a las alturas por la amenaza del *canis lupus.* Y en el fondo de su alma resentía el género literario al que la situación lo condenaba. Teo consideraba que ya había excedido los márgenes de la fábula. A pesar de que sus dimensiones físicas lo habilitaban como candidato para el género, y hasta para un cuento de hadas, Teo se consideraba un adulto normal, y por ende una criatura demasiado compleja para calificar como personaje de Lafontaine.

En las fábulas no hay hombres que arrastren fracasos amorosos, pensaba Teo.

En las fábulas los personajes aprenden algo y yo no aprendí nada, pensaba Teo.

En las fábulas los asesinos como yo no se salen con la suya, pensaba Teo.

Pero por otra parte se preguntaba: ¿qué podía perder? Si el lobo decía su texto era posible que se diese por satisfecho y se fuese de allí. Y además Teo se sentía intrigado. Alguien lo consideraba tan importante que le había enviado el más exótico de los mensajeros. ¿Existe algún ego que se resista a semejante anzuelo?

"Te escucho", dijo.

El lobo volvió a pararse en dos patas, apoyado contra el árbol.

"Hic, Haec, Hoc", dijo a modo de preparación. Las mandíbulas le dolían. A esa altura lamentaba haber aceptado la tarea. *"Hunc!"*

Carraspeó otra vez y arrancó con brío:

"Me complace anunciar que tus plegarias han sido atendidas. ¡Felicitaciones!"

"¿Plegarias? ¿Qué plegarias?"

"¿Niegas haber levantado la vista al cielo, pidiendo perdón por tus faltas?"

"¡Todo el mundo pide cosas al cielo!"

"Pero pediste con suma insistencia. Y además tu tamaño hace difícil que pases desapercibido. El sistema funciona con *bonus*, al igual que las compras: más compra uno, más puntos acumula y más posibilidades tiene de ganar. Otra vez, ¡felicitaciones! Nuestra Casa Central ya autorizó el pago del premio: una Orden de Redención, que te será entregada allí donde dispongas, una vez que hayas cumplido con tu penitencia."

En la boca abierta de Teo cabía un panal.

"Por cierto", prosiguió la bestia, habituada a este tipo de reacciones, "la empresa no se hace responsable por el mal uso de los bienes que entrega. E informa que el producto tiene validez por un año y medio, esto es quinientos cuarenta y siete días y fracción, de acuerdo al calendario romano. *Fugit inreparabile tempus!*"

"*Fugit?*", preguntó Teo, confundido.

"*Inreparabile*", subrayó el lobo. La vibración de cada consonante le producía dolor en las mandíbulas, como si masticase vidrio. Su frase siguiente sonó incomprensible, entre lo que quiso decir y lo que salió de sus labios mediaba un abismo.

"*Gúsica?*", repitió Teo.

El lobo quiso decir *música*, pero su boca adormecida volvió a pronunciar de la forma que ya había inducido al error.

"¡No entiendo!", dijo Teo, esta vez en español.

Furioso, el lobo desgarró la corteza del árbol.

"Un momento", dijo Teo y empezó a bajar. Si descendía, era probable que oyese mejor.

Las ramas inferiores rechinaron al recibir su peso.

El lobo estaba asustado ante la posibilidad del fracaso. ¡La ira de su amo sería infinita si volvía con la tarea a medio cumplir!

Teo probó otro escalón con el pie. Parecía seguro.

"Un segundito", reclamó.

La rama estalló debajo suyo.

Durante un instante estuvo suspendido en el aire, en el punto A de lo que podía definirse como una caída libre. Un momento después la gravedad hizo su parte. Sintió un dolor lacerante y soltó un grito. Las hojas le abofeteaban la cara. Su mano derecha hizo contacto con algo sólido, que aferró por puro instinto. Poco después se balanceaba cual orangután, colgando de la rama salvadora —el punto B.

"¿Se lastimó?", preguntaron.

"Hic, Haec, Hoc!", respondió Teo.

"¿Me oye?", insistió la voz. Ya no hablaba en latín ni sonaba a barítono.

Teo hizo pie sobre otra rama y miró hacia abajo.

Al pie del árbol, allí donde el lobo lo había acechado, había una mujer.

Tenía cabellos oscuros y recogidos sobre la nuca por una banda elástica; el sol les arrancaba destellos rojizos. Su piel era pálida, salpicada por unas tímidas pecas, y lo miraba con pupilas de un azul que ni las lágrimas ni el tiempo habían envilecido.

Teo nunca había estado encima de una mujer tan bella.

III. En el que se demuestra que la realidad siempre deja marcas

"¡Cuidado con el lobo!"

Las primeras palabras que Teo dijo a la mujer fueron insensatas. Su intención era loable, pero se arrepintió al segundo de escupirlas.

Aunque la bestia no estaba a la vista, no podía haberse ido muy lejos. Y si reaparecía Teo se vería obligado a retomar su caída en el punto en que la había frenado (esto es, en el Punto B) para salvar a la mujer de un ataque. De entre los dos males, optó por insistir con aquel que lo exponía al ridículo.

"Se lo digo en serio. Había un lobo, acá abajo. ¡Yo que usted me subo ya mismo!", sugirió, tendiéndole su mano libre a la distancia.

La mujer lo miró con expresión curiosa. Los hombres crecidos no trepan a los árboles, pensaba, con la excepción de los bomberos que rescatan gatos y del tío loco de *Amarcord*.[1] Pero por supuesto, existía la posibilidad de que fuese una nueva clase de maníaco sexual: el Sátiro del Arbol, por ejemplo, que se excitaba con el perfume de la trementina. O un deficiente mental, su alma de niño atrapada en el cuerpo de un adulto.

Durante un instante consideró la posibilidad de que fuese un enviado de su perseguidor. (Esta idea la angustiaba más allá de las palabras.) Pero la mujer tenía un pensamiento práctico y optó por no sacar conclusiones apresuradas. Procedería como si lidiase con un ser en uso de razón, aunque eso significase contrariar la evidencia. Se rascó una peca al costado de la nariz y con tono didáctico explicó:

"Acá no hay lobos. Estamos en la provincia de Río Negro, República Argentina. Los lobos viven en Yukón, o en Alaska: son bichos del hemisferio norte."

"Ya lo sé", protestó Teo. "¡Pero este no era un lobo común!"

El gigante se arrepintió por segunda vez. ¿Qué podía alegar ahora: que había sido abordado por un animal que trabajaba como co-

[1] La mujer se sorprendería poco después, al descubrir que el gigante se llamaba igual que el personaje de Fellini, o sea: Teo.

rreo? ¿Confesaría que la bestia, expresándose en un idioma clásico, había sido interrumpida en mitad de una revelación?

Un ruido distrajo a la alelada mujer. Caían gotas a sus pies.

Drip. Drip. Ahí abajo. *Drip.*

Se inclinó y tocó la mancha entre las raíces. Un líquido opaco; parecía lacre.

"Está lastimado", dijo la mujer.

Teo pensó que hablaba del lobo. ¿Lo habría golpeado alguna rama de las que se desprendieron?

La mujer elevó entonces un brazo, señalándolo (en realidad le enseñaba la roja yema de su dedo), y dijo:

"Sangra."

Teo sentía dolor en una pierna. Hasta entonces lo había creído consecuencia de la posición, estaba apoyado contra un nudo o saliente y eso cortaba el fluir de su sangre. Trató de ver allí atrás pero no pudo, se lo impedía el follaje. Se movió un poco, buscando un nuevo ángulo de visión. Las hojas se movieron con él. Dobló el cuello y al fin vio. Tenía clavada una rama en la cara trasera del muslo izquierdo, por debajo de la nalga: una cuña gruesa de la que salían ramas más delgadas y también llenas de hojas. Al descubrir la herida sintió que el dolor se multiplicaba por mil.

"¿Puede bajar?", preguntó la mujer.

Teo recordó que no estaba solo. Había una mujer, abajo. ¿Una mujer-lobo?

"¿Quiere que traiga una escalera?"

Teo dijo que no. La sangre chorreaba desde el extremo de su bota.

Bajó como pudo, arrastrando la rama y las hojas.

A medida que se aproximaba al suelo, la mujer se sorprendía más. Comprendió que se trataba de un coloso. (El Sátiro del Arbol tenía, en efecto, las dimensiones de un limonero.) Pero al ver de cerca su tamaño vio también su dolor, el pantalón roto y ensagrentado, su torpeza de oso herido, y se acercó para ayudarlo. Fue una ayuda emocional, ante todo; nunca hubiese soportado su peso verdadero. La mujer medía un metro setenta y era fuerte, pero no lo suficiente para sostener a un Atlas.

Una vez en tierra Teo descansó contra el árbol, sin atreverse a verla a los ojos. Su belleza lo perturbaba más que la elocuencia del lobo. La mujer vestía jeans y una camisa de franela verde demasiado grande, que se volvía suave y rellena a la altura de sus pechos. (Aun al borde de un shock, Teo percibió el detalle.) Emanaba una fragancia que el gigante no podía asociar con productos de moda; pensó, no sin sorpresa, que olía a algo dulce: una mujer comestible.

Ella retrocedió unos pasos. Teo estaba habituado a la reacción. Cuando la gente ve a alguien de enormes dimensiones se deja ganar por miedos primitivos, sólo piensa en el daño que ese corpachón podría infligir. No importa que se trate de un dinosaurio hervíboro; la vida social del braquiosaurio nunca fue más rica que la del Rex.

"Me perdí."

"¿Cómo dijo?", preguntó ella, todavía confundida por su presencia exorbitante.

"Dejé mi camioneta arriba. Bajé hasta el río Azul, crucé el puente colgante... ¡Parece sacado de Vietnam! Caminé un rato y cuando quise volver al puente, no lo encontré."

"Tiene que hacerse ver", dijo la mujer. "No parece grave, pero... ¿Se le clavó muy profundo?"

"¿Cómo puedo saberlo?"

Sin anuncio alguno la mujer se aproximó y pegó un tirón a la rama, que permaneció en su vaina. Teo soltó un grito, las hojas de su apéndice vegetal sonando a cascabel de furiosas serpientes.

"Ahora sabemos", dijo la mujer, ruborizándose. "Igual no es grave. Hay que extraer, frenar la hemorragia y desinfectar. Tal vez coser. ¿Puede manejar así?"

Teo no podría entrar en la camioneta en esas condiciones, a no ser que arrancase o recortase la rama a ras de la pierna. El comentario le nació sin esfuerzo:

"No sé si ver a un médico o a un jardinero."

"El puente está a medio kilómetro en esa dirección", dijo la mujer.

El gigante la miró un instante y al fin bufó. Había entendido bien el mensaje, ella le explicaba que no podía esperar más ayuda de su parte.

Una vida entera de rechazos le dio fuerzas para intentar lo imposible. (El resentimiento es un combustible poderoso, al igual que el petróleo: proporciona energía, aunque con consecuencias devastadoras para el ambiente.) Masculló un gracias no exento de sarcasmo y trató de ponerse en marcha. Cuando apoyó el pie izquierdo el dolor estalló en su cabeza; empezó a ver todo blanco, cegado por una luz química.

"¿Puede caminar?", oyó que ella decía.

"Una pierna es más que suficiente", respondió, y dio un saltito a modo de rúbrica. "Mil disculpas. Lamento no estar en condiciones de acompañarlo."

Teo siguió saltando sobre su pierna sana, llevándose la rama y con ella el verde penacho de las hojas. Era el pavo real más grande del mundo. La mujer se tapó la boca para esconder la sonrisa; ignoraba que Teo no podría haberla visto aunque quisiese. Se estaba cubriendo, todavía, cuando oyó el comentario en boca del gigante:

"Malefacere qui vult, numquam non causam invenit."

"¿Cómo dice?"

La mujer no entendía el latín. ¿Estaba fingiendo, o era verdad que lo ignoraba todo respecto del lobo?

"Es latín", dijo Teo, todavía en duda. "Significa: el que quiere hacer el mal, siempre encuentra justificación."

Como se sabía en falta, la mujer sintió el dardo. El insulto se cayó de su boca, floja por naturaleza:

"¿Por qué no se va a cagar un poco?"

"Lo haría con gusto. Pero no puedo entrar al baño con el vivero a cuestas."

La mujer no entendió por qué Teo avanzaba en una dirección opuesta a la del puente, que le había señalado con precisión. Asumió que había hecho bien al mostrarse reticente. El gigante le había mentido, no buscaba el puente, debía ser uno de ellos, ¡otro enviado de su verdugo! Era imperioso huir de allí, tenía que rescatar a Miranda y echarse a volar antes de que el coloso informase de su hallazgo.

Retrocedió hasta que su espalda chocó contra el alerce. Asustada por la intrusión, dio media vuelta y empujó al árbol como si pudiese apartarlo. (Era de esas mujeres que se saben capaces de mover montañas.) Entonces vio las marcas. Una serie de tajos verticales sobre la corteza. Pensó que alguien había atacado el árbol con un diminuto rastrillo. Todavía había virutas prendidas de cada muesca. Los cortes estaban húmedos.

Embarcado en su ciega marcha, Teo se sorprendió al oír la voz femenina.

"Si le dije que no puedo acompañarlo, es porque no puedo", dijo la mujer. Sonaba a sus espaldas, bien distante. "Yo tengo una vida, aunque no lo crea. ¡No voy a largar todo porque a usted se le ocurrió jugar a Tarzán!"

"Yo me arreglo, no se preocupe." *(Salto, salto.)* "Vaya, vuelva a lo suyo." *(Salto.)* "¡A ver si se le quema el guiso!"

"¡El puente es para allá!"

Teo ni se molestó en registrar la indicación. Todo lo que veía era blanco.

"¡Ya lo sé, no soy ciego!", protestó, mientras insistía en la dirección errónea.

Rezaba para que la mujer se fuese. Entonces se echaría al suelo y descansaría hasta recuperar la visión, aferrado al último jirón de su dignidad. Porfiado como buen gigante *(videbimus infra*, capítulo LXIV), prefería el error a rogar por ayuda. Y en su ceguera se dirigía a una hondonada que anunciaba la pendiente hacia el río.

"¿Qué pasó con el lobo?", oyó que la mujer le decía. "Vi las marcas en el árbol. ¡Usted tenía razón!"

"Esto es Río Negro, República Argentina. ¡Acá no hay lobos!", dijo Teo y siguió su marcha.

La mujer no podía creer tanta necedad. Su boca se zafó otra vez: "Tan grandote y tan boludo."

"Y eso que todavía no me vio desnudo."

"¡Se va a caer!"

"Lindo título para mi biografía. *Tan grandote y tan...* "

El pie de Teo encontró la hondonada. Se fue de bruces y rodó sobre su cuerpo, sintiendo cuchilladas en la pierna herida; gritó ante cada una.

Así se esfumó del horizonte de la mujer, que sin embargo siguió viendo la rama: aparecía y desaparecía en cada giro, era como si el bosque se hubiese echado a andar.

La mujer corrió barranca abajo. Encontró a Teo tumbado sobre el vientre, los brazos abiertos en cruz y la rama elevándose al cielo; si se quedaba quieto durante un tiempo, los pájaros harían nido entre sus hojas.

Los labios del gigante, húmedos de saliva y sudor y pegoteados con tierra, se abrieron en un estertor.

"*Acta est fabula*", musitó. Citaba las palabras que pronunció Augusto antes de morir: *El espectáculo ha terminado.*

Después se desmayó.

IV. Extra Extra Extra Large

Teodoro Labat Barreiros nació un mediodía de enero de 1956. Ya en la ocasión sorprendió a los médicos, que no lo esperaban hasta abril, y también a las enfermeras: sus dimensiones excedían la capacidad de básculas y cunas. En un mundo que lo mide todo, Teo fue desde el inicio lo que las etiquetas llamarían *XXXL:* Extra Extra Extra Large.

A los veinte años medía 2,26 metros (como el jugador de basket Yao Ming) y pesaba 129 kilos. Tenía un cuerpo proporcionado, con un torso esculpido por las pesas del gimnasio: los hombros de Teo podían sostener al mundo. Pero siempre observó desproporción respecto de sus congéneres, que a edades iguales nunca pesaban ni medían lo que él. Los nudillos de Teo parecían pelotas de golf. En sus manos las guitarras se veían como violines.

Nacido por cesárea (su madre era una mujer de 1,68; para expulsarlo por las vías normales hubiese debido tener la dilatación de una yegua), Teo usaba pañales geriátricos a los ocho meses. Al año caminaba, como la mayoría, pero produciendo efectos inusuales. Los objetos sufrían cruel destino al oponerse a su peso: así volteó un televisor, por ejemplo, e hizo que una mesa rompiese la cristalería que la separaba del patio.

Los perros enloquecían en su presencia. Cuando Teo bebé se les aproximaba, tambaleando sobre pies que calzaban zapatillas de niño, se echaban a ladrar como poseídos y de no ser contenidos a tiempo, no dudaban en morderlo. (La fobia que Teo adulto siente por los perros tiene origen en la experiencia, y resignifica la carrera para huir del lobo.) Los cánidos perciben la incongruencia entre un cuerpo vasto y un comportamiento infantil, que les parece *contra natura* y los empuja al frenesí. La seriedad de este axioma puede ser probada con facilidad, soltando un perro vacunado en presencia del dinosaurio Barney, Ronald McDonald o los Teletubbies.

El mundo está esculpido en otra dimensión. Para el gigante era lo que un salón de fiestas infantiles es para cualquier adulto: un sitio lleno de sillitas, mesitas, vasitos y jueguitos en los que quedarse atorado o en su defecto romper al intentar usarlos.

Teo niño perdía en la escondida, alguna parte de su cuerpo asomaba siempre. No podía jugar al rango, porque nadie soportaba su peso ni era capaz de saltar por encima de su cuerpo: se estrellaban como gallinas contra el alambrado. Hasta la plaza le quedó vedada, después del incidente que le valió una demanda a su madre. (Cuando estaban de humor, los empleados del juzgado identificaban el expediente como *El Estado vs. El Niño-Bala.*) Por fortuna el municipio no pudo probar que la hamaca estaba en condiciones y debió hacerse cargo de las cuentas del hospital: el jardinero a quien Teo volteó en su aterrizaje se recuperó por completo.

Cuando se lo apartó de las plazas no protestó. Detestaba que los demás niños lo mirasen como si fuese un hombre crecido, o algo más siniestro, cada vez que hacía fila para subirse a una calesita. Sus dimensiones lo habían forzado a vestir ropas de adulto desde muy pequeño, condenándolo a una temprana seriedad.

Ese tamaño lo ponía a salvo de la violencia de sus coetáneos, pero no lo protegía de las burlas. Todavía podía recordar los apodos que le endilgaban, en especial los que más dolían: Magilla Gorilla (a cuento de sus hombros y de sus brazos, que tanto contrastaban con sus piernas flacas), el Cacho, Demarchi (siendo la marca de unos placares famosos), Moby Dick, Ararat (por el monte, pero ante todo por un luchador de catch), Zodape (por *pedazo*, al invertir el orden de las sílabas), Mostro (por *monstruo*), Ultramán, Mostachol (en alusión a su precoz bigote), Tantor y La Momia, en honor a otro luchador de catch que se movía con lentitud y torpeza —y que como Teo carecía de los genes que facilitan las relaciones sociales.

Tampoco tuvo suerte en los deportes. Era demasiado grande para una raqueta convencional, demasiado lento para el basket, demasiado violento para el rugby (en el que conoció breve fama, hasta que produjo fracturas expuestas en dos *players*), demasiado ancho para los andariveles de las piscinas y demasiado pesado para patinar sobre hielo. Prometía excelencia en algunas disciplinas olímpicas (halterofilia, lanzamiento de bala) pero en otras era impresentable: llegaba último en las carreras abiertas, a cuyo término tenía dificultades para frenar, lo cual lo volvía inadecuado para el decatlón. Teo rompía garrochas como si fuesen agujas de tejer.

Pero así como le enseñó que era diferente, y que de esa excepción se derivan pena y aislamiento, la experiencia le mostró además las ventajas de la diversidad.

Ser grande tenía sus encantos. En la imposibilidad de obtener una bicicleta para adultos con rueditas laterales, a los seis años su madre le consiguió un triciclo de panadero que lo convirtió en figura adorada. Sus compañeros se peleaban para que los llevase en la caja del pan, mientras Teo pedaleaba en el improvisado *rickshaw* por el precio de una sonrisa amiga.

Cada vez que la división se enfrentaba a otra en gresca callejera, Teo era ungido su Aquiles.

Cada vez que sus compañeros querían una revista de desnudos, dejaba de afeitarse y acudía a comprarla.

Cada vez que un examen prometía devastar el aula, Teo se convertía en el campeón del pueblo. Las primeras veces utilizó métodos brutales, como despegar la puerta del aula de sus goznes y dejarla apoyada contra el marco. Los maestros entraban como si nada y eran arrastrados por la puerta en su caída. El ridículo diluía entonces las fuentes de su poder, tornando imposible que los alumnos obedeciesen la orden de sacar una hoja y tomar nota de las preguntas.

Pronto descubrió que la fuerza era innecesaria. Ante cada emergencia, sus compañeros lo señalaban como delegado. Teo se aproximaba al maestro, inclinando sobre el escritorio su estatura de golem, y apoyando los nudillos sobre la madera exponía su "petición". Cuando alguien tiene el tamaño de Teo, resulta difícil decirle que no.

Fue el primero en sentir penas de amor. En consecuencia, fue el primero en emborracharse. (Nadie le pedía documentos cuando compraba alcohol.) Y poco más tarde sería el primero en perder la virginidad. Su exploración de los territorios de la adultez entrañaría un precio que todavía no había terminado de pagar. Tan precoz fue para algunas cosas, que a muchas otras llegaría de forma tardía. Era el único entre sus compañeros que todavía no se había casado ni tenía hijos —y que tampoco sabía, a ciencia cierta, qué quería hacer el resto de su vida.

Un universo que critica a nuestro cuerpo con insistencia (en la forma de banderolas que atacan nuestras cabezas, sillas que no resisten nuestro peso, ropas que nunca dan la talla, taxis que nunca frenan y peatones que se cruzan de vereda) moldea una personalidad como masilla, volviéndola hosca o cuanto menos hipersensible. El rinoceronte sobrevive gracias a su piel acorazada; la naturaleza sabe lo que hace. Sin embargo Teo, una excepción a los promedios de la genética, se vio obligado a vivir en otra selva con la sola protección de su delgada piel. A veces piensa que lo despellejaron tanto que el planeta entero está alfombrado por sus jirones.

Con sus diminutos escalones, sus pasillos asfixiantes y sus mínimos vehículos, con sus techos bajos y con la horca caudina de sus puertas, el mundo entero es para Teo un monumento a su inadecuación.

No existe nada más cruel y mezquino que un mundo Extra Small.

V. La leyenda de la onda expansiva

Hay un incidente en el origen de Teo que su madre conserva en secreto. El asunto la asombra y averguenza todavía hoy, pero aun así la mujer lo atesora. Nunca encontró otra explicación para la desmesura de su hijo.

Tanto el padre como la madre de Teo eran personas de estatura normal. Ninguno tenía parientes que superasen el metro ochenta. Descartadas las leyes de la herencia, la madre creía que el tamaño de Teo se debía a la experiencia de su concepción. A los veintiún años, la mujer perdió la virginidad en el asiento trasero de un Fiat y engendró a Teo en el mismo acto.

(Que algo como Teo haya sido concebido dentro de un diminuto Fiat es una paradoja. Que el vehículo tenga además un nombre tomado del latín, y que ese *fiat* exprese un mandato de resonancias bíblicas, no puede ser otra cosa que una señal.)

El padre de Teo condujo aquella noche hasta un barrio que encontró desierto. Se detuvo en una calle por completo vacía: no había transeúntes a la vista, ni negocios abiertos, ni vehículos estacionados.

Comenzaron a amarse, y en la inminencia del climax la mujer sintió que el mundo entero temblaba. Cerró los ojos y gritó con pasión. Le pareció comprender por qué el sexo era una actividad furtiva, que la sociedad perseguía y castigaba. Ante un placer tan arrasador, ¿quién querría dedicarse a otra cosa, pudiendo amar el día entero?

Al deshacer el abrazo constataron que el amor había sido aun más intenso de lo que imaginaban. Dos de los cristales del Fiat se habían rajado. El aire estaba lleno de un humo espeso. Descendieron para comprobar que el auto se había desplazado de lugar, quedando cruzado en mitad de la calle. No intercambiaron más palabras que las imprescindibles; la dimensión de lo ocurrido era inefable.

A medianoche ella oyó por radio de la demolición de un edificio. Cuando dijeron su emplazamiento, comprendió que el Fiat se había estacionado a dos cuadras de la explosión programada. Entendió el porqué de la calle desierta, del temblor y del humo.

Tres semanas después descubrió su embarazo.

Teo nació a los seis meses y pocos días. Ya pesaba más de cinco kilos y entraba a duras penas en la incubadora. Una de las enfermeras explicó su esfuerzo: era como meter un cerdo dentro de una pecera.

Su madre buscó durante años la repetición de aquel clímax que sacudió su mundo con fuerza de terremoto. Terminó perdiendo interés en el sexo.

En secreto piensa todavía que la explosión alteró la estructura molecular de su hijo. Aunque no se atreva a decirlo por temor al escarnio, la mujer cree que Teo es hijo de una Santísima Trinidad: su Padre, su Madre y la Onda Expansiva.

VI. Donde Teo acaba hospedado en Finnegan's

La casa de la mujer también olía a dulce. (Todavía mosqueado con ella, que lo había rescatado bajo protesta, Teo se dijo que la bruja de *Hansel y Gretel* debía oler de la misma forma.) Se cocían frutas en ollas profundas: grosellas, frutillas, sauco. En un cuarto cuenco la mujer esterilizaba instrumentos de metal. Teo lo ignoraba, pero la bruma de humedad microscópica era una constante de la cabaña, consecuencia de los hervores permanentes.

La mujer se aprestaba a realizar la curación, mezclando elementos de primeros auxilios con otros de su caja de herramientas. Los desplegó sobre la mesa: pinzas, alcohol, vendas, una pequeña sierra, aguja e hilo quirúrgicos; una mezcla perturbadora.

Debilitado por la pérdida de sangre, Teo se sentía más próximo a la comprensión. (Cuando se saben fuertes, los hombres son implacables.) La desconfianza de la mujer le sonaba razonable a la luz de los hechos: el enorme desconocido en las alturas del árbol, la historia del lobo, la camioneta extraviada de una forma que apestaba a imprudencia... o a mentira.

Pero lo que lo acuciaba no era la reticencia de su salvadora, sino lo que precedió a su irrupción. Si el lobo había sido una alucinación o un sueño, ¿por qué veía a la mujer con la misma nitidez? Le picaban las manos, como en el sueño. Todavía le dolían los raspones que lo habían hecho sufrir durante la alucinación. Si consideraba por un instante la posibilidad de que lo vivido hubiese sido real... Pero no, eso era imposible. Allí no había lobos. Los lobos no hablaban en latín ni en ningún otro idioma. Nadie le había explicado el sistema de los *bonus*, ni le había dicho que rezar mucho acumula puntos. Tenía que tratarse de una fantasía producida por su mente atribulada. ¿De qué otra forma podía saber el lobo que Teo buscaba redención?

"El pantalón se arruinó. Voy a tener que cortarlo más", dijo la mujer mientras despegaba la tela de la herida.

El gigante se preguntó cuánta gente viviría en esa casa saturada de vapor y perfumes azucarados. No había visto mucho durante su agónica llegada con la mujer como bastón. Apenas alcanzó a apreciar la construcción de dos plantas en pura madera, la ausencia de buzones de correo, las cortinas que velaban cada ventana.

Al llegar a la cocina la mujer le ofreció la única silla, sobre la que Teo sólo pudo apoyar su nalga derecha. De inmediato buscó señales de una presencia masculina. Allí no las había, pero la cocina suele ser un bastión femenino y por ende la evidencia no era concluyente. Todo se veía ordenado y limpio, con primor de mujer. Agarraderas con voladitos. Flores por doquier. Velas aromáticas de vivos colores. Hasta los dibujos le gustaron. Estaban pegados por todas partes. Llenos de estrellas y formas geométricas. La mujer debía ser medio artista, tenía todo el tipo, ¿qué mejor forma de explicar la locura de vivir en la montaña?

Teo registraba cada exhibición de femineidad con creciente alegría. Cuando se puso de pie a pedido de la mujer, lo hizo impulsado por la esperanza de que no hubiese hombres en ese universo. (Al erguirse Teo, la cocina se achicó.) En posición de firme, trasuntando una dignidad desmentida por la rama que acarreaba, parecía responder a una conscripción para ocupar el sitial del hombre de la casa.

La mujer recurrió a la tijera, interrumpiendo la ensoñación que Teo alimentaba a pura testosterona. El gigante oyó el *snip snip* y sintió las hojas frías a centímetros de sus nalgas. Esto lo puso nervioso. Cualquier hombre tiembla ante una mujer que esgrime aceros tan cerca de sus partes.

"Estoy de vacaciones", dijo Teo, compelido a explicar sus actos. "Hace más de veinte años que no venía por acá. Mi madre me traía seguido. Viajábamos en un Fitito, los mil y pico de kilómetros. *(Snip, snip.)* Yo soy de Buenos Aires. Viví en Flores toda la vida. Bah, entre Flores y Caballito. ¿Siempre vivió acá?" *(Snip, snip.)* "Es precioso este lugar. ¿La cabaña es suya o la alquila?" *(Snip, snip.)* "Había un lugar por acá que me encantaba, cuando era chico. ¡Pero no lo encontré!"

"Ni lo va a encontrar."

"No sin un mapa, está visto."

"Los mapas son útiles para ubicarnos en el espacio", dijo la mujer, mientras retiraba la cuarta olla del fuego y se preparaba para emular a Androcles. "Pero no existen mapas que ayuden a moverse en el tiempo. Y uno es feliz en el tiempo, no en el espacio. Aunque encontrase el lugar nunca podría encontrar aquel tiempo, que es irrecuperable. Menos mal que es así, dentro de todo. ¡Si fuese posible viajar en el tiempo, la mayor parte de la gente regresaría a su infancia, o su adolescencia!"

Teo, que estaba habituado a que las mujeres lo hicieran sentir imbécil, colocó a su salvadora en un sitial de honor: había sido la más rápida de todas en lograrlo. Al hablar de trivialidades y ser refutado por un pensamiento filosófico la mujer agregó un nuevo baldón a su ignominia. (No olvides, lector, que el gigante está de pie con medio culo al aire y una frondosa rama injertada en su carne.) Se prometió dejar de balbucear. Se juró comportarse como un adulto inteligente.

"¿Tiene dada la antitetánica?", preguntó ella.

"Sí. No. Depende. Si me la dieron de chiquito, ¿sirve todavía?"

Por toda respuesta la mujer recurrió a la sierra. Teo transpiraba a mares. ¿O era la humedad que las ollas desprendían en forma de nube?

Apenas la sierra raspó la rama Teo dio un respingo. Sentía cada diente metálico, tirando y desgarrando, como si la madera se hubiese convertido en una extensión de su anatomía.

"¿Duele?"

Teo buscó un eufemismo que disimulara su debilidad, pero la mujer no esperó y cortó con ganas. Teo ahogó un grito; le fallaron las rodillas, recurrió a la mesa como sostén.

"Si se mueve le va a doler más."

"¡No lo hice a propósito!"

"Lo único que me faltaba. ¡Un gigante maricón!"[2]

Teo advirtió que alguien más lo observaba. En el umbral de la cocina había una niña: guardapolvo celeste de preescolar, salpicaduras de témpera, una colorida mochila en la espalda. Una de sus manos, la izquierda, estaba pegada a su oreja como quien sostiene una caracola para oírla sonar; la niña prestaba oídos a una radio portátil.

Al verla Teo creyó que la mujer había mentido, que en verdad existían los mapas que permitían moverse en el tiempo, era obvio que ella poseía un ejemplar: acababa de usarlo para volver al pasado, recuperando la dimensión de sus cinco años. Sin embargo las diferencias saltaron enseguida a la luz. La niña tenía ojos del mismo azul y pecas similares pero era rubia, con el pelo partido al medio y atado en dos trenzas.

---

[2] Esta historia transcurre en el año 1984 ACP (Antes de la Corrección Política).

Teo temió que se espantase y que empezara a gritar. (Temió que huyese a la foresta, donde aguardaba el lobo.) Imaginaba su visión: el gigante manchado de sangre, su barba y sus pelos llenos de hojitas, la rama que brota de su pierna. En cualquier momento concluiría que su casa había sido invadida por habitantes del bosque profundo y se daría a la fuga.

Pero la niña veía la escena de otra forma, porque no se alteró. Apagó la radio, que era una Spica, y la metió en el deformado bolsillo de su guardapolvo. A pesar de que compartía con su madre el color de los ojos (con el añadido, quizás, de un tinte violeta), su mirada era distinta. Allí había curiosidad, un apetito indómito; a diferencia de la mujer, la niña no desconfiaba ni sentía miedo.

El gigante trató de no hacer movimientos bruscos, o por lo menos más bruscos que una sonrisa, y le dijo:

"Hola. Yo soy Teo."

La niña no respondió. Lo estaba mirando de arriba abajo, y eso tomaba su tiempo.

"He looks like Bran the Blessed!", dijo al fin en perfecto inglés.

"Uncanny, isn't it?", respondió la mujer.

"¿Quién es Bran... no sé cuánto?", preguntó Teo.

La niña abrió la boca para responder, pero se contuvo. Por el rabillo del ojo, Teo percibió que la mujer le pedía silencio con un gesto. Ya que no podía contestar, la pequeña decidió formularle una pregunta:

"¿Sabías que Mozart tenía oído absoluto?"

Teo se sorprendió. Observó la reacción de la mujer, tratando de calibrar la propia. Sierra en mano, la mujer sonreía a la pequeña como si hubiese ganado un premio.

La niña seguía mirando a Teo; parecía esperar una respuesta. El gigante ignoraba la virtud de Mozart, pero no tenía ganas de admitirlo. Optó por el contraataque:

"¿Sabías que todas las cosas de este universo, desde las piedras hasta los gatos y hasta el aire mismo, están hechas de átomos?"

"*No way*", dijo la niña, incrédula.

"Hablá en español", le ordenó la mujer.

La niña decidió redoblar su aporte:

"¿Sabías que la mayor parte de los pájaros canta en La mayor?"

Teo se encogió de hombros. Era su turno:

"¿Sabías que los átomos duran muchísimo, y que se reciclan cuando uno muere, y que por eso es posible que haya en tu cuerpo un átomo de Mozart?"

La niña se tomó la cara con las manos, fascinada por el dato.

"¿Es cierto eso?", preguntó la mujer.

"¡A lo mejor tengo un átomo de John!", exclamó la niña, exultante, y citó de memoria: *"I am he as you are he as you are me and we are all together!"*[3]

"Ojo, los átomos necesitan décadas para redistribuirse", dijo Teo. "Así que todavía no podés contar con Lennon. ¡Vas a tener que conformarte con Mozart!"

La niña se adentró en la cocina y volvió a interrogar a Teo, entusiasmada.

"¿Y vos sabías que, que, que cuando tocás la cuerda de un violín parece que suena una nota sola, pero también suenan un montooooón de notitas más, que se llaman *armónicos?"*

Teo buscó en derredor algún signo que justificara la manía musical de la niña, pero no vio nada significativo: ni discos, ni otra radio más allá de la Spica, ni instrumentos. Todavía intrigado, decidió ganar tiempo con otra pregunta:

"¿Sabías que cada cosa en este universo está cargada de energía? ¿Y que un hombre tiene la energía potencial de treinta bombas de hidrógeno?"

La niña parecía encantada con el intercambio. Soltó una risita que sonó como dos gotas sobre un estanque (Teo no lo supo, pero cada gota se correspondía con una nota musical: Re, Do) y le devolvió la pelota:

"¿Sabías que dos sonidos se pueden anular el uno al otro, haciendo silencio?"

Aunque estaba cada vez más sorprendido por los conocimientos de la niña, ¡y por su elocuencia al articularlos!, Teo no quiso darse por vencido:

"¿Sabías que la pólvora se fabrica con salitre, azufre y carbón?"

El dato fastidió a la mujer, que hasta entonces había disfrutado del certamen de saberes. Lo de las treinta bombas vaya y pase, pero ¿qué clase de hombre le hablaría de pólvora a una niña?

---

[3] "Yo soy él como tú eres él como tú eres yo y nosotros somos todos juntos", dice el primer verso de *Yo soy la morsa.*

"¿Sabías que John y Paul perdieron a sus mamás?", dijo la pequeña, elevando una octava el tono de su voz.

"¿Sabías que mezclando nitroglicerina con aserrín se obtiene explosivo plástico?"

"Esas no son cosas para hablar con un chico", terció la mujer.

Pero la niña desoyó el comentario y formuló a Teo una nueva pregunta:

"¿Sabías que, que, que todos los nenitos del mundo se llaman entre sí con las mismas tres notas: Sol, Mi y La?"

Teo suspiró. ¡Esta chica no pensaba detenerse! Buscando definir el match, el gigante replicó con todos los cañones:

"¿Sabías que la fórmula de la relatividad es e por masa al cuadrado?"

Teo supuso que eso daría por cerrado el intercambio. Pero la niña se encogió de hombros y lanzó al aire un dato que suponía tan arcano como el de la fórmula:

"¿Sabías que la señora Pachelbel odia a toooodos los chicos del mundo?"

"Ya basta", intervino la mujer. "¡Vos andá a merendar y dejame curar al señor!"

La niña obedeció. Pero Teo no respetaría el parate que acababan de imponerle. ¿Cómo podía saber la mujer que Teo era de los que odian perder, de los que convierten cualquier banalidad en una competencia? La niña se había quedado con la última palabra; eso era algo que el gigante no estaba preparado para tolerar, y por eso dijo:

"¿Sabías que los mejores conductores de la elec...?"

Nunca llegó al final de la pregunta. La mujer pegó un tirón y extrajo la rama.

Teo cayó de rodillas con un alarido. Al segundo la mujer estaba a su lado, en cuclillas, echando agua oxigenada en el hueco de la herida.

"Es menos profunda de lo que pensaba. Pero igual le va a quedar un pozo", dijo con frialdad clínica.

Teo enhebró insultos en todos los idiomas (incluyendo el latín), pero la presencia de la niña lo inhibió de expresarlos.

"¿Estás bien, mi amor?"

El gigante estaba a punto de responder una guarrada cuando advirtió que la mujer le hablaba a la niña. La pequeña dijo que sí, pero su mirada se había nublado.

"Teo se va a curar", aclaró la mujer. "Todo lo que tiene es un tajo profundo." Rescató una gasa de la lata con su pinza esterilizada, embebiéndola en merthiolate.

"¿Oíste? ¡Te vas a poner bien!", dijo la niña a Teo, otra vez luminosa.

La mujer apoyó una mano en la espalda de Teo y lo empujó para que se pusiera en cuatro patas.

"Va a doler", le dijo. "Quiero desinfectar lo más adentro que pueda, para evitar sorpresas."

Sin esperar consentimiento, la mujer metió la gasa hasta lo más hondo del tajo.

Teo soportó en silencio. Los ojos se le llenaron de lágrimas.

"Ponga la mano acá. Sostenga la gasa. Es un segundo."

Teo obedeció, despojado de voluntad propia.

La niña, que había adoptado la misma posición que Teo, gateó hasta colocarse a su lado; eran como un tigre y un gato, parecidos en sus líneas pero pertenecientes a órdenes distintos de la Creación. Después apoyó su mano sobre la mano con que Teo sostenía la gasa. El gigante quiso rechazarla, la sangre era impura, transmitía enfermedades y ella era tan sólo una niña en medio del bosque. Pero no se animó a ofenderla, y además los deditos estaban frescos; eran un bálsamo para su ardor.

"Ya va a pasar", dijo ella, consolándolo. "Dice Pat que nada duele para siempre. Que, que, que aunque no lo puedas ver, la herida cicatriza todo el tiempo. ¡Hay que saber esperar!"

"Dejame, gorda", dijo la mujer. "Andá a tomar la leche, dale."

"Teo va a estar bien."

"Ya lo sé."

"¿Por qué no lo invitamos a comer?"

Sonó entonces un silencio que a Teo se le antojó eterno. Estaba convencido de que su salvadora no le extendería semejante gentileza. En efecto, la mujer se mordía los labios en busca de una excusa que sonara convincente.

"No alcanzan las sillas", dijo al fin.

"Podemos usar esta, la de la cocina", rebatió la niña de inmediato.

Era obvio que estaba convencida de la propiedad de su idea.

"Pat dice que hay que estar atento a lo que la gente necesita", dijo a Teo, prosiguiendo la conversación-en-cuatro-patas. "Y vos estás muy necesitado. Necesita-*dísimo*. ¡Perdiste un montón de sangre! Tenés que comer algo. No para crecer, porque ya no te hace falta (*aquí intercaló otra risita en dos notas, esta vez Sol y La*), pero sí para curarte rápido."

Luego de lo cual se levantó, dirigiéndose a la heladera. Abrió la puerta y empezó a listar sus contenidos:

"Tengo leche. Yogur. Mermeladas. Jamón cocido. Pickles. Pan lactal. Manteca. Queso de rallar y ya rallado, y también... ¿Cómo se llama el queso que huele a muerto?"

"Camembert."

"...Tengo jugo de tomate, o salsa de tomate. Tengo huevos, las yemas con azúcar sin ri-*quísimas*, masticás y el azúcar hace ruidito, *crunch crunch*. Tengo huesos para el puchero..."

La lista siguió, decidida a volverse exhaustiva.

Teo bajó la voz para preguntar a la madre sin que la niña oyese:

"¿Quién es Pat?"

"Tengo coliflor. Tengo aceitunas rellenas de anchoas, asquero-*sísimas*, amargas, *yuk!*"

"Yo soy Pat", dijo la mujer, confesando su identidad con esfuerzo visible. Pero la confesión pareció aliviarla; había un color más brillante en su voz cuando agregó: "Patricia. Me llamo Patricia Finnegan. Y ella es mi hija, Miranda Finnegan."

"No me la imaginé casada, y mucho menos con hijos."

"No estoy casada. No hay ningún señor Finnegan."

"Pero la nena debe tener un padre."

"El padre no existe", replicó Pat.

Teo demoría mucho tiempo, todavía, en comprender que una frase categórica podía tener un corazón ambiguo.

VII. La batalla del calentamiento

Todo ser humano, hasta el más solitario, es moldeado por otros. La influencia original proviene de nuestros padres, los primeros *otros* de la vida. Somos llamados al mundo sin tener voz ni voto en la convocatoria, ni posibilidad de escoger al par progenitor, ni de optar por tiempo o lugar. (La democracia es un fenómeno posterior al de la vida: *ex post facto*.) Por vía de la genética y de sus combinatorias recibimos un cuerpo equis (*x* que puede ser *X* o bien *XXX*, como ya hemos visto), con rasgos que nos cuentan en pinceladas como a un personaje de novela: el color de los cabellos o la ausencia de ellos, la estatura, las narices, el acné, los huesos (la verdad está en los tobillos), el albur de los dientes. Algunos de esos rasgos parecen bendiciones, otros maldiciones. Por regla general no sabemos qué hacer con unos ni con otros.

Una vez que la masilla obtuvo su forma padres y tutores le imprimirán otras marcas, más sutiles pero también definitorias. Lo que dará identidad al personaje será a partir de ahora el amor recibido o la falta de él, su carácter (o la falta de él), sus deseos más hondos y la forma en que los persigue —o en que los sabotea.

Este racimo de características se expresa en las historias con el disfraz de dos elementos. El primero es el arma del héroe: su honda y su Excalibur, sus poderes mágicos o su ingenio, aquello que le da la posibilidad de imponerse en la aventura. El segundo elemento, el yang que complementa el yin, es su debilidad, su talón de Aquiles (la verdad está en los tobillos), es decir aquello a lo que debe sobreponerse para triunfar... o lo que determinará su caída. Durante siglos se interpretó la experiencia de la especie a la luz de esa dicotomía: ¿qué pesa más en el final, nuestra debilidad o el talento con que esgrimimos nuestras armas?

Imaginemos que al nacer recibimos unas notas musicales a modo de don. (Algunos preferirían pensar en un código matemático, o en una secuencia de números, letras y símbolos; pero eso es la música, también, cuando se la traslada al papel.) Estas notas nos llegan estructuradas como una melodía simple. Alguna gente se limita a repetir esta melodía de forma obsesiva a lo largo de su vida, no variando nada más allá de su toque: a veces ligero, ensoñado; a veces bestial y percusivo. Otros, en cambio, se permiten jugar con esas notas, dejan de sacralizarlas y les encuentran variaciones inventivas o cuanto menos personales. Algunos iluminados van más allá y las multiplican, desdoblan e invierten, ponen a prueba los límites del tiempo y terminan construyendo una catedral sonora: algo imprevisible. Convierten la información recibida, la melodía madre, en belleza. Y esa belleza los sobrevive y sigue sonando sobre la Tierra, dando sentido a las melodías de los otros.

¿Qué ocurriría si pudiésemos oír al mismo tiempo las melodías de todos los habitantes de este mundo? Al comienzo sería ensordecedor, puro caos, el sonido del universo en sus primeros instantes de vida. (Algo parecido a la orquesta de *A Day in the Life.*) Pero pronto el oído se habituaría a masa y volumen y comenzaría a discernir en busca de un sentido, identificaría melodías y *tempos*, percibiría contrapuntos y disonancias. Y lo más importante: entendería la forma en que las melodías dialogan entre sí y se modifican al hacerlo. Porque existen quienes aseguran que la gente no puede cambiar, que la melodía original es inalterable como el caracol de la huella en la yema de los dedos. Es un error predecible, causado por la decisión de aislar la melodía del contexto en que suena; oyen la *performance* individual e ignoran la sinfonía.

Esa noche en la cabaña Teo estaba dispuesto a insinuar su melodía, en la esperanza de que Pat hiciese sonar la propia. Durante la cena (Pat tenía razón respecto de las sillas: en el comedor había sólo dos, pero Miranda había hecho bien al considerar la silla extra de la cocina) Teo interpretó los pasajes de la partitura que mejor le salían: fue atento con Miranda y supo jugar sus juegos, se mostró solícito a la hora de tender el mantel (aunque dado que convalescía, le prohibieron moverse), se exhibió curioso por la vida de las Finnegan (qué hacían para vivir, a qué escuela iba Miranda), habló bien de su propia familia y de sus amigos y respondió cada pregunta con sinceridad.

Pero Pat mantuvo un obstinado silencio. Todo lo que Teo logró entender de su historia le fue proporcionado por Miranda, con módicas aclaraciones a cargo de la madre. Pat fabricaba dulces para la señora Pachelbel, esa que odiaba a todos los niños por igual y que tenía un negocio en el pueblo. Vivían allí desde hacía dos años. (Teo se sorprendió; la sobriedad espartana de la cabaña le había sugerido que acababan de instalarse.) El invierno, convinieron ambas, era más duro de lo que habían imaginado. Miranda iba al preescolar por las tardes. Le gustaba su escuela, aunque había un chico que la tenía a mal traer. En la casa no había televisión porque a Pat no le gustaba. Y eso era todo.

Sobre el final de la cena Teo comprendió que aunque virtuosa, su interpretación no había producido en Pat ecos ni respuestas; había sonado en el vacío. Su Salvadora Reacia también era remisa como Intérprete Musical: no había hecho más que marcar el tiempo con platos y cubiertos, o abriendo y cerrando canillas y alacenas.

"¿Siempre fuiste así, gran-*dísimo*?", preguntó Miranda, que bebía yemas batidas con azúcar.

"Al mes y pico de nacer las tetas de mi mamá ya no daban abasto", respondió el gigante. "Empezaron con la mamadera, pero calentar de a seis era complicado: la primera estaba bien pero las otras se arrebataban y yo rompía vidrios a los gritos. Tuvieron que fabricar una mamadera con un botellón. Que al final me quedó chico, también. Entonces calentaban la leche en una olla, ¡y me daban a chupar de una manguera!"

Miranda se echó a reír. Teo ya lo había percibido, cada estallido de la niña producía un eco en la cara de Pat, ella también sonreía sin siquiera darse cuenta. Se preguntó si esa distensión no sería una puerta abierta y aprovechó la oportunidad:

"¿Se puede saber quién es ese Bran No-Sé-Qué al que me parezco, o sigue siendo secreto de Estado?"

La niña miró a su madre en busca de aprobación. Pat bajó la vista un instante, pero al fin asintió.

"¡Bran era un gigante!", dijo Miranda. "Pero no de verdad como vos. ¡Un gigante de cuento! Le decían *Bran the Blessed*, el Bendito Bran, porque era un gigante bueno. Tenía muuuuuchos tesoros mágicos. El más importante era el Caldero de las Curaciones. *The Cauldron of Healing!* Bran protegía las islas, las defendía contra los invasores. Al final lo hirieron con, con, con una flecha envenenada en el pie..."

"Como a Aquiles."

"...msé, y antes de morirse pidió que le cortaran la cabeza y que la enterraran debajo de la *White Tower*, de la Torre Blanca, ¡eso está en Londres!, porque mientras siguiese enterrada ahí las islas iban a estar a salvo."

"Cosas que mi madre me contaba", dijo Pat, disculpándose por el morbo de la historia.

Teo estaba a punto de preguntar sobre esa madre, pero Miranda le ganó de mano.

"¿Y tus papás también son tamaño baño?", quiso saber.

"Para nada. Mi mamá es como tu mamá, unos centímetros menos. Y mi papá también era normal."

"¿Por qué dijiste *era*? ¿Se murió?"

"Antes de que yo naciera. En un accidente."

"*You're kidding me.* ¡...Mi papá también!", dijo Miranda, exultante. A pesar de lo terrible de los hechos, parecía fascinada por la coincidencia.

Teo miró entonces a Pat, estudiando su reacción. La mujer echó la silla hacia atrás y empezó a levantar la mesa. Fue una nota disonante; Teo supo que había algo oculto detrás de la historia del padre muerto. Pero por el momento no sabría más, puesto que Pat volvió a concentrarse en marcar su tiempo, ascética, minimalista.

Esa reticencia no logró más que avivar el apetito de Teo. Descubrió que quería saberlo todo sobre Patricia *Pat* Finnegan, la composición de su familia, las anécdotas escolares, sus historias amorosas, los sueños, la experiencia de la maternidad, los planes a futuro, pero también sus colores favoritos y la música que disfrutaba y sus hobbies y el perfume de su preferencia, como si el alma de Pat fuese reductible a la suma de esos datos y el saberlo todo fuese igual a comprenderlo todo.

Mientras tanto no le quedó otra que conformarse con lo poco que estaba en evidencia. Que Patricia *Pat* Finnegan era una mujer de treinta o casi treinta, inteligente, articulada y atractiva de una forma que al gigante le resultaba dolorosa. Que era una buena madre, o por lo menos una madre que sostenía con su hija una relación de encantadora complicidad. Y que su habilidad a la hora de curar sugería un saber superior al convencional. Cuando Teo le preguntó si era médica, Pat dijo que no. Y a continuación le obsequió una sonrisa de Gioconda. (Las frases taxativas y a la vez ambiguas eran su *forte*.)

Podemos decirle, lector, cosas que Teo no sabía aún.

Pat no tenía perfumes favoritos. Tenía un jabón favorito.

Pat creía que las novelas eran una pérdida de tiempo. (A menudo estamos tentados de acordar con ella.)

Pat no odiaba la televisión en sí misma. Odiaba algo que podía llegar a mostrarle.

Y sin embargo ahora que sabe estas cosas no está más cerca de conocer a Pat de lo que Teo estaba aquella noche. Las cosas que Pat elegía callar eran las más reveladoras, las que se hubiese ocultado a sí misma de poder olvidar a voluntad; y eran por ende la caja negra de su comando, el dispositivo que hubiese explicado el por qué del accidente una vez rescatado de las ruinas. Sin embargo el accidente no existe para usted, no todavía. Está condenado a enfrentarse a las acciones de Pat sin códigos secretos ni cajas negras. En la ausencia de semejantes documentos, sus actos parecerán caprichosos primero y enloquecidos después.

Como estaba impedido de usar la escalera, Teo recibió una dote de frazadas y dominio plenipotenciario sobre el sofá del living. Se tendió sobre su costado sano y se tapó hasta el cuello; aun en febrero las noches seguían siendo frías.

En la penumbra que el resplandor lunar disolvía apenas, Teo fue testigo de un hecho singular. Cuando el concierto de crujidos se apagó en el piso superior, Teo oyó que Pat y Miranda cantaban una canción. Era una canción que registraba desde su infancia, *La batalla del calentamiento*, un juego musical para favorecer la entrada en calor.

En la batalla del calentamiento
había que ver la carga del jinete.
¡Jinete, a la carga! Una mano…

La melodía y los versos vuelven a empezar. Pero a la mano que se sacude se le suma otra, después un pie, después el otro, la cola, la cabeza, los brazos… Antes de que acabe la lista de partes corporales los cantantes habrán comenzado a transpirar, y es así como la canción gana la batalla anunciada en el título.

Teo la oyó interpretada a dos voces, tumbado en el sofá, debajo de una capa tectónica de frazadas. La voz de Pat sonaba opaca, pero la de Miranda llovía como miel a través de los listones del techo. Madre e hija revisitaban la batalla en armonía, y a medida que sumaban partes a la canción se movían con mayor frenesí, hasta que el techo tembló y las lámparas negras bailaron; el jinete se había materializado en el dormitorio de la niña y emprendido su carga.

¿Por qué será que ciertas músicas tienen la habilidad de conjurar emociones? ¿Se trata de un poder de naturaleza matemática, o cuanto menos física: una progresión de notas o acordes que franquea las puertas del alma como un *ábrete sésamo?* ¿Será que los hombres vinculan músicas a lugares y circunstancias, de modo que la simple audición los regresa a aquellos momentos con vividez, como si tripulasen una Máquina del Tiempo? (Pero en ese caso, ¿por qué los emocionan músicas que oyen por vez primera, o músicas que provienen de otras culturas?) ¿O será más bien, como se insinuó, que determinadas melodías evocan *nuestras* melodías personales y hablan por ende nuestro idioma secreto?

La emoción tomó a Teo por sorpresa. La melodía de la canción es alegre y contagiosa, su partitura no esconde trucos melodramáticos que inviten a la melancolía. Y sin embargo a poco de empezada (el proceso de calentamiento involucraba las manos, apenas), Teo se deslizó hacia las zonas sensibles de su vida sin siquiera darse cuenta. Pensó en el padre que jamás había tenido y en la lejanía de su madre. Pensó en el amor de su familia y en los desprecios que el mundo le había prodigado. Pensó (no, no pensó: sintió) que iba a enfermarse si seguía viviendo sin amar y ser amado. Se dejó atravesar por el recuerdo de la desgracia que le agriaba la vida (otra vez el calor de la explosión, como si estuviese allí) y hasta pensó en el hijo que no tenía y quizás nunca tuviese. Con la vida desplegada delante de sus ojos, se preguntó cómo podía existir algo tan triste y tan dichoso al mismo tiempo.

Se desembarazó de las frazadas y trató de sentarse. Estaba sofocándose. Debía ser la fiebre. Los vidrios de las ventanas se habían empañado. En el piso de arriba las cabezas se habían sumado a la batalla. Si tenía fiebre de verdad convenía que se abrigase, pero en cambio Teo se quitó la camisa y hundió la cara en ella.

Nadie vio nunca a un gigante bailando. La naturaleza es sabia, no hace nada sin un porqué. Debe ser ella, también, y enhorabuena, la que nos preserva del espectáculo de un gigante que llora.

VIII. Aquí se sugiere una opción sensata contra el insomnio

No podía dormir. La herida dolía. Ya no soportaba estar tumbado sobre su lado derecho. Había probado levantarse, pero el piso de la cabaña crujía como las casas de los cuentos de fantasmas (cuando uno pesa 135 kilos, el mundo entero gime bajo sus pies) y no quería despertar a las mujeres.

Pensaba en el lobo todo el tiempo. (Es decir, todo el tiempo que no dedicaba a pensar en Pat.) A esa altura estaba convencido de que se había tratado de una alucinación, vívida, sí, pero insustancial. Se había perdido en el bosque, eso estaba claro. Entre su desorientación, el aire enrarecido de la foresta y el cansancio, había acabado marchando como un sonámbulo y soñando despierto con algunas de sus obsesiones: la carrera de Filosofía, que había abandonado; su amor por los libros (y por añadidura su amor por los géneros literarios, como la fábula); y la obsesión que lo consumía, esa redención que buscaba sin mapas ni brújulas. Cuanto más lo pensaba, la alucinación le parecía cada vez más deliberada, como si hubiese sido confeccionada a medida por un sastre: ¡no podía ser sino un producto de su propia mente!

Sin embargo subsistía una duda, que lo molestaba aun cuando sabía que en cuestión de horas regresaría a su camioneta y se iría del lugar; su sentido de la responsabilidad lo azuzaba como un par de espuelas. ¿Podría alejarse sin más sabiendo que Pat y Miranda se quedarían allí solas, en mitad del bosque y sin protección? Estaba claro que Pat se valía por sí misma, era una mujer decidida y llena de recursos. ¿Pero qué ocurriría cuando la niña saliese a jugar a la intemperie? ¿Era recomendable que siguiese haciéndolo cuando existía una posibilidad, por absurda que fuese, de que una bestia salvaje vagase por aquellos dominios?

Un ruido —algo que no era un crujido— apartó a Teo de su ensoñación: el sonido de un cuerpo que se desplaza. Pensó en ratones. Le sorprendió descubrir a Pat en la escalera, bajando de puntillas, descalza y en pijamas. Una vez abajo cruzó el living, caminando con esos movimientos de dibujo animado que inventa la gente cuando se pretende silenciosa. Teo la vio perderse en la cocina, donde produjo nuevos sonidos: un cajón que se abre y cierra, la puerta de la heladera, algo que se destapa. Al instante reapareció en el living con una botella de agua tónica en la mano. Se pegó un susto al ver a Teo sentado en el sofá, con el torso desnudo. Agitó la botella, sobresaltada: la tónica brotó a chorros.

Teo se tapó la boca para no reír.

Pat se secó la mano en el pijama.

"No podía dormir", susurró.

"Yo tampoco. Tengo mucho calor."

"Esta casa conserva bien la temperatura, hasta en lo peor del invierno. Pero puede ser la fiebre."

Pat le tocó la frente. Su mano estaba pegajosa.

"No, fiebre no tenés."

"Miranda es un encanto", dijo Teo, sabiendo que halagaba a un público cautivo. "Y habla con tanta corrección... ¡parece un enano! ¿Cómo es que sabe tantas cosas?"

"Tiene un apetito de conocimientos que contrasta con su apetito real. ¡Come como un pajarito!"

La mujer rescató dos vasos de la alacena. Después volvió a la cocina, todavía moviéndose como Olive Oyl, la novia de Popeye. A pesar de la fachada del pijama gastado, su figura exhibía las redondeces que Teo apreciaba.

"¿Y cómo es que sabés tanto de explosivos?", preguntó a su regreso, mientras retorcía una cubetera.

Teo se encogió de hombros. El tema lo disgustaba.

"Soy ingeniero. Me especializo en demoliciones. Los explosivos son cosa de todos los días."

"Un hombre acostumbrado al peligro", dijo Pat. Los hielos tintinearon al caer dentro del vaso. Teo sospechó que se estaba burlando.

"No es peligroso si uno toma precauciones."

"¿Nunca tuviste un accidente?"

Teo se quedó en silencio mientras Pat servía la bebida. Deseó que Miranda se despertase entonces, para que lo salvase de las preguntas tal como había salvado a su madre durante la cena.

"Una vez", confesó.

Pat chocó la copa y se sentó a su lado, cruzando las piernas. Parecía tener todo el tiempo del mundo.

"¿Te lastimaste?"

"¿Yo? No."

"Y para hacer esas cosas, ¿no hace falta tener una habilitación especial? Quiero decir, aparte del título de ingeniero."

"Digamos que no cualquiera puede andar comprando gelinita. Hace falta que te concedan un permiso, en especial si sos civil."

"Y vos sos civil."

"E invicto en la materia. ¡Ni siquiera hice el servicio militar!"

Teo bebió medio vaso de un solo trago. Pat volvió a llenarlo.

"¿Y qué hace un *demolition man* vagando por estas partes? No me digas que turismo, porque no te creo."

El gigante suspiró. Tenía miedo de decir la verdad, una verdad que no le había contado a nadie, ni siquiera a su madre y mucho menos a sus amigos. Pero por debajo del tono amistoso de Pat había algo más grave que la curiosidad. En la penumbra sus pupilas se veían negro verdosas, piedras de basalto. Teo sintió que la conversación se había transformado en un interrogatorio.

"Estoy desocupado por primera vez en años", dijo, ganando tiempo con un nuevo trago. "Ya hice todos los llamados que podía hacer y envié copias de mi currículum. Me quedaban dos opciones: sentarme en casa mientras espero que alguien me convoque, o tratar de distraerme. No sé por qué me vino a la cabeza este lugar. Cuando era chico... en términos de edad, al menos... mi madre y yo veníamos acá todos los veranos. Casi dos mil kilómetros adentro de un Fitito, comiendo salchichas crudas y mortadela y parando sólo para ir al baño. ¡Llegaba con el estómago hecho mierda, pero el lugar me encantaba! Me acuerdo de los lagos y del agua verde esmeralda y de las frutillas que levantábamos del suelo... La postal turística, ya lo sé. Pero me acuerdo de otra cosa, también. En esos veraneos, lejos de casa y del colegio y de la gente que me torturaba a diario... en este paisaje de montañas y de árboles altísimos y de ríos de deshielo, que parecía diseñado a mi medida... sentí por vez primera la intuición de lo posible. El mejor de los futuros estaba a mi alcance. ¡Todo podía ser! Claro, después se hacía la hora de volver a Buenos Aires y... Ya sé, ya me lo dijiste: no hay mapas que le digan a uno cómo volver en el tiempo. Pero no entiendo por qué el corazón sigue diciéndome que sí se puede, que debemos porfiar e intentarlo contra toda lógica. ...Supongo que venir acá fue una locura. Debe ser la crisis de los treinta, que se presentó con anticipación. Para ser sincero, no sé muy bien qué hacer con mi vida."

"Nadie lo sabe", dijo Pat, con una voz que transpiraba una calidez nueva. "La gente hace planes imitando viajes ajenos: quieren el éxito, el dinero, la adoración, porque otras vidas les sugirieron que ese es el camino. Pero no hay dos caminos iguales, porque no hay dos personas iguales. El éxito de aquel puede ser mi condena. El dinero que aquel disfruta puede ser mi perdición. ¿Cuántas personas tienen valor para ignorar las tentaciones del mundo y plantearse de verdad, a fondo, qué es lo que quieren hacer de sus vidas? No te castigues por haber venido. Quién te dice, a lo mejor terminás encontrando respuestas acá a la vuelta. ¡Mirá si el lobo era una señal!"

Teo le disparó una mirada oscura, no le gustaba que se burlase de él. Pero no pudo sostenerla. Pat era demasiado bella y los hombres dejan que las mujeres bellas hagan con ellos lo que a nadie más permiten. (A excepción de sus madres, por supuesto.)

"¿Y vos qué hacés acá?", preguntó Teo. "¿Es esto lo que elegiste, de verdad? La vida hippie, dibujando, fabricando dulces..."

"En parte", respondió Pat, y rescató el paquete de cigarrillos de la mesita del living. Teo no lo sabía aún, pero Pat fumaba sólo cuando estaba nerviosa. "Digamos que acá no tengo distracciones. Trabajo con la tierra, disfruto de mi casa, me dedico a la nena. No necesito más."

"¿No necesitás amor?"

"Tengo a Miranda."

"Amor adulto, para no decir sexo que queda feo."

"Mi lema es claro: masturbación o dependencia."

Teo escupió en el vaso el hielo con que acababa de atragantarse.

"Hay muchas cosas sobrevaloradas en este mundo", dijo Pat, divertida por la reacción. "El dinero es la primera. El amor romántico le sigue detrás, a pocos pasos."

"Y después viene Proust", dijo Teo.

"¿El piloto de Fórmula Uno?"

"Ese es Prost. Dije Proust. El de *En busca del tiempo perdido.*"

"¡Esto del tiempo es una obsesión! ¿Querés un cigarrillo?"

Teo era un fumador ocasional, pero no pensaba desperdiciar esa oportunidad de tocar la mano de Pat.

"Otra cosa sobrevalorada", dijo al exhalar su primera nube, "es el chocolate."

"Y el papel higiénico. Habiendo agua..."

"¿Y Sinatra? Es bueno, pero Dean Martin..."

"Odio la radio. No me gustan las voces que no tienen cuerpo."

"¿Y no volviste a enamorarte? Digo, después de tu marido."

Pat llenó sus pulmones de humo. Cuando clavó los ojos en Teo, tenía la misma mirada desconfiada del comienzo.

"No me provoques, hombrecito", dijo, escondiéndose detrás de la bruma gris. "No soy un placard en el que andar hurgando. No vas a aprender nada esencial sobre mí haciendo preguntas."

"Puede que tengas razón. Pero puede que no. Vos me interrogaste y mis respuestas modificaron tu actitud. Hasta hace dos minutos eras una arpía. Ahora sos una esfinge, por lo menos."

"Es lógico que cambie. Acabo de descubrir tu verdadero tamaño. ¡Vos también estás sobrevaluado!"

"Hay partes mías que valen lo que pesan."

"Oj. La inevitable broma sobre el tamaño del pene. A ver, dejame ver."

"¿...No te cansaste de jugar al doctor?"

"All play but no game!"

"¿Qué querés decir?"

"Que hablás mucho pero no hacés nada. Te dije que eras un hombrecito. ¿Me la vas a mostrar o no?"

Teo volvió a tragar, aunque con dificultad; se le había secado la boca. ¿Hablaba en serio Pat, o estaba viviendo una nueva alucinación?

"Te propongo algo", dijo ella, y dejó caer el cigarrillo dentro de la botella de tónica, donde se extinguió con un siseo.

A Teo se le erizaron los pelitos de la nuca. Se aferró al cigarrillo como si pensara usarlo para defenderse.

"Habida cuenta de que ninguno de los dos puede dormir... y en virtud del tiempo que llevo sin un orgasmo que no sea autoinducido... te propongo un trato. Un arreglo entre iguales. Entre adultos. Cojamos. Acá. Ahora", dijo Pat, aproximándose a Teo, que reculó sin suerte. "A no ser que yo no te guste."

"No es eso."

"No me importa si sos casado o si tenés novia. ¿Tenés novia?"

"No."

"Hablo de sexo, no de romance. Tomalo como un servicio sanitario. Una visita en la cárcel."

Teo pensó que el símil era adecuado. Estaba atrapado entre Pat, las frazadas y los almohadones, e imposibilitado de darse a la fuga por culpa de su herida.

"Hacé de cuenta que se trata de un pago por servicios prestados", insistía Pat, presionando el cuerpo contra el suyo. "¡Me muero por tener entre las piernas algo que no sea un tampón!"

IX. Ilustrativo de las razones por las que Teo se muestra reticente

Teo tenía motivos para no arrojarse a los brazos de Pat: estaba seguro de que jamás lograría una erección. La mujer le parecía la tentación encarnada, era más Gilda que Rita Hayworth (¡hasta hablaba en inglés como Rita!) y por esa misma razón, sumada a su inteligencia y a la iconoclastia puesta en evidencia, lo apabullaba. Amazonas y walkirias no nacieron para ser seducidas, sino para ser adoradas —o para recibir nuestra rendición.

Teo maldijo la concupiscencia de sus padres, que lo arrojaron a un mundo que Hamlet ya había infectado con la duda y, en consecuencia, con la posibilidad de la inacción. Si tan sólo le hubiese tocado en suerte un mundo más antiguo, donde los hombres no dudaban de su hombría y las erecciones, como las Polaroid, se revelaban de manera instantánea... Había crecido en un planeta de machos que conquistan el espacio, matan árabes y se pavonean al volante de una Ferrari, pero que lo ignoran todo sobre la intimidad. La intimidad queda afuera de las novelas y excede el relato de las películas; es lo que ocurre entre el fin de un capítulo y el comienzo del otro o lo que tiene lugar después del *The End.* La formación de Teo en materia de intimidad no difería de la que recibió en su momento el padre a quien nunca conoció. *Intimidad* era lo que se aprendía en los comentarios obscenos de los amigos, en las revistas magreadas. *Intimidad* era la materia de las películas porno, siempre y cuando pueda tildarse de *íntimo* lo que ocurre entre una mujer y un caballo alzado.

Una vez lanzado a la palestra (debutó con la madre de un amigo, inspirada por la visión de *El graduado*), Teo aprendió a sortear la circunstancia. Pero aun cuando el tiempo le enseñó a salvar su dignidad, estaba convencido de perderse un elemento esencial de la experiencia: algo se le escapaba de manera inexorable. Comprendía la pulsión, disfrutaba del juego, le complacía la calma que sigue al acto. Y al rato se descubría insatisfecho, como si hubiese sido víctima de una estafa. Había seguido la receta al pie de la letra. Sin embargo el resultado no se parecía al prometido.

Comenzó a creer que hacía falta talento además de instrucciones, y que debía pertenecer al grupo de los que nacieron faltantes. Sus últimas experiencias habían sido catastróficas. No pudo convencerse de que estaba interesado en lo que hacía. Puso en práctica todo lo que había aprendido, los besos, los movimientos, las caricias. Fue en vano. Por enésima vez comprobó que las reacciones que despertaba eran proporcionales a su tamaño. Las mujeres se sintieron ofendidas (una ofensa gigante) por lo que consideraban un desprecio. Y lo hicieron objeto de sus burlas (burlas gigantes) por tener algo tan grande y ser incapaz de usarlo.

Todo este terror atravesó a Teo en aquellos segundos de duda. Para colmo Pat creyó que Teo dudaba porque no sabía de qué forma empezar y se quitó la parte superior del pijama. Tenía pechos de *bombshell* italiana de posguerra, unas tetas de *cinemascope* que reducían a Teo al tamaño de Carlo Ponti.

"*C'mon, big guy*", susurró Pat. *"Don't be shy!"*

Y besó con labios húmedos el antebrazo con que Teo defendía su rodilla.

No hizo falta más. Teo descubrió entonces que sus temores habían sido infundados. Abrazó a Pat con delicadeza, atrayéndola hacia sí. Ella lo dejó hacer. Se besaron con delicadeza primero, y des pués con hambre.

Este es el sitio en que cualquier otra historia pondría punto y aparte, amaneciendo con la nueva mañana al iniciarse el capítulo siguiente. Pero en la obligación contraída con la intimidad, hay algunos detalles que deben consignarse. Porque así como hay mucho en la intimidad de la delicadeza que se deben los amantes, y de la ingenuidad con que se abren los corazones, no puede soslayarse que también significa la aceptación de la más pura humanidad del otro. Y todos los humanos tienen un cuerpo. Y ese cuerpo es de una forma determinada. Y produce ruidos. Y además olores.

Cuando Pat contempló a Teo en toda su gloria, no pudo con su genio.

"Uh. Qué pedazo. Es la primera vez que escucho a un hombre mandarse la parte con toda la razón", dijo. "Nunca vi nada igual. Salvo en películas porno. Y en las de Tarzán. De hecho huele como Tantor."

"¡Todo esto fue idea tuya!"

"No era una queja, era una observación. Pucha que son sensibles, los gigantes."

"También tenemos el corazón grande."

Pat se puso de pie, sorprendiendolo, vestida tan sólo con el pantalón del pijama. Y fue de puntillas hasta el pie de la escalera, desde donde preguntó en voz baja:

"¿Los forros tienen fecha de vencimiento?"

"No. Sí. Será como las vacunas, me imagino."

Poco después, de regreso en el sufrido sillón, Pat sacudió el objeto de su busca y fue asaltada por una duda atroz.

"Lo que tengo es un forro común y corriente. ¡Pero no sé si te entra!"

"Claro que va a entrar."

"¿Pero cómo?"

"Con mucho esfuerzo."

Ella soltó una carcajada que de inmediato trató de silenciar. Fue peor, no podía parar de reírse. Primero clavó las uñas en Teo, que ahogó un grito. Y después le pegó con el aro de goma del preservativo.

"Cogerás con dolor", dijo Teo, eligiendo un extraño momento para las paráfrasis bíblicas.

Cuando por fin entró en el cuerpo de Pat, Teo reía todavía. Nunca le había pasado nada igual. Y descubrió que estaba bien.

X. Pat confiesa su creencia en el mito de las *banshees*, y poco después demuestra hasta qué punto

En la madrugada los amantes deshicieron su nudo. Pat se robó una frazada y gateó hasta el otro extremo del sofá; estaba exhausta. En silencio, y cada uno por su lado, lidiaron con la incógnita del minuto después: ¿qué sería de sus vidas, ahora que habían abierto esta puerta?

Teo contemplaba un paisaje único. Su cabeza iba y venía en un frenesí, entre la revisión de lo recién vivido (el mundo se había sacudido como le ocurrió a su madre en aquel debut) y las consideraciones sobre el porvenir. De repente existía un mundo allí donde antes no había existido nada. Hasta ayer el futuro era niebla. Ahora tenía nombres posibles, y rostros visibles, y un lugar por escenario. Su vacío se había poblado. Experimentaba una sensación de novedad, como si hasta entonces hubiese vivido en un universo de dos dimensiones y le hubiesen concedido la tercera; todo lo anterior parecía una representación, una ficción-alfa chata, de colores primarios, opuesta a esta realidad-omega profunda y táctil.

Pat regresó con velocidad de su propia ensoñación. La había medido, sopesado y embalado en cuestión de segundos, como correspondía a su naturaleza práctica. Lo que le preocupó entonces fue aquello que leía en la expresión embelesada de Teo.

"Ni se te ocurra", dijo.

"¿Qué cosa?", dijo Teo fingiendo inocencia.

"Dijimos que sería sexo, nada más. Un acto terapéutico."

"Eso fue. Te lo juro, estoy curado."

"Mentira. Tenés cara de insaciable. O peor aún: tenés cara de ser uno de esos que no se conforman con el sexo. Son los peores. Los que te regalan flores porque te quieren coger son malos. Pero los que te las traen después de cogerte son peligrosos."

"Si vas a coger cada vez que un gigante caiga de un árbol, yo que vos aprovecharía la ocasión."

"Lo digo por tu bien. Soy de la clase de gente que sólo trae problemas. ¿Nunca oíste hablar de las *banshees*?"

"*Never in the* puta *life.*"

"Son espectros con forma de mujer. Tienen pelo largo y un manto gris encima del vestido verde. Sus ojos están siempre rojos de tanto llorar. Y cuando se las oye gritar es porque anuncian la muerte de alguien cercano. Irlandesadas, bah. A mi madre le encantaba contarme esa clase de cosas antes de dormir. Después se iba a la cama lo más pancha y yo no pegaba un ojo."

"¿Y qué tenés que ver vos con esos fantasmas?"

Pat encendió otro cigarrillo. La luz roja de la brasa se multiplicó en sus ojos.

"Hacé de cuenta que soy una *banshee*. Mejor perderme que encontrarme."

Pero ya era tarde. Ningún argumento a que Pat recurriese podía deshacer lo hecho. Al despuntar el día nuevo Teo estaba enamorado. Además estaba hediondo, pegajoso, desnudo, perforado y exprimido, pero por sobre todas las cosas estaba enamorado, y de una mujer de la que no sabía nada. El sentimiento, aunque sorpresivo, no era del todo insensato. (Pensamos con mucho más que el cerebro.) Pat era la primera mujer con quien se sentía a gusto desde que tenía uso de su sexo, una mujer que lo aceptaba con su tamaño y con sus olores y con sus miedos, entero, tal como era, y a la que por ende podía abrirle su corazón. Era inteligente, lo cual significaba que podía ser cruel y tierna en los momentos adecuados. Lo hacía reír, y mucho; la risa es un gran afrodisíaco. Y no le temía al ridículo, que acechaba a Teo como una sombra.

Podríamos seguir así un buen rato, apilando explicaciones. Pero Teo no las necesitaba, o sea que usted, lector, tampoco las reclamará. Estaba con una mujer desnuda y se sentía feliz. ¿Quién puede pretender más?

Sería maravilloso concluir este capítulo en una nota de plenitud. Pero no estaríamos cumpliendo con nuestra obligación si no refiriésemos otros dos hechos que ocurrieron antes del amanecer.

El primer hecho es el siguiente. Pat descansó allí mismo hasta que comprendió que Teo se había dormido. (No era difícil cerciorarse; Teo roncaba como si alguien empujase los muebles de un lado para otro.) Entonces se levantó y revisó la ropa del gigante. Buscaba sus documentos. Comprobó que en efecto se llamaba Teodoro Labat, y que su exención del servicio militar figuraba firmada y sellada. Después de regresar la billetera a su lugar, volvió al sillón y se relajó. Lo cual nos deja al filo del segundo hecho.

Todavía era de noche cuando Teo se despertó a causa de un grito. Le costó comprender dónde estaba. Descubrió que la voz desgarradora era la de Pat, que gritaba como si le arrancasen las entrañas; para mayor extrañeza de Teo, la mujer seguía dormida a pesar de los alaridos. El gigante se sorprendió al ver a Miranda al pie del sofá, en camisón y descalza, contemplándolos con expresión impasible.

"Agarrale la mano", dijo la niña.

Teo no sabía qué hacer primero: si cubrirse con la frazada, enviar a Miranda a la cama o despertar a Pat de su pavoroso sueño.

"¡Dale la mano!", insistió Miranda.

Teo obedeció. Pat le clavó las uñas con fuerza de garra. Teo estaba a punto de gritar también cuando Pat dejó de sacudirse y aflojó su presión. Ya no gritaba. Regresó al más profundo de los sueños; a los pocos segundos soltaba un ronquido ligero.

"Si le das la mano se calma. No falla nunca", dijo Miranda, cuyo camisón rosado era tan largo que barría el suelo. Hablaba con gran naturalidad, como si el fenómeno de los alaridos nocturnos fuese cosa de todos los días. Con el mismo tono se refirió a las extremidades del gigante, que asomaban por debajo de la frazada a cuadros. "Qué patas flacas que tenés. Patas de tero. Digo. Soy muy grandote de acá, y fla-*quísimo* de acá."

Después regresó a su habitación, ratoncitos que huyen por la escalera.

XI. Apuntes para una historia de Santa Brígida

El pueblo más cercano a la cabaña de las Finnegan se llamaba Santa Brígida. Una realidad erigida sobre números simples: tres mil almas, centenares de cabras y mil cuatrocientas casas —ni una sola por encima de los dos pisos. Como decía el doctor Dirigibus, ¿quién necesita altura cuando vive a cuatrocientos metros sobre el mar?

La actividad económica de Santa Brígida era tan diversa como indistinguida: ganadería y sus derivados, agricultura (frutas y lúpulo ante todo, lo que equivale a decir dulces y cerveza), comercios de ramos generales y servicios concebidos para el consumo local. La excepción era la central hidroeléctrica que también abastecía a otros pueblos del valle. Por su emplazamiento, Santa Brígida estaba en condiciones inmejorables para aprovechar el deshielo. Sin embargo la empresa nunca terminaba de capitalizar esa ventaja: para los técnicos de Energía del Valle, la conversión del poder del agua en electricidad tenía algo de alquímico, y por ende de endiablado, que no lograban dominar del todo. En consecuencia Santa Brígida, o cualquiera de los otros pueblos, o todos a la vez, o unos y otros de manera sucesiva, sufrían cortes de luz tan frecuentes que ya formaban parte del folklore local, a menudo hasta tres y cuatro veces por noche. En esas ocasiones, observar el valle desde lo alto era como mirar el árbol de Navidad más grande del mundo.[4]

Santa Brígida no tenía pistas de esquí, ni funiculares, ni *resorts.* El flujo turístico era por ende modesto. (Con la excepción de la Fiesta del Sever, que lo multiplicaba por cien a comienzos de octubre.) Lo habitual era que llegasen excursiones que se embarcaban en lo que algún ironista denominó *circuito chico:* recorrían los barrios más pintorescos, se detenían en el cañadón para arrojar monedas a cambio de deseos y terminaban en la dulcería de la señora Pachelbel. Y eso era todo lo que Santa Brígida podía ofrecer, en la inexistencia de un

[4] A comienzos de los 80 circulaba una broma sobre el deficiente servicio. La gente decía que el eslogan de la empresa Energía del Valle debía ser: *Nada enerva más que EnerVa.*

circuito grande. A fin de cuentas, ¿cuántas casas de tejas puede fotografiar un turista, cuántas cabritas de las que se trepan a los techos, cuántos jardines con flores de amancay?

En Santa Brígida nadie cuestionaba que el pueblo llevase el nombre de una santa. Dado que la Argentina es un país colonizado por españoles, la mitad de los nombres refiere a figuras sagradas. Buenos Aires fue en su origen Santa María de los Buenos Aires. Tucumán es San Miguel de Tucumán. Jujuy es San Salvador. Bariloche es San Carlos. Santa Fe suena a sucursal del Vaticano.

Se atribuía el bautizo del pueblo a uno de sus fundadores, el veterano de la Gran Guerra Heinrich Maria Sachs, aunque nada se supiese sobre las razones del alemán para honrar a Santa Brígida. Algunos recordaban la reproducción de un *Martirio de San Sebastián* que conservaba en su living, lo cual podía sugerir devoción religiosa. Pero el recuerdo más vívido que había dejado era el de sus últimas actuaciones en la hosteria que regenteaba, llamada Edelweiss, en honor a la flor que es corona del *Leontopodium alpinum.* En aquellas veladas Sachs cantó y bailó *Die Beine von Dolores* con toda su alma, acompañado por el piano de Manolo Anzuarena (a quien presentaba como su pupilo, cosa que era con todo rigor, puesto que lo alojaba en su propia casa), bajo las luces que lo hacían transpirar un sudor tan negro como la tinta aplicada a su pelo.

Era, como se colige, un candidato improbable para venerar a una santa. Algún periodista holgazán debe haber sumado dos más dos, dado que Sachs era el único alemán que constaba en el censo del pueblo. (Sesenta y un habitantes en 1925: treinta y nueve rionegrinos, otros diecisiete rionegrinos de origen mapuche, un comerciante palestino, dos neuquinos, un chubutense y el ubicuo *urmensch.*) Con sólo consultar una enciclopedia el periodista habría advertido la incongruencia más elemental: Santa Brígida ni siquiera era alemana.

Patrona de Suecia, Brígida fue una mujer de voluntad y coraje. Madre de ocho hijos, no tenía empacho en hablar pestes de Papas y de reyes. De tanto en tanto recibía visiones del Cielo, que el prior Pedro de Alvastra recogió de su voz y describió en latín. (*Nihil obstat.*) El libro que resultó de esa colaboración fue editado cuando Brígida ya había sido canonizada: en 1492, Año de la Conquista.

Pero el pueblo no estaba consagrado a la santa, sino a una vaca. Santa Brígida era una marca de productos lácteos de la región, fundada en 1918 por un tambero llamado Isidoro Baigorria. La empresa contaba en su origen con cuatro vacas lecheras. Pero en 1923 una epidemia de aftosa acabó con el setenta y cinco por ciento de su capital productivo. Lejos de arredrarse, Baigorria decidió explotar a la vaca sobreviviente. La cargó en uno de sus camiones con el logo de Santa Brígida y se la llevó a pasear pueblo por pueblo, vendiendo leche puerta a puerta; un pionero del *delivery*.

La llegada del camión de Santa Brígida renovaba cada mañana las esperanzas de un día bien vivido. Muchos niños crecieron oyendo el alivio en boca de sus padres: *"Ahí llega Santa Brígida, Dios sea loado"*. Y asociaron la vaca al nombre de la empresa, y a la empresa con el pueblo que era su hogar, puesto que cuando el reparto no llegaba o la leche se acababa antes de tiempo sus padres decían: *"¡Vamos a tener que ir a Santa Brígida!"*

El nombre del pueblo, pues, no honra a aquella mujer que acusó al papa Urbano V de ser "más injusto que Pilato y más cruel que Judas", que sobrevivió a un naufragio y a la peste negra, y a quien Jesús le dijo en sus visiones que había recibido cinco mil cuatrocientos ochenta azotes: ni uno más, ni uno menos. El pueblo debe su nombre a un equívoco; y en último término a las ubres de una holando argentina.

XII. De naturales y recién llegados

Ya se insinuó: Santa Brígida nació de semillas que llegaron con el viento y cayeron sobre tierra mapuche.

Los territorios fueron expropiados a sus ocupantes mediante la violencia. (La historia de América en tan sólo un capítulo.) Los europeos se abalanzaron como un huracán, arrasando con lo que existía y sembrando a cambio sus novedades: la cruz, el cañón, las enfermedades que habían incubado en el Viejo Continente. Al disiparse el humo de la masacre arribaron los colonos, reclamando el dominio del jardín. Sus derechos estaban certificados por papeles que enseñaban con gusto, la novedad número cuatro: los títulos de propiedad, impresos por ellos y avalados por los soldados.

Una foto tomada en el tercer aniversario de Santa Brígida retrata a la Comisión de Vecinos Fundadores. Estaba formada por seis de los rionegrinos, uno de los neuquinos, el alemán Sachs (es el de la flor en la solapa) y el comerciante palestino, que en su carácter de dueño del comercio de ramos generales tenía un innegable predicamento. En la Comisión no había mapuches. Tampoco había mujeres.

Las nociones de "natural" y "recién llegado" son esquivas. Un artículo que el diario provincial publicó en 1938 hace referencia a conflictos terratenientes en "el pueblo cordillerano de Santa Brígida". El hacendado Heriberto López (neuquino) se enfrentaba a presuntos usurpadores, entre los que figuraban cuatro españoles. El artículo soslaya el subtexto político del asunto; más allá del conflicto por las tierras, López era un conservador filogermánico y los españoles eran republicanos en el exilio. Pero lo que interesa aquí es es el impreciso concepto de "natural" de la región. A pesar de ser oriundo de otra provincia, López ya aparecía en los diarios como "hacendado local".

Todo recién llegado lo es, queda claro, durante un tiempo equis, una suerte de limbo o sala de espera. Al cabo de un lapso indeterminado, lo que promueve su ascenso a la categoría de local es el arribo de otros, flamantes "recién llegados". Las nuevas invasiones legitiman su reclamo de pertenencia. Si subsistía alguna duda en Santa Brígida respecto de la pertenencia de Pat y Miranda al pueblo, la llegada de Teo la dirimió: desde entonces el recién llegado fue el gigante, y ellas las naturales del lugar.

El alma del hombre es nómade. Los antropólogos dicen que la especie nació en el corazón de África y desde allí se trasladó hasta los confines del planeta. Para decirlo de otra forma: lo primero que hizo el hombre fue salir de compras, en busca de tierras donde ubicar sus muebles, sus macetas y la jaula del canario. Es la ley de la vida: con la edad el alma inquieta deviene sedentaria, o para ser más precisos, propietaria.

La Historia es en buena medida el relato de estos desplazamientos. En el origen, las islas británicas estaban habitadas por tribus que luchaban con hachas de cobre y espadas de bronce. Con el tiempo fueron invadidas por teutones con armas de hierro, y también por los romanos. Cuando el Imperio se retiró (*Nil perpetuum, pauca diuturna sunt*, escribió Séneca en sus *Consolationes:* nada es perpetuo ni dura para siempre) otra oleada teutónica, la de los sajones, saqueó y conquistó. Los sajones se estaban estableciendo (esto es, hacían tiempo en espera del carné que los acreditase como "naturales") cuando los sorprendió la invasión de los "recién llegados" normandos. El trámite se aceleró. Los carnés salieron firmados y plastificados, entre gallos y madrugada. Y así los sajones, con su pertenencia validada, se entregaron felices a una nueva guerra.

Han transcurrido milenios desde la diáspora originada en África, pero aunque la especie humana se instaló y trazó fronteras y reclamó propiedad sobre el suelo, el impulso nómade no se desvaneció. En este instante hay miles de personas que dejan atrás su lugar natal, con la misma inexorabilidad de la Tierra al girar sobre su eje. Quizás porque las causas del éxodo tampoco cambiaron, a pesar del transcurso de los siglos: son gente que huye en busca del pan que su nación le niega, o expulsados por un poder local que arguye causas políticas o religiosas, o escapando del ataque de potencias extranjeras.

Para certificar la vigencia de estas causas sólo hay que hurgar en las historias de nuestros personajes. Teo es advenedizo por partida doble, debido al cruce del Atlántico que protagonizaron sus bisabuelos: Labat es un apellido vasco, Barreiros es gallego. (Una mezcla explosiva.) Finnegan es irlandés, como la madre de Pat. A la vez, tanto Teo como Pat se alejaron de sus cunas hasta ese paraje del sur argentino: los dos nacieron en Buenos Aires, que está a mil ochocientos kilómetros de Santa Brígida. ¡Hasta el lobo está lejos de su hogar!

Estos desplazamientos no son episódicos. Por el contrario, han hecho de nuestros personajes lo que son. El viaje de la señora Pachelbel desde Europa a Santa Brígida es, como se verá más adelante, el punto de inflexión de su vida. Y hasta el intendente Farfi, que nació en el pueblo y está orgulloso de ello, tiene el alma dividida por un viaje que no realizó nunca. Su apellido suena italiano pero esconde raíces palestinas. Farfi sueña con viajar al país que le transmitió alguna de sus más coloridas tradiciones: el té con hojitas de menta, el *falafel*, ciertas canciones de cuna. Sueña pero no viaja, porque ese país, aunque suene paradójico, todavía no existe.

Todos somos recién llegados al nacer; y al crecer pensamos que la vida es el territorio del que somos naturales; y al hacerlo olvidamos que no es así, puesto que algún día lo perderemos para morir. Las discusiones sobre pertenencia o posesión serían más benévolas si recordásemos que al final no conservaremos nada porque *nil perpetuum*, nada es para siempre. La permanencia en un sitio es ilusoria, sólo permanecemos durante un tiempo limitado: lo nuestro es el tránsito. Y todas las ideas respecto de nuestro destino último (las empíricas, que creen que la carne se descompone en la tierra y la fertiliza y da vida a otras criaturas, y las religiosas, que imaginan el viaje a algún tipo de Cielo) coinciden en la misma certeza: que nuestros cuerpos no dejan de ser nómades ni siquiera muertos.

XIII. El lugar que se convertía en el Paraíso (una vez al año)

Las Finnegan llegaron a Santa Brígida una mañana de octubre de 1982.

La elección del pueblo fue obra del azar. Pat y Miranda habían viajado en tren hasta la ciudad de San Carlos de Bariloche. Apenas desembarcadas se trasladaron a la terminal de ómnibus. Allí Pat se detuvo delante del cartel que listaba los pueblos en que los vehículos hacían escala, mientras Miranda estudiaba el lugar con su radio Spica pegada a la oreja. Nunca se alejaba demasiado de Pat. Su madre le había enseñado que no debía desaparecer nunca de su campo de vista, so pena de terribles tormentos.

El nombre de Santa Brígida atrajo a Pat de inmediato. Sabía de la fiesta de Santa Brígida por obra de su madre: se celebra en Irlanda el primer día de febrero.[5]

Pensó que se trataba de un buen signo. ¡Santa Brígida era la protectora de las madres y de los niños! Consultó de todas formas con Miranda, que lo meditó un instante (en la Spica sonaba *Penny Lane*) y dio al fin su bendición. Pat compró los pasajes. Le ofrecieron ida y vuelta, pero compró sólo la ida. Si no les gustaba lo que veían, se subirían a otro ómnibus y seguirían viaje hasta el próximo pueblo.

Santa Brígida ni siquiera tenía una terminal. El ómnibus las dejó a la altura de un poste que oficiaba de parada. Antes de que el chofer cerrase las puertas, Pat le preguntó cómo se llegaba al centro. El hombre hizo un gesto, indicándole que caminase derecho.

Pat echó a andar con Miranda en brazos y un bolso colgado del hombro. (Empacaba liviano, por la mentalidad práctica que ya describimos pero además por su experiencia en estas lides: no era la primera vez que Miranda y ella se mudaban de ciudad.) El ómnibus do-

[5] Según la tradición irlandesa, Santa Brígida fue la partera de la Virgen María. Esta Brígida, que por supuesto no es la sueca de quien ya hablamos sino una antecesora, fue utilizada para opacar el culto a una diosa celta del mismo nombre, que presidía sobre los rituales de la fertilidad; de esa forma los católicos mataron dos pájaros de un tiro, sustituyendo paganismo por devoción mariana.

bló en la esquina y se perdió de vista. Al cabo de un minuto tampoco se lo escuchaba, era como si nunca hubiese existido y Pat y Miranda hubiesen caído allí desde el mismísimo cielo.

El pueblo las sedujo de inmediato. Las cabras sobre los techos, que mordisqueban el pasto que crecía entre las tejuelas de ciprés, constituían un imán para los chicos. A Miranda no le alcanzaban los ojos para verlo todo, cuando Pat la dejó caminar empezó a girar como trompo. Pat la previno, si seguía girando terminaría cayéndose. Pronto entendería que ella, la adulta, era de ambas la mejor candidata a caerse redonda.

La primera señal de extrañamiento la obtuvieron de las luces. A pesar de que era casi el mediodía de un lunes soleado, el alumbrado de las calles estaba encendido por completo. Pat llamó la atención sobre el fenómeno, pero Miranda estaba fascinada por el aspecto más colorido del espectáculo. La calle estaba cruzada por guirnaldas multicolores que se apagaban y encendían a intervalos irregulares.

"Mirá, Pat, mirá", dijo Miranda mientras señalaba el tejido de luces que se desplegaba por encima de sus cabezas: "¡Carnaval!"

Pat ni siquiera la oyó. Estaba ocupada tratando de descifrar qué música manaba de las bocinas que colgaban de los postes. La instrumentación melosa remitía a esas orquestas estilo Ray Conniff, pero algo perturbador se desprendía del arreglo; las cuerdas sonaban enajenadas, como si no fuesen interpretadas por humanos sino por autómatas.

Pronto dejaría de pensar en la música. Al aproximarse al corazón del pueblo, Pat se quedó sin habla.

La gente parecía haber enloquecido. Un hombre llevaba la ropa interior por encima del resto de su atuendo: calzoncillos encima del pantalón, medias por encima de los zapatos y una camiseta encima de su camisa. (Este era el señor Puro Cava, responsable del Registro Civil; las saludó al pasar con un gesto galante y siguió su camino como si tal cosa.) Una familia, cuyos pequeños dormían todavía en camas desplegadas en el jardín del frente, entraba los muebles a la casa: placares, mesas, sillas... Un carro pasó ensillado al revés, con el caballo que no tiraba de él, sino que lo empujaba; su conductor tenía un balde de afrecho en las manos, que el caballo codiciaba pero al que nunca alcanzaba. Y todo el tiempo la música indescifrable seguía sonando, sin que nadie reparase en ella.

El sonido de motores la eclipsó de repente. Una caravana hizo su ingreso en la calle principal. Adelante iba una moto de la policía.

Después venía una camioneta que llevaba en la puerta el sello de la municipalidad de Santa Brígida, y detrás suyo un auto negro de aspecto imponente; una segunda moto cerraba la comitiva. Avanzaban a paso de hombre, respondiendo a un ceremonial. Miranda llegó hasta el borde de la vereda, tratando de ver adentro del auto negro: estaba convencida de que transportaba a un príncipe o una princesa. ¿Qué otra clase de personajes merecía semejantes atenciones?

Pat, que detestaba a dignatarios y policías con la misma intensidad, hubiese querido correr en la otra dirección. Pero debía evitar que Miranda saltase a la calle y fue tras ella. Desde el borde de la vereda vio un chofer al volante del auto negro. El asiento trasero, sin embargo, le pareció vacío. Grande fue su sorpresa cuando un niño asomó en la ventanilla. Vestía un traje formal, con corbata azul y pañuelo al tono asomando del bolsillo del pecho. La gente aplaudió al verlo. El niño sonrió ante el reconocimiento, y saludó levantando ambos brazos como el más avezado de los políticos.

Miranda creía haber entrado en un cuento de hadas. Tironeó de la manga de Pat y preguntó, con ese brillo violeta que se le asentaba en los ojos cuando sentía esperanza:

"Nos vamos a quedar acá, ¿no es cierto?"

Pat sentía pánico. Todo lo que quería era convertirse en el Correcaminos y alcanzar al ómnibus del que deseaba no haberse bajado. Los locos la ponían nerviosa, le producían escalofríos. Pero la señora Pachelbel, comprendiendo al vuelo que se trataba de recién llegadas, les salió al cruce para tranquilizarlas.

"Calma, calma. ¡No siamos locos!", dijo.

Hablaba con acento espeso, que olía a ruso o polaco. Era una mujer de unos cincuenta años, vestida con un delantal de cocina bordado con motivos de colores. Por debajo de su falda asomaban un par de borceguíes de aspecto marcial. Su peinado terminaba en bucles de peluquería; parecía salida de *Heidi*, y por ende no era el mejor de los voceros para la cordura. Pero al mismo tiempo exhibía una sonrisa franca, que invitaba a la confianza. Ofreció a Miranda unos caramelos que la niña aceptó con alegría. Miranda no se equivocaba nunca con los adultos. Si confiaba en la mujer debía ser por algo, pensó Pat.

"Llegan justo al fin de fiesta. El Sefer. La fiesta anual del pueblo", dijo la mujer, señalándoles el pasacalle que ostentaba una leyenda críptica: *SEVER 1982 – PARTICIPE / EPICITRAP – 2891 REVES.* "Tegminó ayer domingo, pego se nos concede hasta el mediodía de hoy para acomodar todo. ¡Dentro de un gato el pueblo folvegá a ser el de siempge!"

La señora Pachelbel las invitó a su negocio, que olía a dulce; el mismo dulzor que Teo sentiría tiempo después, al entrar en la cabaña. Pat sufrió otro ataque de miedo al descubrir que las estanterías estaban vacías. ¿Qué clase de negocio era ese? La señora Pachelbel ofreció entonces un té que Pat habría rechazado, de no habérsele adelantado la gozosa aceptación de Miranda. Mientras esperaba el hervor, la señora Pachelbel les contó lo que ansiaban saber. El Sever era una fiesta oficial, esto es avalada por la mismísima intendencia, que proponía lo siguiente: que el segundo fin de semana de octubre todo el mundo hiciera algo diferente u opuesto a lo que hacía de manera habitual.

En las escuelas los alumnos daban clases y los maestros atendían. (Y a menudo eran sancionados, o reprobados, o arrojaban tizas.) En las plazas se prohibía caminar por los caminos. Los escasos semáforos invertían su código, invitando a los conductores a frenar ante la luz verde. Algunos negocios regalaban en lugar de vender. (La dulcería de la señora Pachelbel, por ejemplo, hasta agotar existencias.) La radio local emitía música de atrás para adelante. (Eso era lo que sonaba en las bocinas: Ray Conniff, o mejor dicho *Yar Ffinnoc*.) Aquellos conocidos por su mal temperamento eran sometidos a pruebas que debían enfrentar con una sonrisa: recibir tortazos en la cara, o que la gente hiciese cola para gritarles. Ciertos padres se convertían en hijos de sus hijos, y así sus hijos devenían padres de sus padres. Los *hippies* se vestían de traje. Los agraciados se disfrazaban con narices de Cyrano. El intendente Farfi cedía su puesto a un niño escogido por sorteo. (Ese año el niño fue Salomón Caleufú, aquel a quien habían visto saludar desde el auto negro: ¡el primer intendente de Santa Brígida con sangre india en las venas!) Y así cada vez, año tras año, con el único límite de la propia creatividad —y de la capacidad de los habitantes del pueblo para reírse de sí mismos.

Dieron cuenta de un té con gusto a frutos del bosque. La señora Pachelbel respondió a sus preguntas sobre Santa Brígida, en ese español que parecía cantar sobre música eslava. Seguía hablando sobre esto y aquello cuando Pat dejó de oírla e intercambió miradas con Miranda. Todo lo que encontró en ese espejo violeta fue aceptación. La decisión estaba tomada: se quedarían en el pueblo.

Madre e hija ya estaban cansadas del mundo tal cual era. No parecía mala idea instalarse en un sitio en que funcionaba al revés, aunque más no fuese una vez al año.

XIV. De la oportuna intervención de un hombre con aires de avestruz

Pero aunque Pat era terca, y en consecuencia no acostumbraba a desandar sus pasos, poco después estuvo a punto de arrepentirse de su decisión.

La conversación con la señora Pachelbel proseguía. La mujer cantó loas del pueblo mientras Miranda humedecía sus labios con un chocolate que se había enfriado: la gente era buena, el sitio tranquilo, la escuela estaba entre las mejores de la región, habían tenido alguna mala experiencia con los *hippies* que llegaban en oleadas pero las discordias ya eran parte del pasado. Pat había empezado a describir su circunstancia de la forma en que prefería hacerlo (viuda joven, madre de una niña, en busca del sitio ideal donde asentar los pies), cuando las campanas de la iglesia anunciaron el mediodía.

La frase que Pat esbozaba se cortó a medio vuelo, guillotinada por el ruido de la silla que la señora Pachelbel apartó al ponerse de pie. La mujer retiró la vajilla (las campanas seguían clamando, todavía) sin siquiera preguntarles si habían terminado. Lo hizo con tanta premura, que el hecho de que no rompiese tazas ni desparramase azúcar fue prodigioso. Durante el proceso había dejado de sonreír, y todo rastro de la amabilidad que había desplegado se esfumó de su cara. La transformación era digna de Cenicienta, tan entristecedora como la del cuento de Perrault —aunque doce horas prematura.

"El tiempo acabó", dijo al regresar de la cocina, como si hablase para sí misma. Y después clavó en Pat gélidos ojos para preguntarle: "¿Buscaba algún dulce?"

Pat miró en derredor con desconcierto. No había tenido intenciones de comprar, pero aunque las hubiese tenido no habría encontrado qué llevarse de un negocio vacío.

"Entonces debo pedir que salgan. Es hoga de ciegue, cegar, *to close, geschlossen!*", dijo la señora Pachelbel y abrió la puerta para acelerar el trámite.

Cuando Miranda pasó a su lado la mujer reculó, como si temiese contagiarse de alguna enfermedad tropical. La niña percibió el rechazo y bajó la vista, sin dejar de caminar rumbo a la calle.

En otra circunstancia Pat habría enfrentado a la señora Pachelbel como la loba que era en defensa de su cría. Pero la celeridad del cambio la sorprendió, privándola de su capacidad de reacción. Y además Pat sospechaba que no tenía derecho a quejarse, porque la señora Pachelbel las había puesto sobre aviso. Al describirles las características del Sever, ¿no las había alertado sobre la falsedad de lo que estaban viendo? ¿No les había anunciado lo ilusorio de su gentileza?

Pat quiso recurrir al manantial de su violencia, una poza profunda y oscura, en busca de una piedra con que agredir a la mujer; pero no encontró nada. En su misantropía, la señora Pachelbel no le parecía digna de violencia: tan sólo de lástima. Desprovista de la excusa del Sever, había dejado de asemejarse a una aldeana delirante para ser apenas lo que era, una mujer sola y ajada al término de un baile de disfraces.

La señora Pachelbel cerró la puerta y dio vuelta el cartel que pendía de una ventosa de goma: ahora decía *ABIERTO*. La escucharon maldecir en su idioma original, del otro lado del vidrio. La mujer había olvidado que el Sever la obligaba a hacer lo contrario de lo habitual, y que en consecuencia el cartel ya decía *CERRADO* aun cuando el negocio no lo estaba. Empañando el cristal con otro insulto ininteligible, volvió a poner el cartel como al principio y bajó la persiana de un tirón.

Pat y Miranda se miraron sin saber bien qué hacer. La vida en Santa Brígida había recuperado su expresión cotidiana: peatones y vehículos circulaban con una discreción que podía describirse como deliberada, en la pretensión de desmentir los excesos de los últimos días. Las luces de la calle se habían apagado al fin, y una cuadrilla hacía equilibrio sobre escaleras mientras desenredaba las guirnaldas, ahora opacas como un diamante falso. Es casi seguro que madre e hija habrían regresado al poste que simbolizaba la terminal, de no haberlas abordado un hombre que llevaba largo rato en la vereda, espiando la escena en el interior de la dulcería.

Había intentado disimular su presencia pero la señora Pachelbel lo había descubierto, optando por ignorarlo —como hacía todos los días. La habrían declarado ciega de no verlo, ya que se trataba del hombre más conspicuo.

Tenía la cintura de una cuba de roble (lo cual tornaba imposible su cometido de ocultarse detrás de un semáforo) y la espalda angosta de un niño. Vestía un traje de tres piezas que había encargado azul marino y recibido azul eléctrico. Sudaba siempre, incluso en pleno invierno, y por eso acarreaba pañuelos en todos sus bolsillos, del color del traje que eligiese ese día. Uno de ellos estaba ya en su mano, listo para ser usado; la otra mano la escondía detrás del cuerpo.

Su calva era tan perfecta que, en el estado adecuado de lubricación, brillaba como espejo. Y en su lisura contrastaba con la mata de pelo gris que estallaba en los laterales de su cabeza y se prolongaba por detrás en algo que parecía un alero, abigarrado y duro como la viruta metálica que rasca las ollas. (Algunos profesores de Santa Brígida recurrían al ejemplo de este fenómeno paradojal, ¡tanto aquí y allí tan poco!, para inducir en sus alumnos el asombro que conducía a la filosofía.) La combinación de algunos de sus rasgos más notorios —el cuerpo gordo, el largo cuello, la mata de cabello abombada como pluma— hacía inevitable la asociación: había algo de avestruz en el personaje, aunque releído por un pintor cubista.

El hombre hizo un gesto galante con su pañuelo y procedió a hablarles.

"Señora, señorita, muy buenos días. ¿Puedo apelar a su buen juicio, y pedirles que concedan a la señora Pachelbel presunción de inocencia?"

"Perdón, ¿cómo dijo?", repreguntó Pat.

"Quiero decir que no la condenen, por lo menos no antes de conocerla. Ese carácter agrio... ¡que prodiga con tanta generosidad! ...es una fachada, un mecanismo de defensa: aleja a sus congéneres para que no la hieran. Si fuese tan amarga como pretende, ¿creen ustedes que sería capaz de preparar dulces tan sabrosos? Señora, señorita, pueden estar seguras: ningún tribunal hallaría culpable a la señora Pachelbel." Pronunciaba el apellido con fonética alemana, tal como a ella le gustaba: *Pajel*-bel. "El suyo es un caso al que le cuadra la fórmula *in dubio pro reo*", dijo el hombre, procediendo a secarse la frente empapada. Viendo que Pat y Miranda se habían quedado con la boca abierta, se dignó aclarar: "*In dubio pro reo.* En caso de duda, es justo fallar a favor del acusado".

Pat se preguntó si estaría en presencia de un lunático, o de un despistado que celebraba el Sever aun después de su caducidad. Que escondiese una mano le inspiraba desconfianza: ¡podía tener un arma! Pero Miranda, cuyo juicio sobre los adultos era considerado infalible por su madre, no albergaba dudas sobre el personaje. Exhaló una risa corta (dos notas iguales: La, y otra vez La) y siguió mirando al hombre gordo y azul cuya exuberancia la fascinaba.

"Existe otro atenuante", prosiguió el hombre. Su calva ya exhibía un lamparón azul; había cometido el error de llevar pañuelos nuevos, que desteñían al contacto con el sudor. "Consideren que la señora Pachelbel les ha hecho un favor. Los que vivimos en pueblos pintorescos como Santa Brígida somos víctimas del prejuicio. Cuando la gente de las grandes ciudades nos visita, les parecemos encantadores y coloridos."

"Sobre todo coloridos", dijo Pat mientras miraba la mancha azul.

"Pero si se quedan entre nosotros el tiempo suficiente descubren que tenemos tantos defectos como ellos, y hasta peores... aquello de *pueblo chico, infierno grande* es una máxima de la que no escapamos... y al decepcionarse nos juzgan con dureza. ¿Dónde se dice que los habitantes de pueblos pintorescos debemos vivir vidas pintorescas? ¿Existe algún código que establezca que los pueblerinos estamos condenados al exotismo? Sepan ustedes, señora, señorita, que un pueblerino puede llegar a ser tan grande como un hombre de ciudad."

"Sobre todo grande", dijo Miranda, mirando la barriga de su interlocutor.

"Un pueblerino puede vivir una vida tan desgraciada como la de un romano o un londinense. Un pueblerino puede ser tan egoísta como un praguense o un parisino. Un pueblerino puede ser tan malvado como un moscovita, un santiaguino o un ateniense. Por eso mismo, dado que parecen dispuestas a pasar una temporada entre nosotros... ¡Dios nos conceda el privilegio!... acabarán descubriendo que tenemos nuestras miserias, porque al fin y al cabo esa es la marca de nuestra especie. Pero ya no se decepcionarán de nosotros, ni nos juzgarán con mayor dureza de la que corresponde, porque apenas llegadas a Santa Brígida la señora Pachelbel descorrió para ustedes el velo de la ilusión y las puso al corriente de que sí, somos tan humanos como cualquiera, en lo grande y en lo pequeño, en lo alto y en lo bajo." Y remató, como quien declara un motivo de orgullo: "¡Podemos ser tan creídos como un porteño!"

"Yo nací en Buenos Aires", dijo Miranda, que lejos de ofenderse buscaba la empatía.

El hombre gordo se llevó el pañuelo a la boca, secando el sudor que se acumulaba sobre su labio superior. Cuando lo retiró, tenía un bigote azul.

"Me lo imaginaba, señorita..."

"Miranda", dijo ella conteniendo la risa.

"Señorita Miranda, no lo tome a modo personal. Si la señora Pachelbel la maltrató no se debe a que usted carezca de encantos, sino al hecho de que odia a los niños. A ese respecto no conozco a nadie más democrático. ¡Odia a todos los chicos por igual!"

"¡Odia a los chicos!", repitió Miranda, con el espanto de quien difunde la confesión de un crimen.

"Si un genio le concediese un deseo, pediría nacer adulta de una vaina o de un huevo, para no pasar por el calvario de ser aquello mismo que aborrece."

"¿Qué tiene contra los chicos?", preguntó Pat.

"Ella prefiere que le pregunten qué es lo que *no* tiene en su contra, porque en ese caso la respuesta sería más corta."

"*Crap*", dijo Miranda, que tenía un gran manejo de los insultos en inglés. (Su madre maldecía en ese idioma, suponiendo que preservaba a Miranda del ejercicio de la grosería; sin éxito, como queda de manifiesto.) *"Shit. Fuck!"*

"Miranda", dijo Pat al filo del reto. Pero no resultó convincente esta vez, porque su cabeza estaba en otra parte. Se preguntaba si la niña se había equivocado al extender el beneficio de su gracia a un adulto indigno. En ese caso sería la primera vez que la veía errar.

"Es muy extraño que deje entrar a un niño a su negocio", dijo el hombre a Miranda. "No lo hace ni siquiera durante el Sever. Usted es de las pocas a las que he visto ahí adentro en estos años. ¡Una verdadera privilegiada!"

Como Pat y Miranda no dejaban de mirar la dulcería con el ceño fruncido, el hombre temió haber perjudicado a la señora Pachelbel en vez de ayudarla (era algo que le pasaba cada vez más a menudo: defendía una causa con elocuencia, pero terminaba hundiéndola) y decidió pasar a un tema más acuciante.

"Imagino que están cansadas", dijo. "Si buscan alojamiento, les recomiendo una pensión que está aquí cerca. Por esta misma calle, sobre esta misma mano. Dos cuadras. Se llama Amancay. ¡No pueden perderse!"

El hombre guardó el pañuelo en un bolsillo y con la misma mano —la otra seguía escondida, fuera de la vista de las mujeres— extrajo una tarjeta que entregó a Pat. Decía: *Dr. Nildo C. Dirigibus, asesor.*

"¿Y en qué clase de asuntos asesora?", preguntó Pat con cierto descaro.

"Finanzas. Y jurisprudencia. Pero también materia impositiva. Y algo de administración pública. Por supuesto, no me cierro a la administración privada. Durante años conté entre mis mejores clientes a algunas bodegas." El doctor Dirigibus suspiró como quien rememora años dorados, y al ver que Pat seguía estudiando su tarjeta, retomó el tema de su recomendación. "En caso de que decida acercarse a la pensión, sepa que el trato es cordial, las camas mullidas y el desayuno abundante. Si presenta esta tarjeta a la dueña, comprenderá que son personas de mi confianza y les hará un descuento."

Pat dio vuelta la tarjeta. En el reverso estaba la firma del doctor Dirigibus, ancha y florida como el personaje: atravesaba la cartulina de un extremo al otro, una interminable sucesión de rizos en tinta azul. Pat se preguntó si el doctor Dirigibus firmaría en tinta negra los días que salía a la calle con trajes oscuros.

"Ahora, con su permiso. ¿Señora, señorita? Encantado de conocerlas."

El doctor Dirigibus tosió como quien pone una rúbrica, arrojó a la basura aquello que había escondido tanto tiempo a sus espaldas y cruzó la calle en diagonal. Durante un instante perdió el rumbo, bandeando su humanidad a babor y a estribor como si lo estuviese golpeando una tormenta. Pero pronto recobró el curso y dirigió proa hacia un bar llamado El Tacho, con la intención de retomar una constante de su vida que había interrumpido en observancia de las normas del Sever: durante la fiesta el doctor Dirigibus conservó una inmaculada sobriedad.

"¿Vamos a ir a ese hotel?", preguntó Miranda a su madre.

"Puede ser. ¿Qué decís, vos?"

"Aunque sea por una noche. ¡Mientras lo pensamos mejor!", dijo Miranda.

Antes de iniciar el camino Pat miró dentro del bote de basura. Quería saber qué había escondido el doctor Dirigibus con tanta porfía, para al fin tirar a último momento.

Era un ramo de flores. Fresias. Envueltas con papel azul.

XV. Primeros pasos en Santa Brígida

Esa noche durmieron en la pensión Amancay.

Miranda sucumbió después del baño. Se metió en la cama y tarareó los primeros versos de *La batalla del calentamiento*. Un instante después empezó a emitir ronquidos.

Pat encendió un cigarrillo y analizó la conveniencia de seguir viaje, en busca de un sitio menos estrambótico. Solía optar por pueblos grises que ni siquiera figuraban en los mapas. Pero en los últimos años había vivido en cuatro pueblos de esas características —y siempre había terminado escapando.

Santa Brígida no parecía la elección más sensata. El problema era que estaba cansada de huir.

Tenía dinero para sobrevivir durante un tiempo, mientras encontraba un empleo. Decidió prolongar la estadía en la pensión durante un par de semanas.

El doctor Dirigibus asumió la tarea de conseguirle trabajo como una cruzada personal. Pat no tardó en advertir que el asesor privilegiaba su traje color borravino, porque hacía juego con el tinte más frecuente de su nariz.

El hombre le presentó a buena parte de sus clientes, entre quienes se contaba lo más granado de Santa Brígida. *Primus inter pares* el intendente Farfi, un hombre muy serio (se lo presentaron en plena semana laboral) en quien Pat no reconoció ninguna de las mañas del político. Por el contrario, la impresionó como un sujeto obsesionado por la eficiencia: le preguntó edad, estudios y calificación profesional, qué clase de empleo buscaba y qué sueldo consideraba razonable, y anotó cada dato en una libretita de magreadas tapas negras. La única extravagancia que Pat registró en el personaje (la única perceptible a primera vista, convendría decir) fue el bigote negro y encerado, cuyos extremos se curvaban hacia arriba. Aquel no era el bigote de un burócrata, sino el de un sujeto de imaginación desbordada.

Después Dirigibus le presentó al señor Puro Cava, responsable del Registro Civil, a quien definió como su amigo dilecto. Pat y Miranda lo recordaban bien: era el hombre cuyos calzones color violeta habían visto no bien pisaron Santa Brígida.

También las llevó a conocer al padre Collins, que les habló de sus antepasados irlandeses (Pat mintió con descaro delante de Miranda, pretendiendo no saber gran cosa respecto de sus raíces) y las invitó a disfrutar del cine parroquial cuando quisieran.

Por último conocieron a la señorita Olga Posadas, directora de la escuela, que se ofreció a abrir una vacante para Miranda en la eventualidad de que decidiesen quedarse. (Tiempo después Teo coincidiría con ellas: la señorita Posadas tenía el trasero más grande que hubiesen visto jamás. Inspirado por su visión, el gigante reescribió para honrarla la frase de Rostand en el *Cyrano:* "Érase una mujer a un culo pegada...")

Todos ellos le ofrecieron algún tipo de trabajo. Pat agradeció la generosidad pero declinó cada convite. La verdad era que no quería trabajar en la municipalidad, ni en el Registro Civil, ni en la parroquia, ni en la escuela, porque no deseaba figurar en ningún documento oficial.

Consideró dar clases de inglés. La señora Granola, dueña del Amancay, la entusiasmó al ofrecerle el uso de sus instalaciones a cambio de lecciones gratuitas. Fue Miranda quien la disuadió de esta intención, al recordarle una de sus características más notorias. Para ponerlo de una forma que no incurra en menoscabo, digamos que Pat visitó la ventanilla de los dones cuando Dios ya había agotado sus provisiones de paciencia. Aunque la compensó con sobreabundancia de otras gracias, Pat llegó a este mundo con la mecha corta. Y en un maestro la impaciencia es un pecado, como Miranda bien sabía por experiencia personal.

"Yo te dejo que me grites porque sos mi mamá", dijo la niña, haciendo gala de sensatez. "¡Pero si le gritás a la señora Granola, nos va a echar del hotel!"

"¿Cuándo grito, yo?"

"Vos gritás hasta cuando estás dormida", dijo Miranda, y remató la faena llamándola como el personaje de un cuento que Pat le había leído: *Lady Screams-A-Lot*, es decir, *Señora Gritamucho.*

Los días se fueron como agua. Pat comenzó a desesperar. Se volvió hosca e intratable. Miranda eligió concentrarse en la música de su radio, o en sus dibujos. A veces pedía quedarse con la señora Granola en la seguridad de la pensión, o en el estudio del doctor

Dirigibus, pero sabía que era inútil: su madre no la dejaba ni a sol ni a sombra.

En ese tiempo pasaron muchas veces delante de la dulcería de la señora Pachelbel. (Miranda mascullaba *crap, shit, fuck* entre dientes, para evitarse el reto.) La tercera vez que vio turistas saliendo con las manos vacías, la cabeza de Pat empezó a urdir.

La señora Pachelbel preparaba sus propios dulces, jaleas y mermeladas en la cocina del fondo del local, y con el producto de esa labor abastecía al pueblo. Pero el rumor de su excelencia había trascendido las fronteras, y cada vez eran más frecuentes las excursiones de pueblos vecinos y hasta de turistas tentados de probar. Cuando tenían suerte la señora Pachelbel les vendía un frasco o dos; cuidaba de no desabastecer a sus clientes habituales. Hubiese podido vender más, pero para ello necesitaba producir más, y no tenía forma de hacerlo, a no ser que dejase de dormir por las noches y se mudase a la cocina... o contratase asistencia.

Una vez germinada la idea, Pat procedió de la manera metódica que tantos resultados le había dado en su vida. Preguntó precios, hizo cálculos y proyecciones. Una tarde esperó dos horas a que el negocio se despejase de compradores, dejó a Miranda al cuidado del doctor Dirigibus (sabía que iba a encontrarlo detrás del semáforo, con un ramo de flores en la mano) y entró en la dulcería con su carpeta debajo del brazo.

La señora Pachelbel la reconoció de inmediato, pero se cuidó de manifestarlo. Ya no había bucles en su pelo, que estaba recogido de manera tirante y atado con un moño sobre su nuca. Tampoco llevaba el delantal colorido con que la vio la primera vez. Sin embargo conservaba los borceguíes, tal como Pat descubrió apenas la mujer abandonó el parapeto del mostrador; se trataba de su calzado habitual.

"Bienfenida. ¿En qué puedo ayudagla?", preguntó, como si nunca antes la hubiese visto.

"No vine a comprar", dijo Pat. "Vine a vender."

Durante media hora la señora Pachelbel guardó silencio, mientras Pat explicaba su propuesta y le enseñaba las cifras y los gráficos que llevaba dentro de la carpeta.

"Es buena idea. Pego tiene un defecto", dijo al fin la señora Pachelbel, haciendo una pausa de deliberado dramatismo. "Yo no quiego fender más. ¡Con lo que hago me basta paga tener una buena fida!"

Pat se sintió desfallecer. El mundo estaba lleno de capitalistas salvajes, ¿y tenía que ser ella, Patricia *Pat* Finnegan, la que diese con el único empresario que no deseaba aumentar sus ganancias?

No le quedaba otra que recurrir al Plan B.

Sacó un frasco del bolsillo de su chaqueta y le quitó la tapa.

"Pruebe", dijo.

La señora Pachelbel hundió una cuchara limpia en la mermelada. Y después de saborearla dijo, sin disimular su desprecio:

"¡Llena de conserfantes!"

"Pero barata", retrucó Pat. "Tanto como para entregar dos frascos por el mismo precio al que usted vende uno. ¿Ve aquel local vacío, al frente de la calle? Ahora mire", dijo Pat, desdoblando un papel. "Esta es una reserva de alquiler que hice con el aval del doctor Dirigibus. Pienso abrir ahí una nueva dulcería. ¿Qué le parece? Mis precios van a ser más accesibles que los suyos. Y cuando usted se quede sin existencias, los turistas van a cruzar la calle y a comprar donde siempre hay mercadería, en el negocio atendido por una mujer joven y simpática. ¡En pocas semanas nadie más cruzará esta puerta! Por supuesto, el doctor Dirigibus retiraría su aval si usted se lo pidiese, lo cual me haría difícil obtener el local. Pero eso implicaría dejarlo entrar acá y aceptar sus flores."

Ahora fue Pat la que dio paso a un silencio dramático. La cara de la señora Pachelbel tenía el mismo color que la mermelada.

"Si acepta mi propuesta, nos beneficiamos todos", continuó Pat, viendo madurada su oportunidad. "Usted trabajaría un poco menos y ganaría un poco más. ¡Y a la vez se quedaría con toda la fama! No puede dejar pasar esta oportunidad. Hay sólo una cosa más rara, en este mundo, que un empresario que se niega a aumentar sus ganancias. Y esa cosa es alguien que pudiendo ser empresario, elija ser empleado. ¿De qué lado de la calle prefiere tenerme?"

La señora Pachelbel cerró la carpeta, se la devolvió y dijo:

"No quiego chicos en mi local."

"Miranda no pisará este negocio, se lo juro. No soy tan mala madre como para exponerla a su resentimiento." Pat miró de reojo hacia la calle. No había rastros de la niña ni de Dirigibus. Urgida por la circunstancia, volvió a presionar. "¿Hacemos trato, entonces?"

La señora Pachelbel le ofreció su mano.

"Ensayamos dugante dos semanas", dijo, más avinagrada que nunca. "Si todo fa bien, seguimos adelante. Pego al más mínimo desacuegdo, *alles vergessen!*"

Pat arrojó su mermelada al tacho de basura (la había comprado en un supermercado, quitando la etiqueta que identificaba su marca) y selló la asociación.

Una vez en la calle se le cerró la garganta. ¿Dónde estaba Miranda? ¿Por qué se le había ocurrido que podía confiar en Dirigibus? Aun en el caso de que no fuese corruptible, estaba claro que no podría defenderla si…

Enseguida descubrió el ramo de flores en el tacho de siempre. Adivinando el derrotero del jurisconsulto, cruzó la calle y entró al bar. Allí estaban, en efecto, sentados sobre sendos taburetes con los codos encima de la barra: Miranda bebía la Coca-Cola que su madre amaba prohibirle, y el doctor, respetuoso del horario vespertino, rendía pleitesía a un fernet mientras conversaba con el Tacho Gómez, dueño del local. Pat se dispuso a protestar, pero estaba demasiado feliz para fingir enojo. Hasta pidió una cerveza. ¿O no tenía motivos para el festejo, aunque la medicación le sugiriese abstinencia?

XVI. En defensa del pensamiento científico

Al día siguiente del acuerdo Pat y Miranda viajaron a Bariloche. El bolso quedó en la pensión bajo custodia de la señora Granola, para convencer a la niña de que no se trataba de una nueva fuga: una vez cumplido el objetivo de la excursión volverían a Santa Brígida, al menos por un tiempo más.

Desde Bariloche Pat hizo un llamado telefónico a Madrid. En la conversación con sus padres, breve y nerviosa, Pat rechazó sus ofrecimientos de ayuda. Todo lo que necesitaba era una suma precisa de dinero, nada más pero nada menos.

Pat y Miranda se quedaron en la ciudad hasta cobrar el giro. Al regresar al pueblo compraron la cabaña. Estaba en mal estado pero era habitable. La señora Granola las despidió con lágrimas en los ojos, se había habituado a su presencia en la pensión. Ante la consulta de Pat, les recomendó los oficios de David Caleufú, padre del fugaz intendente Salo: era el mejor albañil de Santa Brígida. El poco dinero que sobró de la transacción y del pago de los arreglos tenía un destino fijo: la cocina industrial.

Las dos semanas de prueba se convirtieron en un mes, y ese mes en dos. Pronto cocería la totalidad de las frutas. La señora Pachelbel le ofreció encargarse además de la selección y compra de la materia prima, pero Pat se negó; no quería tener tratos con gente de otros pueblos.

Con el tiempo fabricaría algunos de los dulces, siguiendo indicaciones de la señora Pachelbel. Cuando Teo le preguntó si existía un secreto de su excelencia, Pat no le dio una clase de arte culinario sino científica: le habló de hidratos de carbono, de oxidación y de ácidos naturales. No era la forma en que la señora Pachelbel se lo había enseñado, pero sí la manera en que Pat lo decodificó para entenderlo. Esa era una de sus características: le gustaba definirlo todo con precisión. Un golpe parece menos golpe cuando se reduce a *la rotura de vasos capilares que produce un derrame pronto a reabsorberse.*

La primera vez que Teo oyó a Pat consolando a Miranda de esa forma, se sorprendió. Era evidente que Miranda deseaba que compartiese su pupa y le hiciese sana sana, como todas las madres. Pero Pat no era como todas las madres.

"Tiene que aprender, es mejor que sepa qué le pasó", porfiaba Pat.

"Lo sabe mejor que nadie. ¡La que se estampó contra la puerta fue ella!"

"No es nada más que un golpe. Un dolor muscular momentáneo, que a lo sumo producirá tumefacción..."

"¿Oíste, Miranda?", dijo Teo. "¿No te sentís mejor, ahora que sabés que te vas a poner tumefacta?"

A ningún niño le gusta que le pronostiquen tumefacción. La palabra tumefacta suena feo; suena a *putrefacta.* En consecuencia, Miranda subió el volumen de su llanto.

Pat tenía una mentalidad práctica que algún prejuicio pretendería poco femenina. Su sentido del humor era ácido; escapaba de cualquier efusión como de la lepra. ¿Cuántas madres propician que sus hijas las llamen por su nombre, y no por su sacrosanta función? Pat sentía que *mamá* era un apelativo reduccionista; ella era madre, pero también era mucho más que eso.

Para todo otro saber que no fuese científico, para todo otro libro que no fuese de divulgación, Pat elegía conservarse ignorante. Procedía de la misma forma que Sherlock Holmes, que desterraba de su mente todo conocimiento impráctico con la excusa de que la capacidad de acumular información es limitada y, *ergo,* se necesita espacio para lo valioso de verdad. Ese era el motivo por el cual podía exhibirse culta al nivel de la eminencia al abordar un tema equis, e ignorante como un lego un minuto después, al pasar a otro tópico; la maldición del pensamiento especializado.

Pat ignoraba todo sobre Holmes porque lo ignoraba todo (o eso pretendía, al menos) sobre la literatura. Esto producía horror en Teo, que como buen tímido encontraba solaz en el mundo de la fantasía libresca. Cada vez que le recomendaba una novela, Pat respondía: *Prefiero ver la película.* Lo cual era una forma elegante de decir que no le interesaba. El único cine de Santa Brígida era el de la parroquia, y Pat evitaba a los curas hasta en el rol de acomodadores. Su porción de sangre irlandesa era pagana por entero. Pat creía en las historias que su madre le había contado cuando niña, en *hobgoblins, bogies* y *banshees*, en lamias y en gigantes (su favorito era *Bran the Blessed*, a quien ninguna casa podía contener), pero desconfiaba de cualquier otro creencia impuesta en la verde Erin de San Patricio en adelante.

Podía tolerar una historia narrada en el curso de hora y media, a lo sumo dos, pero insistía: cualquier historia que demande un tiempo superior es una aberración. Además, argumentaba, a diferencia de los libros científicos, la mayoría de las novelas pueden ser condensadas en unas pocas palabras. Para Pat el Quijote podía ser resumido así: *Alonso Quijano sufre demencia senil*. El caso de *The Catcher in the Rye* lo expresaba de esta forma: *Holden Caulfield atraviesa la adolescencia*. Si se trataba de *La vuelta al mundo en 80 días*, decía: *Phileas Fogg gana una apuesta*. Y en referencia a *Moby Dick*: *Ahab persigue a una ballena blanca; muere al arponearla*.

Durante meses Teo sembró novelas en el camino de Pat, desafiando su capacidad de síntesis. Pat recogía el guante, sobrevolaba el texto y lo devolvía en una cáscara de nuez. Algunas de sus síntesis desconcertaban. Después de picotear *Finnegan's Wake* (con la curiosidad de quien hojea un álbum familiar), Pat dijo: *Hay gente que merece morir*. Teo no supo si se trataba de la síntesis o de la expresión de lo que Pat le deseaba a Joyce.

Pero por debajo de la defensa del pensamiento práctico yacía otro anhelo. Al desmontar el dolor y convertirlo en una proposición médica (causa y efecto; elimine uno y evitará lo otro), Pat intentaba desactivarlo, reduciéndolo a la suma de sus partes. Estaba destinada al fracaso, porque en su afán olvidaba que los peores dolores, los más persistentes, están lejos de ser dolores del cuerpo.

XVII. Donde Teo descubre que no es Johnny Ringo

En la mañana que siguió al primer encuentro amoroso, Teo ya podía caminar. La herida cicatrizaba con velocidad sorprendente. Eso sí, le escocía que era un horror. Tenía que hacer un esfuerzo sobrehumano para no rascarse el culo todo el tiempo.

Aprovechó los silencios del desayuno para insistir ante Pat respecto del lobo. No dijo *lobo*, por cierto, sino que hizo referencia a un perro salvaje. (*Ex malis eligere minima*, escribió Cicerón: de entre todos los males, elige el menor.) Aunque más no fuere por el cuidado de la niña, debían alertar a las autoridades y vigilar la zona.

"¿Tenés algún arma, acá?"

"¿Y vos?", respondió Pat.

"Yo no viajo armado. ¿Qué te pensás que soy, Johnny Ringo?"

Pat raspó la parte quemada de un pan con maniática insistencia.

"¿Tenés o no?", insistió Teo. No entendía por qué se hacía la misteriosa al respecto. Uno tiene un arma o no, y ya; no hay posibilidad de zonas grises.

"No", dijo Pat. Y no dijo más.

A media mañana Teo rescató su camioneta. Con Pat como copiloto llevó a Miranda a la escuela. La dejaron en la tranquera de entrada para evitar las miradas curiosas. (Al volante del vehículo Teo parecía un gorila atrapado en una jaula para pájaros.) Después se fueron al pueblo, donde Pat visitó la intendencia. Le prometieron que iban a encargarse del "perro salvaje". Esa misma tarde una patrulla de gendarmería visitó la cabaña. Teo dio las explicaciones del caso a pedido de Pat, que ni siquiera salió de la cocina. Cuando los gendarmes se fueron, Teo le preguntó a qué se debía su timidez. Pat se limitó a decir que odiaba a todos los uniformados por igual. Teo le creyó y ya no insistió con el tema. En la Argentina que acababa de salir de la dictadura, esa fobia a los uniformes era un sentimiento tan extendido como comprensible.

Teo no se conformó con la promesa de los gendarmes. Patrulló la zona en su camioneta hasta que cayó el sol. Al día siguiente decidió caminar. Como no tenía armas, peló una gruesa rama con una cuchilla. Con su garrote al hombro, el gigante trazó a pie un espiral en torno a la cabaña, hasta toparse con el árbol que le había dado asilo.

Allí descubrió las marcas del lobo, la prueba de que no había soñado ni sufrido alucinación alguna. Un escalofrío se escurrió por su piel. Subsistía la posibilidad de que la visión del lobo le hubiese producido un shock, y que en ese estado hubiese imaginado la voz de barítono y las frases en latín, pero ya no lo creía probable. A esa altura de los acontecimientos, lo que más lo inquietaba no era lo excepcional de la aparición sino el significado de su anuncio. Ni siquiera podía recordar bien lo que el lobo había dicho. ¿Le había prometido redención, o estaba retorciendo las palabras según su propio deseo? ¿Y cuál era el sentido de la cita de Plauto: *Di nos quasi pilas homines habent*, es decir *Los dioses tratan a los hombres como pelotas*? Lo perseguía la intuición de que el mensaje había quedado incompleto. ¿Y si el lobo no había terminado de decirle lo que debía? ¿Y si lo más importante del anuncio nunca había cruzado la frontera de sus colmillos?

Siguió caminando con ese peso en el alma mientras ampliaba el radio del espiral. No encontró más signos de la presencia del lobo. Si hubiese sido Johnny Ringo habría dado con sus huellas sobre el terreno, o con los restos de su comida, o con sus deposiciones. Pero no era Johnny Ringo; era apenas un gigante criado en la ciudad, el pasmado confidente de un lobo versado en Plauto.

Al tercer día uno de los gendarmes regresó para informar que no tenían noticias de la bestia. Ninguna de las trampas que tendieron había surtido efecto, dijo. El "perro" debía estar ya muy lejos de allí.

Teo hizo jurar a Pat que no dejaría que Miranda vagase sola.

"No puedo tenerla encerrada todo el tiempo", dijo Pat. De haberla oído, Miranda se habría echado a reír: si algo hacía su madre por propia voluntad era mantenerla encerrada o al alcance de su mano, con la única excepción del horario escolar.

"Vigilala por unos días, al menos", dijo Teo. "Hasta que estemos seguros."

Pat advirtió el uso de la primera persona del plural en el reclamo.

"¿Ah, sí?", preguntó con sorna. "¿Y eso cuándo será? ¿Cuándo *estaremos* seguros."

"Cuando yo vuelva", dijo Teo rascándose el culo.

Teo se fue por una semana. Cuando regresó, ya había quemado todos los puentes que lo unían a su vida pasada.

XVIII. De los explosivos y sus clases

No le costó nada cortar amarras. En lo que concernía a sus obligaciones, ya no le quedaba ninguna: estaba desocupado y carecía de proyectos. Se había jurado no volver a trabajar con explosivos. Eso constituía un problema, dado que era lo único que sabía hacer; pero lo resolvería. El panorama de sus afectos era todavía más desolador. Se sentía distante de los pocos amigos que conservaba de su juventud. La mayoría se había casado, tenía hijos y empleos en los que nada volaba por los aires.

En el trabajo no había hecho nuevas amistades. Ascendió demasiado rápido, y parecía disfrutar de la misma tarea que sólo inspiraba miedo y pesadumbre en sus colegas. Era una estrella para la empresa, y las estrellas no inspiran confianza. Las pocas simpatías que cosechó se disiparon con el humo del accidente.

La mayor parte de su familia había muerto en los últimos años: tías gordas, abuelos, madrina, padrino, tíos postizos. Teo no había perdido a nadie en la represión desatada por la dictadura, por lo que se consideraba afortunado. Pero en la década del 70 sus parientes cayeron como moscas por causas naturales, como si cuidasen de que no faltara a la cuota de muertes *per capita*.

Por supuesto, quedaba su madre. Teo estaba convencido de que no lamentaría su ausencia. Desde que le dijo a los veinte que pensaba irse a vivir solo, la mujer le había retirado sus favores. Vivía esa independencia como una traición.

Fue a visitarla para anunciar que se iba al sur. Tal como esperaba le reprochó su decisión, pero no por la nueva distancia que imponía entre ellos sino por el abandono de su carrera. De todas las elecciones de Teo, la de especializarse en el manejo de explosivos había sido la única aprobada por su madre. Para el gigante se trataba de una muestra más de su desquicio: ¿cuántas mujeres celebrarían que sus hijos estén expuestos a diario a la posibilidad de volar por los aires? Teo no tenía forma de entender, porque su madre nunca le había contado las circunstancias de su concepción.

Ahora la mujer se rasgaba las vestiduras por lo que consideraba una derrota.

"Siempre tuve la esperanza de que fueses grandote porque estabas destinado a cosas grandes", dijo su madre sin disimular la amargura. "Pero todo lo que querés es volverte chiquito. Vestir un saquito, sentarte en la sillita, poner sellitos."

Teo también estaba lleno de reproches, pero eligió callar.

No hubo más despedidas. Llevaba ya dos años sin pareja estable.

Los explosivos habían sido material de trabajo pero también el prisma que otorgaba sentido a su vida amorosa. Identificaba a Débora, su primera novia, con las características de la pólvora: puro polvo. Carolina, la número dos, se parecía a la nitroglicerina —por lo inestable. Mercedes era explosivo plástico por doble motivo: porque necesitaba estímulos eléctricos para detonar (trabajaba en TV, sólo vivía cuando se encendía la luz de una cámara) y por el relleno insertado dentro de sus pechos.

Por último estaba Silvia, la mujer que le jodió la vida. Silvia tenía un pasado complicado del que sacaba el rédito más frívolo: utilizaba su desgracia para justificar su imposibilidad de amar. Por ende, sólo se manifestaba dispuesta a recibir. Le sacó a Teo todo cuanto tenía, hasta la energía que le permitía seguir existiendo. El gigante debió emplear toda su fuerza para acabar con ese lazo malsano. Silvia era una bomba nuclear. Las bombas nucleares son diferentes al resto de los explosivos. Matan al estallar, pero siguen destruyendo vida mucho tiempo después de evaporado el hongo.

Mientras regresaba al sur en la camioneta, Teo pensó que se alejaba de la zona devastada por la radiactividad. Olvidaba que una vez irradiado, uno se lleva el mal dondequiera que va.

XIX. Teo teme

Nunca existió un acuerdo formal entre Teo y Pat. Ni siquiera hubo palabras tiernas. Cuando Teo reapareció en la cabaña con sus bártulos, Pat le preguntó si pensaba instalarse en Santa Frígida. Teo dijo que *Santa Frígida* era una redundancia. Pat se apartó de la puerta para dejarlo pasar. Desde entonces convivieron sin hacerse promesas.

Teo tenía sus motivos para no formular planes. Las dos veces que se atrevió a tejerlos terminó escaldado. La segunda ocurrió cuando ofreció matrimonio a Silvia, una historia de cuyo final ya dimos cuenta.

Pero el primer plan que trazó con seriedad fue el que concernía a su carrera profesional. De niño, a la luz de su visibilidad extrema, todo lo que Teo quería era ser invisible. (Volvió a desearlo durante la dictadura, cuando la ciudad era patrullada por aspiradoras con forma de Falcon verde.) Más tarde deseó ser biólogo para especializarse en el estudio de los pájaros, cuya capacidad de convertir su peso en vuelo, y así en levedad, lo fascinaba. Su madre lo llamó a la realidad: en un país pobre como la Argentina, le dijo, aquel que se dedica a los pájaros termina comiéndoselos.

Por pura rebeldía dedicó un par de años al estudio de algo que no podría comer en caso de emergencia: la filosofía. Allí padeció al profesor Fatone, con quien se malquistó de inmediato. Durante la clase inicial Fatone preguntó a los alumnos qué expresiones en latín conocían. En medio de la lluvia de *carpe diems* y *cogito ergo sums*, Teo, que venía preparado a causa de sus años en el Nacional Buenos Aires, le espetó: *Tum podex carmen extulit horridulum*, acusando al profesor de echar pedos por la boca.

Cuando el aire del país se tornó irrespirable Teo optó por la seguridad de los números. Nadie puede sospechar de los números. Los números eran irreprochables, no escondían nada. Además eran pequeños aún cuando simbolizaran cantidades enormes, y Teo sentía debilidad por todo lo diminuto.

Suele creerse que los números son una realidad mecánica y desprovista de misterio, que equivale a la muerte de la imaginación. Es cierto que la mayoría de la gente se relaciona con ellos de esa manera, pero en Teo se conectaban sin esfuerzo con el costado más estético de su naturaleza. Su biblia era el libro de G. H. Hardy *A Mathematician's Apology.* Hardy creía que las matemáticas eran un arte creativo, y que una prueba numérica debía ser, ante todo, armoniosa: "El primer test es el de la belleza. No hay lugar permanente en este mundo para las matemáticas feas." Teo suscribía este credo. Su sueño era dedicarse a la disciplina de Euler y de Ramanujan, pero su madre lo demolió con los mismos argumentos de siempre; las calculadoras eran todavía menos nutritivas que los pajaritos.

Terminó en ingeniería. Apuró la carrera sin levantar la cabeza de los libros. Cuando lograba desprenderse de la calculadora científica (su varita mágica) se dedicaba a mirar series por televisión mientras engullía pizza en cantidades industriales, o escuchaba música, ¡mucha música!, era fanático del rock inglés, Beatles y Génesis y Yes y Queen y Jethro Tull y por supuesto Gentle Giant, cuanto más fantástico el paisaje sonoro (cuanto más remoto en el tiempo y en el espacio), mejor. Su departamento de soltero estaba lleno de revistas con mujeres desnudas, pero también de las historietas que adoraba (desde *Little Nemo in Slumberland* hasta el Corto Maltés) y de los libros que consideraba su fortuna personal; fue en aquella época que leyó Hermann Hesse de pe a pa. Su favorito era *El lobo estepario.* La soledad no lo preocupaba, su condición de gigante lo había entrenado desde un comienzo para vivir en los márgenes.

La vida parecía seguir su marcha y en las calles se paseaba como si nada, pero Teo intuía que algo horrible estaba ocurriendo. No tenía pruebas, pero su cuerpo se lo decía. Sufrió innumerables afecciones cutáneas, más delatoras de lo común sobre su carota magnificadora. Pronto se llenó de cicatrices, que con el tiempo quedarían ocultas debajo de la barba. Esas marcas revelaban el crimen de su disidencia, como aquel corazón que atronaba en el cuento de Edgar Allan Poe.

Vivió ese tiempo en el más abyecto de los miedos. Teo, que admiraba a los números pero creía en las palabras, empezó a sospechar que el temor estaba encriptado en su nombre, que el miedo se derivaba del apelativo *Teo* de la forma más natural, *Teo teme,* como las frases con que se les enseña a los niños a escribir: *Ana anda; Carlos come; Daniel duerme.* Poco después descubrió que su tamaño operaba como la carta robada de otro relato de Poe: su humanidad era tan evidente que lo tornaba imperceptible, y así lo preservaba del mal.

Apuntó a una especialidad en hidráulica (toda masa de agua puede descomponerse en gotas, pequeños diamantes, cristales que no cortan) pero un compañero lo convenció de que lo acompañase a un curso sobre demoliciones. Este chico era hijo de un coronel; no se animó a desairarlo.

La primera explosión que presenció fue una revelación. El aire lo golpeó, dejándolo medio sordo. Una bola de calor atravesó su cuerpo. Podía sentir el olor a quemado que despedían sus cabellos. En ese estallido Teo se reencontró con la intensidad que su vida había perdido, al transcurrir en la opacidad del miedo.

Aprobó el curso con honores. Las demoliciones eran una profecía autocumplida, para alguien que desde pequeño lo derribaba todo a su paso.

Al principio arriesgar la vida lo llevó a valorarla de una forma nueva. Pronto olvidó ese valor al convertirse en adicto a la adrenalina. Con el tiempo se sintió invulnerable. Había descubierto una forma legal de poner bombas.

Hasta que alguien murió. Y ese fue el fin de los planes en la vida de Teo.

A partir de entonces eligió no soñar. Vivía al día, sin plantearse dónde estaría ni qué haría la semana próxima. Una mañana subió a la camioneta y emprendió el camino. Todavía no sabía que terminaría en Santa Brígida.

Este desprecio por los proyectos jugó en su favor con Pat, que también huía del pensamiento a largo plazo. Pat creyó que Teo era su par en esta convicción, y por eso lo aceptó como compañero. De otra forma lo habría rechazado. No podía estar con un hombre que pensaba en el futuro, cuando no estaba segura de tener uno.

XX. Descriptivo de las dificultades del gigante para adaptarse a su nuevo hogar

Como siempre que se mudaba a una casa nueva, Teo trató de adaptarla a sus dimensiones. Pat sugirió que se trataba de un gesto egoísta, el hombre-sol que organiza un sistema vital en torno de su persona, pero Teo le demostró que se trataba de la opción sensata: las maderas de la cabaña podían ser serruchadas, pero sus piernas o su cabeza no.

Pidió que le asignasen la silla de la cocina, que reforzó con maderas y clavos, y reclamó un almohadón que elevase su asiento; de otra forma se vería obligado a flexionar las piernas en exceso, pegando las rodillas a su pecho. Sin embargo la altura de la mesa permaneció intocada. Cualquiera que conozca a alguien de la estatura de Teo habrá advertido que no intentan meter las piernas debajo de la mesa, sino que se habitúan a sentarse de costado, y en la medida de lo posible, en la cabecera. Este emplazamiento le valió una nueva acusación de Pat, que lo tildó de machista por ocupar el sitial principal y pretender la figura del *pater familias.* Teo le dijo que de esa forma no ocupaba dos lugares, pero Pat, esta vez con razón, no le creyó del todo.

Modificó la altura de algunas lámparas después de romper una con la frente. La repuso de inmediato. Ese cometido lo llevó a exhibirse en Santa Brígida por primera vez, lejos del capullo protector de la camioneta. Lo hizo temblando *(Teo teme)*, en anticipación por el escándalo que podía ocurrir. En efecto, cuando entró al negocio el vendedor creyó que venían a asaltarlo. Se puso pálido y balbuceó un buenos días. Teo esquivó algunas lámparas que estorbaban su paso y solicitó el repuesto. El vendedor lo buscó sin darle nunca la espalda; mantenía una mano escondida del mismo modo en que Dirigibus ocultaba sus flores. Teo estaba seguro de que aferraba un martillo. Ya le había ocurrido otras veces. Aun así prefería los martillos a las alarmas policiales, tan comunes en los negocios de Buenos Aires. Muchos dependientes habían alertado a la policía a simple vista, dando lugar a arrestos por sobredosis de estatura.

"Je-*sús*", dijo una voz a sus espaldas, o para ser precisos más cerca del culo que todavía le picaba. Era el señor Oldenburg, el dueño del negocio, que regresaba cargado con las cajas de la mercadería de repuesto. "¿Llegó el circo al pueblo?"

Teo lo miró con cara de pocos amigos, desde su altura glacial.

"¿Hay aire ahí arriba? No me extrañaría que viviese apunado", insistió el hombre.

El gigante estaba tentado de colgarlo de una lámpara como adorno navideño.

"Disculpe", dijo Oldenburg poniéndose colorado, mitad por la vergüenza y mitad por el esfuerzo del acarreo. "No quise ofenderlo. Se han burlado tanto de mí por lo petiso que soy, que el repertorio de chanzas se me escapa así, automático. Es un reflejo. Como el del perro de Pavlov. Cachorro, en mi caso. ¿...Lo ve? ¡No puedo evitarlo! Por favor dígame algo, así estamos a mano. Pregúnteme si mi padre tenía un negocio minorista. ¡Pregúnteme si reclamé a mi madre la mitad que se le quedó adentro!"

Pero Teo no quería humillar a nadie. Comprendiendo su reticencia, Oldenburg buscó resarcirse de otra forma. Extendió una mano casi infantil para presentarse, pero al segundo las cajas que llevaba se torcieron, precipitándose al suelo. Teo las atajó al vuelo.

"Muy amable. Me llamo Oldenburg", dijo el hombrecito al recibir por fin la mano de Teo. "Empecemos otra vez. ¿En qué puedo ayudarlo?"

El señor Oldenburg le dio el repuesto que buscaba —y que el empleado, con su mano nerviosa, no había logrado sacar de su caja— y no quiso cobrarle. Insatisfecho, siguió burlándose de su propia estatura, o mejor dicho de la falta de ella, e invitó a Teo a regresar cuando quisiese. El gigante, divertido por los esfuerzos que hacía Oldenburg para desarmar a su empleado con disimulo, sonrió todavía más cuando descubrió que no era un martillo lo que ocultaba, sino un crucifijo.

En la calle se había formado un corrillo de curiosos, muchos de ellos niños. Un morochito desprovisto de inhibiciones se animó a preguntarle su nombre, su estatura, su origen, las características de sus padres y el motivo de su visita a Santa Brígida —todo de corrido y sin interrupciones.

De haberse tratado de un adulto Teo habría callado, o a lo sumo lo habría invitado a meterse en sus propios asuntos. Pero en este sentido era el perfecto opuesto de la señora Pachelbel, puesto que los niños (este niño, aquel niño, todo niño) lo ponían tonto y tierno y fácil, y le sacaban hasta el número de su cuenta bancaria con tan sólo preguntar.

"Me llamo Teo", respondió sin dudar, suscitando un murmullo entre los curiosos. *(¡Habla! ¡El gigante habla!)* "La última vez que me fijé medía dos metros y veintisiete centímetros. Mis padres son bajitos, bah, normales. Yo nací en Buenos Aires, pero ahora vivo acá. Por un tiempo, al menos."

El rumor se extendió a toda velocidad. (El intendente Farfi fue de los primeros en enterarse. Oldenburg era un amigo personal, levantó el teléfono para contarle apenas Teo hubo salido del negocio.) Esa misma tarde Miranda lo oyó en su escuela: ¡había llegado un gigante al pueblo!

Pat asignó a Teo el baño del piso inferior de la cabaña, que era más grande que el del dormitorio principal. Aun así tenía que hacer varias maniobras si quería cerrar la puerta. Y tuvo que elevar el espejo a la altura de su cara, para recortarse la barba sin peligro de emular a Van Gogh.

"¿Por qué te dejaste la barba, Teo Teíto?", le preguntó una vez Miranda.

"¡Tardaba mucho tiempo en afeitarme! Además gastaba fortunas en espuma, en jabón, en maquinitas... Nunca encontré una brocha adecuada a mi tamaño. ¡Llegué a probar con un rodillo de pintar paredes!"

Miranda amaba estas explicaciones sin cuestionarse si eran o no verdaderas. A esa altura ya lo llamaba Teo Teíto, como si Teíto fuese un adjetivo, *Teo teíto*, una forma de ser Teo, como Teo gigante, o Teo gracioso, o Teo torpe, que el invocado agradecía porque lo ayudaba a olvidarse de la parte temerosa que durante tanto tiempo confundió con su destino.

Al convertirse en testigo de las dificultades de ser Teo (para pasar de un ambiente a otro con la cabeza intacta, para sentarse en el inodoro y que las piernas permitan cerrar la puerta, para levantarse de las honduras del sofá), Pat dejó de protestar e hizo lo que pudo para acomodar la cabaña a su nuevo morador. Se divirtió usándolo como voluntario: necesitaba, por ejemplo, medir el punto exacto en que su cabeza golpeaba el techo al subir la escalera. (Como Miranda se reía, Pat hizo que Teo subiese varias veces. Teo se golpeaba con gusto con tal de oír las carcajadas de la nena.) Una vez determinado el punto exacto, Pat se apartó treinta centímetros y colgó unas campanitas que Teo rozaba al subir: le avisaban del inminente golpe.

Por fortuna la cama de Pat era metálica. Pero el peso de Teo vencía la resistencia del elástico: el colchón se hundía, convirtiendo el centro en un pozo. Después de hacer contorsiones para intimar y ya atacada por dolores de espalda, Pat llenó de cajas el espacio entre el elástico y el suelo; de esa forma la cama se combaba menos. Los libros de Teo fueron a parar allí. Dormían y amaban encima de Kafka, de Melville, de Dickens. A Teo le encantaba la cursilería del símbolo, descansar encima de verdaderos gigantes; y Pat estaba chocha porque había encontrado una utilidad para los libros —y un sitio donde ya no estorbaban el paso.

La singularidad del gigante también sumaba rasgos positivos. Pat dejó de subirse a las sillas para limpiar encima de las alacenas. Los pesados tachos de los dulces, que tanto la habían hecho sudar en este tiempo, parecían baldes de playa en las manos de Teo.

Con el tiempo Pat defendería la altura de Teo como una causa. Le parecía injusto que el gigante viviese adaptándose a un escenario de cuya pequeñez no era responsable. Pero para que el mundo aceptase respetar las diferencias era imprescindible que las percibiese. Teo tenía que exhibirse en toda su dimensión, cuan alto era, y eso significaba que debía corregir su irritante tendencia a encorvarse, a achicarse, a hundir la cabeza. Cada dos por tres Pat le decía:

"¡Enderezate!", lo cual constituía su uso favorito del imperativo.

"Cada vez sonás más parecida a mi vieja", protestaba él, tratando de irritarla. Pero como Pat no conocía a la madre de Teo, la comparación la tenía sin cuidado.

La que más disfrutaba del hecho de contar con un gigante era Miranda. La niña había llegado a una edad en que a Pat le costaba alzarla. En Teo encontró un parque de diversiones con forma humana: era a la vez grúa, tiovivo y caballo, el cañón de la niña-bala y también su red, el elefante que transportaba a Aníbal y el Coloso de Rodas, que abría las piernas para permitir el paso de todas las naves.

Miranda desarrolló una forma de subirse encima de Teo sin que el gigante dejase de caminar. Prendiéndose de su pantalón, utilizaba como estribo los músculos gemelos de la pantorrilla de Teo y le trepaba por la espalda. A veces Teo fingía no darse cuenta de que la llevaba a cuestas. O pretendía confundir a Miranda con un mosquito y empezaba a los palmetazos.

La niña aceptó la irrupción del gigante con la naturalidad de su madre. Jamás manifestó otra cosa que satisfacción. Las muestras de afecto entre Teo y Pat no parecían molestarla; por el contrario, la deleitaban. A la vez comprendía que sus constantes discusiones no eran un enfrentamiento real, sino otra de las formas de su amor. Era evidente que a estos dos les gustaba enfrentarse, desafiarse, sacarse chispas. Entendían el romance como campo de batalla. Por eso Miranda, muy lejos de angustiarse, disfrutaba de esas escaramuzas. Le encantaba cuando Teo agitaba los brazos como aspas de molino y bufaba: *¡Oooof!* En Teo, ese *oooof* era el prenuncio de su derrota.

Una mañana Teo preguntó a Pat cómo había explicado a Miranda el asunto de su mudanza.

"Me preguntó: *¿Va a volver, Teo?* Y yo le dije, creo que sí."

Teo guardó silencio unos instantes, esperando que Pat prosiguiese. Pero Pat limpiaba fruta como si nada.

"¿Y eso es todo?", estalló Teo al fin.

"¿Qué más le iba a decir?"

"Preguntarle qué opinaba, algo así. ¡Ir preparándola!", dijo Teo, cuyo tamaño lo sensibilizaba con la importancia de una buena adaptación.

"Yo sé lo que Miranda siente. Además está acostumbrada a tomar las cosas como vienen."

"Yo quiero que me acepte por su propia voluntad, no que se resigne a mi presencia."

"¿Hay algún signo de resignación en Miranda? ¿Qué tiene que hacer la chica para que se entienda que está contenta? ¿Disfrazarse de payaso? ...Enderezate, ¿querés? Yo también estoy contenta, te aviso, por si no te avivaste. ¡Si es necesario me pinto el culo de rojo como un mandril!"

"Oooof..."

Ese mediodía Teo se ofreció a llevar a Miranda a la escuela.

Por lo general los niños llegaban caminando a clase; los que vivían a mayores distancias eran llevados y traídos por sus padres o viajaban en el ómnibus del señor Torrejas. Miranda formaba parte del grupo de los que vivían lejos, pero su madre no tenía auto. Y aunque Pat le había ofrecido subirla al transporte escolar, Miranda no había querido saber nada. El señor Torrejas no le gustaba. Le rogó a su madre que no la forzara a subirse a su ómnibus.

Pat tenía sobrada experiencia con las intuiciones de Miranda sobre los adultos. Hasta entonces le habían resultado infalibles, con la posible excepción de la señora Pachelbel, que todavía habitaba una Zona Fantasma en espera de dictamen final. Decidió respetar su voluntad. Aunque el pedido de la pequeña complicaba su trabajo (había sobrecocido kilos y kilos de fruta por tardar más de lo esperado, y siempre existía el riesgo del incendio), aceptó llevarla y traerla cada día en su bicicleta. Pocos meses después logró que Miranda aceptase volver caminando, gracias a que parte del trayecto coincidía con el de Salo Caleufú. Pero todavía la llevaba en bicicleta.

Ese mediodía la oferta de Teo llenó a Pat de ilusión. Las ventajas de Teo-chofer eran muchas: pensó que tendría tiempo para un té a solas, que podría trabajar en el jardín y que por una vez llegaría a la tarde sin oler a cerdo después de pedalear. Pero su costado aprensivo la acicateaba. No quería que Miranda se habituase a algo que podía no durar, y tampoco estaba segura de la conveniencia de que los niños de la escuela la asociaran al gigante; Miranda debía ser invisible y el vínculo con Teo la convertiría en una celebridad. Por otra parte era ese momento del mes, y las piernas le dolían tanto... Decidió sucumbir a la tentación. Ya había olvidado la última vez que cedió a un impulso egoísta; ya había olvidado lo que significaba ser débil.

Le pidió a Teo que dejase a Miranda en la tranquera de entrada a la escuela.

"No me pongas esa cara", dijo Pat, al ver la mueca con que Teo aceptó la consigna. "Te lo pido por Miranda, en todo caso, y también por ellos. La gente se asusta de las cosas que no entiende."

"Gracias por lo de cosa. ¡Ahora me siento mucho mejor!"

Teo ubicó a Miranda en el asiento trasero y le ajustó el cinturón de seguridad. La miraba por el espejo retrovisor mientras conducía. Miranda tenía la radio Spica pegada a la oreja. Sonaba un tema de Lloyd Cole, *Forest Fire.*

"Decime, Miranda, ¿estás contenta de que yo esté acá?"

"Sí", respondió la nena, con laconismo digno de su madre.

"¿No te molesta, a veces? Digo, como estabas acostumbrada a estar siempre sola con Pat... ¿No te molesta ni un poquito?"

"Pat está contenta."

"Ya lo sé, pero quiero saber qué sentís vos."

Miranda buscó los ojos de Teo en el espejo. Parecía sorprendida por la demanda. No estaba habituada a contemplar sus propios sentimientos. ¿Cómo sabe uno lo que está sintiendo en realidad? Si ni siquiera los grandes entienden qué les pasa, ¿cómo podía saberlo ella a los cinco años?

Pero al chapalear en esas aguas, algo surgió en la superficie.

"Vos no gritás a la noche", dijo Miranda.

"Creo que no. Nadie me lo dijo, por lo menos."

La niña guardó la radio dentro de su mochila.

"Yo pensé que todos los grandes gritaban. Pero los papás de mis compañeros no gritan. Y vos tampoco gritás."

"Todos tenemos pesadillas."

"Yo creí que Pat iba a dejar de gritar, ahora que estabas vos."

Teo condujo en silencio. Durante esas semanas había alentado la misma esperanza que Miranda. Pero Pat seguía gritando noche tras noche, sumida en ese terror del que sólo la apartaba el contacto de su mano. (Gritaba a pesar del efecto sedativo de los medicamentos, cuya ingesta ocultaba todavía a los ojos de Teo.)

Chicos y chicas con guardapolvos peregrinaban por las banquinas, espaldas blancas que brillaban al sol. La camioneta los dejaba atrás pero siempre aparecían otros; era como andar sobre un sinfín, una cinta que mordía su propia cola.

Al aproximarse a la tranquera Miranda se quitó el cinturón de seguridad.

"Dejame acá."

Teo obedeció, frenando a un costado del camino de tierra.

Miranda abrió la puerta sin ayuda y bajó de un salto. Al instante asomaba en la ventanilla de Teo.

"A lo mejor con el tiempo", dijo.

Dio dos palmadas sobre el peludo antebrazo y empezó a caminar rumbo al edificio escolar.

Teo se quedó allí unos minutos más, viéndola alejarse. Se preguntaba cómo había hecho la niña para invertir las tablas y lograr que el consolador terminase consolado.

XXI. Contiene algunos datos clave, girando todos en torno de la niña

Es tiempo de echar una mirada más atenta sobre Miranda Finnegan. Esto es imperativo para quienes tengan unas gotas de sangre Pachelbel en sus venas, pero en especial para quienes hayan visto a la niña como un accesorio de la trama; por favor, miren otra vez.

Es cierto que los niños suelen ser relegados a un papel secundario, o empleados tan sólo para inspirar ternura. En este caso sería un error, porque Miranda es el corazón de esta historia. Para ser más precisos: Miranda es lo que está en disputa. Pat la tiene bajo su ala, ya se ha visto, pero alguien más la quiere también, aquella persona de la que Pat escapa con la desesperación de quien siente en los talones el calor del infierno.

¿Cuánto sabe Miranda de esta persecución? Apenas tiene algunas sospechas que construyó con lo poco que Pat le contó y lo mucho que intuye: sabe que es objeto de una batalla, pero ignora cuán feroz puede ser.

En cualquier otro momento el dilema se habría zanjado de forma civilizada, pero los protagonistas no estaban dispuestos a someterse a la ley. En la Argentina de 1984 la ley era una ramera babilónica: había tolerado que un régimen espurio la humillase durante años y por ende nadie la respetaba, ni los que la mancillaron ni los que convivían con ella. Las partes del problema tampoco podían recurrir a la ciencia, que por ese entonces no había desarrollado la tecnología que identifica el ADN. No, el saber que el hombre acumuló en siglos no alcanzaba para zanjar esta cuestión, lo cual significaba que sería dirimida de otra forma. El destino de Miranda estaba en manos del instinto y de la pasión. Se jugaba a dentelladas, entre animales de sangre caliente.

A simple vista Miranda era una niña más. Le gustaba bailar, cosa que hacía a menudo con la radio en la oreja o siguiendo una música que sonaba en su interior. Era dueña de una contagiosa energía pero no hiperkinética: concentrarse en un libro o en un dibujo le resultaba natural. A poco de conocerla la gente coincidía: Miranda era madura (madu-*rísima,* diría ella) para sus años. Habiendo sido criada por Pat, para quien no existían *tutús* sino autos ni *babáus* sino perros, ¿quién podía sorprenderse cuando se expresaba con la propiedad de un adulto?

Resulta tentador atribuir los rasgos que la diferenciaban de Pat a la herencia de su padre. Una vez Miranda le preguntó a Pat si su padre era rubio. Pat respondió que sí. Quiso saber si conservaba una foto suya, aunque sin muchas esperanzas: Pat detestaba las fotos, nunca tuvo una cámara, era de esa gente que no lleva instantáneas de sus hijos en la billetera. Tal como esperaba, la respuesta fue negativa. Miranda preguntó entonces en qué otras cosas se le parecía. Pat dijo que en nada. Sin embargo Miranda estaba convencida de tener las manos de su padre, aunque prefiriese no decirlo.

Las manos de Pat eran anchas, de uñas cortas que nunca cuidaba; se las cortaba con los dientes. Las manos de Miranda eran delicadas. La diferencia entre sus manos y las de su madre no era lo único que le sugería de quién las había heredado. También percibía la inquietud de Pat cada vez que recurría al alicate o a la lima. Cuando quería jugar a la manicura, Miranda se encerraba en su cuarto.

Le gustaba dormir hasta tarde. Amaba la televisión, se quedaba embobada delante de cada aparato encendido; era el mismo impulso que la hacía babearse por una Coca-Cola, uno siempre ansía lo que no tiene o no le permiten. (Salo tenía TV, era un privilegiado, Miranda amaba a Salo por muchos motivos pero también por este.) Detestaba las cebollas. Se moría por la leche condensada, que comía a cucharadas de la lata. Adoraba dibujar, podía pasarse horas. En esto se parecía a otros tantos niños.

Hay cosas en las que no se parecía a ninguno. Todos los niños que conocía tenían padre salvo dos, cuyos progenitores se habían mandado a mudar. El caso de Miranda era distinto, decía Pat: su padre había muerto en un accidente. Cada vez que Miranda se lo preguntaba, Pat repetía la explicación con paciencia sospechosa: tu padre, le decía, trabajaba en un barco. Se le cayó un mástil encima y lo arrastró al agua. Nunca lo encontraron, y por eso no podemos ir al cementerio para ponerle flores. Miranda había creado en su cabeza una figuración de la tragedia, se imaginaba el velero, la tormenta con olas como montañas movedizas, el rayo talando el mástil; cada vez que pensaba en el tema veía las mismas imágenes en su cabeza, como quien revisita una película.

Todos los amigos que Miranda hizo eran oriundos de sus provincias y habían vivido siempre allí; muchos ni siquiera se habían cambiado de casa. Con tan sólo cinco años Miranda ya había vivido en cuatro provincias, además de la Buenos Aires natal: Misiones, La Pampa, Santa Cruz y ahora Río Negro. Lo que para sus coetáneos era permanencia, para Miranda era tránsito y fugacidad. Nada duraba en su vida, ni su padre, ni siquiera el edificio donde vino al mundo: lo habían vaciado, sus muros blanqueados con cal y sus ventanas clausuradas con ladrillos. (Estas imágenes le fueron proporcionadas por Pat, cuando le preguntó en qué hospital había nacido.)

Existían otras diferencias con el resto de los niños. Estaba el inglés, por ejemplo, que pocos hablaban a esa edad. (Pat y la niña saltaban de uno a otro idioma sin siquiera darse cuenta; funcionaba como un código privado, que utilizaban aun en presencia de otra gente.) Y también la diferenciaban las cosas que dibujaba después de las migrañas.

A veces le dolía la cabeza y veía imágenes que no estaban delante de sus ojos sino adentro de su cráneo. Pat le había puesto compresas y la había llenado de aspirinas y hasta le había dado pastillas de esas que toman los grandes cuando les patea el hígado, pero nada de eso hacía efecto. Miranda ni siquiera se quejaba, todo lo que pedía era que Pat la dejase dibujar, porque así se le pasaba: ella dibujaba formas geométricas, mandalas, una lluvia de estrellas y luces que le daban un poquito de frustración porque nunca le salían tan brillantes como las que había visto.

Cuando era más chiquita sufría convulsiones y ponía los ojos en blanco. Pat la llevó a varios neurólogos, que le dijeron lo que no tenía —no tenía un tumor cerebral, cosa que puso a su madre muy contenta— pero nunca le dijeron lo que sí tenía. Con el tiempo las convulsiones desaparecieron y llegaron las migrañas. Los dibujos que producía entonces eran distintos del resto de sus dibujos. Resultaban tan bellos que Pat quería conservarlos, por eso los pegaba por todas partes (los dibujos que Teo atribuía a Pat eran de Miranda, en realidad) pero después se arrepentía y los tiraba a la basura y le pedía que si hacía uno en la escuela no se lo mostrase a nadie, porque la gente es metida y le iba a preguntar de dónde sacaba esas cosas y le iba a querer hacer exámenes raros que ella no necesitaba, porque estaba sana y los médicos ya le habían dicho que no tenía nada.

Esa era otra de las circunstancias en que Miranda no se parecía a los chicos de su edad: en su madre. Pat era distinta de todas las madres que Miranda conocía. Para empezar era mucho más linda. Además Pat hablaba con ella como si fuese grande, de todos los temas sin censura, conversaban de cualquier cosa, ¡hasta de chicos!, y encima la dejaba decir malas palabras, aunque más no fuese en inglés. Pat era como Superman, o más bien Superwoman, porque lo hacía todo, cocinaba, la cuidaba, la llevaba al colegio en bici y cuando decidía cambiar de pueblo levantaba la casa, armaba el bolso y sacaba los pasajes.

A Miranda le habría gustado quedarse más tiempo en los lugares, por ejemplo en Santa Brígida, pero siempre existía la posibilidad de que necesitasen salir corriendo. Pat le había dicho que su abuelo paterno las buscaba porque quería quedarse con ella. La niña sentía curiosidad por este abuelo, Pat le decía que era muy malo y que quería separarlas y por eso enviaba tipos siniestros a rastrearlas por todo el país. Ese era el motivo por el que Pat no la dejaba ni a sol ni a sombra y le pedía que no hablase con extraños ni respondiese preguntas ni contase nada íntimo. Y Miranda lo aceptaba porque quería estar con su mamá, que era la mejor madre del mundo y lo hacía todo por ella.

A veces Miranda deseaba que no hiciese tanto, porque sabía que en el fondo Pat no era Superwoman y por eso se cansaba y se ponía nerviosa y explotaba por cualquier cosa. Si no hubiese tenido responsabilides de padre y madre a la vez las pastillas no habrían sido necesarias, estaba segura de eso. Miranda trataba de hacer lo imposible para no resultar una carga, ponía y levantaba la mesa, a veces lavaba los platos, se hacía la cama y hasta aceptaba volver a pie del colegio aunque no le gustaba, ni siquiera en compañía de Salo o de la madre de Salo, Vera Caleufú, que limpiaba la cabaña tres veces a la semana. Miranda cuidaba a Pat en la medida de sus posibilidades, le recordaba que debía tomar las pastillas, siempre estaba pendiente: "¿Tomaste el remedio, Pat? ¿Te acordaste?", aunque ahora le hacía gestos, nomás, o se lo decía al oído porque a Pat le daba vergüenza que Teo lo supiese, no quería que creyese que estaba enferma.

¿Y qué pasaba con Teo? Su aparición había llenado a Miranda de esperanzas. Nunca había visto a Pat de mejor humor. Miranda imaginó que con el tiempo hasta dejaría de gritar por las noches. Claro que hay gritos que son buenos, gritos de alegría, gritos de sorpresa, gritos de placer, pero los de Pat no pertenecían a ninguna de esas categorías. Miranda lo tenía muy claro, porque Pat gritaba en Mi menor.

XXII. En el que se intenta describir la clave del universo de Miranda

Entre las fugas, el trajín de las readaptaciones y la lucha con sus demonios, Pat se perdió algo respecto de Miranda. Ocurre con casi todos los padres, absorbidos por la batalla contra sus limitaciones. Aunque en este caso lo que Pat no advirtió era muy especial: su niña vivía en un universo de música. Para Miranda la música era un principio de placer, eso hasta Pat podía entenderlo; pero a la vez era mucho más. Miranda utilizaba la música para relacionarse con el mundo, del modo en que los insectos emplean sus antenas.

La mayor parte de la gente organiza su experiencia a partir del aprendizaje de una lengua. Miranda habría sido igual de no haber nacido con este talento musical, que le permitió comprender conceptos como número, tiempo y espacio, y por ende le enseñó a manejar abstracciones antes de que pudiese articular sus primeras palabras. Esto no es inédito: los primeros humanos cantaban y bailaban mucho antes de que el *Homo sapiens sapiens* diese al habla la función que hoy le otorgamos.

Pat nunca percibió que los gorgoritos de su bebé eran vocalizaciones incipientes, con las que Miranda ponía a prueba escalas a partir de motivos que le llegaban por el aire, de la radio, la TV o los negocios de la calle. Si no hubiese sido tan ciega para la expresión artística (o en este caso sorda, para ser precisos), puede que Pat hubiese comprendido que los golpes en apariencia erráticos sobre el piano de juguete respondían a una lógica: primero tónicas, después dominantes, el código del teclado desarticulado por Miranda en cuestión de minutos.

El rechazo que Pat sentía por los medios de reproducción mecánica jugó su parte para que Miranda, en su avidez de nuevos sonidos, buscase música donde parecía no haber nada. En una mañana cualquiera Pat podía parar la oreja y decir que no oía más que el bullir de las ollas y algún pájaro a la distancia, pero Miranda habría dicho que por el contrario, sonaba una sinfonía de autor impreciso.

Para ella el mundo estaba lleno de música, todo el tiempo, aun dentro de la cabaña que Pat imaginaba silenciosa. Cada fuente de sonido tenía un timbre: la brisa, la madera de la cabaña, el agua que hervía, el estómago vacío de su madre, el canto de los pájaros, su propio corazón. Cada timbre procedía desde una ubicación espacial determinada, como la de los instrumentos sobre el escenario; y sonaba a un volumen específico. Algunos de esos sonidos trabajaban sobre un ritmo. Otros —en este caso el agua que bulle— proponían un paisaje armónico constante, como un acorde sobre el órgano Hammond. La forma en que producían el sonido era variada: Miranda oía staccatos, pizzicatos, glissandos. Al no estar constreñida por una educación musical clásica, la niña encontraba naturales escalas que excedían los límites de la diatónica, formas sonoras que el oído humano ni siquiera registra como música.

Para Miranda hasta el silencio tenía sonoridad. En ausencia de otros estímulos externos, el zumbido del aire en el caracol de su oreja era un inequívoco Mi agudo.

Cuando Miranda tenía tres años, Pat trabó relación con un guitarrista clásico en un pueblo de Misiones. Una tarde este hombre vio que la niña se detenía en medio del desparramo de sus partituras y contemplaba una durante largos minutos. Primero le llamó la atención, después se asustó —parecía haber entrado en uno de los trances que anticipaban las convulsiones— y por fin notó el movimiento de los pequeños labios, la marcación del ritmo con el piecito descalzo.

Se le acercó con delicadeza. Identificó la partitura, que se sabía de memoria, y entonces se concentró en la niña. No pudo creer lo que veía. La niña interpretaba la partitura entre dientes: era obvio que no identificaba las notas con corrección, pero le había otorgado a las primeras un valor equis y transportaba el resto de la partitura en consecuencia, respetando los tiempos y los intervalos. Le cambió esa partitura por otra, y después otra más, y una cuarta. Miranda hizo lo mismo cada vez. Era como si la música se desprendiese de la página y se volviese tridimensional, tangible, y cada elemento de ese cosmos que había sido plano se relacionase con los demás respetando la proporción perfecta. La niña descifraba el código con sólo mirarlo.

"¿Qué estás haciendo?", le preguntó al fin.

"Estoy leyendo", dijo Miranda, que todavía era incapaz de leer una frase del más sencillo español.

El hombre fue a buscar a Pat a la cocina y le dijo que su hija era brillante. Repitió el truco de las partituras en su presencia. Tuvo que explicarle de qué se trataba, porque Pat no veía en ello más que una nueva monería.

Después llenó a Pat de preguntas. ¿Había ido Miranda a algún colegio experimental? ¿Tenía su familia antecedentes musicales? ¿Estaba familiarizada con algún instrumento? No, a no ser que tuviese en cuenta al viejo piano de juguete que se había quedado en Santa Cruz. El hombre no podía creerlo. ¡Quién sabe a qué alturas llegaría Miranda si estudiase con un gran profesor! Entre la cena y el café el guitarrista explicó a Miranda los rudimentos de la escala diatónica, y dio nombre a las notas que la niña dominaba sin saber cómo llamarlas: Do, Re, Mi, Fa...

Al otro día Pat armó su bolso, cargó a Miranda y se subió a un tren. No podía darse el lujo de criar a una niña genial. Era imperioso que nadie hablase de ella, y que las noticias de su existencia no trascendiesen los límites de los pueblitos que elegía como morada. Porque si Miranda obtenía algún tipo de notoriedad facilitaría la tarea de su perseguidor y del ejército de informantes con que contaba en cada región, en cada provincia, en cada ciudad; si Miranda brillaba sería descubierta, y entonces el Ángel Caído volaría a su encuentro y se la llevaría para siempre. ¿Y qué sería de Pat en esa circunstancia? Ella lo sabía: el Ángel Caído la mataría para no dejar cabos sueltos. Pero su propia suerte la tenía sin cuidado. Su única obsesión era Miranda. Si caía en manos del Ángel Caído, su destino sería peor que la muerte. Por eso debía protegerla de sí misma, vistiéndola de oveja en pleno rebaño y manteniendo en caja sus prodigios.

Pero como se verá, esconder un volcán dentro de una tienda no es tarea fácil.

EXPLICIT LIBER PRIMUS

Liber secundus

Beelzebub has a devil put aside for me.
QUEEN, *Bohemian Rhapsody*

There's a snap in the grass behind your feet
and a tap upon your shoulder.
And the thin wind crawls along your neck:
it's just the old gods getting older.
JETHRO TULL, *Beltane*

XXIII. Demián Demonión

Un villano atormentaba a Miranda en horario escolar. Su némesis era Demián Centurión, un niño que probaba a diario nuevas formas de agredirla en cuerpo y alma.

Tal como su nombre lo delata, Demián era hijo de un matrimonio *hippie* de los tantos que se habían instalado en Santa Brígida en la última década. A pesar del mandato familiar, de los preceptos de Siddharta Gautama y del humo de sahumerio que saturaba sus pulmones, Demián era lo más parecido a un mal bicho que puede existir a los cinco años. Apenas oyó de sus andanzas, Teo empezó a decirle *Demián Demonión.*

La languidez de sus padres era en Demián energía pura, y energía incontrolada. En parte por su debilidad y en parte por su ideología, los padres de Demián habían renunciado a la oportunidad de ponerle límites. Pero Demián no era tan sólo un niño hiperkinético. Por algún motivo que sería reduccionista explicar aquí (quizás porque sus padres sentían el mismo vago afecto por la creación entera y eso les impedía concentrarse en su hijo; quizás porque el budismo es aburrido para los niños; o quizás porque al decir de su madre Demián era un Virgo, y los Virgo son tigres que no aceptan cautiverio), el niño era un catálogo de inseguridades. Y esa combinación sólo auguraba desgracias. Alguien débil e inseguro es un fastidio. Alguien fuerte e inseguro es capaz de llevar un imperio a su destrucción.

Demián no eligió a Miranda como blanco porque la hallase fea, torpe o ignorante. Se la agarró con ella porque le gustaba. No podía dejar de mirarla, en la clase y en el patio. Esas pecas eran imanes para sus dedos: ¿se sentirían al tacto, o al pasarles la lengua? Las trenzas doradas parecían tener vida propia; quería jalar de ellas, para ver si sonaban como una campana.

La forma que escogió para llamar su atención fue vaciarle un tubo de témpera sobre el guardapolvo. Miranda lo miró con furia pero no lloró, ni lo denunció a las autoridades. (Pat la había adoctrinado para que no fuese delatora: el adjetivo *buchón, buchona* figuraba muy alto en el Top Ten de sus Insultos Favoritos en Español.) Este silencio hizo que Demián se obsesionase más. De allí en adelante le consagró sus violentas atenciones. La usó como blanco para su pelota, la empujó, la escupió, le hizo zancadillas, la insultó, le cantó coplas obscenas cuyos significados ignoraba aunque fuese consciente de sus efectos.

Nunca logró que Miranda llorase, lo que sólo lo impulsaba a superarse.

En sus correrías lo secundaban otros dos chicos, los mellizos Aldo (a quien sus padres llamaron Aldous, hasta que el señor Puro Cava lo anotó a la criolla en el Registro Civil) y Pehuén, frutos de la comunidad *hippie* al igual que Demián; los niños tienden a repetir las alianzas sociales de los padres. Aldo y Pehuén también molestaban a Miranda, pero ella entendía que lo hacían para congraciarse con Demián, y porque las maldades del líder demostraban que les era lícito perpetrarlas.

En esas ocasiones Miranda tragaba saliva y se aplicaba a revertir el estado de las cosas: si la habían tumbado se levantaba, si la habían escupido se lavaba. Nunca quiso que Salo la defendiese. Su madre la había entrenado para que fuese autosuficiente. Tenía que hacerse cargo de sus propios asuntos porque nadie más puede salvarnos de lo que nos espera, le insistía Pat. Por eso no acusaba a Demián ante la maestra, aun cuando otros niños se apresurasen a denunciarlo.

La primera vez que protestó por el acoso, Miranda hizo reír a su madre. Estaba tan indignada, y sus palabras sonaban tan adultas, que le arrancó una carcajada.

"Los varones me tienen podrida. ¡Podri-*dísima*!", dijo Miranda mientras se quitaba su mochila a los tirones. "No dejan hablar a la maestra. No dejan trabajar. Hablan como tarados y, y, y no les molesta parecer tarados: al contrario, les gusta. *They're shit!*"

"¿Salo también?", preguntó Pat, conteniendo la risa.

"No, Salo no. Salo *is a gentleman.* Pero los demás… *Assholes, dimwits!* ¿Por qué son así?"

"Misterio de la naturaleza. Por suerte a algunos se les pasa con el tiempo. Pero la mayoría sigue igual, sólo que vestidos con corbatas y dirigiendo empresas o… No trates de cambiarlos, es inútil. Hay que aprender a convivir con ellos, y tenerles paciencia, y esperar lo mejor contra toda esperanza."

"Se les caen las cosas de las manos", dijo Miranda, todavía ofuscada. "¡Rompen todo lo que tocan!"

Pat no hizo ningún comentario. Parecía haberse ido muy lejos. Miranda la llamó por su nombre, la necesitaba allí y ahora.

"Yo pienso", dijo Pat como si despertase, "que la educación tiene mucho que ver. Pero no la educación que te da el colegio, sino la de los padres, la de la familia. Nadie nos enseña a reconocer nuestros propios sentimientos, a entender de dónde vienen y qué hacer con ellos. En el caso de los varones es más evidente. Lo único que saben es que tienen algo que les explota adentro, y no saben qué es, y mucho menos saben cómo expresarlo. Si por lo menos pudiesen decir lo que les pasa... Son importantes, las palabras. Lo único que nos separa de la violencia."

Algo, aunque torcido, le quedó a Miranda de esta explicación, porque a la siguiente afrenta decidió responderle a Demián de manera verbal. Mientras desprendía el chicle de sus cabellos, le dijo algo que había oído en boca de su madre al disponer de un novio ocasional.

"Sos tan idiota... ¡Un día te vas a poner el pantalón al revés y vas a cagar por adelante!"

Demián tardó en reaccionar. Quiso entender la frase pero acabó renunciando; le bastaba con saber que Miranda lo había mandado a cagar de alguna forma enrevesada. Su intención inicial fue responderle. Pero el vocabulario espiritual de sus padres no lo había preparado para un brete semejante. Decidió devolver el daño de la única forma que dominaba. El puñetazo tomó a Miranda desprevenida, debajo del ojo izquierdo.

Se hizo un silencio gélido. Todos los niños tenían conciencia de que se había vulnerado un límite, hasta el mismo Demián lo intuía, nadie sabía qué podía ocurrir una vez roto. Miranda se cubrió la mejilla con una mano, los ojos húmedos pero aun así clavados en el nervioso Demián. Lejos de amilanarse, la niña permaneció en el lugar. Apenas soltó un quejido parecido al de un cofre que se abre.

Demián y sus secuaces no sabían qué hacer. El ruido de un cristal al quebrarse les ofreció una distracción; se trataba de la ventana de un aula. Demián decidió ir a investigar y Aldo y Pehuén lo siguieron. Todavía estaba inseguro de lo que había hecho, pero las felicitaciones de sus cómplices le dieron la sensación de que no había estado mal.

El niño carecía de sentido moral alguno. No entendía de otro bien que no fuese la satisfacción de sus impulsos. En esto no era excepcional. Somos la única especie que necesita plantearse la diferencia entre el bien y el mal, porque en el camino hacia lo que hoy somos hemos perdido esta noción; el resto de las especies la conserva intacta. No hay animal, vegetal u organismo que no sepa qué es lo bueno para sí y qué es lo malo. No hay animal, vegetal u organismo que consuma más de lo que necesite y que produzca en su entorno daños irreparables. Al traicionar su herencia, el hombre se ciega y pretende empezar desde cero, como si no tuviese nada que aprender de la historia previa a su aparición y de la trama biológica de la que es parte. Entonces mata y se mata, roba y acumula por encima de sus necesidades, destruye sin reparar en las consecuencias; el hombre desequilibra la vida, corta los tientos de la red que la biología tejió durante milenios —una malla sobre la que estamos parados, y que es todo lo que nos protege de caer en el abismo.

Demián era malo, sí. Y a la vez era un ejemplar típico de la especie. Si hubiese llegado a adulto habría convertido en miserable a una o más mujeres, y torturado a sus hijos demandándoles una fidelidad inmerecida.

Cuando Miranda llegó a su casa con la mejilla roja, Pat quiso saber qué había ocurrido. Ante las evasivas de Miranda amenazó con ir al colegio, pero la niña se impuso.

“Es mi cuestión. Yo tengo que hacerme cargo de mis asuntos”, dijo Miranda, citando *verbatim* las máximas maternales.

Al otro día en la escuela tuvo lugar un episodio que llenó de intriga a las autoridades. Pegado sobre el cristal que reemplazaba a la ventana rota en la víspera, encontraron un sobre dirigido, con grafía infantil, a la señorita Posadas. Adentro del sobre había unas monedas. Imaginaron que el culpable de la rotura trataba de compensar el daño; pero aunque interrogaron y amenazaron, nunca supieron quién fue el donante.

XXIV. La colonia hippie

He aquí una lista incompleta de los niños de la colonia *hippie* nacidos en Santa Brígida entre 1974 y 1983: Aldana, Aldonza, Aldous (o Aldo, gracias al señor Puro Cava), Azul, Cirilo, Hipasia, Jimi (no Jaime ni James ni Santiago: Jimi), Lirio, Nahuel, Nenúfar, Ninfa, Nube, Platón, Sid (no por Vicious, sino por Siddharta), Vico y Zaratustra, a quien le decían Zara aunque se tratase de un varón. Pero entre todos ellos, el nombre más exótico era sin dudas Magma. El padre de Magma acudió en su momento al Registro Civil y se plantó delante de Puro Cava. Presentó los documentos y le dijo el nombre que soñaba para la criatura. Puro Cava no entendió bien. El flamante padre se lo aclaró: *Mahatma. ¡Como Gandhi!* ¿Es que no había oído hablar del pacifista a quien los indios debían su independencia? Puro Cava se encogió de hombros (conocía a muchos indios de la zona, aunque ninguno con ese nombre) y al fin escribió el apelativo en el libro de actas. Así Magma recibió su bautizo.

El sustantivo *hippie* ya había caído en desuso en los 70, pero fue el elegido por los naturales de Santa Brígida para definir la oleada de jóvenes que se instaló en la zona al promediar la década. Eran gregarios y llevaban el pelo largo. Olían a *patchouli* (en el mejor de los casos), vestían ropas de colores y tenían hijos cada diez meses. Al principio los recién llegados protestaron por el apelativo: preferían ser definidos como bohemios, o en su defecto librepensantes. Pero aunque pataleasen les quedaba pintado.

No eran todos iguales. Aunque en general disfrutaban de su inmersión en un mundo natural, que oponían al artificio de las ciudades, estos Conservacionistas podían ser divididos en dos grupos: los Autogestionados (que se integraron al mercado laboral como granjeros, maestros, carpinteros) y los del Giro Mensual, que cobraban en la ciudad de Bariloche el dinero que sus padres enviaban desde Buenos Aires, Córdoba y Rosario. Esta diferencia entre subgrupos se extendía a la forma en que se relacionaban con su medio ambiente. Los Autogestionados (o CA) bombeaban agua, se calentaban con leña y en las noches veían con velas o luz de gas. Los del Giro Mensual (o CGM) instalaban cañerías y tanques y tenían estufas; había antenas de televisión en todos sus techos. Era fácil advertir a qué subgrupo pertenecía cada niño. Los chicos CA se morían por ir a las casas de los CGM; pero lo contrario no ocurría nunca.

Existían otras diferencias entre ellos, quizás menos pueriles. Por ejemplo su espiritualidad. Podía distinguirse entre los Devotos (que profesaban su fe por creencias ajenas al catolicismo oficial, desde Vishnú a Buda) y los Panteístas, que creían que Dios estaba desparramado por todas partes, en el agua, el aire, el pasto y las piedras. (Los CGM, por cierto, tendían a pensar que Dios mora en Buenos Aires, Córdoba o Rosario.)

Aquellos que cobraban giros eran más afectos a las religiones institucionalizadas; esas iglesias requieren algún tipo de afiliación, y además hacen falta libros para estudiar los credos, y todo eso cuesta dinero. Los Autogestionados se inclinaban hacia el panteísmo. Veían a Dios en el paisaje que contemplaban por sus ventanas, pero también en la nieve que les quemaba los dedos, en las cosechas ricas y en las congeladas, en los animales productivos y en los enfermos —y en la experiencia del dolor. Los primeros inviernos convirtieron a muchos a una nueva convicción: la del escepticismo.

Pero el grupo más popular era el de los Apolíticos. Entre los *hippies* nadie confesaba un pensamiento político definido, más allá del fervor por líderes morales al estilo Magma Gandhi o Luther King; y si lo tenían, se cuidaban de expresarlo fuera de las paredes de sus casas. Según se decía, los únicos *hippies* con pensamiento político habían llegado al pueblo en 1973 —y partido poco después.

En aquel entonces se instaló en Santa Brígida un grupo de jóvenes a quienes se recordaba como Los Seis. Tenían los pelos largos y barbas de los *hippies*, aunque eran afectos a las vestimentas de trabajo. A poco de conseguir empleo, comenzaron a promover reuniones de lo que llamaban *concientización política para la revolución*. Gendarmería empezó a hacer averiguaciones. Poco después Los Seis se fueron de Santa Brígida. Los lugareños concluyeron que debían haber respondido a algún llamado urgente, porque dejaron detrás buena parte de sus pertenencias. Tres de ellos lo dejaron todo. La gente atribuyó este desprendimiento a su hippismo, una muestra más de su prescindencia respecto de lo material.

La anécdota se abrió camino hasta los *hippies* que vinieron después, que la narraban a los recién llegados para sugerirles las aguas de la prudencia.

XXV. Las Guerras Hippies

La adaptación de los recién llegados al nuevo hogar estuvo lejos de ser plácida. De hecho, dio lugar a lo que todavía se conocía como Las Guerras *Hippies*.

Fue un conflicto soterrado. Sin embargo algunos de los elementos más conservadores de Santa Brígida (como Du Val, accionista de EnerVa, la empresa de electricidad; o la señorita Olga Posadas, directora de la escuela) llegaron a hablar de una guerra franca que justificaba el recurso a cualquier medio. Los *hippies* encarnaban lo Otro, lo diferente de manera radical. Eran sucios, desmelenados. Su actividad sexual era desenfrenada, si había que juzgar por los números siempre crecientes de su prole. Este dato, sumado al del culto que rendían a todo tipo de organización comunitaria, alentaba las sospechas de que ni siquiera eran monógamos. Además oían músicas imposibles y tenían creencias que se apartaban del Buen Camino de Nuestra Santa Iglesia: adoraban ídolos chinos, por ejemplo. ¿Y qué régimen imperaba por entonces en la China continental?

Esta prédica infectó a los crédulos, que arrastraban sus prejuicios desde la época en que un melenudo se llevó a Emma Granola. Los *hippies* empezaron a percibir gestos airados de parte de muchos naturales. Saludaban y no les devolvían el saludo. Iban de compras a negocios que no tenían nada de lo que solicitaban. Cada día se enteraban de que un niño distinto había sido golpeado en la escuela. Pidieron reuniones que no les concedieron: la señorita Posadas estaba muy ocupada. Aun así soportaron con estoicismo, suponiendo que el tiempo desgastaría los enconos.

Pero un grupo de ellos, liderado por Hugo Krieger Zapata (destacado representante de la facción que cobraba Giro Mensual), se consideraba agredido y abogaba por una reacción proporcional.

Krieger Zapata era un hombre de esos que resaltan aun en medio de una muchedumbre: alto, dueño de unos bigotes de vikingo y de una melena rubia siempre limpia y cepillada; parecía un *surfer* que se había perdido en el camino hacia la playa. Tenía el carisma de un conductor de TV, algo que resaltaba aun más al contrastar con la pachorra de los demás *hippies*. Era un pastor en busca de rebaño. A nadie extrañó que se adueñase del conflicto como si se tratase de una causa personal. Promovió varias reuniones en su casa (con TV, calefacción y equipo de sonido *state of the art*), para explicar a sus vecinos que la reacción de los naturales de Santa Brígida no era una simple discriminación, sino una campaña con la violencia por método. ¿Podían permanecer de brazos cruzados cuando hasta sus pequeños eran víctimas del boicot?

La mayor parte de los *hippies* se identificó con este dolor, pero no estaba dispuesta a tomar represalias. Insistieron ante la señorita Posadas con la paciencia de la gota que horada la piedra, e instruyeron a sus hijos para que evitasen las situaciones de conflicto. Algunos de ellos plantearon el problema a comerciantes y vecinos del pueblo, expresando que estaban dispuestos a corregir cualquier situación que los incomodase.

Las conversaciones se habían vuelto francas cuando un incidente conmovió a todos por igual.

Una denuncia anónima impulsó a la Gendarmería a requisar la cabaña de los Bacre. (Magma era el más pequeño de los Bacre; a pesar del error de Puro Cava, *Magma Bacre* conservaba la sonoridad del nombre admirado.) Los gendarmes encontraron marihuana y pastillas de colores. Se llevaron al padre y a la madre e incautaron la droga. Cuando sus amigos se presentaron en el destacamento, un oficial confirmó que los Bacre estaban detenidos e incomunicados; se esperaba su pronto traslado a Bariloche.

Krieger Zapata improvisó un mitín. El acoso a los Bacre era la gota que rebalsaba el vaso: sonaba la hora que llamaba a un contragolpe. A continuación propuso una serie de medidas. Algunas eran apenas coloridas, y en consecuencia destinadas a obtener la aclamación de los presentes. Por ejemplo el robo de la placa de bronce de la Dirección de la escuela, que la señorita Posadas hacía limpiar todos los días para que no dejase de refulgir. Una mano artesana perpetró el robo, corrigió unas letras y la devolvió a su emplazamiento. La placa ya no decía *Srta. Olga Posadas*, sino *Srta. Nalgas Posadas*, para disfrute de todos los alumnos, *hippies* y naturales por igual.

Pero otras de las acciones que Krieger Zapata propuso eran más temerarias, y por ende peligrosas. Por ejemplo el derrame de ciertas sustancias químicas en la planta de agua que abastecía al pueblo. ¿Estaba proponiendo que envenenasen a toda Santa Brígida? Krieger Zapata dijo que sólo pretendía dar un escarmiento. En la proporción adecuada, todo lo que esos químicos producirían sería una monumental cagadera. La única precaución que debían tomar era la de no ingerir agua corriente durante una semana; había que limitarse al agua envasada o al agua de pozo. La imagen de los naturales abrazados al inodoro fermentó de inmediato en la mente de los *hippies*, que en su mayoría aprobaron la moción. Gritar *Viva Zapata* tenía el beneficio de hacerlos sentir revolucionarios, aunque más no fuese por un rato.[6]

El plan generó su propia represalia. Krieger olvidó un detalle: el agua potable se usaba también para el riego de los campos. Las vacas comieron el pasto humedecido. (El destino de Santa Brígida estaba unido al del ganado bovino.) Las reses se salvaron del malestar de una forma simple: eliminaron los químicos mediante la leche, la misma leche que bebieron por igual tirios y troyanos. Los que sufrieron más, como suele ocurrir, fueron los niños.

Las Guerras *Hippies* llegaron a su fin en 1979. El resultado fue un empate técnico.

Ese día de noviembre Santa Brígida amaneció vacía. Nadie estaba en condiciones de alejarse del baño de su casa. Aquellos que se aventuraron en oficinas, supermercados y escuelas sufrieron castigos ejemplificadores. Las familias protagonizaron inhumanas competencias por la posesión de un inodoro. Después de algunos episodios innobles, se vieron obligadas a recurrir a baldes y jardines privados como recipientes alternativos de desechos. Al año siguiente, la cosecha de frutillas fue magnífica.

La purga tuvo un efecto sanador. Humillada por la circunstancia, la gente se ayudó la una a la otra sin hacer diferencias ni fruncir la nariz. Hubo *hippies* que lavaron la ropa de algunos naturales. Hubo naturales que trasladaron a niños *hippies* hasta la sala médica. En el peor momento de la aflicción, azorados gendarmes patrullaron las calles para encontrarlas desiertas. ¿Y quién fue el único a quien vieron? Al doctor Dirigibus, que no bebía agua ni leche ni por error.

[6] Durante mucho tiempo se creyó que la denuncia contra los Bacre había sido realizada por el mismo Krieger, en pos de un estallido que cimentara su liderazgo. Si esto fuese cierto habría incurrido en negligencia criminal: en aquella época, ser detenido podía significar la antesala de una desaparición permanente.

¡Estaba en la puerta de la dulcería, flores en mano, desconcertado porque el negocio no había abierto a la hora usual!

Apenas pudo sostenerse en pie, Farfi (que por entonces era tan sólo abogado) se presentó en el destacamento a reclamar la liberación de los Bacre. No lo hizo esgrimiendo la ley, aunque la ley estaba en su favor: la detención de los Bacre había sido ilegal, en tanto no había mediado orden judicial que autorizase la requisa. Farfi sabía que la ley valía poco y nada en aquellos días. A cambio hizo pesar su condición de vecino notable. El apellido original de Farfi era palestino, y se escribía Farawi; un precursor de Puro Cava cambió la grafía al anotar el ingreso de su bisabuelo al país. Como dueño de varios supermercados de Santa Brígida, y en tal condición abastecedor del destacamento, Farfi estaba habilitado para reclamar la devolución de favores. Los gendarmes protestaron un poco, pero al final le entregaron en custodia a los Bacre.

El gesto de Farfi marcó a la vez el punto final de las Guerras *Hippies* y el inicio de su carrera política. Era un hombre que se había calzado sus pantalones (de forma literal, al finalizar su descompostura) para sacar la cara por un desconocido, aunque eso significara poner en juego su propia seguridad. Cuando tiempo después lo propusieron como candidato, la gente que fue a votar, *hippies* y naturales por igual, no había olvidado el gesto. Y el resultado de las elecciones, en las que derrotó a Krieger Zapata por margen escandaloso, marcó en el pueblo el inicio de otra era. Una donde el grito de *¡Viva Zapata!* fue reemplazado por un cántico tribal interminable: *Far-fi-far-fi-far-fi-far*, que señalaba la intención de *fifar*, o sea coger, antes que entregarse a la voluntad de los aventureros.

XXVI. Donde se refiere la historia de la Helena raptada en Santa Brígida

Nunca es el hombre menos imaginativo que cuando se comporta de manera miserable. Por eso se parecen todas las guerras. Los agresores sucumben siempre a la misma tentación: obtener más territorio o más riquezas, lo cual es lo mismo que decir más poder, o en su defecto embisten para conservar privilegios, atacando a una facción que acepta las reglas del juego al responder a la violencia con violencia.

También se parecen las guerras en el impulso del agresor que, no habiendo olvidado las normas de las rencillas infantiles, sale a poner en claro que no fue él quien inició las hostilidades. El porqué de esta aclaración es transparente: el primer golpe resulta antipático por definición, pero la respuesta a ese golpe es fácil de justificar.

Los agresores necesitan que la sociedad acepte la violencia bélica como inevitable. Vienen intentándolo desde la invención del lenguaje: *guerra* es un sustantivo falaz porque dignifica lo que es infame por naturaleza, la agresión sistemática e injustificada, el expolio, el genocidio; el sinónimo más preciso de esa palabreja debería ser *crimen legalizado*. En su requerimiento de manipular la opinión pública, los cultores de la violencia bélica se acostumbraron a contratar a trabajadores de la imaginación, para que haciendo uso de ese talento que a ellos les falta encuentren, ¡o de ser imprescindible inventen!, un causal de guerra que no deje más salida que la de las armas.

Hoy existen profesionales de esta clase de argucia, pero durante siglos los encargados de transformar falta de ética en épica fueron los poetas.

Este comercio era proverbial: los agresores pagaban a los artistas por sus servicios (porque los artistas necesitan comer, aunque la tradición insinúe que sólo buscan el alimento de la inspiración) y los poetas se aplicaban al proceso alquímico de tomar una materia sin brillo (por ejemplo una guerra desatada para apoderarse de un puerto de Asia Menor, vital para el desarrollo del comercio marítimo) y convertirla en metal precioso.

Cuando las manos del artista eran tan hábiles como las de Homero, una agresión conquistadora podía trastrocarse en acto de justicia divina, en tanto defendía el honor mancillado por el troyano Paris; gracias a su intervención los griegos, que ya se habían alzado con el botín tanto tiempo atrás, se quedaron también con la gloria.

Las Guerras *Hippies* observaron sin falta estas reglas de oro.

Ante lo que registraba como una invasión, el *statu quo* del pueblo reaccionó para preservar sus fueros. Rechazaban los cambios en la composición demográfica de Santa Brígida porque así como estaba les parecía una pirámide perfecta, digna de ser admirada entre las maravillas de Egipto (o en su defecto, fraccionada en el British Museum).

El ingeniero Du Val, la señorita Posadas y compañía temían además que los melenudos difundiesen su desprecio por las instituciones que eran símbolo de su poder: dejar que los *hippies* desacreditasen la fe en la educación iluminista de Occidente y hasta en la ciencia (¿qué clase de gente eran los *hippies*, que se negaban a reconocer los beneficios de la electricidad?) equivalía a perder ascendiente sobre la población.

Como eran conscientes de su mala conciencia, los representantes del *statu quo* se esmeraron en pintar a los *hippies* como la parte agresora, aun cuando los recién llegados no habían hecho nada más violento que existir.

El primer recurso en su campaña de descrédito fue, pues, apelar a las inseguridades de los vecinos: sugirieron que los *hippies* los dejarían sin tierras, sin empleos... y hasta sin mujeres.

Santa Brígida no tenía un Homero, ni siquiera un Tolstoi. Lo más parecido a un escritor famoso que había producido era un poeta llamado Ataúlfo Gómez Brody, que vivió en el lugar entre 1930 y 1949 y a quien se consideraba ciudadano emérito. Gómez Brody se soñaba artista popular; había firmado sus primeras obras con el seudónimo Every Brody. Creyó tocar el cielo al colar un soneto en una *Antología de líricos argentinos* editada en Buenos Aires, entre cuyas páginas se codeaba con poetas ilustres como Leopoldo Lugones y Alfonsina Storni. Seducido por esa promesa se mudó a la Capital, donde permaneció hasta su muerte, ocurrida en 1961.[7]

---

[7] Sus últimos años los dedicó a una extraña especialidad, la de los poemas hípicos. Esta parte de su obra se prestaba al equívoco, ya que la gente confundía el calificativo de *hípicos* e insistía en calificar de épicos a sus versos, aun cuando no existía en ellos nada que pudiese describirse como tal. La obra más característica de este período se llamaba *Palermo sin Alicia*, siendo Alicia una yegua que brilló en el hipódromo en múltiples ocasiones, brindándole satisfacciones artísti-

Pero la carencia de escritores de fuste no significaba que Santa Brígida no tuviese un romancero popular. Existía un puñado de historias que circulaban de boca en boca y que sintetizaban saberes del terruño, anécdotas, leyendas fundacionales y hasta prejuicios. A nadie extrañó, pues, que en su campaña de concientización sobre el peligro *hippie* ciertos ciudadanos explotasen una de esas historias, la de Emma Granola, que les venía como anillo al dedo. El destino sufrido por la señora Granola, madre de Emma y regente de la pensión Amancay, era el fantasma que agitaban para que la gente comprendiese qué les esperaba de no dar batalla a las hordas *hippies*.

La historia transcurría a comienzos de los 70, cuando la señora Granola aún vivía en feliz connubio con el señor Granola, el dueño original de la pensión. El matrimonio tenía dos hijos: Lucio, el mayor, y Emma, que nació ciega.

Emma acababa de cumplir diecisiete. Era una criatura resplandeciente, que lejos de asumirse limitada por su condición vivía con una intensidad que muchos hubiesen deseado para sí. No había temperamento más alegre que el suyo, ni disposición más afectuosa, ni mayor inquietud del espíritu. ¿Y por qué debía ser de otro modo, cuando existía en un universo de ilimitados placeres sensoriales?

Ella nadaba entre texturas sonoras que se lo comunicaban todo sobre el mundo físico, permitiéndole diferenciar arriba de abajo, detrás de adelante y distante de próximo. (En esta finura de su percepción se parecía a Miranda, aunque no encontrase música en los sonidos; para Emma no eran poesía sino prosa, una escritura que podía leer de corrido estuviese donde estuviese.)

Pero de todos los estímulos que el universo regalaba, ninguno valoraba Emma más que aquel ofrecido a su olfato. Nuestra sociedad relega este sentido al último de los puestos, utilizamos los ojos, las manos, el paladar y los oídos de forma casi excluyente; las narices se han habituado a reaccionar tan sólo ante la excepción, el olor de la comida cuando tenemos hambre, o la fragancia artificial del perfume, o la punción de lo pútrido. El viajero frecuente habrá comprobado, sin

---

cas, por cierto, pero también monetarias. De esa colección formaba parte el poema *Dulce coyunda*, al que pertenece esta estrofa:

> *Surcó el aire fulmínea como tiro de arcabuz;*
> *Estampa de garbo ecuestre que a su pasar delecta;*
> *Fue una epopeya la escrita, con cascos y con testuz,*
> *Al cruzar el disco ebúrneo y consagrarse: ¡trifecta!*

embargo, lo que ya mencionaba Herodoto: que cada lugar, y en consecuencia cada cultura, huele diferente. Emma confiaba en los sonidos para que le hablasen del mundo que estaba más allá del alcance de sus dedos, pero para lo que tenía próximo creía en su olfato.

Todo lo que nos rodea tiene su aroma: el libro que sostenemos, y la silla sobre la que nos sentamos, y el escritorio que recibe nuestros codos. El ambiente que nos protege almacena también una fragancia propia, que resulta de la sumatoria de olores particulares. Esta era la ventaja que Emma otorgaba al olfato por encima del tacto: un objeto puede ser frío o caliente, áspero o delicado, pero un aroma puede serlo todo a la vez.

Con el tiempo Emma entendió que la gente tiende a ignorar los olores y por ello los valoró en su gratuidad, como si fuesen un don que se le había concedido de manera exclusiva. En presencia de determinados perfumes, Emma experimentaba la clase de satisfacción estética que un vidente obtiene delante de un cuadro excelso.

Andaba por el mundo a sus anchas, como si lo hubiesen creado de acuerdo a sus indicaciones. Y reclamaba su derecho a ganarse el pan al igual que cualquiera, por lo que su padre le había encargado la recepción del Amancay, que atendía como una empleada más. Fue allí que conoció a Joaquín Morán, a su llegada a Santa Brígida en enero de 1970. Le gustó de inmediato; Joaquín olía a tierra y a sudor seco y a lavanda. Estaba claro que había despreciado los caminos, para llegar hasta el pueblo atravesando sembradíos.

En casi todos los aspectos Joaquín Morán era lo opuesto a un *hippie*. Por lo pronto le gustaba el dinero, con el que participaba sin complejos de la tómbola del consumo. Pero como llevaba el pelo largo y seguía los dictados de la moda (cuyo *must* consagraba, por aquel entonces, la elegancia de lo desprolijo), en Santa Brígida lo tildaron de raro en un santiamén. Para peor era tan tímido que parecía antisocial. La suma de su aspecto con su carácter retraído constituía una operación elemental, como dos más dos: de acuerdo al catálogo de estereotipos del pueblo, Joaquín no podía ser otra cosa que un *hippie*.

No llegó a Santa Brígida para quedarse, sino de vacaciones. Joaquín estudiaba química en la Universidad de Buenos Aires y en los veranos, lejos de amontonarse en los sitios privilegiados por los hedonistas, se iba a escalar montañas. Le gustaba la soledad, o en todo caso la compañía selecta. Durante sus viajes recolectaba especímenes vegetales, que analizaba y clasificaba; Joaquín intuía un futuro en el campo de la fitomedicina, que pensaba desarrollar al amparo de la clínica de su padre, un médico de Buenos Aires. Esta fe irrestricta en el poder curativo de las plantas era el único rasgo *hippie* en todo Joaquín Morán.

Alto, flaco y eléctrico, tenía un par de orejas muy rojas, que retorcía cuando estaba nervioso. A pesar de que ya había cumplido veintidós, daba la sensación de estar aún en formación, nonato, luchando por salir de la pupa. Como había sido consentido durante tanto tiempo en su carácter de hijo mayor, oscilaba todavía entre su encarnación más generosa y la más insegura, que lo aproximaba al egoísmo. Era una criatura en espera del hecho fortuito que la definiese, el golpe en la rodilla con el cincel, la invitación al habla que Miguel Ángel profirió delante del *Moisés*.

En ese estado resultaba inevitable que reparase en Emma.

La más pequeña de los Granola era una chica para nada llamativa, bajita y un tanto regordeta, al igual que su madre. Pero parecía hermosa, porque estaba convencida de serlo. Liberada por su ceguera de la tiranía de los espejos, ¿quién podía persuadirla de lo contrario? Emma consideraba que existir era un acto bello, un homenaje al mundo deslumbrante que le había tocado en suerte; era lógico que irradiase esa belleza que entendía tan natural.

A poco de llegado Joaquín empezó a sacrificar sus excursiones por el privilegio de permanecer en la pensión, cerca del mostrador desde el que Emma reinaba. Hablaban de todo, pero su tema recurrente, la melodía circular de su relación, eran los perfumes vegetales. A Emma le fascinaba que esas sensaciones fuesen reductibles a una ecuación química, que en boca de Joaquín sonaba a fórmula mágica. A Joaquín lo impresionaba la capacidad de Emma para identificarlos, y para describirlos en palabras de agudeza casi matemática. Cada vez que Joaquín se ausentaba del Amancay, Emma sabía que regresaría con una planta o flor nueva con que desafiar su olfato.

La intrusión de Joaquín disgustaba al señor Granola. A los tantos días protestó durante la cena, el chico era un atrevido, distraía a Emma de sus quehaceres. Logró por fin que Joaquín ya no la acosase en horas de trabajo, pero a un alto precio: tuvo que permitirles salir de noche, la primera cita oficial de su hija. Derrotado en su propio juego, masticó sus celos como una hierba amarga.

La mañana en que Emma y Joaquín desaparecieron nadie se sorprendió demasiado. Pero como Granola puso el grito en el cielo todos lo acompañaron en su indignación, había tenido razón desde el primer momento, el chico era uno de esos descarados en busca de vírgenes pueblerinas, sabe Dios con qué promesas la habría engatusado.

Al caer la noche no habían regresado. Tampoco volvieron al otro día.

El señor Granola denunció la desaparición, quería acusar al chico de secuestro. Los gendarmes lo disuadieron, no existía evidencia que permitiese suponer que Emma y Joaquín habían partido juntos. El chico se había llevado su equipo de montañista, pero Emma no tenía encima más que un abrigo y el vestido floreado que tanto le gustaba. Nadie los había visto irse de allí por ninguno de los caminos, ni juntos ni separados. Nadie había reparado en su presencia en ninguno de los pueblos vecinos. Nadie los había identificado en el interior de un ómnibus o de un tren.

Pocos días después llegó el matrimonio Morán, en busca de información sobre el paradero de su hijo. Granola se negó a recibirlos, dejando la tarea en manos de su esposa.

Cuando se cumplió el tiempo que establece la ley, Emma Granola fue declarada desaparecida. Se expidieron boletines a todo el país reclamando información.

Jamás volvieron a saber nada de ella. Si Emma gozaba de buena salud, estaba claro que se había olvidado de su familia.

El señor Granola se agrió como el vino. Imaginaba a Emma abandonada o maltratada o esclavizada por ese atorrante, pero ante todo extrañaba a su niñita con locura. De tanto en tanto lo sorprendía el temor de que hubiese sufrido un accidente, después de todo era ciega; pero Emma lo había educado para que pensase en ella como una persona en pleno dominio de sus facultades, y por eso no lograba imaginarla cruzándose delante de un auto o cayendo adentro de un pozo.

El día que se cumplieron seis años de la desaparición, la señora Granola encontró a su marido muerto. El dictamen médico habló de un infarto, pero todos en Santa Brígida sabían que había sucumbido a la tristeza.

La señora Granola se abandonó a su suerte, no lograba juntar fuerzas ni para despegarse de la cama. Sin embargo un día la sorprendió un feroz deseo de comer dulce de leche. Al otro día sintió la necesidad de darse un baño de inmersión, largo y tibio. Su cuerpo empezaba a darle órdenes, el impulso de vivir se imponía a la depresión. El nacimiento de su nieto Marco, hijo de Lucio Granola, despejó el resto de las tinieblas.

En 1980 reabrió la pensión Amancay. Todos los habitantes de Santa Brígida estaban pendientes de conseguirle huéspedes; que Dirigibus enviase allí a Pat y a Miranda no fue casualidad, así como tampoco lo era la ternura con que la mujer trataba a las Finnegan. En estas mujeres veía espejos de la niña que Emma había sido y de la madre que nunca había llegado a ser, por lo menos bajo su tutela.

Se dedicó de lleno a sus roles de abuela y regente de la pensión, pero para Santa Brígida era más que eso, mucho más que una simple vecina: era la personificación de una de las fábulas morales del pueblo. Los Du Val, Posadas y compañía repetían su nombre cuando querían destilar miedo en el corazón de los pobladores, que se hacían cruces y elevaban rezos para no sufrir nada parecido a su destino. La moraleja estaba clara, de ese corolario se desprendían las precauciones que debían tomar si no querían repetir la tragedia de la pobre Granola: no hay que tenderle la mano a los *hippies*, cuando uno les abre la puerta de su casa termina perdiendo lo más preciado porque los *hippies* no respetan nada, nada —ni siquiera a los cieguitos.

XXVII. Relata cómo Pat se colocó en un sitial de preeminencia por encima de Teo, en el sentido literal, pero también en el figurado

Teo no quería ser una carga, necesitaba trabajar. Podría haber buscado empleo en Santa Brígida, pero Pat fue terminante en su negativa. ¿Para qué malgastar energía en beneficio de otros, cuando ella reclamaba ayuda a los gritos? Entre la cocción de las frutas, el mantenimiento de la casa y la atención que Miranda demandaba, Pat tenía las manos más que llenas. Teo podía encargarse del resto de las tareas de la "empresa": ir a los mercados a comprar los insumos, llevar la mercadería a la cabaña y salir de allí con la pulpa cocida rumbo al negocio de la señora Pachelbel. Tenía la capacidad física de varias mulas y era dueño de una camioneta: ¿podía acaso ser más perfecto para la tarea?

Pero Teo sospechaba de las intenciones de Pat. Digirió la propuesta en silencio —estaban echados sobre el verde del fondo, más allá de los árboles, desde donde se veía el valle— y le dijo, mitad en broma y mitad en serio:

"A vos lo que te encanta es la idea de ser mi jefa."

"¿Cuál sería el problema, en ese caso?", dijo Pat. "A no ser que hayas resultado un machista y no te lo banques."

"Yo no soy machista."

"Ningún hombre admite que es machista. Lo cual significa que, o bien los machistas no existen, o que todos los hombres mienten."

"Si te convertís en mi jefa va a cambiar el equilibrio de nuestra relación."

"¿Qué equilibrio? El poder lo tengo yo, de forma indiscutida y desde el primer momento. Estás viviendo en mi casa, ¿o no?", dijo Pat, disfrutando de su predominio. "¡El día que me contraríes, te devuelvo al árbol donde te encontré!"

"Tendría que haberme quedado ahí arriba. *Faucibus teneor!*"

"No empieces con el latín."

"Ya imagino cómo serían las cosas, te estoy escuchando: *'Hoy no rendiste como ayer, así que de coger, ni hablar'.*"

"Pensá en el costado bueno del asunto. Si hacés horas extras, te las puedo pagar en especias."

"¿Horas extras? ¡Ya estás pensando en explotarme!"

"Cuando quieras mejorar tu situación, vas a tener elementos de presión de los que pocos disponen. Imaginate que me llevás al borde del orgasmo, y cuando estoy por llegar dejás de moverte y me decís: *'Respecto de aquel aumento que quedaba pendiente...'*"

"¡Yo no quiero llevarme el trabajo a la cama! Busco un laburo del que me pueda olvidar apenas salga de la empresa. Si trabajo para vos, vamos a estar dándole vueltas al asunto día y noche. Voy a estar cagando en paz, con un libro en la mano, y vas a venir a incordiar: *'¿Estaban buenas las grosellas? ¿Cuántos kilos encargaste? ¿Seguro que no estaban pasadas?'*"

"Cuando vos cagás suena una alarma y Miranda y yo evacuamos la casa, así que no te preocupes: ¡nadie te va a incordiar!"

"Además pretendés que le lleve la fruta a la vieja esa. ¿No es la que odia a los chicos?"

"No tenés que quererla, como yo tampoco la quiero. La respeto, nomás, porque hace bien lo suyo. La relación que nos une es laboral y nada más."

"¿Y la nuestra, cómo sería?"

"Erótico-laboral."

"Yo trabajo y mi jefe me garcha. ¿Cuál sería la diferencia con mis otros trabajos?"

"Que esta vez te va a gustar. Pero si te molesta tanto, no te preocupes. Lo que yo gano alcanza para todos. A lo mejor preferís ser mi parásito a ser mi empleado."

"En ese caso me habría levantado una vieja con plata."

"La habrías matado al primer polvo. ¡Con esa pijota le desconectarías el marcapasos!"

"Además prefiero trabajar. *Deficiente pecunia, deficit omne.* ¡Cuando falta la plata, falta todo!"

"Discutamos tu sueldo, entonces."

"No hay nada que discutir. A no ser que me aceptes como socio."

"Ni lo sueñes. ¿Cómo te voy a despedir si somos socios?"

"Ah, ¿viste que yo tenía razón? ¡Lo que vos querés es tener la manija!"

"Por supuesto", dijo Pat, metiéndole la mano en la entrepierna. "¡Y no pienso largarla!"

"¿Te das cuenta de que lo llevás todo al terreno del sexo?"

"¿Y eso es malo?"

"Al contrario. Si te gustasen un poco más las novelas, serías la mujer perfecta."

"¿Vas a trabajar conmigo o no? Dos semanas de prueba, dale. Si sobrevivimos, seguimos adelante", dijo Pat.

"Al más mínimo desacuerdo, pasamos a otro tema y yo busco trabajo en el pueblo."

"We have a deal, then."

"Hablame más en inglés, que me calienta. ¡Ahora entiendo lo que le pasa a Homero Addams cuando Morticia le habla en francés!"

"You naughty, naughty brute..."

"¿Puedo tener mi último polvo como desocupado?"

"Siempre y cuando me concedas mi primer polvo como explotadora."

Pat se le montó encima y lo besó. Hicieron el amor allí mismo, desvistiéndose lo indispensable en presencia de las montañas, como si estuviesen solos en el mundo.

Las dos semanas de prueba se conviertieron en cuatro. Al segundo mes Teo ya hacía planes para distribuir en otros pueblos, que comunicaba a Pat mientras ella, desde el interior del baño, le rogaba que la dejase cagar en paz.

El arreglo funcionaba. Porque Teo era un trabajador incansable y nada le gustaba más que complacer a Pat; pero también porque la división de tareas los apartaba durante el día, Teo al volante y Pat en la cabaña, de manera que convertía al reencuentro vespertino en algo ansiado por ambos.

Teo no advirtió que Pat le había encargado las tareas que obligaban a relacionarse con el resto del mundo. Una vez liberada de ellas, Pat podía quedarse en la cabaña sin cruzarse ni ser vista por nadie, y así reducía las posibilidades de ser observada, descubierta, vigilada. Se había liberado del mundo, sí; pero con el mismo acto creó una dependencia de Teo, que se transformó en sus ojos y en sus piernas.

Pat le presentó a la señora Pachelbel. El encuentro fue menos cruento de lo que esperaban. Teo quería intimidar a la mujer con su presencia, hacerle sentir la misma indefensión de los niños ante el adulto que los amenaza con su cuerpazo; un poco de justicia poética. Pero si la mujer sintió aprensión, lo disimuló con maestría.

"Me miraba como si fuese un gorila sin cerebro", dijo Teo después, cuando ya habían dejado el negocio.

"Te dije que era una mina perceptiva."

"Quiero un aumento. Lidiar con la bruja es insalubre, y por lo tanto merezco compensación económica."

"Esta noche lo hablamos."

"Ya te dije que en la cama no negocio. ¡En la cama pierdo siempre! Voy a terminar mandándote un representante, para que negocie por mí."

"Es cuestión tuya. Si no te cojo a vos, me lo cojo a él."

XXVIII. Donde Teo encuentra al doctor Dirigibus y descubre un costado de Pat que no conocía (y que de ser por él, hubiese preferido no conocer)

Las montañas asomaban al oeste de Santa Brígida, un tsunami de congelada espuma. Durante el día se veían monumentales desde cada calle y desde cada esquina; eran ineludibles, una bocanada de infinito que recordaba al pueblo su papel secundario en la Creación. Pero cuando no había luna la noche imponía su propio infinito y las montañas, condenadas a la humildad, se resignaban a contemplar Santa Brígida desde la penumbra, como el espectador que sigue la acción desde su butaca. Con sus casas desperdigadas sobre las laderas, Santa Brígida parecía haber sido concebida como un anfiteatro. Bajo la luz eléctrica el pueblo se convertía en un escenario; y al liberarse del guión de hierro de la jornada laboral la gente desempeñaba su papel con mayor brío: trágico, cómico, histórico, pastoral o cualquier mezcla *ad hoc*, a sabiendas de que nadie podía reemplazarlos en su papel porque en cada hombre, según reza el *dictum*, se representa el drama de la Humanidad.

La calle principal de Santa Brígida se llamaba Avenida de la Concordia (para los naturales era Concordia a secas) y serpeaba entre norte y sur a doble mano. Forzada a acomodarse al terreno irregular, era más sinuosa que la columna del Hombre Elefante. La transitaban caballos y bicicletas y también carretas, lo cual forzaba a los discípulos de Ford a conducir con precaución. No era extraño, pues, que a lo largo de toda Concordia no hubiese más que tres semáforos; y tampoco sorprendía que el más nuevo hubiese sido instalado a metros de la dulcería de la señora Pachelbel, a instancias de un destacado miembro de la sociedad brigidense, el doctor Nildo C. Dirigibus.

En su exposición ante el Comité de Asuntos Urbanos, del que era presidente (también era secretario de la Secretaría de Desarrollo Vitivinícola y vocal de la Junta de Exposiciones y Eventos al Aire Libre), Dirigibus explicó que la dulcería de la señora Pachelbel se había convertido en una atracción turística de Santa Brígida, así como ya lo eran las montañas y las cabras —un símil que la mujer no habría agradecido, y que para fortuna del presidente del Comité no llegó a sus oídos.

El jurisconsulto subrayó que cientos de visitantes se congregaban por mes en las puertas del establecimiento, y que convenía a la sociedad brigidense que el tránsito se ordenase en esa intersección de tal forma que, primero, permitiese a los visitantes cruzar la avenida con seguridad, y en consecuencia —lo cual constituía el punto segundo—, evitase el congestionamiento vehicular que tanto habría perjudicado la actividad del pueblo. De más está decir que Dirigibus logró la aprobación de su moción; el poste detrás del que se ocultaba cuando Pat lo vio por vez primera era, de hecho, el de este semáforo.

Sería una simpleza ignorar la otra intención del doctor Dirigibus al presentar su propuesta: no hacemos aquí referencia a su deseo de agradar a la señora Pachelbel, puesto que sería incurrir en obviedad, sino a la necesidad de preservar su integridad física durante los ires y venires que lo transportaban de la dulcería al bar El Tacho y viceversa.

La primera vez que Teo visitó a solas la dulcería, detuvo la camioneta encima del paso peatonal y encendió las luces de emergencia para escaparse, o al menos intentarlo, de una multa por mal estacionamiento. Tenía la esperanza de entrar y salir del local con rapidez, pero la señora Pachelbel lo obligó a esperar hasta que abrió todos los botes con la fruta cocida y probó y paladeó un trozo por bote; recién entonces extendió su aprobación y se avino a firmar el recibo que Teo estrujaba entre sus dedos de chorizo.

Al salir Teo advirtió, para su alivio, que la camioneta no había sido secuestrada por la fuerza policial. Ni siquiera había oficiales a la vista. Pero al mirar en derredor descubrió a un personaje de traje borravino que lo llamaba chistando desde el semáforo. La masa romboidal de su cuerpo desbordaba a uno y otro lado del poste; y aun así el hombre se inclinaba, asomando su calva, como si se exhibiese de forma deliberada.

"¿Es usted empleado de la señora Finnegan?", preguntó Dirigibus en un susurro.

"Socio", dijo Teo dándose aires.

"Qué mujer más emprendedora."

"¿Usted la conoce?", preguntó Teo, picado por la curiosidad.

"Desde que llegó al pueblo. La ayudé a conseguir alojamiento. Era su primera visita a Santa Brígida y no sabía qué hacer con su alma. ¿Cómo iba a permitir que vagase por ahí con una niña tan pequeña, en mi carácter de tesorero de la Comisión de Minoridad? Eso sí, ya en esa oportunidad me pareció que era una muchacha algo nerviosa. La tensión es mala para la salud, terrible: ¡un veneno!", dijo el jurisconsulto, mientras secaba su cuello con un pañuelo borravino. "¿Se dio cuenta? Siempre está mirando por encima del hombro, como si temiese la llegada de un acreedor. Debería tomarse las cosas con más calma, o procurarse una pócima vasodilatadora. Lo cual me sugiere, ¿le gustaría acompañarme a beber una copa? Considérelo un gesto de bienvenida. Como asesor de la Secretaría de Turismo, es lo menos que puedo hacer."

Teo pensó que ese tipo no podía ser real. Pero lo intrigó el comentario sobre el nerviosismo de Pat. Teo sabía que Pat era dueña de una enorme energía, una característica que no era mala en sí misma, aunque resultase agotadora; sin embargo era cierto que las veces que habían ido juntos al pueblo había percibido su tensión, la facilidad con que se sobresaltaba y la cortedad de su aliento.

Decidió aceptar el convite. Era recomendable empezar con el pie derecho, no podía desairar a un vecino; y además la posibilidad de conversar con alguien que conocía a Pat desde antes que él lo atraía con un poder magnético.

El hombre echó algo en el bote de basura (que Teo, a diferencia de Pat, ni siquiera registró; he ahí la diferencia entre la percepción de un hombre y la de una mujer) y le ofreció una mano fría, húmeda y gelatinosa: fue como apretar un calamar. Cuando Teo dijo que iba a estacionar la camioneta en un lugar menos inconveniente, Dirigibus le sugirió que no se molestase y colocó una tarjeta con su nombre y su firma —en color borravino— entre el cristal y el limpiaparabrisas.

"De esta manera", agregó, "los policías comprenderán que usted merece mi confianza y no lo molestarán."

Dirigibus le presentó a Samuel Heriberto Gómez, alias Tacho, que compartió con ellos la copa inicial. Apenas el Tacho se excusó para regresar a sus asuntos, Teo asaltó al jurisconsulto con preguntas; no necesitaba dar rodeos, puesto que Dirigibus había accedido ya al estadio de jovialidad al que muchos llegan a la cuarta o quinta copa.

Descubrió así que Pat y Miranda habían llegado a Santa Brígida con un módico bolsito. Esto era extraño, tanto como el hecho de que Pat fuese una mujer en cuyos armarios sobrase espacio: Teo no había conocido a otra igual. El doctor Dirigibus le profesaba además una admiración sin límites, por la forma en que arrancó un compromiso a la por demás incorruptible señora Pachelbel.

"Esa mujer es impermeable a las cortesías, ciega ante el afecto y sorda a los cumplidos", se lamentó el jurisconsulto. "Llevo cuarenta años apelando a la buena voluntad de los hombres, mediando y convenciendo, y en todo este tiempo no he conocido a ninguna persona más cerrada. ¡Ella no necesita a nadie!"

A esa altura Teo sentía simpatía por Dirigibus, alentada por sus propias experiencias con el género femenino —y a qué negarlo, también por la empatía que propicia el alcohol. Hizo un esfuerzo más por encarrillar la conversación; se enteró de la negativa con que Pat respondió a cada ofrecimiento de empleo, incluso a aquellos que le hubiesen garantizado una obra social; y registró en su cabeza ya llena de nubes que Pat visitaba a un médico dos veces al mes, el doctor Canelón Moore, Decadrón Plus o algo así, a quien imaginó ginecólogo y por lo tanto ignoró en defensa del pudor femenino. De allí en más la conversación bogó hacia donde quiso, encallando en el común dominio del latín, que Dirigibus frecuentaba en su vertiente leguleya.

"Uno siempre encuentra coincidencias con el otro, cuando conversa *inter pocula*", admitió Teo.

"Que conste, amable clientela, que esta vez no he sido yo quien inició esta defensa del bien beber", se excusó Dirigibus delante del barman. *"Ipse dixit!"*

"*In primis et ante omnia*, beber con moderación es bueno para la salud", prosiguió Teo.

"Si me permite el papel del *advocatus diavoli*, diré que no hay nada más sobrevalorado que la moderación. ¡Quien pudiera prescindir de ella para hacerlo todo de forma apasionada!", dijo Dirigibus. "Pero en fin, *necessitate cogente*... con perdón de la expresión."

"*Per fas et nefas.*"

"Y si tuviésemos que hablar de la sabiduría de deriva del buen beber, *libere et sponte*..."

"*Post hoc*", dijo Teo.

"*Propter hoc!*", remató Dirigibus, con fina lluvia de saliva.

Cuando Teo regresó a la cabaña ya era de noche. A pesar de que manejaba con prudencia, se perdió tres veces.

Pronto el alivio que Pat sintió al verlo se transformó en furia. Le dijo que no pensaba tolerar que bebiese mientras trabajaba.

"¡Cuando entré al bar ya había terminado con la tarea del día!", se defendió Teo, o quiso defenderse, porque lo que salió de su boca sonó más bien así: "*Cuá bss abar ya mmm ado lata bss día.*"

Pat dio media vuelta y se encerró en la cabaña. Teo llamó a la puerta para pedir perdón, pero no obtuvo respuesta. Golpeó y gritó y empujó, sacudiendo la casa; de haber soplado como el lobo del cuento, ¿quién dice que la cabaña no habría caído?

Entonces descubrió la carita de Miranda, que lo observaba a través de la ventana. Se acercó hasta ella, y avergonzado probó una sonrisa que pretendió traviesa. Si lo fue o no escapa a nuestra capacidad de juicio, porque Teo no tenía entonces un gran dominio de sus músculos faciales y lo que produjo fue indescriptible. Lo único cierto es que Miranda siguió viéndolo con la misma seriedad. (Teo no podía oír las cosas que Pat mascullaba dentro de la cabaña, en presencia de la niña.) Al fin, con un suspiro que sonó a rendición, Teo apoyó la frente sobre el vidrio. Cuidándose de que Pat no la viese, Miranda apoyó una mano sobre el cristal.

Teo se sintió mejor casi de inmediato. El frío del vidrio le hacía bien.

Esa noche durmió en la camioneta, dentro de la cabina en la que apenas podía tumbarse. Estaba incómodo y maldecía su error de cálculo. Jamás había imaginado que Pat, moderna y liberal en apariencia, pudiese ser tan prejuiciosa respecto del alcohol.

Lo que perturbaba a Pat era otra cosa. Al demorarse Teo empezó a comprender cuánto la alteraba su ausencia, y por ende la intensidad de sus sentimientos por el gigante. Pat necesitaba a Teo, su cuerpo lo necesitaba, su alma lo necesitaba, y además lo necesitaba lúcido, despierto y vigilante, porque si así no fuese, ¿quién cuidaría de Miranda cuando ella ya no estuviese a su lado?

XXIX. Una crónica de la primera visita de Teo a la escuela de Miranda, durante la cual conoce a Demián y se sorprende ante una analogía

Dos noches después Pat colocó la olla en el centro de la mesa, sirvió generosas raciones de *spaghetti alle vongole* y anunció su decisión. Ya era hora de que Teo llevase a Miranda hasta la puerta de la escuela, dándose a conocer a todos sus compañeros.[8]

Teo se sorprendió por la súbita e inconsulta (tratándose de la autocrática Pat, no podía ser otra cosa que inconsulta) finalización de su clandestinidad. ¿A qué se debía este cambio de opinión? Estaba tentado de formularle a Pat muchas preguntas, pero la expresión de Miranda lo instó a callar. La niña hacía un esfuerzo para no explotar de alegría. Se había quedado con la boca llena de comida que no quería masticar, como si el más mínimo movimiento fuese a convencer a Pat de cambiar de idea. Teo le preguntó entonces qué opinaba. Miranda miró a su madre. Pat le dijo que podía responder: ¿estaba de acuerdo o no? La niña sorbió entonces la colita del fideo que asomaba entre sus labios. Teo le preguntó si eso significaba un sí. Miranda asintió, masticando con ganas; y así el universo retomó la marcha de su infinita expansión.

Al mediodía siguiente era difícil discernir quién estaba más nervioso. Pat se salteó el café, regresando a la cocción de las frutas que esa tarde reclamaba su más atento escrutinio. Miranda, que en su momento se había salteado el postre, esperaba al pie de la camioneta que llegase la hora señalada. Y Teo, que había dado cuenta del postre que Miranda despreció y del café que Pat no quiso y que ya no sabía qué otra acción emprender para postergar el compromiso, regresó a su habitación para cuestionarse la elección de su atuendo. ¿Eran demasiado agresivos sus zapatones? ¿Sería recomendable cam-

---

[8] Pat encontraba cada vez más ardua la travesía en bicicleta con Miranda a cuestas, y además consideró que Teo contribuiría a la confusión de sus perseguidores: el Ángel Caído buscaba a una niña, no a un gigante.

biar la camisa gris por algún color vivo? Y los colores vivos de que disponía, ¿sugerían cualidad amigable, o alguno de ellos —esa chomba rojo coral, por ejemplo— subrayaba su característica de atracción circense? Porque Teo no quería intimidar a los chicos, pero tampoco sugerirles que era discípulo de un payaso. Sólo aquellos cuyas vidas están signadas por la diferencia saben cuánto demanda, y cuán fina sintonía, alcanzar el punto equidistante que los preserve de la repulsión tanto como de la burla.

Los murmullos comenzaron apenas Teo bajó de la camioneta. El gigante estaba habituado a estas reacciones. La experiencia le había enseñado cómo tolerarlas; aunque su piel no había logrado la coriácea protección del rinoceronte, se había curtido lo suficiente y funcionaba a pesar del dolor.

Pero nunca había aprendido a no sufrir por el otro, aquel que daba la cara y lo presentaba al mundo como su relación. El problema más grave no surgía de inmediato. Cuando una novia nueva le descorría el velo de sus otros afectos, las primeras reacciones eran previsibles: las mujeres formulaban fantasías sobre partes ocultas de su cuerpo y los hombres lo miraban con lástima, como si diesen por sentado que no se podía ser tan grande sin ser también lelo; era habitual que le hablasen con lentitud, como si pretendiesen facilitar su comprensión. Pero pronto, cuando las mujeres regresaban al mundo real y los hombres asimilaban la humillación de su sano intelecto, comenzaban los problemas. Mucha gente agotaba su tolerancia en el trato con el *freak*, y por ende se volvía intolerante con el *freak lover:* aquel que amaba a un gigante, esto es a un ser anormal, tenía también que ser anormal. Una anormalidad más patológica por ser electiva, porque el gigante no puede dejar de serlo, pero la amante del gigante elige con libertad el objeto de su afecto. Teo perdió un par de amores a causa de este prejuicio. Una novia le confesó que sus amigas la trataban como ninfómana, dado que era obvio que la sexualidad convencional, esto es un pito promedio, no era suficiente para ella.

¿Qué clase de sinsabores le depararía a Miranda su relación con el gigante? La niña ni siquiera consideraba la posibilidad de que Teo la sumiese en problemas. Pero el gigante temía lo peor. Durante el viaje se mordió la lengua para no transferir a la niña sus preocupaciones. ¿Quién les diría que era, ante la inexorable pregunta? ¿Preferiría hablar ella, o esperaría que Teo respondiese? Y en esa circunstancia, ¿cómo desearía Miranda que se definiese: novio de la madre, pareja de la madre, socio de la madre... o más bien en relación con Miranda misma, como su padrastro?

Llegaron a la explanada antes de que Teo arribase a ninguna conclusión.

Apenas bajaron de la camioneta Miranda le dio la mano. Esto satisfizo a Teo, aunque con moderación; como se explicó antes, el gigante sabía que el optimismo inicial no era garantía respecto del resultado del experimento. Pero Miranda marchaba a su lado, y le sonreía como si fuese él quien necesitaba reaseguro. Parecía disfrutar de las reacciones de los otros niños: la sorpresa de muchos, el pavor de algunos y el asombro que embargaba a la mayoría: se adelantaban a sus pasos saltando como gacelas, no querían perderse el espectáculo de un hombre que, como el universo, no había dejado de expandirse nunca.

Ya habían entrado al patio cuando Miranda soltó su mano. El gigante pensó en la catástrofe; creyó que Miranda había leído la incomprensión en los ojos de los suyos, el temor que anticipa la condena y la lapidación, y que se alejaba para preservarse. Pero Miranda se había soltado para trepar encima de Teo como lo hacía siempre, pisando sus músculos gemelos como estribo, encaramándose a su cintura y escalando al fin hasta su cima. Miranda comprendía que su madre le había concedido una excepcional, y quizás única, oportunidad de brillar, y estaba decidida a sacarle el jugo.

"¿El gigante es tu papá?", le preguntó una niña de cuarto grado una vez que se hubo sentado sobre el hombro de Teo.

"No", dijo Miranda sin dudar un segundo. Estaba chocha. Por lo general, los chicos de la primaria actuaban como si los de preescolar no existiesen. ¡Era la primera vez que uno de ellos le dirigía la palabra! "Mi papá murió en un barco, cuando yo era bebé. ¡Ni siquiera me acuerdo de él!"

"¿Y entonces qué es?", preguntó uno de séptimo sin dejar de correr a su lado. Teo percibió el detalle de la implícita cosificación, alguien de semejante tamaño no podía ser alguien, sino más bien *algo:* el chico había preguntado *qué* era, no *quién* era.

"Teo es mi amigo", dijo Miranda, dándole palmaditas en la cabeza.

A esa altura Teo ya no podía avanzar: su camino estaba bloqueado por una blanca manada de niños boquiabiertos. La campana sonó pero nadie se movió de su lugar.

"Decime cuál es Demián. ¿Lo ves?", preguntó Teo.

"Aquel", dijo Miranda.

Teo lo ubicó allá lejos, a prudente distancia de la manada, junto a una de las columnas del patio. Estaba flanqueado por sus lugartenientes en el Ejército de la Maldad, Aldo y Pehuén. Teo no dudó un instante, era evidente quién de los tres era Demián: aquel cuyo rostro no trasuntaba el asombro ni la curiosidad común a todos, sino una clara malicia. Demián lo miraba como si lo estudiase en busca de un punto débil.

"¿El colorado? Tiene cara de atorrante. ¡Pero no sabe con quién se metió!", dijo Teo, y levantó una mano para saludarlo.

La malicia desapareció entonces de la expresión de Demián, reemplazada por la blancura del miedo. El niño se escabulló entre sus amigos, que lejos de moverse se quedaron duros, hipnotizados por la atención que el gigante les dispensaba.

"¿Y qué sabe hacer?", sonó la voz de una niñita, apenas dos años mayor que Miranda. Estaba convencida de que el gigante debía venir de fábrica con alguna de las habilidades de las muñecas modernas, que hablan, cantan y hasta se orinan.

"Lo mismo que sabemos todos", dijo Miranda, "¡pero mucho más!"

"¿Cuántas milanesas se come?", preguntó un gordito.

"¿Por qué no le preguntan a él?", dijo Miranda.

"Depende del tamaño de las milanesas", dijo Teo. "Pero un mínimo de seis, lo cual en mi tabla de equivalencias es igual a doce canelones, dos pollos de campo o una torta de chocolate entera."

Un murmullo de asombro recorrió al público, ahogando el segundo toque de la campana.

"¿Y cuántas Cocas te tomás?", preguntó otro.

"No tomo Coca. La Coca te deja petiso."

"¿Tomás vino?"

"Vino, sí. Pero nunca más de un par de copas", dijo Teo, prudente.

"¡Mi papá toma más que un gigante!", gritó otro entonces, provocando risas.

"Ahí está la señorita Juli", dijo Miranda, señalando a la maestra del jardín, que había acudido a ver el origen del revuelo. "Y la otra es la señorita Teresa, que está en primer grado."

Teo sintió que alguien tiraba de la botamanga de su pantalón. Al mirar hacia abajo descubrió a un niño de la edad de Miranda, y por ende igual de diminuto, que lo miraba con la mayor de las naturalidades.

"Ahí estás", dijo Miranda, como si hubiese estado esperándolo. "¿Trajiste el peine?"

Por toda respuesta, el niño le enseñó el peine que llevaba en su bolsillo.

"Hoy vamos a pintar con peine", explicó Miranda para bien de Teo.,

"Me parece muy bien, siempre y cuando no se lo pasen sucio por el pelo", dijo Teo mientras ayudaba a la niña a regresar a la Tierra.

"Este es mi amigo Salo."

"Mucho gusto, Salo", dijo Teo, tendiéndole la mano. El niño la estrechó sin dudar ni variar su expresión de esfinge, que sólo se convirtió en sonrisa cuando oyó el *aaaaah* de asombro en boca de los demás testigos.

Para ese entonces las señoritas Juli y Teresa se habían abierto paso hasta Teo.

"Perdón por el descalabro", dijo el gigante. "No estaba en mis planes ofrecer una conferencia de prensa."

"No es nada", dijo la señorita Juli, todavía sorprendida. "En el fondo sirve, porque nos va a dar tema de conversación."

"Composición, tema: el gigante."

"Estos no escriben, todavía. ¡Pero no me cabe duda de que habrá muchos dibujos alusivos! Miranda, sin ir más lejos, es una artista excelente."

"¿De verdad?", preguntó Teo, que todavía pensaba que los dibujos de la cabaña eran obra de Pat.

"Tiene una gran imaginación. ¡...O al menos eso creí hasta hoy!"

"Y eso que todavía no vio el tamaño de nuestras gallinas."

Teo quiso despedirse de Miranda, pero se frenó al advertir que Salo le hablaba al oído.

"Pregunta Salo si duele mucho", dijo al fin la niña.

"¿Qué cosa?"

"Ser tan grande. Porque una vez se golpeó el tobillo y, y, y se le hinchó, y se acuerda de que le dolía."

Teo se rascó la barba. Era una analogía que nunca se le había ocurrido.

"A veces", dijo.

Salo volvió a susurrar al oído de Miranda, que tradujo:

"Dice que su papá le puso hielo."

"Es lo que hay que hacer, en los casos comunes. Pero para bajar mi hinchazón yo tendría que ir allá arriba", dijo Teo, señalando los picos nevados.

Las campanas sonaron por tercera vez. El mar de guardapolvos se abrió en dos ante el poder de la directora, señorita Olga (o si prefieren, Nalgas) Posadas, que se acercaba a ver el fenómeno. La señorita Juli efectuó las presentaciones de rigor. La directora se manifestó encantada, lo cual se contradecía con la expresión de su rostro. Teo ignoraba que Nalgas tenía siempre ese rictus de quien vive en un mundo que superó hace rato su fecha de vencimiento.

Acto seguido la directora le pidió que se retirase, para que la jornada de clases pudiese iniciarse de una vez antes de que llegase la campanada del final.

XXX. Historia del cura que ponía su fe en el cine

El padre Collins era un hombre parco, de esos que creen que el ejemplo es más elocuente que una homilía. Tenía afición por el trabajo físico y por el deporte, disposición a la que se entregaba apenas surgía la oportunidad, y a la que le debía, en buena medida, la juventud que conservaba a los cincuenta años; el cuerpo del padre Collins no exhibía ninguna de las rémoras del sedentarismo que son tan evidentes en otros sacerdotes. Las únicas concesiones que había hecho a su edad eran los anteojos de marco negro, que subrayaban la ironía de su sonrisa, y la creciente ligereza de sus cabellos: todavía se peinaba para el costado, pero la mata que caía sobre su frente cuando hacía un esfuerzo era cada vez más rala. El rasgo que lo diferenciaba de sus colegas no era su discreción, sin embargo, ni tampoco el placer con que se aplicaba a cortar leña o se trenzaba al fútbol los domingos después de misa. El padre Collins era *rara avis* dentro de su género porque profesaba una fe *cum gramo salis*, con un gramo de sal: antes que creer en la suma de los preceptos de la Santa Iglesia, prefería decir que les tenía cariño.

Collins creció lejos de su familia, en un colegio irlandés para huérfanos y pobres que la Sociedad de Damas de San José había fundado en Capilla del Señor. Se lo educó con dureza y en la austeridad. El menú reincidía con la sémola tres veces por semana. Su calzado todo terreno, con el que asistía a clases, a misa y a los partidos en el potrero, era un único par de botines Patria. No tenía más riqueza que las chapitas con que se consagró campeón de la arrimada, un monumento a su pulso firme. Los sábados lo obligaban a ducharse; después, para que el aseo llegase hasta el último pliegue de su ser, concurría a confesión al igual que sus compañeros.

El internado le enseñó que la supervivencia era patrimonio de los más aptos, y que los más aptos eran siempre gente práctica: la que cuidaba los botines para que durasen más, la que no dejaba un grumo de sémola en el fondo del cazo y así se aferraba a su salud, la que no arriesgaba en la arrimada más de lo que estaba dispuesta a perder. Para Collins, pues, el sacerdocio no fue una vocación, sino la más promisoria de sus opciones de trabajo. Estaba familiarizado con sus demandas: conocía la tarea al dedillo, la repetición lo ayudó a grabarse las palabras que coronaban todos los ritos. Además la paga era justa: casa, comida y algunos pesos, por cierto exentos del pago de impuestos. El resto de los trabajos que conocía gracias al internado (maestros, cocineros, personal de limpieza) eran menos atractivos por muchos motivos, entre los que destacaba la inseguridad laboral: un maestro puede quedar cesante, pero a un cura nadie lo despide.

Es cierto que el mundo era un catálogo de otros, múltiples oficios. Algunos de sus compañeros eran hijos de mecánicos, de carpinteros, de albañiles, de oficiales del ejército. Pero esos eran los mismos profesionales que habían depositado a sus niños en el internado, y que casi nunca pasaban a visitarlos ni los recogían durante el verano. En consecuencia era razonable que Collins desconfiase de los oficios terrestres, y que en cambio otorgase crédito al quehacer de aquellos adultos que eran la única constante de su vida. Los curas siempre estaban ahí, llueva o truene, los siete días de la semana y durante las veinticuatro horas, para administrar sacramentos, medicinas, sopa y zurras.

Por supuesto que Collins creía en las generales de su fe: en el amor al prójimo, en el arrepentimiento como instancia superadora de los errores y en la garantía de la redención, una redención que se obtiene en este mundo porque es propia de este mundo, con prescindencia del que vendrá, si es que viene, después. Lo que lo incomodaba eran las excentricidades que los siglos colgaron de ese tronco, como adornos navideños que ahogan a un árbol aún vivo: la presunta infalibilidad de la Iglesia; la sospechosa precisión de algunos de sus preceptos (el sexo con un cónyuge es bendecido, pero si el matrimonio recurre a un preservativo incurre en pecado); la superioridad del servicio del hombre, único género digno del sacerdocio, por encima de la mujer; el celibato compulsivo, dado que es indiscutible que los curas no son más justos que los pastores o los rabinos; la doctrina que defiende la existencia de Satán y de jerarquías entre los ángeles; la virginidad de María, que le parecía un mérito discutible y que además sugería la superioridad de las vírgenes por encima de aquellas que no lo eran; la santidad que sólo se le concede a aquel que ha hecho milagros, como si lo importante fuese el acto de magia; y tantas otras proposiciones que no le parecían más serias que el *hocus pocus* de los ilusionistas, y por ende igual de creíbles.

Pero al llegar la hora de decidir hizo de tripas corazón y se tragó los sapos. A fin de cuentas convertirse en sacerdote significaba dedicar la vida a ayudar a los demás, lo cual era una oportunidad maravillosa, y con ventajas añadidas: por un lado quedaría eximido del desvelo de quien corre detrás del pan cotidiano; y al consagrarse evitaría la tentación de concebir hijos propios, a quienes no expondría al riesgo de quedar desamparados y de ser entregados, así, a ningún internado de huérfanos y pobres.

Durante veinte años fue un cura irreprochable, aun cuando le endilgaran cierta falta de inspiración. Collins sabía que no era el mejor de los oradores, ni una figura carismática, sin embargo confiaba en la persuasión de los hechos que producía con entusiasmo: cumplía con las obligaciones de su cargo, esto es ofrecía misa, confesaba, bautizaba, casaba, concedía comuniones y extremaunciones y supervisaba la catequesis. (Un aspecto de su ministerio que identificaba cada vez más con el trabajo de quien ficha de nueve a cinco.) Al mismo tiempo atendía al funcionamiento de comedores para niños y ancianos, daba consuelo a drogadictos, procuraba techo a aquellos que no tenían dónde dormir y alentaba a su grey para que se involucrase en el destino de los otros, inseparable de nuestro propio destino.

Los vientos de los 70 lo persuadieron de que estaba en el buen camino, se trataba de alimentar las almas pero también los vientres puesto que una cosa era impensable sin la otra, una presunción imperdonable, sólo concebible en la mente de aquellos que han vivido vidas privilegiadas y por eso se creen iluminados. Creyó que estaban al filo de un cambio sustancial, contribuyendo al parto de un hombre nuevo, más generoso con su cuerpo y con su espíritu. Pero el hombre viejo replicó con energía, demostrando cuán lejos estaba de su decadencia; peor aun, enseñó hasta qué extremos estaba dispuesto a llegar para prolongar su reinado.

Collins vio desaparecer a mucha gente santa. (Santa por sus hechos, no por sus milagros.) Y aunque participó del esfuerzo que tantos religiosos hicieron para salvar a personas marcadas, descubrió que algunos de sus superiores habían sido instrumentales a la entrega de víctimas; sacerdotes que traicionaron a sus feligreses pero también a otros sacerdotes, condenándolos a un calvario temprano; verdugos de sus pares.

Durante algún tiempo creyó que sus días estaban contados. Pero la falta de carisma que le atribuían terminó protegiéndolo, porque aquellos que disponían de las vidas y de las muertes no lo consideraron merecedor de sus atenciones. De cualquier forma decidieron marginarlo y por eso lo despacharon a Santa Brígida.

Bajó del ómnibus en la misma parada que Pat y Miranda usarían años después, para encontrarse con un pueblo plácido. (El Sever todavía no había sido creado por entonces.) Llevaba apenas un bolso con un poco de ropa, los utensilios propios de su ramo y un tesoro oculto en el fondo: las tres chapitas oxidadas que todavía conservaba y los botines con que había jugado al fútbol en el potrero del internado. Ya no le entraban desde los once años, y además tenían las punteras rotas: pobres, maltrechos Patria. Sin embargo se aferraba a ellos, a falta de recuerdo mejor, como si les atribuyese la custodia de alguna verdad respecto de su persona, de algún secreto o clave de su identidad, que no encontraba en ningún otro elemento de este mundo material.

A fines de los 70 ya no le quedaba ni una hilacha de respeto por su ministerio. Los curas de la región se parecían a los clérigos que habían determinado su destierro: su ocupación, enfatizaban, se limitaba a las almas de su grey, lo cual dejaba a los cuerpos más allá de su jurisdicción, en una suerte de limbo de extramuros. Le recordaban el chiste de *Mafalda* en que Susanita se niega a oír las penas de uno de los niños, *porque yo soy amiga tuya, Miguelito, pero no de tus problemas.* ¿Cómo se puede separar lo inseparable?

La poca consideración que todavía sentía por estos alquimistas de sotana se la atribuía a que, aun a pesar de sus limitaciones, habían dedicado sus vidas a la custodia de un misterio: la revelación de que Dios encontró sentido a la existencia al salir de su aislamiento. Porque había proporcionado a sus hijos lo indispensable para que fuesen felices pero al fin comprendió lo que todo padre, que ninguna prodigalidad es suficiente, que es necesario bajar al llano y mancharse con el barro de la vida para tender una mano al más pequeño, al excluido, al débil, al hambreado, al golpeado, al ignorado. Era un mensaje precioso, que les venían transmitiendo desde lo más remoto de la Historia, pero del que todavía no habían extraído toda su enseñanza. Por maravilloso que sea, cualquier misterio se empobrece si adquiere la medida de sus custodios.

Lo más parecido a un verdadero misterio que Collins había experimentado en los últimos años era el cine. Nunca frecuentó las salas comerciales, las únicas películas que veían en el internado eran cortos de Chaplin y de Laurel & Hardy que les proyectaban de tanto en tanto, tan gastados por las pasadas que tenían más rayas que fotogramas, a veces reventaban los empalmes y la tira de celuloide empezaba a dar latigazos en todas direcciones. Desde que se ordenó recibía ocasionales invitaciones para ir al cine, pero la gente tendía a pensar que sólo le interesaban las películas religiosas, así como a alguno le gustan los westerns y los musicales al padre Collins tenían que gustarle los relatos devocionales, lo invitaban a ver *El manto sagrado* y *Ben Hur* pero nunca *Patton* o *Nashville* o *Cowboy de medianoche.*

Al llegar a Santa Brígida el padre Collins descubrió que la parroquia incluía una sala de cine, el Auditorio San Ricardo: programas en doble y hasta en triple función en continuado, cualquier película que ya se hubiese caído hace siglos de la programación de los cines de verdad, Dario Argento, *La aventura del Poseidón* y demás catástrofes, *El Padrino* (que causaba furor entre los pequeños que se colaban en la sala, por la violencia, claro, pero ante todo por la fugaz visión de un par de pechos) y por supuesto *Jesús de Nazaret*, infaltable en Pascuas y para Navidad.

Las proyecciones las manejaba un viejito llamado Enzo Scolari desde la primera función, que tuvo lugar en 1969. Como a Collins le fascinaban las máquinas, le pidió a don Enzo que le enseñase a manipular el proyector. Cada vez que le quedaba un rato libre se metía en la cabina y le decía al viejito que saliese a tomar un poco de aire. Su ofrecimiento siempre era valorado, en especial por el público, porque don Enzo tendía cada vez más a dormirse en su cubil y ya no cambiaba los rollos a tiempo.

El padre Collins miraba la sala en penumbras a través del rectangulito y pensaba en el misterio. El efecto que tenían las películas, en especial sobre los más pequeños, lo movía a reflexión. Salvo que fuesen un desastre, los relatos lograban que hasta los más inquietos se sentasen en silencio durante hora y media con la vista clavada en el mismo punto, sin emitir más sonido que el comentario ocasional o el crujido de los maníes con chocolate. Algo en esas reuniones lo remitía al cristianismo primitivo: la oscuridad de las catacumbas, la sensación de estar conectados con algo que era más grande y más importante que ellos mismos, la reverencia ante el poder de las historias, porque en las catacumbas se contaban historias sobre Cristo y los Apóstoles del mismo modo en que Jesús había contado a su público historias originales, eso fue Jesús ante todo, no fue un ministro ni un vendedor de ilusiones ni un mago ni un censor ni un dignatario, Jesús hablaba del hijo pródigo, del buen samaritano y de los talentos enterrados, Jesús creía en la potencia transformadora del relato, Jesús fue aquello que todo escritor sueña ser: un narrador perdurable.

La vida de Collins en Santa Brígida era cómoda; quizás demasiado para su gusto. El pueblo estaba ubicado en un valle generoso, todo el mundo tenía trabajo y salvo excepciones contadas, ganaba lo suficiente como para cubrir sus afanes. Existían casos individuales con problemas serios: alcoholismo, violencia familiar, incesto, pero Collins los había identificado a poco de llegar y trabajaba con ellos de forma constante, porque estas endemias sólo se horadan de a poco, con paciencia propotente. El resto de su grey parecía satisfecha con su suerte pero Collins no se engañaba, la tranquilidad material no ocultaba el trasfondo de inquietud que percibía en cada charla, en cada confesión, la gente no era de quejarse y sin embargo admitía que la roían por dentro, algo oscuro aunque todavía informe y en consecuencia incomunicable. Aun así, a veces Collins se preguntaba si esa sensación sería real, o si tan sólo estaría proyectando en los demás la inquietud que carcomía a su propia persona.

Por eso volvía a diario a los Evangelios, porque quería apagar ese zumbido molesto que sonaba de fondo en su vida, porque ansiaba sentir otra vez la inspiración que lo sacudió en la primera lectura, el poder sanador de aquellas historias del narrador de Galilea. Pero a poco de comenzar se le iban los ojos, confundía las líneas y las palabras, se sabía los párrafos casi de memoria y no lograba concentrarse, el zumbido se convertía en las voces de sus maestros, glosaban los textos pasteurizándolos en el proceso, el alma y no el cuerpo, el mañana y no el hoy, no importa la Tierra sino el Paraíso, y terminaba cerrando el libro sin haber obtenido satisfacción.

¿Qué historias contaría el padre Collins, si alguien le pidiese que lo hiciera? Los cuentos que conoce de primera agua no son inspiradores, no le sirven ni siquiera a él, son historias grises, de niños sin padres que se disputan la sémola y se violentan unos a otros, de santos a los que se mató en la oscuridad para que no obtengan otro halo que el olvido, de curas que han perdido la fe y que la buscan con desesperación en las películas.

No, el padre Collins necesitaba otro tipo de historias. Por eso visitaba las catacumbas con tanta frecuencia, le pedía a don Enzo que lo dejase operar el proyector, el cine lo distraía y lo hacía pensar al mismo tiempo, con un poco de suerte encontraría una historia que le devolviese la fe, vería el rayo de luz en medio de la penumbra. Enterrado en hora prematura dentro de la cabina de proyección, el padre Collins echaba a andar la película, espiaba la esperanza ajena a través de un rectángulo en la pared y rezaba para que se le concediese parecida emoción, ¡por lo menos una vez más!, antes de que llegara la hora de irse de este mundo.

XXXI. Sobre el concepto de las Ignorancias en Materia de Pat (IMP)

Al principio Pat insinuó que ella también era parte de los *hippies*. ¿No se había apartado, acaso, de las tentaciones de la gran ciudad? ¿No criaba a su hija inmersa en la naturaleza (*dipped in shit*, la corregía Miranda con precisión que era parte de la herencia Finnegan: esto es, *inmersa en mierda*), y lejos del maléfico influjo de la televisión?

Cuando Teo conoció a los *hippies* le resultaron tan simpáticos como inofensivos. Se los cruzaba en el negocio de la señora Pachelbel, cuyos dulces preferían porque carecían de conservantes. Por lo general se movían en grupos con los niños corriendo alrededor; electrones orbitando en torno del núcleo. Sin distinción de sexos, compartían la debilidad por colgantes y pulseras, por lo que sonaban al moverse como hombres-brujo de alguna ignota tribu. Y cuando saludaban, dotaban al saludo de una gravedad que, lejos de un simple *hola*, concedía al saludado el reconocimiento de su participación en la gran comunidad humana. Teo descubrió que no se parecían a Pat. Cuando uno piensa en Pat no utiliza adjetivos como *simpático*, y mucho menos *inofensivo*.

"Pensé que los *hippies* se habían extinguido en los 70, como la TV en blanco y negro, el peronismo y el *disco sound*", dijo Teo una vez.

"Las modas vuelven siempre", respondió Pat.

Con el correr de las semanas, todo aquello que Teo desconocía sobre su compañera cobró dimensiones de obsesión. Desarrolló una suerte de lista mental de sus Ignorancias en Materia de Pat (IMP).[9] No sabía nada de sus padres, ni siquiera sus nombres; cuando Pat los mencionaba, cosa que ocurría rara vez, se limitaba a llamarlos *mi viejo* y *mi vieja*. (Miranda le contó que vivían en España y que Pat no se llevaba demasiado bien con ellos.) No sabía a qué escuela había

[9] Teo lo ignoraba, pero en el folklore irlandés tan amado por Pat un *imp* es un pequeño diablillo, similar a los *goblins* y los *bogies*.

ido. No la había oído hablar de amigos ni de novios. No sabía si había iniciado estudios universitarios, o trabajado en relación de dependencia: como se negaba a dar detalles sobre los conocimientos de que hacía gala, era tan probable que hubiese estudiado medicina como practicado enfermería. Y por supuesto, no sabía nada respecto del padre de Miranda ni de la suerte, o falta de ella, que terminó sellando esa relación.

Pat aducía motivos prácticos para tanto misterio. Llenarse de información sobre el otro le parecía inútil. Según ella, conocer la canción favorita de Teo o la historia de sus mascotas o los nombres de sus amigos no le decía nada sobre su alma, porque esos elementos tenían más que ver con la versión que Teo prefería vender de sí mismo que con la persona real. Pat creía que había más Teo en cada uno de sus gestos cotidianos, en cada ocurrencia y en cada silencio, que en la colección completa de sus andanzas.

Teo, por el contrario, creía que la historia personal era su código de barras, la marca que lo distinguía de los demás. Cada vez que un hombre cuenta su historia, aunque sea algo fragmentario o en parte falso u omita elementos, lo que hace es reapropiarse de su vida del modo en que un narrador se adueña de lo que cuenta: reconociendo un tema central, estableciendo una estructura y buscando un sentido.

Pero Pat no creía —o más bien, decía no creer— en la existencia de nada parecido a un sentido. Esto se contradecía con la historia de sus viajes, con la forma en que intentaba criar a su hija y con la búsqueda vital que, a todas luces, había concentrado en Santa Brígida. Teo se esmeraba en resaltar estas contradicciones, con la paciencia del teólogo en busca del argumento que sostenga el edificio divino. Pero cada vez que sus razonamientos la acorralaban, Pat se daba vuelta en el aire como un gato y desconocía la discusión, recurriendo otra vez a ideas que Teo ya había desmontado, o aferrándose a frases que usaba como artículos de fe: uno no es su pasado, le gustaba decir.

Cuando al fin se fastidiaba, Teo decía que si Pat fuese una película sería uno de esos bodrios realistas con luz plana y lenguaje desprovisto de imaginación, que intentan convencernos de que la vida es así, no hay tu tía, y que por lo tanto todo intento de cambio es ilusorio: arte reaccionario, la absurda etiqueta del *cinéma vérité*, como si el cine pudiese contar una verdad objetiva cuando es en esencia *mensonge*, mentira, una bellísima y descarada mentira —como la vida. En su ofuscación era incapaz de ver que en todo caso, esa Pat prescindente y descreída era también un relato, tan desgajado de la realidad de su historia como lo era el *Quijote* respecto de la vida de Alonso Quijano.

Al aceptar las discusiones bizantinas que Pat armaba cuando se hurgaba en su pasado, Teo le hacía el juego. El gigante ya había perdido en el instante mismo de entrar en el debate, porque había dejado de exigir verdad para conformarse con defender la necesidad de la verdad. Estas batallas concluían horas después, con un Teo agotado y una Pat que había logrado el objetivo del que jamás se apartó: no revelar nada sobre su vida.

Pat funcionaba como Scheherazade, pero al revés. La relatora de *Las mil y una noches* narraba para seguir viviendo, y Pat postergaba hasta el infinito el inicio de su relato por las mismas razones. Para ello le bastaba, como se ha visto, con cuestionar alguno de los argumentos que Teo esgrimía en su reclamo, o con criticar uno de sus tótems; la literatura de ficción, por ejemplo. Sabía que entonces Teo se pondría a la defensiva y se emplearía a fondo para salvar sus ideas. Llegado el momento, Pat le concedería la razón (sí, la verdad es un elemento importante en una relación humana; sí, es posible que la narrativa tenga algún valor) para que Teo sintiese que había triunfado, aunque no hubiese conseguido nada de lo que buscaba.

Las veces que Teo porfiaba o se pretendía inflexible, Pat recurría al sexo. No hay que olvidar que este tipo de conversaciones ocurría en cualquier parte, o fragmentado en varios escenarios: en la camioneta o en la cocina, o en ambos sitios, o con la mano de Pat metida dentro del pantalón de Teo, o al revés. (Esto último ocurría rara vez, porque las manos como tartas de Teo no cabían en los pantalones de Pat.) El fenómeno es extraño pero no por ello menos cierto: las parejas disocian el tema de conversación de la circunstancia física que atraviesan. Así, un comentario sobre un hecho banal de la oficina puede tener lugar durante el acto sexual, y es posible que una reflexión sobre la mortalidad ocurra mientras se compara precios de detergentes.

La cuestión del conocimiento es tan elusiva en la vida como en el amor. Creemos necesario conocer al otro para amarlo, pero en la práctica nos enamoramos antes de conocerlo bien. Puede que esto parezca peligroso, pero la pregunta es: ¿existe alternativa? ¿Conocemos a alguien de verdad, por más que medie el transcurso del tiempo? ¿Sigue siendo el otro un desconocido hasta el final, habiéndose vuelto familiar sin haber perdido nunca su carácter inasible: un palacio construido sobre arena? ¿U ocurre como en otras áreas del saber, en las que sólo incorporamos nuevos elementos cuando los necesitamos y nos ponemos, por ende, en condiciones de reconocerlos: conocemos al principio lo que necesitamos para enamorarnos, conocemos después lo que se precisa para convivir, conocemos en último término los motivos que precipitan el fin del amor?

Pocas semanas después de su mudanza Teo aprovechó ausencias de Pat para revisar hasta el último cajón. No encontró nada de lo que esperaba hallar, ni siquiera un juego de documentos. Tampoco reparó en la medicación de Pat, porque no estaba preparado para verla; todavía no era tiempo de saber. Es cierto que Teo, como la mayor parte de los hombres, era un pésimo buscador. (Ni siquiera encontró el arma que Pat había trasladado en su bolso de provincia a provincia.) Los documentos estaban, aunque bien ocultos. Lo bueno fue que Pat, a diferencia de la mayor parte de las mujeres, era (o había devenido) muy poco maniática respecto de sus cosas. Si hubiese advertido que Teo revolvía sus cajones, lo habría echado sin dudar un momento.

Aquella tarde, después del revuelo que armó al dejar a Miranda en la escuela, Teo sorprendió a Pat con una pregunta disparada a quemarropa:

"¿Así que el padre de Miranda era marino?"

Pat produjo un silencio insondable. Al principio Teo pensó que callaba en busca de alguna explicación, o cuanto menos de una excusa. Pronto comprendió que Pat no tenía intenciones de seguir hablando.

"Me dijo que murió en alta mar", insistió Teo. "Es una fábula, ¿no es cierto?"

Pat siguió guardando ropa sucia dentro de una bolsa.

"Todas las fábulas tienen algo de verdad", dijo Teo. "¿Cuál es la parte de verdad, en este cuento? ¿Desde cuándo te gustan los marinos?"

Pat lo sorprendió al pegarle con la bolsa de la ropa sucia. Al primer golpe lo sucedió otro, y otro más, y otro, mientras la bolsa se iba vaciando y la habitación se llenaba de ropa voladora. Teo no sintió dolor físico, pero la furia con que Pat golpeaba le hizo preguntarse qué habría ocurrido si la hubiese interrogado mientras cortaba leña o picaba fruta. Siguió golpeándolo hasta que la bolsa se vació y entonces salió del cuarto, dejando detrás un muestrario de prendas desparramadas, algunas de las cuales colgaban del gigante que se había quedado duro como un perchero.

Teo mantuvo distancia durante un buen rato. Se puso a lavar la caja de la camioneta, chorreada de almíbar y por ende llena de moscas, hasta que Pat se le aproximó. Todavía seguía enojada. Sólo que ahora estaba dispuesta a hablar, por supuesto en sus términos.

"No pienso tolerar interrogatorio alguno. ¿Qué sos, policía?", le gritó, apelando a uno de los peores insultos que podía concebir. (De hecho figuraba por encima de *buchón*, en el Top Ten de Insultos Favoritos en Español.) "¡Te prohíbo que vuelvas a sondear a mi hija!"

Teo asintió. No tenía sentido discutir, al menos no en ese momento.

Cuando entendió que el gigante no iba a ofrecer resistencia, Pat cambió el tono. Ahora sonaba tan sólo preocupada.

"¿Qué estás tratando de hacer, Teo?", le preguntó. "Yo no soy un enigma. No existe una clave de acceso a mi alma, no insistas en buscarla. Soy esto que se ve y nada más. ¿Qué querés de mí? Te estoy dando mi vida entera, mi tiempo, mi cuerpo, mi hija... Es todo lo que tengo. ¿No es suficiente para vos?"

"Hay algo esencial que siempre me negás. Tu confianza."

"Te estoy haciendo un favor", dijo Pat. "Si no te doy mi confianza, no vas a poder defraudarla."

"Yo no te pedí ningún favor."

"Me lo estás pidiendo ahora."

"La confianza no es un favor. Es un ingrediente básico del amor, como, como... ¡el azúcar de tus dulces! Si no hay confianza..."

Fue una persona distinta a la Pat que conocía, una mujer destemplada y cruel la que apuntó a sus ojos para decir:

"¿Y quién habló de amor, acá?"

Teo se quedó sin palabras. Sin siquiera cerrar la caja de la camioneta, subió al vehículo y se mandó a mudar.

Pat no hizo intento alguno por detenerlo. Ni siquiera esperó a que desapareciese para regresar a la casa: Teo la vio irse en el espejo retrovisor.

Transcurrieron algunas horas que el gigante vivió en un infierno de inseguridades. Se preguntó si sería cierto que ella no lo amaba, o si Pat habría dicho semejante cosa por despecho. ¿Había sobrevivido a la devastación atómica de Silvia tan sólo para dar con alguien igual, que utilizaba el pasado como excusa para no entregarse? Sentía que había huido de Hiroshima un día antes de la hecatombe, tan sólo para instalarse en Nagasaki. Si Pat era en verdad Silvia Dos, eso significaba que había caído dos veces en la misma trampa, y por ende era su culpa. ¿Qué problema irresuelto estaría arrastrando, que lo condenaba a meterse una y otra vez en el mismo tembladeral? No podía tratarse de la culpa por la explosión, dado que su relación con Silvia había sido previa a esa desgracia. Era obvio que se trataba de un mal más antiguo, tan enterrado en lo profundo de su alma como para ser indistinguible de su persona.

Abandonó la camioneta y se metió en el bosque. Protegido por la barrera verde, vagó y bramó como un oso. En un momento registró ruidos y creyó que el lobo había vuelto. Esta vez no tuvo miedo, había agotado su capacidad de sentir. Pero fue una falsa alarma.

Pat no volvió a pensar en el incidente. Imaginaba que Teo regresaría al rato y que la vida retomaría su curso. Pasarían un rato en silencio hasta que cuestiones prácticas los forzaran a hablarse. Después trataría de acariciarlo, y si Teo se dejaba lo llevaría arriba y lo tumbaría sobre Kafka, sobre Melville, sobre Dickens y le haría el amor.

Por supuesto, también existía la posibilidad de que ya no volviese, o que tan sólo regresase a buscar sus cosas. En ese caso habría ocurrido lo que tenía que ocurrir, por lo que rasgarse las vestiduras era un acto sin sentido. La mayor parte de la gente vive en el temor de que la persona amada deje de elegirla como socia. Pat temía que Teo la dejase, pero temía todavía más descubrir que era ella la que necesitaba dejarlo. Había cortado amarras demasiadas veces, ya; y no estaba segura de poder soportarlo una vez más.

XXXII. Donde se habla (o no) de frutillas

Una mañana, mientras recolectaban frutillas para un dulce que era la joya en la corona de la señora Pachelbel, Pat dijo una de esas frases que dejaban a Teo pensando en todo lo que no sabía de su mujer.

Las mejores y más gordas frutillas se encuentran debajo de plastas de mierda. Pat levantaba esas plastas sin remilgos, con Miranda como su asistente. Teo, en cambio, luchaba para contener sus arcadas. (*Aurum in stercore quaero*, pensaba Teo, buscando consuelo en Virgilio.)[10] El monólogo de Pat giraba por los carriles usuales, el proceso químico que transformaba la bosta en el medio ideal para las frutillas, mientras Miranda corría por el campo y celebraba cada descubrimiento con deliciosas exclamaciones.

Cuando veía a la niña abocada a un comportamiento propio de su edad, como este de saltimbanqui bajo el sol, Teo disfrutaba sin límites. Solía pensar que la compañía casi excluyente de Pat había convertido a la niña en el facsímil de un adulto, alguien que hablaba como adulto, razonaba como adulto, pero que en esencia no lo era ni podía serlo. Por eso se había tomado como cruzada el propósito de alimentar la parte más juguetona de Miranda, cuya infancia estaba decidido a preservar; una intención loable, que de cualquier forma no disimulaba el hecho de que Teo también conservaba una parte infantil que alimentaba a diario, y en la que se abroquelaba para relacionarse con Miranda —para horror de Pat, que parecía haber olvidado por completo cómo era aquello de ser niño. El único juego que a Pat le gustaba era el Scrabel porque podía humillar a Teo con palabras técnicas como *oseína*, *dimorfismo* y *espirómetro*.

"Cuanto más seca y clarita esté la mierda, mejor, porque eso significa que ya les trasladó a las frutillas todos sus nutrientes", dijo Pat entonces, mientras comparaba dos muestras.

---

[10] *Busco oro en el estiércol*, decía Virgilio cada vez que le preguntaban por qué leía al denostado Ennio.

"Miranda es una nena feliz", replicó el gigante, que prefería ver correr a la niña antes que contemplar cagadas.

Pat pareció ignorar el comentario, mientras hurgaba con un palo. "A veces lo más maravilloso surge de la basura", dijo.

Teo se preguntó si Pat todavía hablaba de las frutillas.

XXXIII. Donde se informa sobre un sentimiento inconfesable

La señora Pachelbel odiaba a los niños. No concebía cosa más ofensiva que esas criaturas incontinentes. La adoración que el mundo les rinde estaba más allá de su comprensión. ¿Quién puede adorar a un manantial de excrecencias? Si le hubiesen dado a elegir, la señora Pachelbel habría preferido ser lirio, o araña, o vaca, antes que formar parte de una especie que nace inútil y se preserva inútil durante tanto tiempo. ¿Por qué no podemos irrumpir en este mundo como los delfines, que salen nadando del vientre materno? Si a la lava le basta una brisa para devenir piedra, ¿qué laberinto burocrático nos impide obtener de inmediato la plenitud de nuestros dones?

Durante siglos los niños fueron barridos del camino de los adultos: se los ataba con fajas y almacenaba a la sombra hasta que tenían el tino de crecer. Para la señora Pachelbel, esos habían sido los buenos tiempos. La mujer toleraba a duras penas el infortunio de vivir en un mundo del que los niños se habían apoderado. ¿O acaso no existe hoy en día la alta costura para niños? ¿No se les consagran industrias enteras: juguetes, por supuesto, pero también música, vestimentas, electrónica, bebidas y alimentos? Todo es producido por ellos y para ellos: por ejemplo los libros y las películas, que en esta época no resisten análisis a no ser que se los reciba con una infantil carencia de juicio. ¿Y no está el mundo gobernado por líderes con la crueldad y la sinrazón de una infancia perpetua?

Enfrentada a un escéptico, la señora Pachelbel sugería contemplar la forma en que los adultos tratan hoy a los más pequeños. ¿Acaso no aplauden sus deposiciones cual si fuesen triunfos del espíritu? ¿No consagran cada tropiezo en el lenguaje como si se tratase de una muestra de personalidad? ¿Y no persiguen como zelotes a cualquiera que insinúe que sus niños no son perfectos? Admítalo, los niños son una plaga, decía la señora Pachelbel preparando el remate, y remataba: si Dios hubiese hecho llover niños en vez de sapos, Moisés habría doblegado a los egipcios en un santiamén.

A pesar de las limitaciones propias de su condición, los niños de Santa Brígida comprendían la conveniencia de evitar a la señora Pachelbel. Cuando asomaba a lomos de su bicicleta, ataviada con botas, falda y antiparras, cruzaban al otro lado de la calle. (La señora había arrollado a más de uno sin que le temblase el manillar.) Cuando esperaba turno para pagar sus compras, los niños se cambiaban de fila. (Los pellizcos de la señora no dejaban marca que permitiera acusarla.) Y a pesar de que nunca faltaba un temerario que sugiriese apedrear su negocio, el acto no solía prolongar la idea. Siempre había algún niño en condiciones de contar qué había sido del último en intentarlo.

La señora Pachelbel (*Pajel*-bel, le gustaba aclarar: el apellido es y debe seguir siendo alemán) había vivido en varios países sin necesidad de moverse de su casa. Su madre había nacido en el Imperio Austrohúngaro, al sur de lo que hoy se llama Eslovenia. El Imperio se disolvió en los albores del siglo XX, dando lugar a varios países, entre ellos el Reino de Eslovenos, Serbios y Croatas. En 1929 ese sitio se transformó en Yugoslavia. La señora Pachelbel nació allí en 1930, un querubín de rubios rizos que llegó llorando a una Europa devastada por la guerra.

En 1941 italianos y alemanes invadieron Yugoslavia. La señora Pachelbel fue víctima de un misterioso mal y dejó de caminar. Sus padres creyeron que quedaría inválida y trataron de compensar esa desgracia de la única forma que sabían: le compraban todo lo que pedía, los libros más exóticos, las témperas más caras y los mejores pinceles. Mientras tanto los médicos probaban terapias a ciegas. La llenaron de vitaminas, le pusieron abrazaderas de metal en las piernas, la sometieron a ejercicios de rehabilitación. Entre los tónicos y la inmovilidad se volvió gorda como un tonel. Las abrazaderas le cortaron la carne. Cuando los médicos trajeron nuevas, la niña se puso de pie y caminó con torpeza, tratando de escaparse. Con el tiempo recobraría su andar natural, pero sin desprenderse de la sensación de que nunca llegaría demasiado lejos: sus piernas eran demasiado débiles —o sus grilletes demasiado fuertes.

Cuando Roma se retiró Berlín extendió su dominio y dividió el país en dos. Josef Broz, el célebre Tito, se haría cargo de la Yugoslavia comunista. La señora Pachelbel creció bajo ese régimen, sin cruzar nunca los límites de su ciudad.

Un día de 1972 recibió la noticia la muerte de un pariente que vivía en el extranjero, a miles de kilómetros. El hombre se había extinguido en soledad, dejando una herencia y asuntos legales irresueltos. Esa circunstancia le otorgó a la señora Pachelbel una excusa formal para salir de su tierra. Se dijo que no tendría otra oportunidad de ver mundo, a no ser que esperase a que su país cambiase otra vez de forma. Además ya no había nada que la atase a la ciudad natal: su familia había muerto, su marido también y la única relación de sangre que le quedaba se empeñaba en ignorarla. Viajó entonces a Buenos Aires, que no le gustó. Demasiada humedad, demasiados grises. Además la ciudad estaba atravesada por convulsiones políticas, el mismo caos del que había pretendido escapar.

Alguien le preguntó entonces si conocía el sur.

La gente cree que la señora Pachelbel es una mujer de mundo, que visitó infinidad de países y aun así eligió quedarse a vivir en Santa Brígida. Ignoran que todos los países que la mujer conoce son en verdad uno solo. Y que a pesar de que simule lo contrario, la mujer conserva los grilletes que la atan a su ciudad natal. Aunque nunca la han oído quejarse o manifestar nostalgia, la señora Pachelbel se ha tomado el trabajo de reconstruir el universo donde transcurrió su infancia en el piso superior de su casa de Santa Brígida. Cuando no está cocinando o vendiendo dulces, la señora Pachelbel pinta. Pinta cuadros que reproducen lo que veía al salir a la puerta de su casa eslovena, o lo que veía desde la esquina, o lo que veía al llegar a la plaza.

A poco de instalarse en Santa Brígida recibió la visita del doctor Dirigibus, en su carácter de coordinador de la Asamblea Vecinal. El jurisconsulto quería darle la bienvenida al pueblo. La señora Pachelbel toleró los honores a duras penas, respondiendo con monosílabos a cada pregunta del doctor, que sudaba y sudaba tratando de ascender el monólogo a la categoría de conversación. Estaba a punto de darse por vencido cuando la mujer le dijo su apellido; era la oportunidad que esperaba.

"¿Pachelbel? ¿Cómo el autor del *Canon*?", preguntó Dirigibus con una enigmática sonrisa, pensando en el músico que fue maestro del mayor de los Bach.

Durante mucho tiempo ella misma había subrayado la coincidencia, cada vez que le preguntaban su apellido. Dejó de hacerlo cuando comprendió que al mentar la pieza musical la mayoría pensaba que Canon era su apellido de soltera y pasaba a llamarla *señora Canon de Pachelbel*.

Aquella sonrisa inicial que la señora atribuyó a un galanteo había sido irónica en su intención. A Dirigibus le causó gracia que una mujer de rostro tan adusto y palabras tan secas llevase un nombre que remitía a una música angélica.

La señora Pachelbel no sentía respeto alguno por los ángeles. Cualquier especie que tuviese niños (¿y qué otra cosa, si no, eran los querubines?) la dejaba fría.

XXXIV. Registra la duda sobre el origen de la fobia de la señora Pachelbel, y cambia sobre la marcha para adecuarse a la inminencia del invierno

Teo veía a la señora Pachelbel todas las semanas. Con el trato el gigante había morigerado su aversión inicial. Si uno olvidaba que la mujer tenía fobia a los niños —y eso era fácil dado que ninguno entraba en el negocio, lo cual evitaba una escena enojosa—, tratar con ella era casi un placer. La señora Pachelbel recibía a todos los visitantes con la misma deferencia, calculada con precisión suiza para que su corrección no fuese confundida con calidez. En lo que a Teo concernía era una profesional consumada: exigente (nunca dejaba de probar la calidad del producto, como la primera vez), pero asimismo puntual en los pagos y atenta a nuevas formas de mejorar el servicio. Cada vez que recibía a Teo preguntaba cómo estaba Pat, pero nunca preguntaba por Miranda. Con la repetición, este gesto se había convertido en una humorada que Teo esperaba en cada visita para responder que Pat estaba bien, claro, y que Miranda también, muchas gracias, usted no sabe qué encanto es esa nena, una santa, ¡un sol!

"No entiendo", dijo Teo una de esas tardes al doctor Dirigibus, copetín de por medio. "El odio hacia los chicos que siente esta mujer, ¿es fóbico de verdad, algo inmanejable como el vértigo, o tiene una explicación histórica? A lo mejor se hartó de que los críos le despeloten el negocio."

"Am, um, no", dijo Dirigibus, afeitándose con el pañuelo un bigote de fernet. "La señora Pachelbel maneja su negocio como el capitán de un barco. Es severa pero justa. ¡No ha padecido motines ni desmanes en cubierta!"

"Entonces debería hacerse ver."

"Es demasiado educada para ser víctima de un miedo irracional."

"En ese caso tendrá algún secreto."

"Si ha preservado a sus amistades de esa información, será que no quiere agobiarnos con su carga", respondió el jurisconsulto con su devoción intacta. "¡He ahí una mujer discreta!"

Teo dejó que el tema muriese allí. Pensaba en su propia mujer, llena de secretos que no guardaba, estaba seguro, por discreción.

Con el otoño los días se empobrecieron. Todavía eran soleados, pero su luz era más tentativa, como si supiese que estaba condenada a un pronto exilio y ya no pudiese desempeñar su tarea con convicción estival.

El fin de las clases sorprendió a Teo, que estaba habituado al calendario de Buenos Aires, donde la temporada escolar se estira hasta diciembre. En el acto de cierre de ciclo Miranda cantó una canción. Durante el número musical se la pasó saludando a Teo, que por supuesto le devolvió el saludo cada vez; a Miranda le divertía comprobar que incluso en medio de una multitud, Teo sobresalía como un albino entre los watusi.

Al finalizar la ceremonia Miranda recibió el diploma que la invitaba a regresar en primavera con guardapolvo blanco. La perspectiva de comenzar la escuela primaria la llenaba de emoción. En su repartija de regalos para los alumnos, la señorita Juli le obsequió un lapicero con una tarjeta que decía: *Sos una chica muy especial. Estoy segura de que tenés muchísimo más para dar. ¡Animate!* A Teo le pareció un mensaje genérico, pero Miranda lo refregó en las narices de Pat como si la acusase de algo. Fiel a su idiosincrasia, Pat se negó a hacerse cargo. Al volver a la cabaña, agarró una tijera y convirtió al guardapolvo viejo de Miranda en trapos para la cocina.

Las protestas de Teo no valieron de nada. Pat farfulló algo sobre la inutilidad de aferrarse a recuerdos materiales, venimos desnudos y nos vamos desnudos, para qué guardar cosas que juntan polvo y otros argumentos de similar calaña. Cuando Teo, que le daba valor sentimental hasta a un pote de yogur, quiso rebatirla, Pat se limitó a subir la apuesta. Arrancó los dibujos que estaban pegados sobre la pared y los metió en la basura. En esa circunstancia Teo optó por callar, antes de que Pat decidiese que sus libros, ¡y por qué no él mismo!, eran también prescindibles.

Ante la inminencia del invierno, la señora Pachelbel sugirió acelerar el ritmo de producción. La estación nevada atraía mayor cantidad de turistas, con el consiguiente aumento de la demanda; era preferible anticiparse y producir stock, que atosigarse y perder el sueño cuando los clientes abarrotaran el negocio.

Teo fue excluido de las deliberaciones entre Pat y Pachelbel, pero como socio minoritario no tenía derecho al pataleo. Lo sometieron al hecho consumado: debía duplicar, y hasta triplicar sus tareas, lo cual significaba duplicar, y hasta triplicar las visitas al negocio. Sus bromas al respecto (¿le estaban informando de que su pago se duplicaba, también, y hasta triplicaba?) no surtieron efecto. Pat le dijo que ese invierno sería crucial para la aventura capitalista. Si al cabo de la estación habían acumulado rendimientos, podrían salir del rojo y la empresa demostraría su razón de ser. En caso de no arrojar las ganancias esperadas, el esfuerzo dejaría de tener sentido y la sociedad con la señora Pachelbel se disolvería —lo cual significaba que deberían buscar trabajo.

"Ya razonás como un patrón", protestó Teo. "Me pedís que trabaje el doble por la misma plata, porque de otro modo la empresa se va a fundir. ¡Estás depositando toda la responsabilidad sobre mis hombros!"

"Por eso te elegí con hombros anchos", dijo Pat.

En junio nevó por primera vez. Teo descubrió que a diferencia de las tormentas, las nevadas nunca se anuncian. Son más bien sigilosas, hacen su tarea sin llamar la atención; la gente se sorprende cuando advierte que ha seguido adelante con su vida durante largos minutos, conversando con clientes, bombeando agua o alimentando a los animales, sin haber percibido que el cielo se descamaba.

Las primeras nevadas son los escarceos del invierno. Y no cubren los campos de un pelaje blanco ni cargan los techos de hielo; producen, más bien, ríos de barro que confluyen siempre en los caminos. Por consejo de Pat, Teo acudió a David Caleufú en pos de un curso rápido sobre cómo conducir la camioneta en las peores condiciones climáticas. David no dijo gran cosa, era parco hasta la exageración, pero su esposa Vera proporcionó los detalles. Teo salió cargado de consejos, cadenas y aserrín en cajas.

El bloqueo de los caminos también tuvo consecuencias domésticas. Miranda quedó confinada en la cabaña. Con la camioneta de Teo consagrada a su uso comercial y la bicicleta de Pat inutilizable en el barro y la nieve, la niña no podía aspirar siquiera a caminar hasta lo de Salo, su habitual compañero de juegos.

Una tarde Teo volvió para encontrarla en la cama, con un paño frío en la cabeza. Pat dijo que se trataba de una jaqueca, nada del otro mundo; estaba acostumbrada a ese tipo de dolores. Teo quiso quedarse en la habitación, haciéndole compañía. Trató de hacerla reír, pero sin éxito. Le ofreció el oro y el moro sin que Miranda sucumbiese a ninguna tentación.

"La radio no anda", dijo la niña con voz apagada.

Teo se ofreció a revisarla. Quizás fuesen las pilas.

Miranda sacudió su cabecita y le dijo que no se preocupara, que no era la primera vez que le pasaba. "A veces se para sola", dijo, proporcionándose su propio consuelo, "pero después vuelve."

Teo se quedó a su lado hasta que pareció dormirse.

Al día siguiente, cuando regresó a la cabaña después de la lid, Teo encontró a Miranda levantada pero todavía en camisón. Se le habían desarmado las trenzas a causa del combate con la almohada; estaba despeinada y el pelo ondulado se le abría en abanico. La niña dibujaba con frenesí sobre el piso del living. Ya había siete, ocho dibujos similares desparramados por el suelo. Al ver aparecer a Teo, le dedicó una tenue sonrisa. Un tanto alarmado, el gigante descubrió que sus ojitos estaban rojos. Ya se iba rumbo a la cocina para apelar a los conocimientos médicos de Pat cuando reparó en los dibujos desparramados por el suelo.

"¿Esos dibujos son tuyos? Y todos los que tu mamá pega en la cocina..."

Miranda asintió, sin levantar la cabeza del papel.

"Yo pensé que los había hecho Pat."

Esta asunción hizo reír a Miranda, que ahora sí miró al gigante.

"¡Pat no puede dibujar ni, ni, ni una nube, ni un perro ni un sol!"

"¿Y eso qué es?", preguntó Teo, señalando la obra a medio terminar.

Miranda lo miró como si la estuviese tomando por estúpida. Durante un instante Teo temió que le preguntase por qué suponía que el arte infantil sólo podía ser figurativo.

"Es lo que veo. Adentro de mi cabeza. Cuando me duele."

Esa noche, al acostarse, Teo desparramó sobre la cama los dibujos de Miranda.

"Son parecidos a los de siempre", dijo Pat encendiendo un cigarrillo. "¿Qué tienen de raro?"

"Miranda dice que esto es lo que ve cuando le duele la cabeza."

"Si estás tratando de sugerirme que tiene algo malo, te agradezco la preocupación y te digo que te quedes tranquilo. No existe tumor alguno, ni cortocircuito ni problemas en el nervio óptico. Le he hecho miles de análisis y todos salieron perfectos."

"¿Ah, sí? ¿Cuándo?"

"Antes."

"No me dijiste nada."

"Nunca vino al caso."

"¿Y por qué le hiciste tantos análisis?"

"Por los dolores de cabeza. Y por las convulsiones."

"¿Convulsiones?"

"¿Por qué tenés que ser tan melodramático?"

"Soy tan melodramático como cualquiera, sólo que en mí todo es más visible."

"Ya no tiene convulsiones, como habrás apreciado. Se le pasaron con el tiempo."

"Pero las migrañas no. ¿Nunca dieron con una causa, con un remedio?"

"La ciencia tiene más misterios que la teología, aunque los respeta menos."

"¿Cuándo fue la última vez que la hiciste ver?"

"Hace... año y medio, un poco más."

"¿No sería bueno que la vuelva a ver alguien? Un especialista. En Bariloche seguro que..."

"*Fuck*", masculló Pat y aplastó el cigarrillo sin terminar. "¿Estás insinuando que no cumplo con mi deber de madre?"

La voz de Pat sonó tan gélida en esa última frase, que Teo comprendió que debía moverse con cuidado.

"No insinúo nada. Lo único que hice fue preguntar..."

"Miranda es mi hija. Nadie la conoce como yo. Nadie la aguanta como yo. Nadie sabe mejor qué cosas necesita y qué cosas no."

"Yo no..."

"Ser padre no es un juego. Así que dejá de jugar. Vos no sos el padre. Vos no sos nadie. Sos el que se curte a su madre, y gracias. ¡Y si te la querés seguir curtiendo, no tires más de la soga!"

Teo deseó preguntarle si era necesario que fuese tan hiriente, pero Pat no le dio tiempo: apagó la luz y le ofreció la espalda, escondiéndose en el sueño.

XXXV. Breve, para indicar que el episodio de los dibujos no quedó enterrado en el olvido, sino en el interior de una billetera

La jaqueca de Miranda desapareció sin dejar secuelas. Las trenzas volvieron a trenzarse, la radio sonó otra vez —tal como había sido anunciado— y Miranda dejó de hacer dibujos alucinados para regresar a sus habituales garabatos.

Teo tomó la precaución de quedarse con uno de los dibujos de Miranda, antes de que Pat se deshiciese de ellos. Lo dobló y dobló hasta reducirlo al tamaño de la yema de su pulgar y lo guardó en lo más hondo de su billetera. (Si Pat lo descubría, se las vería negras.) Llegado el caso podía enseñárselo a un neurólogo.

Pero había algo que le urgía más que una consulta médica. Tenía la extraña sensación de haber visto un dibujo muy similar en alguna parte. Sin embargo no podía recordar dónde. Si hubiese estado en Buenos Aires habría recurrido a la Enciclopedia Británica que había quedado en su departamento, abrigaba la sospecha de que encontraría lo que buscaba entre sus páginas; aunque también podía tratarse del reflejo de quien está habituado a consultarla para todo.

Dirigibus le facilitó el acceso a la única biblioteca pública de Santa Brígida. Para su decepción, no contaban allí con ejemplares de la *Britannica;* en su ausencia, no supo por dónde empezar a buscar.

Con el correr de los días el amasijo de papel se volvió parte orgánica de la billetera y Teo terminó olvidando que lo tenía.

XXXVI. En alabanza de un intendente que es bueno cuando toma su medicina, pero mejor cuando deja de ingerirla

Es hora de echar un vistazo al líder de las fuerzas vivas de Santa Brígida *in illo tempore.*

El doctor Farfi, como ya se dijo, era el intendente electo. (En la Argentina se llama *doctor* al médico pero también al abogado, una manera de subrayar cuánto influyen los leguleyos sobre nuestra salud.) Descendía de aquel palestino que formó parte de la Comisión de Vecinos Fundadores. Su antepasado le legó sangre, costumbres, una módica fortuna y la cadena de comercios del rubro alimenticio con que la amasó. Habla bien de Farfi el hecho de que no haya reposado sobre estos laureles. Por el contrario, estudió para labrarse un destino propio, mérito que se duplica cuando se considera su afección.

Farfi padecía un síndrome llamado Tourette. Desde muy pequeño exhibió un exceso de energía nerviosa que se traducía en tics, contorsiones, espasmos, imitaciones involuntarias, ruidos y cataratas de improperios. Sus padres consultaron neurólogos de Buenos Aires y hasta internacionales durante años, en busca de una cura que no existía. Mientras tanto el niño acudía a una escuela convencional y salía adelante, impulsado por su natural inteligencia y don de gentes. Sus compañeros lo adoraban. ¿Cómo no venerar a un líder con patente de corso para decir las mayores barbaridades?

Ya se había diplomado como abogado cuando dio con unas píldoras que lo ayudaban a controlar sus compulsiones. El remedio funcionaba, aunque tenía contraindicación. Bajo su influjo Farfi se convertía en una sombra: se liberaba de los espasmos pero en el proceso perdía también el ingenio y su sentido del humor.

Al cabo de un tiempo negoció con su médico. Tomaría las píldoras de lunes a viernes, convirtiéndose en un abogado tan serio y diligente como falto de imaginación. Y los fines de semana volvería a ser quien siempre fue, el tipo más divertido y ocurrente del pueblo. Para su fortuna, las votaciones siempre tienen lugar los domingos.

En Santa Brígida se decía que mientras siguiese siendo así, Farfi resultaría imbatible.

Llegó al cargo de intentente provisorio en 1977, luego de un interregno anárquico de varios meses. El intendente electo había muerto de causas naturales en 1975, dejando a cargo a su vice, que era un hombre mezquino. A comienzos de 1977 el viceintendente en ejercicio se fugó con los fondos del municipio. Una Comisión de Vecinos terminó ungiendo a Farfi, que aceptó a regañadientes. Siempre decía que lo habían enganchado con alevosía, al abordarlo un martes. Cada fin de semana trataba de renunciar. Le pedían que lo considerase, y que en todo caso presentase la dimisión a primera hora del lunes. Cuando llegaba el momento Farfi ya había regresado a las píldoras, por lo que también retornaba a su cargo, y con la sumisión de quien se enfrenta a un hecho consumado.

Aquellos vecinos de la Comisión (entre los que se encontraba, cómo no, el doctor Dirigibus) fueron los primeros, pero por supuesto no los únicos en aprovecharse de la diferencia que había entre el Farfi de los días hábiles, oscuro y responsable como el doctor Jekyll, y el benévolo señor Hyde de los fines de semana. En el plantel de la Municipalidad, todos sabían que para aprobar una cuestión de interés convenía presentarle el asunto al intendente a última hora del viernes, cuando el efecto de la medicina empezaba a desvanecerse y Farfi se dejaba ganar por la anticipación del fin de semana. En esos momentos de inestabilidad química el intendente abandonaba su *approach* minucioso a los asuntos municipales y, víctima de una levedad que producía burbujas en su cabeza, era capaz de estampar su firma en documentos que antes le habrían requerido horas y hasta días de sesudo análisis.

Fueron muchos los departamentos de la Municipalidad que quisieron acelerar sus iniciativas de esta forma. Pero como los asuntos de última hora se volvieron demasiados hasta para la ágil pluma del Farfi-de-viernes, algunos quedaban postergados para el lunes a primera hora —el momento de la semana en que el intendente, renacido en la responsabilidad, se ponía más serio e intransigente.

Farfi sospechó enseguida del torrente de iniciativas que llegaban a su escritorio. ¿Cómo era posible que los viernes por la tarde se volviesen frenéticos, colmados de asuntos de vida o muerte que requerían de su inmediata atención, y que los lunes por la mañana no hubiese nada para hacer? Pactó entonces con su gente de confianza que filtrase los asuntos que le llegaban a último minuto, para que no firmase ningún asunto de verdadera seriedad; sólo aceptaba considerar cuestiones menores, vinculadas a nombres de calles, feriados y fiestas y nombramientos de bajo escalafón. A esta circunstancia se le pueden atribuir algunas decisiones discutibles, como el bautizo de una calle con el simple nombre de Esta Calle, que producía problemas a razón cotidiana ("¿Dónde vive?"; "En Esta Calle al 600"; "¿En esta misma calle?"; "No, en *Esta* Calle", y así *ad infinitum*) y el nombramiento del señor Puro Cava en la Oficina de Inscripciones del Registro Civil, que tendría consecuencias insospechadas sobre las generaciones futuras.

Hubo una vez en que el mismo Farfi se encargó de burlar su autoimpuesta vigilancia. A lo largo de varios fines de semana, barajó con amigos y familia la conveniencia de crear una fiesta popular que alentase el entendimiento entre naturales de Santa Brígida y recién llegados. (El recuerdo de las Guerras *Hippies* pesaba sobre su alma.) Entre copas, bromas y propuestas a cual más disparatada, dio forma a lo que terminaría siendo el Sever. Sabedor de que el Farfi de los días laborables no hubiese aprobado jamás una iniciativa semejante, redactó el texto del decreto un domingo y lo llevó a la casa de uno de sus asesores de confianza, con el mandato de que lo elevase a su firma el viernes siguiente a eso de las cinco de la tarde.

No fue su única precaución. Farfi especificaba en el decreto que la Fiesta del Sever no caería jamás en una fecha exacta, sino que se movería para acomodarse al segundo fin de semana de octubre. El intendente no estaba dispuesto a consagrar una fiesta de la que no pudiese participar, inhibido por la ingesta de su medicación.

XXXVII. Donde Teo confirma sus presunciones respecto de la palabra favorita de Pat

El invierno recrudecía con cada nueva semana. Aunque el sol hacía ocasionales apariciones, en esa temporada actuaba su papel con escasa convicción, limitándose a leer sus líneas de manera apresurada y desapareciendo por el foro. La mayor parte de los días eran grises, apenas encendidos por una luz tan sucia como la nieve de los caminos.

Miranda reclamaba a Pat que la dejase acompañar a Teo en sus viajes, en la esperanza de poder escapar de esa cabaña-prisión en la que ni siquiera podía mirar hacia afuera, porque el vapor de las ollas empañaba todos los vidrios. Es cierto que Pat era inconmovible, y que tenía una capacidad para repetir la palabra *no* que la hubiese hecho merecedora de figurar en el Libro Guinness de los Récords. Pero Miranda había heredado su tenacidad. Aunque no era una niña dada a molestar, de ser necesario podía conjurar las habilidades de los más pequeños para incordiar a sus mayores: pedir las mismas cosas diez veces por minuto, vaciar los placares en busca de una media, experimentar con la combustión de diversos materiales, voltearlo todo a su paso, dejar abierta la heladera, tapar el inodoro con una muñeca y otra serie de menesteres que la señora Pachelbel describiría, sin dudas, con impar elocuencia.

Pat resistió con entereza hasta que Teo se le puso en contra, lo cual significaba que no podía olvidarse del tema ni siquiera cuando Miranda había perdido el match por abandono y dormía, ya, en lo profundo de su cama. Al cabo de un día en silencio a bordo de la camioneta, un Teo ávido de polémica aprovechaba las noches para aporrear a Pat con sus argumentos. Apilaba evidencia del mismo modo en que David Caleufú construía: ladrillo por ladrillo, y de abajo hacia arriba. Miranda, decía, tenía derecho a reclamar entretenimiento. El invierno la confinaba dentro de una cabaña sin televisor ni libros adecuados para su edad. Su madre, ocupada como estaba, no podía dedicarles tiempo a los juegos. ¿Cuántos dibujos por día podía hacer Miranda? ¿Cuántos solitarios con la baraja? ¿Consideraba saludable, acaso, que dedicase tantas horas a la escucha de la radio?

La situación requería soluciones drásticas, decía Teo, aproximándose al tejado de su edificio conceptual. El recurso más práctico podía ser la compra de un televisor.

"Ni loca", decía Pat.

Entonces no cabía duda, había que optar por la otra solución, la más conveniente, a todas luces, dado que observaba una cuádruple, ¡cuádruple! ventaja respecto de la primera: era más barata, puesto que obviaba la necesidad de invertir en televisor y en antenas; era más humana, en tanto que fomentaba la relación entre Teo y Miranda, obligados a compartir buena parte del día y por lo tanto a dialogar y a conocerse; era más educativa, en la medida en que facilitaba que Miranda explorase la región y trabase contacto con distintos tipos humanos; y era, al fin, más piadosa, decía Teo colocando la teja final de su argumentación, dado que le permitía a Pat transcurrir su jornada en paz y en silencio, concentrándose en la tarea que merecía su dedicación exclusiva, a saber, la obtención un producto de excelencia que garantizara la aventura capitalista.

Ese era el punto en que Pat suspiraba, los hombros vencidos sobre el pecho, y esperaba unos segundos antes de decir la palabra que había estado saboreando desde el momento en que Teo empezó a hablar, aquella palabra que era el protón de cada uno de sus átomos, el genoma que expresaba su identidad genética, la misma palabra que la hubiese colocado al filo de la gloria de haber llegado al conocimiento del comité Guinness y que era, por cierto, su favorita entre todas las del idioma.

"No."

Siendo la antesala, Teo lo sabía, de otra noche sin sexo.

XXXVIII. En el cual se reflexiona sobre la naturaleza del cambio, y se pasa a la práctica de inmediato

Uno de esos días Miranda abrió la puerta y se mandó a mudar.

Cuando Pat se dio cuenta ya era tarde. Salió de la cabaña como una bala y revisó el paisaje blanco en busca de su manchita de color, pero no pudo verla. Tampoco respondía a sus gritos. Durante un instante temió lo peor. Jadeaba tanto, y su aliento se condensaba en un vapor tan espeso, que creyó estar hirviendo por dentro como sus ollas.

Pronto descubrió las huellas sobre la nieve. Aliviada, comprendió que Miranda estaba sola. Empezó a caminar sobre sus pasos y a llamarla. Anduvo hasta que perdió la cabaña de vista, y todavía no había señales de la niña. Para su desmayo, advirtió que las pequeñas huellas se espaciaban más y más. Miranda había echado a correr. ¿Estaba escapando de ella, de su propia madre?

La alcanzó en un claro lleno de nieve fresca. Las piernitas de Miranda se habían hundido por completo y ya no podía moverse; vista a la distancia, parecía haberse gastado las piernas en la carrera.

"¿Adónde vas?", le preguntó con voz estrangulada por el frío.

"*I'm going to Salo's!*", dijo Miranda al borde de las lágrimas.

"No es por acá. Te equivocaste de camino."

"¡Voy a lo de Salo!", insistió la niña.

"Está bien. Yo te llevo. Apago las hornallas y vamos, ¿okey?"

Miranda asintió, sorbiéndose los mocos.

"Ahora dejame sacarte de ahí", dijo Pat. Le castañeteaban los dientes. Había abandonado la casa tal como estaba, ataviada para tolerar la atmósfera tropical producida por la cocción.

Pat se preguntó si podría llegar hasta la niña. ¿Qué pasaría si se hundía también? ¿Quedarían las dos encajadas, separadas por pocos metros de distancia e imposibilitadas de tocarse, hasta que se congelasen sus piernas y el frío empezase a trepar por su cuerpo?

Estaba a cinco pasos de distancia cuando el suelo cedió bajo sus pies. Se le escapó un grito que reverberó en la caja del bosque. Entonces descubrió que se había hundido hasta la mitad de la pantorrilla, y que podía sentir el piso duro debajo de sus suelas. No le costó nada mover los pies. Se hundían, sí, pero podía sacarlos y seguir su marcha. Anduvo así, caminando como un flamenco, hasta que llegó donde Miranda.

Le costó desenterrarla. Se le habían congelado las piernas, era un peso muerto.

"¿Estuviste cantando *La batalla del calentamiento*?", preguntó Pat, tratando de disimular su nerviosismo.

Miranda sacudió la cabeza.

"¿Y por qué no, si sabés que siempre funciona?", dijo Pat, que no paraba de tironear.

"Porque sola no puedo. ¡Sola no es lo mismo!"

Pat se agachó y le pidió a Miranda que se colgase de su cuello. Después trató de levantarse, sin dejar de abrazarla. Fue necesaria toda la fuerza de su cuerpo, la tracción de sus piernas y de su columna vertebral, para sacarla del hueco.

Volvió a la cabaña lo más rápido que pudo. Tumbó a Miranda delante de la chimenea y siguió frotándole las patitas, mientras esperaba que los repasadores que había puesto encima de las tapas de las ollas se entibiasen; los usaría para envolverle las piernas. La técnica no tardó en surtir efecto, sin duda ayudada por *La batalla del calentamiento*, cuyos versos venían entonando desde el bosque. Cada vez que llegaban a la parte donde había que mover los pies y Miranda no podía, reiniciaban la canción. Por fin lo logró, y a ese pie lo siguió el otro, y después una pierna, y después la otra, hasta que terminaron bailando y correteando por la casa y llegó el momento, bajo reclamo de la niña, de que Pat apagase las hornallas para cumplir con su promesa.

Cuando Teo regresó promediaba la tarde; el sol ya había caído. Al principio creyó que la casa estaba vacía. Las ollas estaban frías y el silencio era absoluto. Aunque intrigado, subió la escalera con paso cansino. El constante uso de los pedales que requerían los caminos nevados era agotador para sus piernas. Al subir, rozó con la cabeza las campanitas que sólo él alcanzaba.

"No prendas", dijo Pat desde la penumbra de su habitación. Un segundo después la brasa del cigarrillo brilló en la oscuridad.

"Me asustaste", dijo Teo.

"La oscuridad me ayuda a pensar."

"¿Y Miranda?"

"En lo de Salo. No hace falta que vayas, la va a traer David."

"¿Y en qué pensabas, que reclamaba la desaparición del mundo visible?"

El cigarrillo volvió a brillar.

"¿Vos creés que cambiar es bueno?", preguntó Pat.

"Depende de qué cambio", dijo Teo desde el umbral. "Lo único cierto es que el cambio es inevitable. Todo cambia, todo el tiempo. Nuestras células están cambiando aunque no nos demos cuenta, mueren y se renuevan, hasta que los tejidos pierden elasticidad y función y entonces morimos nosotros, lo cual es un pensamiento tenebroso, está claro, pero adecuado a la sombra que nos envuelve. ¿A qué viene la pregunta?"

"Algunas cosas no cambian nunca."

"¿Por ejemplo, cuáles?"

"Alguna gente."

"Esa gente también tiene células perecederas."

"Pero representa constantes de la especie humana que son eso, nomás: ¡constantes! El salvajismo, por ejemplo. La pura maldad. Eso no cambia, no se detiene nunca. Llega otro velero pero la carga es la misma", dijo Pat, y aplastó el cigarrillo.

"Para ser sincero, no sé muy bien de qué estamos hablando. Voy a echar leña en la chimenea, la casa está helada. Si no enciendo el fuego y no como algo pronto, los huesos de este dinosaurio también van a cambiar. ¡A la categoría de fósiles!"

"Lo que pregunto es si nuestra cabeza puede tolerar tanta incertidumbre. Somos criaturas de costumbres, ¿no te parece? ¿Cómo te llevás vos con los cambios?", dijo Pat, y encendió el velador.

Estaba sentada sobre la cama, desnuda por completo. Del frío que sufría daban fe sus pezones, empequeñecidos y duros. En el hueco entre sus piernas estaba la tijera con que se había cortado el cabello, desplumándose hasta parecer un niño. Era obvio que se había atacado en un frenesí, porque la marca de los tijeretazos era evidente sobre la pelambre. Los mechones estaban desparramados por todas partes, sobre las sábanas pero también por el suelo y hasta encima de la mesa de luz.

Teo se arrodilló junto a la cama. Con una mano agarró las dos de Pat y con la otra se llevó la tijera, que dejó en el piso.

"Lo único que no sé", dijo Pat, liberando sus manos con un gesto brusco, "es hasta dónde puede uno cambiar. O hasta cuándo. A veces pienso que uno no puede ir mucho más allá." Y se pasó las manos por el pelo, como si quisiese comprobar cuánto conservaba todavía; un gesto de la más absoluta desolación.

"Flaca, ¿estás bien? ¿Qué te pasa?"

Pat sacudió la cabeza y le dedicó una sonrisa. Cuando sonreía de esa manera, Teo pensaba que Pat lo confundía con el hombre más apuesto sobre la Tierra.

"A partir de mañana", dijo Pat, "podés llevarte a Miranda, si querés."

Con enorme dificultad, dado que sus dedos casi no entraban en los ojos de la tijera, Teo emparejó el pelo de Pat, lo cual significaba cortarlo todavía más. Apenas había terminado cuando la bocina de la chata de David anunció el regreso de Miranda.

Esa noche cocinó Teo con ayuda de la niña, cuya opinión sobre el corte de Pat fue excelsa. Pat se quedó sentada, viéndolos prodigarse en la cocina: pelando y picando, colando y friendo. Miranda giraba en torno de Teo como un satélite, reflejando una luz estelar. Su felicidad contrastaba con el agotamiento que Pat intentaba disimular, a fuerza de sonreír y de celebrar sus disparates.

El cambio inevitable estaba allí, delante de sus ojos: la hija crecía y la madre menguaba. Lo que más angustiaba a Pat no era el proceso en sí, sino la sospecha de que en su caso existía una violencia adicional, una dosis de crueldad que no debía estar allí, y sin embargo estaba. ¿Era tan difícil para todas las madres proteger a sus hijas? ¿Qué clase de madre era Pat, en todo caso, desde que había descubierto que ella también necesitaba protección, y de su propia hija?

Pat pensaba que si las cosas seguían así, Miranda iba a terminar matándola.

XXXIX. Algunas escenas de la travesía bautismal, que resultó positiva en líneas generales de no ser por un instante de extrema tensión

Así fue como Miranda empezó a ir con Teo en sus viajes, dos veces por semana.

Como era de esperarse, Pat los llenó de recomendaciones.

A Teo le recomendó: que nunca perdiese de vista a Miranda, que no la dejase a cargo de otra gente, que no le permitiese cruzar las calles sola, que no le comprase porquerías para comer o beber, que la obligase a viajar en el asiento trasero y a ajustarse el cinturón, que se asegurase de que estaba abrigada, que no fumase cosas raras ni bebiese de más en su presencia y que no la consintiese, que para eso estaba ella.

A Miranda le recomendó: que le hiciese caso a Teo, que se mantuviese al alcance de su vista, que no lo volviese loco, que no fuese pedigueña y que controlase que Teo no mirase a otras mujeres, en cuyo caso debía informar al alto mando con lujo de detalles.

Ninguno de los dos le prestó atención. Ambos juraron obedecerla.

Durante los viajes la niña ni se hacía sentir. Le gustaba mirar el camino mientras oía la radio Spica que pegaba a su oreja. Como se sentaba a espaldas de Teo, el gigante no podía verla ni siquiera por el espejo retrovisor; apenas escuchaba las melodías que escapaban del diminuto parlante.

"¿Qué estás oyendo?", preguntó Teo esa primera vez, a poco de partir.

Miranda se desprendió del cinturón de seguridad y le puso la Spica en la oreja.

And if I pass this way again, you can rest assured / I'll always do my best for her, on that I give my word, escuchó decir Teo a la voz aguardentosa.[11]

---

[11] *Y si paso otra vez por acá, pueden tener la certeza / De que siempre haré lo mejor por ella, en esto les doy mi palabra.* (Bob Dylan, *Shelter From The Storm.*)

"Uh, qué lindo. ¡Dylan!", dijo Teo, y encendió la radio de la camioneta tratando de sintonizar la canción. Pero fue de un extremo al otro del dial sin tener suerte.

"¿Qué radio es esa?", preguntó, frustrado.

Por el espejo retrovisor Teo vio una manito que elevaba la Spica.

"Quise decir qué estación de radio."

"Qué sé yo", dijo Miranda, que ya había vuelto a ajustarse el cinturón. "¡Es la que escucho siempre!"

El gigante siguió buscando hasta que comprendió que la canción ya debía haber terminado y se dio por vencido.

Miranda quedó fascinada con los mercados. La característica colmenar de estas sociedades, abundantes en perfumes y sonidos, llenaba a la niña de alegría. Hasta ese momento Miranda había conocido una única relación estable, la que la unía a su madre; todo el resto era efímero, un desfile de individualidades que salían tan pronto como entraban. Resultaba lógico que el espectáculo de la pluralidad, este teatro de la vida que era el mercado en su toma y daca, produjese en Miranda la emoción que los niños de su edad reservan para los parques de diversiones.

Teo le presentó a la gente que frecuentaba.

"Este es el señor Tiliche", dijo Teo al arribar a uno de los puestos.

"Encantado, Miranda", dijo el señor Tiliche. Era un señor muy simpático que olía a duraznos y calzaba zapatos con las suelas medio despegadas.

"Si querés elegir la mejor fruta, tenés que pedírsela a él", dijo Teo. "Yo creo que habla con la fruta, o que la fruta le habla. ¡Lo vi llevársela al oído!"

El señor Tiliche le hizo señas a Miranda para que lo acompañase. La niña buscó aprobación en la mirada de Teo, y después aceptó el convite.

Se detuvieron delante de un cajón de frutillas. El señor Tiliche contempló el conjunto, movió los morros para uno y otro lado y al fin se decidió por una fruta. La hizo rodar entre sus dedos, aplicándole una ligera presión; Miranda descubrió que la frutilla producía un sonido, un *crit crit* percusivo. (Lo cual funcionó como una revelación: Miranda comprendió que los organismos complejos no eran los únicos en generar su propia música.) Después la olió, dejó que el perfume actuase su parte en el escenario de sus terminales nerviosas y olió una vez más. Por último la llevó hasta su oreja. Miranda se preguntó si habría dado con un par, alguien que, como ella, era capaz de oír cosas que los demás —y por los demás quería decir su madre— no podían oír.

"Mmm. Puede ser. ¡Ya veremos!", dijo el señor Tiliche como si respondiese a los comentarios de la frutilla, que acto seguido ofreció a Miranda. "Dice que está a punto para vos. No hace falta azúcar ni crema, vas a ver que es bien dulce. Y no la mastiques. Cortala un poquito con los dientes y dejá que se te deshaga en la boca."

Miranda siguió las indicaciones al pie de la letra. La frutilla se desintegró al contacto con la saliva, que llenó su boca como una ola; tuvo que llevarse una mano a los labios para no babearse.

El mercado de las flores también dejó en ella una impresión perdurable. Por la naturaleza de su comercio era un prodigio de colores y de aromas. Pero además era extraordinario en su clientela. Donde el mercado general se limitaba a los tiburones del mayoreo y a clientes comunes en busca de gangas, el de las flores presentaba una gama de compradores que era tan variada como su verde oferta. Había mujeres de avanzada edad, pidiendo flores que sonaban a novela decimonónica —camelia, alhelí, petunia— que adquirían en mínimos ramos. Había también hombres viejos, que consagraban sus años finales al cuidado de jardines que hasta no hace mucho habían ignorado. Había madres que organizaban bodas, y pretendientes en busca de orquídeas que definiesen su romance, y hombres de negro que perseguían perfumes fúnebres.

"Y estamos nosotros", dijo Teo, sumándose a la lista. Luego de lo cual procedió a explicar el secreto de los dulces de la señora Pachelbel, que se protegerá aquí por respeto a la iniciativa humana; baste decir que existía una esencia aromática que la señora Pachelbel extraía de ciertas flores y que agregaba a sus productos en dosis precisas.

Con la tarde llegó la hora más temida: la visita a la dulcería. Teo no quería dejar a Miranda sola en la camioneta, pero tampoco consideraba bueno someterla a las miradas mezquinas de la mujer, ni propiciar una situación tensa que acabase en desastre; si la señora Pachelbel hacía algo indebido... Se le ocurrió dejarla un rato en manos del doctor Dirigibus, cosa que Pat ya había probado en una ocasión. Pasó por el estudio pero el jurisconsulto no estaba: su secretaria le informó que *el doctor se había ido al Tacho*, esto es al bar del Tacho Gómez. Lo cual significaba que a esas horas ya habría transgredido la línea que diferencia a un ciudadano común de otro incapaz de responder por sus actos, y esto lo convertía en una proposición de riesgo.

Teo le preguntó a Miranda si no tenía inconvenientes en entrar en la dulcería.

"Crap. Shit. Fuck!"

"Entonces te tenés que quedar en la camioneta."

Esta segunda propuesta tampoco generó entusiasmos.

"Pensalo bien", dijo Teo. "Si querés seguir viniendo conmigo hay que resolver esta situación. ¡No vamos a andar *que sí, que no* cada vez que lleguemos al pueblo!"

Miranda prometió comportarse.

Entró al negocio pegada a Teo como una lapa. La señora Pachelbel ni siquiera la vio al principio, oculta como estaba detrás del Kilimanjaro. Pero mientras Teo abría la tapa del primer bote, la señora Pachelbel olió a la intrusa con sus narices de animal de presa.

"Was ist das?", se preguntó, todavía confundida. Y entonces la descubrió, oteando entre las piernas del gigante.

Se le escapó un grito ultrajado, como si un exhibicionista se hubiese colado dentro del negocio.

"Miranda viene conmigo", dijo Teo. "Es mi ayudante. ¡Hoy es su primer día!"

Sintiéndose impotente, la mujer aferró una cuchara como quien esgrime un puñal.

Durante un instante hizo circular fruta y almíbar dentro de su boca, como si le faltasen los dientes y no pudiese desgarrar la carne. Después tragó, hizo el gesto estremecido de quien prueba ricino y dio impacientes golpes de cuchara sobre la tapa del segundo bote, reclamando una nueva oportunidad. Al probar otro bocado se manchó los labios con el almíbar; parecía un animal carnívoro.

"¡Esto sabe hoguible!", dijo decepcionada, sorprendiendo a Teo.

"¿Qué? ...Momentito. ¡Son las mismas frutas de siempre, compradas en el mismo lugar y cocidas de la misma manera!"

"Tal fez. Pego no puedo dagme cuenta, ahoga. ¡Todo tiene feo gusto!"

Teo no tuvo que protestar mucho. La señora Pachelbel aceptó que le dejase la mercadería así nomás, prescindiendo de la tediosa ceremonia de probar bote tras bote. Esto motivó que apenas traspuesto el umbral Teo se comiese a Miranda a besos y la declarase amuleto de la suerte, por haber obrado el milagro de acortar su visita.

XL. Contiene la historia del albañil más tímido del mundo

David Caleufú era hijo y nieto de mapuches. Desde que sus manos estuvieron en condiciones de poner una piedra sobre otra, David no paró de construir: con guijarros, con barro, con maderas, erigía castillos y levantaba puentes y diseñaba aldeas en miniatura que abandonaba una vez colocada la pieza final. Para David lo importante era el proceso, el desarrollo de la obsesión; nunca supo bien qué hacer con la obra terminada.

A los doce años colaboraba con la economía familiar asistiendo a experimentados albañiles. David tenía el don de la verticalidad, y era capaz de levantar un muro sin necesidad de usar plomada, incluso en terreno de montaña. De haber nacido en otra casa y en otra familia habría terminado en la universidad, o por lo menos hecho un curso de maestro mayor de obras. Pero David ya trabajaba en lo suyo desde pequeño, y los títulos lo tenían sin cuidado. Cada ingeniero que llegaba a Santa Brígida recibía el mismo consejo: contrate a David Caleufú y llegado el caso, no lo contradiga. La lista de profesionales que habían sido humillados por el saber del mapuche no tenía fin.

Muchos ingenieros quisieron llevárselo como parte de su equipo, pero David no funcionaba en otro sitio que no fuese Santa Brígida. Allí lo conocía todo el mundo, y por ende aceptaban sus condiciones de trabajo. David no cobraba más que sus pares pero exigía que no le dirigiesen la palabra. Era un esclavo de su timidez, que le dificultaba prácticas tan sencillas como la de sostener una conversación, o mirar los ojos de su interlocutor.

Durante los primeros años fue la pesadilla de sus padres. Cuando trataban de decirle algo David se escapaba, primero gateando y después corriendo. Con el tiempo hallaron un sistema que les permitía funcionar como familia. Cada vez que necesitaban decirle algo simulaban no verlo, como si David no estuviese allí, y comentaban entre ellos lo que deseaban que supiese, como quien no quiere la cosa. David registraba la información y actuaba en consecuencia.

Ya de adulto, dirigió construcciones complejas desde esta pretendida invisibilidad. Todos los albañiles fingían no verlo, como habían hecho sus padres. David inspeccionaba la marcha de la obra, se detenía cuando oía algo pertinente en boca de sus subordinados —que comentaban los pormenores del trabajo de manera oportuna— y hacía llegar sus comentarios e indicaciones por escrito. Si lo que necesitaba comunicar era urgente, podía pararse a espaldas del interesado y susurrar en su oído, siempre y cuando contase con su complicidad: el interesado pretendía entonces que la idea acababa de ocurrírsele, por vía de una inspiración que no podía ser menos que divina.

Cualquiera que se sorprenda por el hecho de que un hombre tan tímido haya formado familia, es porque no conoció a Vera, la esposa de David. Para beneficio del universo, cuyo equilibrio se vio así restablecido, Vera hablaba por los dos. Ya estaba hablando cuando David se le aproximó por primera vez, y siguió hablando sola cuando se fue. Vera tenía un poder de expresión tan grande que superaba las necesidades de su propia persona; convertirse en intérprete de David, en la voz de todos sus pensamientos, fue para ella un alivio. Consciente de esta bendición, sobrellevaba con gracia circunstancias que habrían agraviado a otras mujeres. Ni siquiera le molestó que David no dijese ni pío delante del juez que los casó: fue ella la que dijo *sí, acepta* con la enjundia que la ocasión requería.

Las primeras veces que Pat vio a David se asustó. Era un hombre que parecía estar en todas partes sin que nadie reparase en él: todo el mundo pasaba a su lado sin saludarlo. Durante algunos días lo convirtió en protagonista de su paranoia; creyó que era un enviado, alguien que venía en busca de Miranda. Estaba considerando la posibilidad de un nuevo escape cuando se lo topó en la puerta del negocio de la señora Pachelbel: David salía con un balde en una mano y una pala en la otra, y por supuesto esquivó su mirada. Apenas se fue Pat le preguntó al doctor Dirigibus, que permanecía oculto detrás de su semáforo, si conocía al sujeto. El jurisconsulto le dijo que se llamaba David Caleufú, que era el mejor albañil de la región (de hecho estaba terminando unos retoques en la casa de la señora Pachelbel, instalada en la parte superior del negocio), y le describió las características de su timidez.

En efecto, cuando lo contrató por consejo de la señora Granola, Pat no dirigió nunca la palabra al albañil; se limitó a explicarle a la dueña del Amancay qué quería modificar en la cabaña, con David en un segundo plano, ¡invisible!, registrando en silencio sus indicaciones.

XLI. Donde se revelan los detalles de cierto negocio, que debería importar aun a aquellos que carecen de mentalidad mercantilista por su centralidad a nuestra trama

Cuando una persona se ve sobrepasada por las preocupaciones suele optar por alguno de estos caminos: o se desborda a cada minuto en la risa, en el grito y hasta en el llanto, con las emociones a flor de piel (a este lo llamaremos El Camino de Vera), o se encierra en sí misma como un pangolín ante el peligro, su cabeza ocupada en mil pensamientos simultáneos (a este lo llamaremos El Camino de David). Aquellos que emprenden El Camino de David enmascaran su padecer, de tal forma que amigos, familiares y compañeros de trabajo pueden frecuentarlos durante semanas sin percibir su depresión.

En el invierno de 1984, quien se había internado en el Camino que definimos con su nombre era nada más y nada menos que David: estaba ensimismado aunque no se le notase, y distraído aunque nadie lo percibiese, y más reticente que nunca en su silencio. El causante de este ánimo era un viejo conocido, el *ex hippie* con Giro Mensual (CGM), ex candidato a intendente y promisorio empresario Hugo Krieger Zapata.

Krieger había presentado ante las autoridades municipales un proyecto para la construcción de un complejo turístico, lo que en épocas menos eufemísticas hubiese sido llamado *hotel*. El proyecto suponía la demolición de otro hotel preexistente, por entonces en desuso: el Edelweiss, *raison d'être* de uno de los fundadores de Santa Brígida, Heinrich Maria Sachs, muerto sin herederos directos. La perspectiva de la demolición del Edelweiss deprimía a David, aunque como se ha explicitado, nadie estaba en condiciones de darse cuenta. (Ni siquiera Vera lo percibía, porque le faltaba la pieza clave del rompecabezas que quedará insinuada sobre el fin de este capítulo.)

David hizo de tripas corazón y le envió una carta a Krieger Zapata. Le pedía que desistiese del actual proyecto, sugiriendo una variante que podía integrar la estructura del Edelweiss a un hotel más grande y más moderno que, eso sí, conservase el estilo alpino que ya estaba impuesto en la región como uno de sus rasgos característicos.

Si la carta hubiese provenido de cualquier otro, incluido Dirigibus en su condición de presidente del Comité de Asuntos Urbanos, Zapata la habría ignorado. Pero Krieger sabía quién era David. La mera existencia de la carta lo intrigó, porque sugería que el mapuche tenía un interés inusitado en el Edelweiss. Con toda la intención de averiguar algo más el empresario envió su respuesta, diciéndole a David que el asunto no estaba en sus manos, ya que él tan sólo representaba a un consorcio de inversionistas extranjeros. Esto era cierto a medias. Los inversionistas existían, pero le confiaban a Krieger la mayor parte de las decisiones edilicias. Krieger sobreactuaba su insignificancia porque había entrevisto una oportunidad: la de convertir a David en su siervo, para que realizase un trabajo monumental por una cifra inferior a las del mercado.

Al promediar el invierno de 1984 el proyecto contaba con media aprobación en la municipalidad aun a pesar de Farfi, que detestaba el emprendimiento con un odio diligente y prolijo. (Esto ocurría cuando estaba medicado; cuando su sangre estaba limpia le dedicaba una rabia de locos.) Farfi sabía que nada bueno podía salir de Krieger, pero carecía de objeciones políticas y legales que oponer al proyecto. Al no haber herederos de Sachs la propiedad regresaba al municipio, que debía venderla a particulares bajo compromiso de ser utilizada en un proyecto "de interés común." Y la mayor parte de los vecinos de Santa Brígida, lo cual equivale a decir la gente que votó por Farfi, aplaudía la iniciativa de Krieger.

El argumento de esta mayoría explicaba que el nuevo hotel significaría más turismo y más fuentes de trabajo. Pero el fervor con que aplaudían la idea se debía también a las promesas que Krieger había repartido a troche y moche, promesas que no figuraban por escrito en ningún papel y que por ende carecían de valor ante un tribunal. Muchos imaginaban que les correspondería algún empleo en el hotel, o que se beneficiarían proveyéndolo, o que obtendrían alojamiento durante la temporada baja, o membresía gratuita para uso de su gimnasio y de sus piscinas. Farfi había considerado poner en juego su predicamento y liderar una campaña para despabilar a tanto iluso, pero ¿quién era él, a fin de cuentas, para pinchar los globos de la gente?

Entre las promesas había una de la que Farfi no tenía conocimiento. Se la había formulado Krieger a David Caleufú, durante una reunión a la que el albañil acudió haciendo un esfuerzo agónico. Si David aceptaba trabajar para él, Krieger se comprometía a salvar al Edelweiss.

Desde ese entonces David rumiaba su decisión. Ni siquiera él comprendía del todo por qué se había lanzado a la cruzada. Es cierto que el Edelweiss le había inspirado, en su infancia, la noción de que existía algo más importante en una construcción que la pura funcionalidad, un componente al que calificaría de belleza si fuese un hombre de palabras. Es cierto, también, que el edificio cumplía una función orgánica dentro del paisaje de Santa Brígida: era parte de su identidad, y por ende vital para su equilibrio.

Existe una respuesta al interrogante de David, un dato que explicaría el vínculo entre hombre y edificio, y que quizás echaría luz sobre su innata timidez.

David ignora que hay sangre alemana en sus venas. Sangre Sachs.

XLII. Sobre el invierno y sus crueles hijos

¿Qué otra cosa son los inviernos sino el temporario alejamiento de algo muy preciado? El invierno supone una postergación, y por ende una espera. Esta es su característica más dramática, que se deriva de la inclemencia del frío pero no le va a la zaga en su poder. Porque el invierno condena a esperar, cuando el hombre es el único animal impaciente.

Durante esos meses la distancia que nos separa del sol se vuelve abismal. En la zona ecuatorial las lluvias arrecian, obligando a los hombres a volverse anfibios. La vida humana se lentifica: vestirse y desvestirse se convierte en una ceremonia, trasladarse de un sitio a otro se dificulta y la conservación o generación de calor dentro de las viviendas se vuelve una tarea en sí misma. Aquellos animales que no tienen la habilidad de los humanos para crear microuniversos, tan sólo hibernan: se entregan a su circunstancia, aceptándola, y dejan que la temperatura de sus cuerpos decaiga, durmiendo durante meses. ¿Y qué sueñan durante su letargo? Lo mismo que los hombres cuando están despiertos: con el regreso de la estrella que hace posible la vida.

Los hombres no hibernan, pero su vida durante el invierno parece aplacarse. Los sonidos se opacan, asordinados por muros y por la percusión de lluvias y granizos. Como el frío desaloja las calles y contrae los músculos, la gente se mueve menos. (Deberían librar la batalla del calentamiento.) Palidecen las pieles, adquiriendo la tonalidad mortecina de la cera. Y al desaparecer la poca luz que llega, degradada, durante lo que pasa por día, la quietud se adueña de todo: de no ser por lo que revelan las ventanas, o por el ocasional llanto de una sirena, diríase que la vida entera se ha llamado a un alto.

Por supuesto, esto es un espejismo. Detrás de los muros la vida prosigue. Las pasiones bullen más que nunca a puertas cerradas. Los cuerpos buscan el calor de otros cuerpos. Los grandes amantes shakespirianos son siempre mediterráneos: romanos y veroneses, moros y egipcios. Pero la energía del hombre es demasiada para ser consumida por el amor carnal. Una vez superado el impulso del apareamiento, el hombre consagra el invierno a la conspiración. Los mejores conspiradores shakespirianos provienen de países septentrionales: son daneses, escoceses, ingleses. El invierno es la temporada de las especulaciones, el inicio de todas las campañas. Aquellos que doblegan al clima se habitúan a imponer su parecer al mundo, y ya imparables, lo doblegan todo: ¿o no es el Norte el padre de las grandes conquistas, la fragua del metal, la cuna de todas las guerras? Así, durante el invierno se urden los destinos que la primavera llevará a fruición. Porque observamos al clavadista una vez que está en el aire, pero su pirueta sería imposible si no hubiese existido antes la previsión y la carrera que genera su impulso.

Si algo demuestran los inviernos es que el hombre es reservorio de energía que no decae: una pequeña pero poderosa usina móvil. La ciencia tiene un modo de expresar esta verdad. Cada adulto contiene en el envase de su cuerpo una energía potencial definida por esta cantidad de joules: siete por diez a la potencia dieciocho, lo que equivale a treinta bombas de hidrógeno. (Este es un dato que Teo conoce, como nos consta.) Por fortuna el hombre no es muy bueno en esto de liberar su energía y la dilapida en el tiempo de formas más inocuas, del mismo modo en que EnerVa dilapida la fuerza del agua; de otra forma sería capaz de poner en peligro su propio destino. Si apenas sabe qué hacer con la energía de qué dispone, ¿cuánto más dañino sería si su poder aumentase?

En este invierno de Santa Brígida, que en esencia es igual al invierno de todos los lugares y de todos los tiempos, los hombres arden en su propio fuego mientras esperan.

Hugo Krieger Zapata espera el momento de iniciar las obras de su hotel.

David Caleufú espera salvar al Edelweiss.

El intendente Farfi espera un milagro.

El doctor Dirigibus espera vencer las resistencias de la señora Pachelbel.

La señora Pachelbel espera la nueva cosecha.

Miranda espera el inicio de la escuela primaria. (Aunque tema reencontrarse con Demián.)

Teo, como buen oso, espera el regreso del sol para desperezarse.

La única que no espera algo distinto, la única que desearía que el invierno se prolongue para siempre, es Pat Finnegan.

Porque ella sabe que hay alguien, muy lejos de allí, que también espera. Un hombre rubio que se quema en las llamas de su infierno mientras se aproxima su hora. La hora en que se derrita la nieve. La hora en que se limpien los caminos que conducen a Santa Brígida.

XLIII. Donde se refieren algunos hechos del invierno que hicieron sentir su peso más allá de la primavera; y sobre el Tutti Frutti

Por el poder que se nos ha concedido, de naturaleza tan singular, estamos en condiciones de preservar al lector de una espera similar a la que el invierno entrañó para los habitantes de Santa Brígida, al promediar aquel *Anno Domini* de 1984. Pero faltaríamos a nuestra misión si no diésemos cuenta de algunos hechos que tuvieron lugar durante esa temporada. Muchos son menores, pero ayudan a pintar estados de ánimo y a no perder de vista el desarrollo de ciertas relaciones; aquella que fue creciendo entre Teo y Miranda, por ejemplo. Otros hechos, en cambio, fueron significativos, y siguieron proyectando sus luces y sus sombras aun cuando Santa Brígida ya había retomado su camino hacia el sol.

Para comenzar con una nota menor, consignemos que el pelo de Pat creció a buen paso después de su mutilación. A comienzos de septiembre, y mediando una visita a la peluquería de Margarita Orozú, ya lucía una melenita azabache a lo Louise Brooks.

Teo aprendió a hacer muñecos de nieve bajo la tutela de Miranda. Eso sí, nunca pudo erigir uno de su propio tamaño. Cuando superaba el metro ochenta se le desintegraban sin remedio. Miranda, que venía desarrollando un estudio sobre la materia (ya había percibido la tendencia de los Hombres de Nieve a la obesidad, su limitado vocabulario y la timidez lindante con el fetichismo que les impedía enseñar los pies), agregó a la lista la cortedad de su estatura. "Si Salo y su papá no fuesen tan negros", comentó, "¡serían perfectos Hombres de Nieve!"

Hugo Krieger Zapata hizo una oferta a la señora Pachelbel para convertirse en el dueño de sus dulces. Pretendía ser el socio mayoritario de la empresa, con el cincuenta y uno por ciento de las acciones, entregando el resto a la señora Pachelbel, que seguiría supervisando la producción. Este movimiento era parte de la urdimbre del invierno de Krieger Zapata: trataba de apropiarse de aquellas empresas que una vez erigido el nuevo hotel, multiplicarían sus ganancias; ya lo había intentado con una fábrica de pulóveres y con una casa que servía té y tortas, en ambos casos con éxito. Para alivio de Pat y de su socio, la respuesta de Pachelbel fue negativa. Cuando Teo le preguntó por qué, la mujer dijo que sólo había una cosa que detestaba más que a los niños: esto es, los adultos que se comportan como niños. Hugo Krieger Zapata cometió un error fatal. Durante la conversación con la señora Pachelbel, abrió un pote de dulce, metió un dedo y se lo chupó. Eso selló su destino.

(Además la mujer detestó el estilo melifluo de Krieger, que actuó como si quisiese seducirla. La señora Pachelbel era muy consciente de su edad, y no toleraba que la subestimasen: ser grande no es lo mismo que estar senil.)

Uno de los descubrimientos de ese invierno tuvo lugar en el más inesperado de los contextos: un juego llamado *tutti frutti*. Teo se lo enseñó a Miranda para combatir la rutina de los viajes. Se eligen una serie de categorías: colores, nombres propios, lugares, películas, comidas, marcas comerciales, tantas como pacten los jugadores. Y se opta por una letra, que funciona como inicial de una palabra por cada categoría elegida. Así, si la letra resulta ser la be, y las categorías son las ya mencionadas, un jugador podría decir: *bordó, Bruno, Bélgica, Batman, brótola* y *Benetton*, y si es el primero en llenar todas las casillas será el ganador de esa vuelta. El juego se practica con papel y lápiz, pero entre una niña iletrada y un hombre con las manos al volante sólo podía ser jugado mediante reglas mnemotécnicas.

Esto ocurrió una tarde de julio, en el trayecto entre la cabaña y el negocio de la señora Pachelbel. Ya habían transcurrido diez días sin nevadas, y por lo tanto los caminos estaban despejados, pero el deshielo había lavado la tierra dejándola llena de surcos. Teo hacía lo posible para esquivarlos; aun así andaban a los saltos. En ese afán, se distrajo del juego lo suficiente como para que Miranda cantase *basta para mí* cuando Teo ni siquiera había completado la mitad de las categorías. Ofuscado (está dicho, a Teo no le gustaba perder ni a las bolitas), interrogó a Miranda para poner a prueba sus resultados:

"¿Color?"

"Marrón", dijo Miranda.
"¿Nombre?"
"¡Miranda!"
"¿Mundi?"
"Mendoza."
"¿Película?"
"Mi bella dama."
"¿Y cómo sabés, vos, de esa película?"
"La vi en lo de Salo. ¡Por la tele!"
"Mmm. ¿Comida?"
"Milanesa."
"¿Y marca?"
"Minerva. Es un jugo de limón. Tu turno. ¿Pudiste hacer algo?"
"¡Más vale! Hice todo. ...Casi todo, bah. Me faltó mundi, nomás."
"A ver, dale. ¿Color?"
"Marrón, obvio."
"Cinco puntos. ¿Nombre?"
"Miranda, obvio."
"Mmmm. Otros cinco. Mundi no, entonces... ¿película?"
"Marcelino pan y vino."
"¿Comida?"
"Merluza."
"¿Y marcas?"
"Morocco. Es una marca de zapatos."

"Mentira", dijo Miranda sin vacilar. Su vocecita le llegaba a Teo desde el asiento de atrás, donde no podía verla; así desprovista de cuerpo, le sonó a voz de su conciencia.

"¿Y vos qué sabés de zapatos italianos? ¡Morocco es una marca famosísima!", insistió Teo.

"Yo no sé nada de zapatos italianos. Pero sé cuando me mentís."
"¿Qué sos, maga, ahora?"
"Cuando mentís te cambia la voz. El tono. Se te va al Si bemol."
"No sé si patentarte o llevarte a un exorcista."
"¿Y eso qué es?"
"¿Un exorcista? Es un profesor de buenos modales, en versión nazi."
"Si bemol."

Teo abrió la boca para protestar, pero se frenó en seco. Entendió que debía pensar lo que iba a decir, para no ser expuesto otra vez al escarnio.

"¿Me estás hablando en serio? ¿De veras te das cuenta cuando alguien te miente?", preguntó, con respeto creciente por la niña rica en misterios.

"Siempre."

"Pero si yo te hablo así, por ejemplo", dijo Teo, y adoptó un tono monocorde: "Me llamo Teo. Tengo hambre. Mi segundo apellido es Barreiros. Nací en Corea del Norte...", y volviendo a su tono habitual: "¿Cómo hacés para diferenciar verdad de mentira?"

"Cuando hablás en ese tono no me doy cuenta. ¡Pero entonces, para poder mentirme tendrías que hablar siempre así, como un robot medio tonto!"

"¿Pero te pasa conmigo, nada más, o te das cuenta con todo el mundo?"

"Me pasa con todos. Mamá miente todo el tiempo, por ejemplo. Yo sé que le encantan los libros, aunque a vos te diga que no. ¡Es mentiro-*sísima!* En especial cuando habla de mi papá."

"Mmm."

"Salo no miente. Demián miente a lo loco. Con el doctor Dirigibus me pasa algo raro, no estoy segura: a lo mejor miente todo el tiempo, o a lo mejor dice la verdad todo el tiempo. Y la señora Pachelbel miente, eso es obvio."

"¿Vos decís que nos está cagando con la plata?"

"Eso no lo sé. Pero sí sé que lo de los chicos es mentira. Eso de que los odia. ¡Yo sé que no es así!"

"En ese caso lo disimula bastante bien. Decime, enana: ¿y tu madre lo sabe? Quiero decir, ¿sabe que vos sabés que miente?"

Miranda calló un instante. Acababa de meterse en un brete.

"¿Por qué?", preguntó con resquemor. "¿Se lo vas a decir?"

"Si vos no querés, yo no le digo nada. Pero en ese caso no entiendo por qué me lo decís a mí."

"A vos te lo puedo decir porque no tenés problemas. A ella no se lo digo, porque... no quiero que se haga mala sangre."

"¿Y por qué se va a hacer mala sangre?"

"Porque entonces me va a tener que decir la verdad. Y yo sé que ahora no puede, todavía no."

"Pero si no se lo decís, la que está mintiendo sos vos."

"Yo no miento. Y además, cortala. Me estás complicando la cabeza a propósito, y te creés que, que, que yo no me doy cuenta. ¡Soy chiquita, nene!", protestó Miranda.

Teo no volvió a interrogarla. Al cabo de unos minutos de ensimismado silencio, Miranda le propuso seguir jugando. Con cierto temor, dado que ahora sabía que ya no podría mentir, Teo aceptó. Jugaron cuatro veces más. Perdió dos.

Del hecho más dramático de ese invierno, sin embargo, daremos cuenta en el próximo capítulo.

XLIV. En el que se revela, entre otras cosas, la secreta afición de la señora Pachelbel

Teo se sorprendió, esa tarde, cuando entró con sus latas a un negocio vacío.

"¿Señora Pachelbel?", llamó. No hubo respuesta.

El gigante dejó su carga sobre el suelo.

"Debe estar en el baño", dijo.

Desde el umbral, Miranda se encogió de hombros.

"Qué raro que no conteste, siquiera", reflexionó Teo, y volvió a llamarla, y también aplaudió, como se hace en la Argentina, a falta de timbres, cuando se aproxima uno a una casa de campo.

"En el baño no está", dijo Miranda, y enseñó su prueba abriendo la puerta de par en par.

"En la cocina tampoco", dijo Teo, regresando del lugar.

"¡Shhh!", dijo Miranda, quedándose quieta como estatua.

Teo no oía nada, más allá de los ruidos que provenían de la calle.

"Está arriba", dijo Miranda. "¡Y se está quejando!"

Teo subió las escaleras de a cuatro peldaños.

El apartamento que la señora Pachelbel tenía en el piso superior de la dulcería era sencillo, y más bien diminuto: un living, un dormitorio, otro baño. La mujer no estaba en ninguno de esos ambientes.

"¡Está acá!", gritó Miranda, parada delante de una cuarta puerta.

La señora Pachelbel estaba tumbada en el suelo de lo que parecía un estudio. El sitio estaba lleno de pinturas y de los implementos de un artista: telas en blanco, un bastidor, cacharros con agua coloreada, pinceles. Los cuadros que estaban terminados mostraban paisajes urbanos, vistas de un pueblo desprovistas de gente.

Un gemido arrancó a Teo de su estupor. La mujer se retorcía sobre el piso. El gigante se echó de rodillas (el suelo tembló con su caída) y le quitó a la mujer el pelo de la cara transpirada.

"¿Qué le pasó? ¿Qué le duele?", preguntó Teo.

La mujer balbuceó algunas palabras, pero no hablaba en español.

Teo quiso levantarla, pero ella gritó de tal forma que temió dañarla aun más si la movía. No le quedaban muchas opciones.

"Voy a buscar ayuda. No se preocupe, que vuelvo en un minuto", dijo Teo.

Entonces se aproximó a Miranda, que observaba la escena en un segundo plano, resguardada detrás del marco de la puerta. Le preguntó si estaba bien. Miranda asintió; en efecto, se la veía calmada y compuesta. Le formuló una nueva pregunta, esta vez al oído, ante la cual también obtuvo una respuesta positiva.

"Miranda se va a quedar con usted", dijo al fin Teo a la señora Pachelbel. La mujer quiso protestar, mediante un gruñido y un revoleo de sus ojos. Pero Teo no hizo lugar a su reclamo. "Cualquier cosa que necesite mientras yo no esté, pídasela a ella."

Y se fue dando zancadas, haciendo vibrar la casa al bajar la escalera.

Los primeros segundos transcurrieron en silencio, apenas puntuado por los jadeos de la mujer caída. Miranda ni se movió de su lugar. Parecía concentrada en los cuadros de la señora Pachelbel, tela apoyada sobre tela, bastidores colgados de las paredes, que armaban una suerte de visión en trescientos sesenta grados de un pueblo pintoresco pero deshabitado.

"¿Quiere un vaso de agua?", preguntó al fin.

La mujer sacudió la cabeza, desesperanzada. La peor de sus pesadillas se había convertido en realidad. Estaba a merced de un niño, por completo incapacitada para echarlo de allí. En realidad la situación era todavía peor: no sólo estaba a merced de una criatura, ¡sino que su vida dependía de ella!

Más ansiosa a cada segundo, Miranda miraba por encima de su hombro, en dirección a la escalera. El tiempo transcurría sin dar señales de Teo.

Agotada, la señora Pachelbel dejó caer su cabeza; su frente golpeó contra el piso.

Miranda se arrodilló a su lado como antes Teo, agarrándole una mano.

"Was machst Du?", preguntó la mujer, todavía atontada por el dolor.

"Yo la puedo ayudar", dijo Miranda, que con su manito libre le tocaba el cuerpo. "Pero si usted quiere. Si no, no."

"¿...Qué hacés?", dijo la señora Pachelbel, reencontrándose con el idioma.

"Por favor, no le diga nada a mi mamá. Cuando se entera de estas cosas se pone nerviosa, y yo no quiero. Por favor no le cuente. ¡Que sea un secreto nuestro!"

La señora Pachelbel se sentía demasiado enferma para discutir. Aunque inundada por su malestar, oyó que la niña cantaba algo en voz baja. La mano con que la hurgaba estaba fresca, casi fría.

Poco después regresó Teo, anunciando la inminente llegada de un médico. Para su sorpresa encontró a la señora Pachelbel sentada en el suelo, con Miranda a su lado.

El médico no descubrió nada grave, más allá de una taquicardia y de un golpe morado en la sien, consecuencia de su derrumbe. Le sugirió reposo, y que lo antes posible se hiciese una batería de tests para analizar su condición general.

Esa noche Pat se quedó a dormir allí. De nada valieron las protestas de la señora Pachelbel, que argumentaba estar en condiciones de manejarse sola; Pat fue terminante al respecto. Durante la velada, ninguna mencionó siquiera el nombre de Miranda.

Dirigibus fue a visitarla a primera hora de la mañana. Para sorpresa de Pat, la señora Pachelbel no sólo lo dejó entrar, sino que además le aceptó las flores, unas margaritas que combinaban con el traje color natural que el jurisconsulto vestía para dar bienvenida a la primavera.

XLV. Donde se presenta al más discreto de los funcionarios

El señor Puro Cava estaba a cargo de la Oficina de Inscripciones del Registro Civil. Esto significa que anotaba nacimientos, casamientos y defunciones, una plataforma privilegiada desde la que observar el decurso de la vida. La gente acudía a verlo con timidez, cuando solicitaba que su matrimonio quedase asentado; regresaba con ánimo exultante para registrar la llegada del primogénito; volvía azorada para inscribir al quinto hijo, cavilando sobre las sorpresas que depara la vida; y al fin entraba en la Oficina arrastrando los pies, cuando llegaba la hora de dar sello oficial a la muerte de un ser querido. Por fortuna esto último ocurría con poca frecuencia, lo cual permitía al señor Puro Cava cultivar una filosofía epicúrea que, llegado el caso, podía avalar con documentos. Su optimismo estaba fundado en datos científicos. Sólo había que contemplar los números, a los que su tarea proporcionaba acceso cotidiano.

"Los nacimientos", decía, "¡baten a las muertes por goleada!"

Este fenómeno tenía una explicación sencilla. La gente ignora la conveniencia de informar a la autoridad civil de las muertes que acontecen en la familia. Suponen que el certificado de defunción que los médicos firman en la hora aciaga es el único trámite necesario. Pero la comunicación entre los hospitales y el poder civil es más precaria de lo que debería, y los documentos no suelen llegan a destino, y cuando llegan no hay nadie contratado para cruzar los datos.[12] Este es un aspecto de la administración pública que nadie remienda por razones concretas: al no llegar la información al Registro Civil, muchos muertos siguen vivos de manera oficial. Y esta sobrevida mejora el ánimo de los difuntos, que contagiados de fervor patriótico acuden en tropel a las urnas el día de los comicios. La Argentina es un país tan democrático, que hasta los muertos votan.

El pueblo de Santa Brígida sentía afecto por el señor Puro Cava, a pesar de que estaba convencido de que era un borrachín: la conjun-

[12] En 1984 el mundo todavía no había sido informatizado.

ción del nombre con su comportamiento errático auguraba lo peor. Pero a pesar de que solía unirse al doctor Dirigibus copetín de por medio (todos los días con excepción de martes y viernes, en los que siempre se excusaba), Puro Cava no profesaba ese vicio. Ante todo era distraido, un rasgo empeorado por una dislexia que nadie diagnosticó durante su período escolar, y por ende nunca fue corregida. El señor Puro Cava leía *bada* donde *daba*, y *darbo* donde *bardo*, y escribía en consecuencia. En Santa Brígida era habitual que los padres descubriesen que sus niños se llamaban de manera diferente a la elegida. Un hombre esquivó una demanda de divorcio alegando que nunca se había casado con la demandante, llamada Odilia, sino con una tal Obilia a la que, por cierto, no había visto en su vida. A una mujer le negaron la pensión que le hubiese correspondido por viudez, porque había registrado la defunción de un hombre que se llamaba casi igual a su marido, pero por cuestión de una o dos letras, no era del todo él.

El señor Puro Cava llegó a la función pública a edad avanzada. Después de décadas labrándose fortuna, decidió que era hora de devolver algo a la comunidad. Las malas lenguas dicen que esta vocación tardía surgió al desaparecer la fortuna labrada, pero aunque fuese el caso, *Deus quos probat, quos amat indurat*, como dijo Séneca: Dios pone a prueba a aquellos que ama. Es verdad, si no hubiese contado con la indulgencia del intendente Farfi no habría obtenido jamás el puesto. Pero como quedó expresado, el asunto fue llevado a consideración de Farfi a última hora de un viernes, y como Puro Cava había sido compañero de poker del padre del intendente (el más fiel de los compañeros, aunque también, como se sugirió, el menos afortunado), el nombramiento fue zanjado en cuestión de minutos.

Tenía voz de galán y bigotín *ad hoc*; siempre llevaba un pañuelo alrededor del cuello. Su presencia se adivinaba antes de su llegada, aun cuando no hablase, por la nube de perfume que lo precedía. (En su época de vacas gordas Puro Cava compró colonia Old Spice para que le durase, según sus cálculos, hasta fines del siglo.) Era la clase de persona que decía dependiente en lugar de empleada, asunto en vez de romance y "tener una atención" en lugar de regalar, como en "Fulano tuvo una atención con la dependiente, para mí que hay un asunto, ahí", y que llevaba escrupulosa cuenta de las fechas que homenajean a comunidades definidas: sabía de memoria cuándo era el Día de la Secretaria, y el Día del Padrino, y el Día del Trabajador Rural.

Su mano derecha ostentaba un anillo de oro con sello; la mano izquierda estaba desnuda, para que no quedase duda respecto de su soltería.

Insistía en registrar las entradas en los libros con su florida caligrafía, atrasando los procedimientos y produciendo, además, los errores que ya eran *vox populi*. Pero sus empleadas-dependientes se lo perdonaban porque era un buen jefe, que nunca dejaba de tener atenciones en el Día de la Secretaria. Y sus víctimas civiles lo toleraban también, porque era un funcionario servicial y porque cuando visitaban la Oficina les recordaba la inminencia de alguna fecha significativa para su colectividad, desde el Día del Cartero hasta el Día del Dentista. (A saber, 9 de febrero.)

Aunque su aspecto de dandy sugiriese un cierto exhibicionismo, el señor Puro Cava era el más discreto de los hombres. Había sido discreto hasta al nacer: el parto resultó tan indoloro, que su madre decía haberlo escupido en manos de la partera. Pero a lo largo de su historia esa característica fue confundida a menudo con desidia, y hasta con falta de educación. Porque la discreción es una virtud siempre y cuando se la use, valga la redundancia, a discreción, es decir de manera moderada y en las circunstancias precisas. Un amante debe ser discreto respecto de su *affaire*, pero si extiende esa moderación a la cama será apenas un amante malo. En un estudiante, la discreción es símbolo de bajas calificaciones. En un artista equivale a proyectos jamás realizados. Y en un emperador, a masas aburridas y a pretorianos que se juegan el trono a los dados.

Por lo general esa reticencia tan suya no le había dado más que dolores de cabeza. Cuando era joven puso a sus padres al borde de un ataque de nervios, el día en que descubrieron que se había evaporado junto a la totalidad de sus pertenencias. Pensaron que había sido raptado por gitanos y efectuaron una denuncia ante la policía. La verdad era mucho más simple: Puro Cava se había mudado. Como no quería molestar a sus padres, nunca les había dicho que pensaba irse de su casa. Ya habían transcurrido dos meses desde su mudanza; era tan discreto que sus padres no se habían dado cuenta.

Su primer trabajo formal fue como contable en una fábrica de galletitas. A poco de empleado sufrió una experiencia humillante. Un día encontró a otro hombre sentado en su escritorio. Cuando planteó el problema descubrió que su jefe, aunque admitía que las facciones de Puro Cava le despertaban un vago eco, no recordaba haberlo contratado. Sus compañeros de tareas tampoco habían registrado su existencia, a pesar de que ocupaban escritorios contiguos. En consecuencia, nadie pudo dar fe de que trabajaba allí. Lo acusaron de haber armado una farsa para desplazar a un empleado legítimo y le montaron un escándalo; no tuvo más remedio que irse, entre gritos y bombardeado por galletas y bizcochos.

Durante algún tiempo se preguntó qué había en él, o qué le faltaba, que lo volvía invisible a los ojos de la gente. Hasta que un día la mujer del panadero le dijo que su voz se parecía a la de Santiago Gómez Cou, un actor de radioteatro. Puro Cava sintió que flotaba de alegría: por fin alguien le encontraba un rasgo memorable, aun cuando se tratase de un rasgo que lo asemejaba a otro. Reconstruyó su entera personalidad a partir de esa característica. El aspecto de galán de madres y novias que adoptó en su madurez era una sobreactuación: compensaba lo indistinguible de su encarnación previa.

Nunca volvió a ser invisible. Y la discreción que conservaba comenzó a arrojar buenos frutos. Si no hubiese sido un apostador discreto, habría perdido su dinero con mayor rapidez. Y las mujeres casadas con las que estuvo involucrado (dada su apariencia de galán, las mujeres lo preferían para *liaisons* pasajeras) seguían agradeciéndole su silencio. En verdad era buen amante, porque sólo se preocupaba por el placer ajeno. Aunque más de una mujer le había expresado su queja: Puro Cava era tan discreto que no llamaba la atención sobre sí mismo ni siquiera en la cima del placer. No emitía gritos, ni llanto, ni mugidos, y en suma parecía no haber disfrutado de la experiencia. Por fortuna, en los últimos años esta peculiaridad había dejado de preocuparle. Su amante estable era una mujer tan egoísta, que no le molestaba que el señor Puro Cava llegase al éxtasis sin ruidos ni alharacas —o que no llegase, siempre y cuando ella sí: ¡le daba igual!

Como suele ocurrir, aun cuando un cambio exterior es completo quedan por dentro rescoldos del viejo ser. El señor Puro Cava tenía la voz engolada de un Don Juan radiofónico y la mayor colección de pañuelos de seda en toda Santa Brígida, eso era ostensible; pero seguía pagando a diario las consecuencias de haber sido discreto desde su nacimiento. ¿Qué otra explicación podía darse a su inveterada soltería? En su juventud había sufrido la ingratitud de sus novias, que olvidaban todo el tiempo que lo eran para aceptar invitaciones ajenas. Cuando las enfrentaba a su traición esas mujeres se excusaban, escudándose en su desmemoria y acusándolo, al mismo tiempo, de entablar lazos demasiado tenues. ¿A quién puede extrañar, entonces, que el señor Puro Cava se hubiese jurado no casarse nunca?

XLVI. En defensa de la primavera y de sus efectos sobre los mortales, con la debida notificación de una excepción que confirma la regla

En su perspicacia, el lector habrá notado con cuanta frecuencia hechos menores, o las más sutiles modificaciones en el ambiente, inciden sobre el estado de ánimo con un poder casi mágico. No hay nada más fácil que transformar un humor neutro en franco malhumor. Todo lo que se necesita para obrar el prodigio es una llave que no entra en la cerradura, un atasco en el tránsito, un perro que no para de ladrar o un teléfono que insiste con su tono de ocupado.

Pero a menudo la causalidad del cambio es menos evidente. Algunas cosas se modifican sin que siquiera lo percibamos: varía el tenor de la luz o la intensidad de los ruidos, un viento nos echa encima el aire mefítico del pantano, y nuestro talante se modifica en consecuencia. Cambiamos sin darnos cuenta de que cambiamos, ni por qué; somos así de mudables.

A menudo aquello que incide sobre el ánimo es inseparable del sitio en que se vive. Nos influye la altura, la proximidad de los trópicos, la vecindad del mar. En un ambiente húmedo y de baja presión, todo lo que hace falta para mejorar el humor es una brisa. Aquel que trabaja entre maquinarias pesadas responde a la bendición del silencio. A veces es una melodía la que hace el truco, aun cuando suena a la distancia y no se la registra a consciencia. En pleno verano, basta un lugar en la sombra para aproximarnos a la felicidad. O un asiento en el tren atestado. El ruido de hielos que crujen dentro del vaso nos hace sentir el fresco, ¡aunque el vaso ni siquiera nos pertenezca!

Estos párrafos tienen la intención de justipreciar la popularidad de la primavera. Los beneficios de esta estación sobre el alma son tales y tantos, que han sobrevivido al ataque de la mala poesía. No importa en qué punto del planeta nos pille: por delicada que sea su transición, esos grados de más en la temperatura y la resurrección de los colores son todo lo que hace falta para depositarnos en el umbral del día con una sonrisa en los labios; el resto de la jornada, por supuesto, es responsabilidad del consumidor.

En Santa Brígida primavera significa caminos despejados, ropas secas, escuela, bicicletas. Primavera significa el regreso de los colores (cuando todo es blanco lo que se recorta tiende a ser opaco, incluyendo los árboles) y de las voces humanas que el vociferante invierno había desplazado. Primavera significa tiempo recobrado: aquel que se gana a la lenta marcha de la nieve, a la leña que clama por su hacha, a la luz que muere a poco de nacer. Primavera significa puertas abiertas y el aroma de lo horneado. Primavera es el fluir del agua, después de la obstinación del hielo. En primavera las madres recurren a los centímetros, para ver cuánto han crecido sus hijos durante el encierro. En primavera la gente se saluda como si no se hubiese visto en meses, sugiriendo que la triste figura que los representó durante el invierno era una impostora, o en todo caso un bosquejo de la figura por venir.

Para Hugo Krieger Zapata la primavera era un inconveniente. El hotel soñado prometía maravillas durante los meses invernales, ¿pero qué atractivo ofrecía a los turistas una vez desvanecida la nieve? Su mente trajinaba escenarios con los que tentar a los viajeros, para quienes el tiempo muerto es anatema (¡como la misma muerte!), y así redibujaba presupuestos para comprar una tropilla de caballos y la parafernalia del alpinista, y torturaba a los arquitectos cada dos días pidiendo que agrandasen la piscina y agregasen canchas de tenis y evaluasen la factibilidad de un *green* de golf.

Esa primavera, sin embargo, tenía para Krieger el atenuante del comienzo. Las obras del Holy B Ski Resort & Spa se iniciaron con pompa, mediante un acto al que acudió la plana mayor del consorcio internacional, liderado por el inversionista Roger Uphill Battle, además de autoridades provinciales y un verdadero *who's who* de Santa Brígida: el intendente Farfi, funcionarios (entre los que destacaba el doctor Dirigibus), personal civil (el señor Puro Cava dio el presente), personalidades destacadas (la señorita Posadas lució una falda a rayas horizontales que la asemejaba a un televisor descompuesto) y vecinos, en proporción repartida entre *hippies* y naturales.

Miranda también estuvo allí, sobre la atalaya de los hombros de Teo. Como era de esperar Pat se negó a formar parte de lo que calificaba como un circo. El apelativo resultó ajustado, dado que había una banda musical y porristas y payasos que repartían golosinas entre los niños para que se llenasen la boca y no interrumpiesen los discursos. Estas piezas oratorias fueron desde lo ininteligible (en el seudoespañol de Mr. Uphill Batlle), pasando por lo genérico (en el intendente Farfi, que habló de progreso y de trabajo y de la flama de la esperanza), hasta lo exultante de Krieger Zapata, para quien el Holy B Ski Resort & Spa marcaría un antes y un después en la historia de Santa Brígida.

Krieger fue el encargado de explicar que *Holy B* era una forma simpática de mentar a la santa: *holy* aludía a su característica sagrada, y la B suplía el nombre con la inicial, evitando de esa manera las rigideces nórdicas. Esa misma noche, durante la fiesta con que se agasajó a las personalidades, Mr. Uphill Battle se encargó de probar que el nombre del hotel tenía algo de presciente. En su persona, Holy B Ski y *holy whisky* eran la misma cosa.

El momento más espectacular del acto ocurrió después del corte de las cintas, cuando las excavadoras cobraron vida y horadaron el terreno a tarascones. Sus cuellos subían y bajaban con lentitud de dinosaurio, produciendo un ruido que ahogaba los aplausos del público.

Al anunciar que pensaba asistir a la ceremonia, David Caleufú llenó a su esposa Vera de sorpresa. El encuentro reunía todas las características que producían fobia en David: iba a ser multitudinario, bombástico, lleno de una energía nerviosa y de gente ansiosa de contactos sociales. Pero David arguyó que lo hacía tan sólo porque se debía a su responsabilidad, y Vera ya no lo cuestionó; era verdad que lo habían honrado con un cargo altísimo, supervisando (desde las sombras, como a él le gustaba) una obra como nunca antes se había visto en Santa Brígida.

David no se refería a esa carga. Al llegar a la explanada evitó los palcos y los amontonamientos para ubicarse en un sitio que había elegido de antemano. Desde allí podía ver las excavadoras en primer plano, picoteando el suelo, y al fondo el viejo hotel, más parecido que nunca a una casa embrujada; como David, el Edelweiss era testigo silencioso del inicio de un proceso que podía cambiarlos para siempre.

David se preguntaba si Krieger cumpliría con su palabra, y por añadidura si el hotel vería una nueva primavera.

XLVII. Aquí Pat, sintiéndose acorralada, revela el verdadero motivo de su fuga

Una tarde, a poco de reiniciadas las clases, Pat le pidió a Teo que la llevase hasta el pueblo. Teo le ofreció las llaves de la camioneta pero Pat se rehusó: no le gustaba manejar cuando estaba nerviosa, según ella perdía coordinación. Cuando Teo le preguntó dónde iban y el porqué de la urgencia, Pat se mostró evasiva. Todo lo que dijo fue que necesitaba arreglar algo.

Aunque el gigante advirtió que Miranda había llorado, no tuvo oportunidad de preguntarle nada. Pat le ordenó a la niña que se subiese a la caja de la camioneta, estaba apurada por salir.

Viajar desde la cabaña hasta Santa Brígida significaba dedicar treinta minutos, con buen tiempo, a un camino desprovisto de líneas rectas. La ruta bordeaba las montañas hasta salir al valle, y a partir de allí todo era cuesta abajo. El efecto del camino sobre el ánimo era siempre el mismo: mientras el viajero se movía entre las cumbres y el conductor volanteaba, tendía a ser tenso y a privilegiar el silencio; pero al descorrerse el velo de las montañas, cuando el pueblo aparecía allá abajo, con sus chimeneas inflando globos blancos y con sus tejados rojos y grises, el viajero se sentía reconfortado, como quien llega a casa.

Teo siguió indicaciones hasta dar con una calle, y al fin con un número preciso.

"Esperame acá", pidió Pat, y se bajó a tocar el timbre.

Al abrirse la puerta Teo reconoció a Teresa, la maestra de primer grado. La mujer sonrió, y hasta saludó a la distancia a aquellos que permanecían en la camioneta, pero pronto fue arrollada por el discurso de Pat, que hablaba mientras ejecutaba gestos airados con las manos.

Desde su lugar Teo no podía oír nada. Miranda golpeó entonces sobre la luneta trasera. Le hacía morisquetas, apoyando la cara contra el cristal.

El gigante sacó la cabeza por la ventanilla para hablar con la niña.

"Pobre señorita", dijo Miranda, asomándose también. "Pat se la va a comer cruda."

"¿Por qué? ¿Qué pasó?"

"Perdí un trabajo de plástica y la maestra me sacó del aula. ¿Por qué no vas a ver, Teo Teíto? Cuando estás vos, Pat se porta bien."

Teo bajó de la camioneta y se aproximó a la puerta. El escándalo que armaba Pat se hacía más evidente a cada paso.

"¡...es un abuso de poder, un abuso intolerable!", protestaba.

"Lo hice por el bien de la nena", dijo la señorita Teresa, sorprendida pero aun así en pleno dominio de su humor. "Trate de verlo desde mi punto de vista. Tenía veintinueve chicos, ¡veintinueve!, gritando como locos. Algunos parecían encantados, pero otros estaban histéricos, y lloraban, y acusaban a Miranda, y le gritaban. Mi intención fue protegerla. La única forma que encontré de recuperar el control de la clase fue pedirle que saliese del aula."

"¡No me va a decir que se creyó esa historia de los pájaros!"

"Claro que no. ...Buenas tardes, Teo."

Pat miró al gigante como el intruso que era en ese gineceo. Pero Teresa siguió hablando, lo que obligó a Pat a devolverle su atención.

"Yo no creo que cuatro pajaritos de plastilina puedan salir volando. Supongo que Miranda los habrá tirado a alguna parte, o escondido, o tal vez se los robaron. Todo lo que digo es que tenía veintinueve chiquitos asustados, y opté por la solución que en el momento me pareció más práctica. ¡Está claro que Miranda no cometió ninguna falta!"

"Ella no lo tiene tan claro, se lo puedo jurar."

"Si quiere que se lo explique otra vez, lo puedo hacer sin problemas."

La oferta de Teresa apagó el ventarrón como por arte de magia. La maestra se aproximó a la camioneta, besó a Miranda y procedió a explicarle lo mismo que había explicado a Pat, palabras más, palabras menos. A la niña le encantó que la señorita dijese que no había falta en ella.

"¿Entonces le puede explicar a Demián que, que, que yo no soy una bruja?", dijo Miranda.

"¡Por supuesto!"

"Ese pibe...", dijo Pat, enfurruñada.

"Es problemático, sí", completó la maestra. "¡No respeta un solo límite, una sola consigna! Pero ya lo vamos a sacar bueno, ¿no es cierto?", dijo, incluyendo a Miranda en su cruzada civilizadora.

La niña se puso tan contenta que a Pat se le fueron las ganas de seguir protestando.

Teo condujo la camioneta en silencio hasta que salieron del pueblo. Esperaba que Pat diese una explicación que nunca llegó. Como de costumbre, lo obligaba a hacerse cargo de toda la tarea emocional. Si de verdad quería entender lo que había ocurrido, Teo no iba a tener más remedio que preguntar.

"¿Qué fue todo ese asunto de los pajaritos de plastilina?"

"Pelotudeces de los chicos", replicó Pat, que hablaba a su antojo dado que Miranda no podía oírla. "Dijeron que los pajaritos de plastilina que Miranda hizo habían cobrado vida, ¡y se habían ido volando!"

La risa con que Pat selló la explicación no tuvo eco en Teo; decidió, por ende, seguir hablando con seriedad.

"Algunos pibes, manijeados por Demián, seguro, se pusieron locos. Le empezaron a gritar: *'¡Bruja, sos una bruja!'* Por eso estaba así cuando llegó. ¿No te diste cuenta de que Vera la trajo? Salo la vio tan angustiada que le pidió a la madre que la acompañase."

Teo necesitó todo su coraje para preguntar:

"¿Me vas a decir la verdad, algún día?"

"¿Qué verdad? ¿De qué estás hablando?"

"Hablo de por qué te viniste a vivir acá."

"¿Y eso que tiene que ver con lo de Miranda?"

"No lo sé. A lo mejor nada. A lo mejor todo."

"Nada que ver."

"¿Por qué no me lo contás y me dejás que yo juzgue, en todo caso?"

Pat giró sobre el asiento para poder ver a la niña que viajaba en la caja de atrás. Seguía escuchando música, enfrascada en lo suyo.

"Aunque sea decime si pasa algo malo con Miranda", insistió Teo.

"¡Miranda es una nena normal!", dijo Pat con vehemencia, y volvió a mirar hacia delante.

"Aun en el caso de que lo sea... y eso es discutible... no hay nada de normal en su circunstancia."

"¿Que querés decir?"

Teo pisó el embrague y metió la primera velocidad. El camino comenzaba a elevarse.

"Quiero que me digas la verdad de una puta vez. Quiero que admitas que estás escapando de algo, o escondiéndote de alguien, y que me des la oportunidad de ayudarte."

"¿Quién te dijo que necesito ayuda? Leer tantas novelas te afectó la cabeza", dijo Pat, buscando que Teo saliese en defensa de su amada literatura y aceptase desviarse, ¡una vez más!, de la cuestión de fondo. "¿De dónde sacás esas ideas?"

"De Miranda. Me lo contó ella, por *motu proprio.* ¡Te juro que yo no la interrogué!", dijo Teo, anticipándose al reproche.

Pat vio a su hija por encima del hombro, con el desprecio debido a un traidor. Si lo que Teo decía era cierto, y Miranda le había contado lo que sabía, ya no podría escabullirse.

"¿Y qué más te contó?", preguntó Pat con inquietud. Temía que Miranda le hubiese revelado a Teo su dependencia de las pastillas.

"Nada más", dijo Teo, ansioso por tranquilizarla.

"Escapo del padre de Miranda", dijo Pat.

Teo se quedó mudo de la sorpresa.

"¿Me estás diciendo que no murió?"

Pat asintió con lentitud, como si su cabeza pesase toneladas.

"Miranda me dijo que escapaba de su abuelo."

"Eso es lo que yo le dije, y por lo tanto lo que cree. Es mejor así. Prefiero que piense que su padre está muerto."

"¿Tanto odio le tenés?"

"En realidad no existe una palabra, ni en este idioma ni en ningún otro, que empiece siquiera a describir lo que siento por él."

"¿Qué fue lo que te hizo?"

"Eso es parte de mi historia previa a conocerte, y por lo tanto no es cosa tuya. Si de verdad te interesa el bienestar de Miranda, estoy dispuesta a contarte lo que sea necesario. El resto es tabú. ¡Así que no intentes sonsacarme!"

"¿Estás escapando de la justicia? Si el tipo presentó la denuncia en un juzgado..."

"No lo hizo porque carece de derechos legales sobre Miranda. Nunca estuvimos casados. ¡Ni siquiera sabe cómo se llama! Pero de todas formas tengo que cuidarme. Es un tipo de mucho poder. Aunque no nos busque de forma oficial, la policía puede estar buscándonos de manera oficiosa."

"Si te preocupa tanto, ¿por qué no subiste a la nena a un avión y te fuiste a otro país?"

"Te dije que era un tipo muy poderoso."

"¿Tanto como para controlar aeropuertos y fronteras?"

Pat ni siquiera se molestó en responder. La pedregosa ruta se había angostado delante del vehículo.

"La mayoría de los ex se ven malévolos cuando te llevan la contra", dijo Teo.

"No se trata del típico rencor de la mina despechada. Hablo de maldad verdadera. Maldad pura."

Teo asimiló esa información en silencio. Hubiese querido mirar a Pat para evaluar si le estaba diciendo la verdad, pero el camino, ahora elevado y sin barreras de contención, reclamaba sus ojos. Era esa parte del trayecto que producía, de acuerdo a la más pura lógica, el efecto inverso al del viaje rumbo a Santa Brígida. Uno dejaba el pueblo sintiéndose encantado, y al llegar a lo alto se le sobrecogía el alma. El camino no dejaba de esconderse en nuevos recodos y la montaña enseñaba sus dientes.

"¿Y qué dirías", preguntó Teo con un aliento que empezaba a condensarse, "si Miranda te pidiese ver a su padre?"

"Eso no va a pasar nunca, porque para ella su padre murió."

"Entonces estamos en problemas."

"¿Qué querés decir?"

Teo buscó a Miranda en el espejo retrovisor. Ajena a todo, la niña empañaba el cristal de la luneta con su aliento y hacía garabatos.

"Es parte de esas habilidades suyas tan... peculiares", confesó Teo. "Dice Miranda que cuando mentimos utilizamos una tonalidad distinta de la que usamos cuando decimos la verdad. A mí, por lo pronto, me emboca en cada mentira con precisión científica. Eso sí, te pido que no le digas que yo te lo dije. Me hizo jurar que no te lo iba a contar, y yo estoy rompiendo ese juramento a conciencia, porque pienso que es mejor para ella que vos lo sepas. Pero no quiero que pierda la confianza que me tiene."

Para sorpresa de Teo, Pat no dijo palabra. Parecía perdida en sus propios pensamientos; había dejado de usar sus ojos, que no veían nada. Le preguntó si estaba bien. Pat tardó en responder, como si saliese de un trance. Cuando habló, su voz había cambiado: parecía provenir del mismo sitio donde se había refugiado en esos últimos segundos, un lugar del alma al que, era obvio, sólo visitaba cuando se sentía débil.

"¿Querés decir que Miranda sabe que le estoy mintiendo?"

"Piensa que no estás preparada para decirle la verdad."

Pat volvió a sonreír, por primera vez en largo rato.

"Ser madre es difícil. Pero ser madre de una criatura que siempre tiene razón es imposible", dijo, y dio vuelta la cara para no perderse tramo del camino.

Si hubiese sido otra mujer Teo habría creído que lloraba. Pero debía estar equivocado, porque se trataba de Pat.

XLVIII. Breve historia del Sever, en anticipación de su edición de 1984

Cuentan que Farfi, acuciado por carencias de su educación formal, leía las novelas de la biblioteca del municipio por orden alfabético de autores, un criterio tan discutible como cualquiera aunque de incuestionable rigor. Empezó por Anónimo, que le deparó los placeres de *Robin Hood* y de *Las mil y una noches*. Siguió con *Las aventuras de Augie March*, de Saul Bellow, que lo recordó los afanes de su juventud. Después vinieron *Nostromo*, de Conrad, que lo enfermó de nostalgia por lo desconocido, y *Los papeles de Pickwick*, de Charles Dickens. (Farfi estaba convencido de que, de haber visitado Santa Brígida, Dickens se habría hecho una panzada.)

Leyó *El hombre invisible*, de Ralph Ellison, sin dejar de cuestionarse a qué se debería la escasez de escritores con esa inicial. (Su única otra opción en este tramo del anaquel había sido *Middlemarch*, de George Eliot.) *Las palmeras salvajes*, de William Faulkner, le produjeron una migraña a la que Graham Greene puso fin con *El poder y la gloria*. Al llegar a la letra hache su primera opción fue *La Odisea*, de Homero. Pero la traducción respetaba el verso original, y Farfi quiso seguir siendo fiel a la prosa que le venía dando tan buenos resultados; la poesía quedaría para una *tournée* posterior, que arrancaría sin dudas con W. H. Auden.

Eligió entonces *Nuestra Señora de París*, de Victor Hugo. Era un volumen grueso, pero la batalla final de las Guerras *Hippies* lo postró en la cama con un principio de deshidratación, concediéndole unas vacaciones cuya duración coincidió con la lectura del libro. En esa circunstancia, era inevitable que leyese mientras su espíritu seguía angustiado por el conflicto que expresaban las Guerras *Hippies*. Por fortuna dio con Hugo y su París colorida y gitana antes de que llegase el turno de *La bolsa*, de Julio Irazusta, que lo habría movido a propiciar la apertura de un bingo, o de *Platero y yo*, de Juan Ramón Jiménez, que lo habría convencido de crear una Feria de la Mascota de Granja.

Transcurrió el tiempo. Farfi llegó a intendente. Ya instalado en su función, comenzó a buscar algo que levantase el perfil turístico de Santa Brígida, a sabiendas de que todos los pueblos tenían su fiesta regional: la Feria de la Fruta Fina, del Lúpulo, del Michay, de la Piedra Laja, de la Chicha, del Ternero, de la Cabra, del Vino Chacolí, del Rosal, del Hierro... ¡Hasta existía una Fiesta de las Seis Horas del Pejerrey!

La inspiración para el Sever apareció durante un eufórico fin de semana sin pastillas. Del mejunje resultante del alcohol, los condimentos picantes y la peculiar química de su cerebro surgió primero el recuerdo, en que las Guerras *Hippies* y el París polimorfo de Hugo estaban ligados; después llegó la epifanía, que le sugirió crear una fiesta que sirviese para promover a la vez el turismo y la concordia; por último se le ocurrieron los particulares de esa fiesta, un hallazgo que Farfi rubricó con un grito que se pareció al *eureka* en la intención aunque no en la concreción, lo cual explica por qué, a diferencia de la expresión de Arquímedes, no sería conveniente repetir su exabrupto en el ámbito de un claustro.

Ese viernes, poco después de haber firmado el decreto pertinente, Farfi salió a la calle con martillo, clavos y un rollo de papel todavía fresco de la imprenta. Al ver al intendente clavando clavos sobre la puerta del municipio, los curiosos empezaron a juntarse. Pronto corrió la voz y se formó una multitud. La gente repetía el texto impreso y se preguntaba por su significado, que nadie parecía en condiciones de descular.

EN EL DIA DE LA FIESTA DEL REVES (SEVER), decía el encabezado, y después con letras más pequeñas:

1. *Sos lo que no sos*
2. *El adentro es afuera (y viceversa).*
3. *Todas las normas se invierten*, y por último:
4. *Nuestras faltas nos son perdonadas.*

Farfi aprovechó la oportunidad y explicó el espíritu de la convocatoria. Los que estuvieron allí recuerdan el hecho como un momento histórico para Santa Brígida, el equivalente local del Cruce del Delaware o de la Toma de la Bastilla o mejor aun, del acto fundacional del protestantismo: ¿o no se parecía Farfi a Martín Lutero, desplegando su texto en las puertas de la iglesia de Wittenberg?

La Primera Fiesta Comunal del Revés (*sever* es revés leído de atrás para adelante) tendría lugar poco después, el segundo fin de semana de octubre de 1980.

Lo que sucedió al entusiasmo del anuncio fue una fase de desconcierto. ¿Hasta dónde pretendía llegar Farfi? ¿Significaba el Sever la temporaria anulación de las leyes, transformando al delito en acto de bien? (Claro que no, dijo el intendente: aun en pleno Sever, un robo seguiría siendo robo y por ende castigado.) ¿Se otorgaba al Sever el peso de un mandato? (Por el contrario, la participación era tan sólo voluntaria.) Y las dimensiones de la fiesta, ¿coincidían con las del pueblo, o sólo tendrían lugar en un espacio acotado? (Se emplearía la plaza y las calles laterales para actos, muestras y desfiles, pero cada ciudadano era libre de poner en práctica las reglas del Sever allí donde quisiera, incluido el interior de su propia casa.)

Durante las semanas previas a ese octubre del debut, Farfi vivió un pánico que ni siquiera los viernes disolvían. Tenía miedo de que el Sever resultase un fracaso. La gente escapa del ridículo, y tampoco aprecia que se la enfrente a una posibilidad creativa infinita, que les produce angustia; prefieren las consignas claras y acotadas, aunque no les dejen gran margen de acción. Farfi se hartó enseguida de responder a la pregunta respecto de su propio disfraz: querían saber qué era, a su juicio, lo opuesto al intendente. Explicó una y mil veces que el Sever no obligaba a la búsqueda de un opuesto, sino a la exploración de la diferencia. No era necesario que un bombero se convirtiese en pirómano, bastaba con que se probase como pintor, o como explorador, o como niño. Se trataba de investigar las rutas de la existencia de las que habían desertado al convertirse en sus presentes encarnaciones, y de cuestionar la validez de las normas establecidas, a las que en general se adhiere por obligación o costumbre aunque no sean las mejores. Si el Sever tenía algún sentido, insistía el intendente (con paciencia entre lunes y viernes, con ardor los fines de semana), era porque celebraba la tolerancia.

Para su alivio, la participación fue generosa. Tal como imaginaba, hubo docenas de vecinos tradicionales que se disfrazaron de *hippies*. Su interpretación fue reveladora respecto de los malentendidos entre ambas comunidades. Para los tradicionales, los *hippies* eran gente que se vestía con lo primero que tenía a mano (manteles como ponchos, la soga de las cortinas a modo de cinturón), que despreciaba las mínimas normas de la higiene (no bañarse durante el Sever era parte del juego) y que desconocía el valor del trabajo, por lo cual se pasaron la fiesta tumbados en la plaza.

Pero también hubo *hippies* disfrazados de tradicionales, otra interpretación que hubiese hecho las delicias de un sociólogo. Según los *hippies*, los vecinos tradicionales se vestían con absoluta carencia de imaginación (camisas celestes, bombachas de campo), despreciaban las mínimas normas de la higiene (dejaron de usar desodorante durante la fiesta) y desconocían el valor del trabajo: por eso mismo, rigurosos en su actuación, se pasaron el Sever tumbados en la plaza, fumando y tomando mate.

Tal como Farfi esperaba, la fiesta ayudó a que las posiciones se acercasen. Algunos lugareños empezaron a valorar las sandalias. Ciertos *hippies* admitieron que el cabello corto era más cómodo, y que las botas proporcionaban un abrigo más adecuado al rigor del clima.

Desde entonces cada Sever fue una oportunidad de volar más alto y poner a prueba qué otra cosa no eran (y qué otra cosa les gustaría ser). Farfi mismo fue marinero, beduino y convicto en sucesivas ediciones. Dirigibus fue mudo en el 81 y abstemio en el 82. El señor Puro Cava fue *hippie* (eso sí: un *hippie* de Carnaby Street, otra encarnación de su natural elegancia) y también un pordiosero, con la dignidad del Arturo de Córdova de *Dios se lo pague*. Como quedó consignado, al arribo de Pat y Miranda a Santa Brígida vestía la ropa interior en el exterior y viceversa. Esa vez estaba tratando de ser indiscreto.

La señora Pachelbel, remisa al comienzo, fue probando variantes. En el año inaugural no participó. En el 81 probó a fabricar salados en vez de dulces, cosa que nadie le agradeció. En el 82, presa de un brote de humor autocrítico, se vistió de aldeana encantadora (esta fue la vez en que Pat y Miranda la conocieron) y regaló en lugar de vender. En el 83 se vistió de hombre (fue un cambio de ropas, aunque no de talante) y siguió regalando. Ahora, en el 84, estaba dispuesta a expandir su participación.

Tal como se lo comunicó a Teo (desde que Pat se encerró en la cabaña, el gigante hacía las veces de correveidile), la señora Pachelbel quería instalar un puesto de ventas en la plaza. Esto significaba que iba a necesitar una segunda vendedora, ya que no pensaba cerrar el negocio en esos días, y la opción natural era Pat.

Sin siquiera pensarlo, Pat pidió a Teo que transmitiese a la señora Pachelbel su palabra favorita: esto es, como ya se narró, *no*.

La señora Pachelbel explicó a Teo que esa respuesta no era aceptable. En virtud de la convocatoria turística del Sever, se trataba de una oportunidad de publicitar sus productos que no podían dejar pasar. ¿O no estaba claro que hasta el momento la empresa distaba de arrojar buenos resultados?

Pat pidió a Teo que le expresase que si el problema era económico el Sever lo agravaría, dado que regalarían en esos días buena parte de sus existencias.

Teo repitió ante Pat la explicación de la señora Pachelbel, que evidenciaba sagacidad empresarial: la idea del puesto de la plaza era que regalasen dulces al comienzo de cada día hasta agotar stock (cosa que ocurriría, estaba claro, en las primeras horas de la fiesta), y que a partir de entonces remitiesen a la gente al negocio, donde los dulces ya no se regalarían, sino que serían objeto de una venta normal. Para ello necesitaban una persona encantadora como Pat (Teo hizo un esfuerzo para no reírse, al transmitir esta parte del mensaje) manejando el puesto. Estaba claro que la señora Pachelbel no podía desempeñar ese papel, la plaza estaría llena de niños insoportables y gritones, y que Teo tampoco podía asumir la responsabilidad porque se trataba de atraer a la gente, no de asustarla.

Pat mandó decir que contratase a una vendedora.

La señora Pachelbel mandó decir que no tenía problema en hacerlo, si Pat asumía pagarle con sus propios fondos.

Un agotado Teo, que a esa altura extrañaba la época en que sólo transportaba tachos de fruta, expresó ante la señora Pachelbel los términos de la rendición. Pat aceptaba hacerlo, siempre y cuando la mujer se hiciese cargo de los gastos de la instalación.

La señora Pachelbel manifestó su acuerdo. Cuando Teo le preguntó de dónde sacaría el dinero, la mujer se sonrojó (por lo general lo único que arrebolaba sus mejillas era el calor de las hornallas) y sugirió que tenía inversores privados.

"No habrá reconsiderado la oferta de Krieger", se asustó Teo.

"Claro que no", dijo la mujer.

Negándose, de allí en adelante, a proporcionar más datos.

XLIX. Donde se aclaran las dudas (si es que existía alguna) sobre los cuadros de la señora Pachelbel

La actitud de la señora Pachelbel se modificó después del ataque que la postró en su estudio. No se trataba de un cambio rotundo: la mujer seguía siendo una perfecta expresión de sí misma, tan seca y metódica como siempre. Pero en el transcurso de los días había manifestado divergencias con su encarnación previa, que insinuaban una transformación más profunda que la que podía achacarse a la primavera. Ahora toleraba las atenciones del doctor Dirigibus, que le llevaba flores a diario y permanecía en el local hasta que cerraba. No había vez que no la invitase a cenar, antes de que cayese la cortina. La respuesta era negativa cada tarde, pero Dirigibus no se mosqueaba. Después de haber franqueado el umbral de la dulcería e impuesto la ceremonia de las flores, sabía que era cuestión de tiempo. El cuerpo aguindado de Dirigibus estaba lleno de paciencia.

Por supuesto, no era aquella la única alteración que se había observado en la conducta de la señora Pachelbel. Algunos de sus clientes comentaron que la habían visto sonreír en respuesta a comentarios triviales sobre el clima o las noticias, un hecho corriente entre personas ordinarias, pero ajeno por completo al personaje Pachelbel. Circuló, incluso, la historia de alguien que decía haberla oído reír. La versión más verosímil de este cuento atribuía el exabrupto a la presencia de Dirigibus, que habría dicho algo ridículo u obrado con torpeza, en concordancia con su yo de siempre. Pero aun así, la mayor parte de la gente se manifestaba escéptica respecto de la historia: era demasiado cambio, y demasiado rápido, para una mujer cuyo malhumor era tan regular como las mareas.

El mismo Teo tardó en responder, la primera vez que la señora Pachelbel le preguntó por Miranda. Se excusó diciendo que no había oído, lo que forzó a la mujer a repetir la pregunta. Teo contestó que la niña seguía bien; a esas horas estaba en la escuela. A los pocos días la pregunta volvió a aparecer. La señora Pachelbel la formulaba con su sequedad de siempre, como si quisiese subrayar que preguntaba por cortesía, pero era obvio que a partir de su ataque había empezado a considerar la existencia de Miranda.

Uno de esos días de incipiente primavera Pat se demoró en la cocina, tanto como para que Miranda llegase del colegio antes de que Teo partiese con su carga. Ante la oportunidad de repetir los paseos que asociaba con sus vacaciones, Miranda pidió permiso para ir al pueblo.

La tardanza original, sumada al pinchazo de un neumático en plena montaña, hicieron que Teo y Miranda arribasen a Santa Brígida cuando la señora Pachelbel ya había cerrado. A pesar de que las luces del piso inferior estaban apagadas, la mujer les abrió igual; tenía las manos manchadas de pintura. Teo se disculpó y procedió a explicar las razones de su tardanza. La señora Pachelbel se ofreció a cuidar a Miranda mientras Teo se encargaba del neumático. Todavía refrescaba mucho al caer el sol, y no era recomendable que la niña esperase a la intemperie, o dentro de una camioneta sin calefacción. Inseguro, Teo preguntó a Miranda si tenía ganas de quedarse allí. La niña aceptó sin vacilaciones.

La señora Pachelbel estaba pintando en su atelier. Le dijo a Miranda que debía seguir adelante, para evitar que se le secasen los colores que ya había preparado. Durante algunos minutos convivieron en silencio, la mujer dando forma a un farol y la niña contemplando la multiplicidad de cuadros ya terminados.

"Son lin-*dísimos*", dijo Miranda. "¿No los vende?"

"No son paga fender", dijo la señora Pachelbel, sin apartar el pincel de la tela.

"Los puede regalar, también. A la gente le gustarían."

"No son paga gegalo."

"¿Y para qué son, entonces?"

Esta vez no hubo respuestas. La mujer siguió pintando como si estuviese sola.

Miranda dejó entonces de contemplar cuadro por cuadro, y retrocedió unos pasos para observar el conjunto. Sus ojos se entrecerraron, como si tratase de ver algo que estaba más allá de lo evidente, y al fin dijo:

"Ese pueblo no es Santa Brígida."

"Clago que no. Es el pueblo en que nací."

"¿Por qué le gusta hacer los cuadros así, vacíos?"

"¿Facíos?", se sorprendió la señora Pachelbel, que estaba convencida de que sus telas estaban llenas de pinceladas, de líneas, de color.

“Sin gente. ¡Son puras calles, o casas, o iglesias!”

La señora Pachelbel echó un vistazo al grueso de su obra.

La niña decía la verdad. No había en ella un solo ser humano.

“No me había dado cuenta”, concedió la mujer. “Siempge me gustagon así, tal como están. Pego ahoga que decís… es ferdad, paguecen facíos”, dijo, y cubrió el cuadro que tenía más cerca con un pañuelo de seda que colgaba del respaldo de una silla.

“Igual me gustan”, dijo Miranda, temiendo que la mujer interpretase su comentario como una crítica. “¡Es lindo el pueblito!”

La señora Pachelbel regresó al bastidor. Aun cuando era obvio que estaba incompleto, el cuadro le pareció insalvable. Se aplicó entonces a cerrar bien los frascos de la pintura, para evitar que se secasen.

“Qué cosa más extraña es la belleza”, dijo entonces. “¿De dónde sale? Porque hay gente que piensa que nuestra idea de lo bello deriva de la naturaleza. Pero la naturaleza produce cosas lindas y feas por igual. Los pobres ornitorrincos. ¡Los peces abisales! ¿Cómo es que diferenciamos una cosa de la otra? ¿Quién fue el primero en hacerlo, y cuál fue su criterio?”, preguntó, sabiendo que no oiría respuestas. “A veces pienso que no puede ser sino espontánea, que la belleza es natural o no es. Hay belleza en la noción de un universo que se expande. En los movimientos del fuego, en la música del agua. En el pescuezo de un caballo, ese arco exquisito, y en el vuelo de las aves. En la forma que adopta el cuerpo que se tumba a descansar. En el perfume de la tierra antes de la lluvia. En la tela de la araña. En el diseño de una gota, que es el de una lágrima… Pero a veces pienso que la belleza también es hija del trabajo, del empeño, de una negociación laboriosa con el alma, sí, y también con el mundo material. Hay una belleza deliberada en ciertas obras de arte, pero también la hay en otros productos humanos. Las ceremonias suelen ser bellas. Y las copas de fino talle. Y los abanicos. ¿Cómo es posible que la lágrima que se vierte cuando entra polvo en un ojo no sea bella, pero sí lo sea la que se derrama ante una intensa felicidad, cuando su esencia es la misma?”

La mujer suspiró y hundió el pincel en un frasco lleno de agua coloreada. “Lo único cierto es que si queremos belleza estamos obligados a buscarla, a desenredarla de la madeja de las cosas. ¿Pero por qué lo hacemos? Quiero decir, cuando buscamos la belleza, ¿qué estamos buscando? Si lo supiéramos sería un buen comienzo, al menos. Sería suficiente. *Genug, ja*", dijo, y al hacerlo comprendió. Llevaba un buen rato hablando en alemán. ¡Y en todo ese tiempo, la niña no había manifestado extrañeza alguna!

La señora Pachelbel pidió disculpas por su descortesía; era algo que solía hacer cuando estaba sola, hablar en voz alta en el idioma de su padre. Después le dijo que no siempre había pintado así. Al principio pintaba gente en las calles, en las ventanas de las casas. Gente que conocía. Viejos amigos. Miembros de su familia.

"Con el tiempo", dijo, "entendí que todos ellos habían muegto... al menos paga mí. Y dejagon de apaguecer en el lienzo. ¡Todafía no sé pintar fantasmas!"

Miranda se aproximó en silencio al cuadro que la señora Pachelbel había velado. Tocó el pañuelo. Le gustó su suavidad. Y su perfume: olía a hombre.

"Dejá eso", pidió la mujer en un tono desprovisto de agresión. "Está sucio. Fení, famos abajo. Hice unas galletas que quiego que comas. ¡Necesito tu opinión!"

La niña obedeció sin chistar. Le encantaba la música que producía la señora Pachelbel cuando hablaba en su idioma original. Pero se preguntaba por qué le habría mentido al final, cuando tocó el pañuelo que cubría el cuadro.

L. Aquí Miranda recibe una lección valiosa, aunque triste

Esa mañana la maestra de música no fue a buscarlos al terminar el recreo. La campana había sonado en horario y la mayor parte de los alumnos marchó a las aulas como de costumbre, siguiendo a sus tutores. Pero los chiquitos del primer grado se quedaron solos en el patio. Se dispersaron, corrieron y gritaron hasta que se cansaron de hacer lo que querían; la libertad absoluta entraña decisiones agotadoras. Al rato, tirarse arena de la que había desparramada en el sector que estaban reconstruyendo (cuatro nuevas aulas, un salón para plástica) se convirtió en la más aburrida de las actividades. Uno de los varones decidió regresar por las suyas al aula y todos los demás, o casi todos, lo imitaron.

Al rato apareció la señorita Fontán, que no tenía clases y había oído el alboroto. Los puso a escribir palotes, el viejo truco, pero pronto se quedó sin tizas con que dibujar los modelos sobre el pizarrón. (Durante la anarquía que estalló a su regreso del patio, los chicos las habían tirado todas a modo de proyectil.) Entonces la señorita Fontán envió a Miranda a Secretaría, para buscar una caja nueva.

Al atravesar el patio Miranda se topó con Demián, que nunca había regresado al aula. En cualquier otra circunstancia Demián habría aprovechado para empujarla o tirarle de las trenzas, pero esta vez tenía las manos ocupadas. Llevaba entre los brazos la campana del recreo.

Miranda comprendió al instante. Demián se había trepado al andamio de la construcción para alcanzar la campana. Y ahora trataba de llevársela, pero había sido descubierto con las manos en la masa.

Era la oportunidad perfecta para que Miranda se lo cobrase todo. Las manchas de tinta, los lápices robados, los escupitajos, los cuadernos rotos, el zapateo sobre sus témperas, las acusaciones durante la ya célebre clase de Plástica. Lo único que debía hacer era denunciar a Demián ante la maestra.

Demián comprendió también el apuro en que se había metido, porque la carita se le anudó en un gesto de indefensión que Miranda no le había visto nunca.

"Vení conmigo", dijo entonces Miranda.

Y guió a Demián hasta la obra en construcción, ayudándolo a esconder la campana debajo de una montaña de arena.

Después se sacudieron de manos y ropas todos los vestigios de su visita a la obra.

"No les cuentes", dijo al fin Demián, regresando a su prepotencia habitual. "¡Si les decís te reviento!"

Miranda sonrió y sacudió la cabeza. Por supuesto que no diría nada, pero no a causa del miedo. Miranda callaría por propia elección. Quería ser generosa, diferenciándose de su victimario. Estaba convencida de que su buen acto modificaría la actitud de Demián, tal como lo había sugerido la señorita Teresa: aunque más no fuese a golpes de ternura, terminarían sacándolo bueno.

Al rato de regresar sola al aula se oyó un grito que venía de afuera. Era el grito de una mujer adulta. La señorita Fontán salió a ver que pasaba, y a pesar de que les ordenó que no se moviesen del aula, los chicos se le fueron detrás.

La que gritó fue Dorotea, la portera. Había salido a tocar la campana que llamaba a recreo y se había pegado el susto.

La campana, como Miranda sabía, no estaba allí. Lo que colgaba del gancho era Globulito, el esqueleto de la escuela, los huesos sonando como un vibráfono.

Miranda buscó con los ojos hasta que detectó a Demián, que salía de las sombras de la construcción y se mezclaba con el resto de los chicos como si nunca se hubiese apartado de su compañía. Al sentirse descubierto, Demián le devolvió una mirada cargada de amenaza.

El alboroto fue tal que arrancó a la señorita Posadas de su despacho. Cuando su abultada humanidad llegó al patio, ya había docenas de niños de todos los grados rodeando al esqueleto, riendo y gritando, después de haber desbordado el control de sus maestras. La directora recuperó el silencio a los gritos, en cuestión de segundos.

"¿Dónde está la campana?", preguntó. "¡Si alguien lo sabe, que hable ya mismo o se atenga a las consecuencias!"

La quietud que sucedió al ultimátum duró lo que un suspiro. Enseguida se oyó una vocecita, un trino que reverberó en todo el patio.

"Fue ella", dijo Demián. La señorita Posadas y Dorotea y la señorita Fontán y el resto de las maestras y de los niños lo miraron, y después siguieron la línea imaginaria que proyectaba su dedito extendido. Demián apuntaba a Miranda. "Fue ella, que es bruja. ¡Fue la bruja!"

Pronto se sumaron otras voces y otros dedos a la acusación.

Fue ella. Fue la bruja. ¡La bruja!

Miranda quiso protestar, pero sabía que era inútil. ¿Quién iba a creerle, cuando todos estaban tan convencidos de su culpabilidad? ¿O acaso no había andado ella por el patio a pedido de la maestra, que ni siquiera había percibido la ausencia de Demián? Según constaba a la señorita Fontán, Miranda era la única que había tenido la oportunidad de hacerlo.

Se le llenaron los ojos de lágrimas mientras los gritos arreciaban y la señorita Posadas la agarraba del brazo y la arrastraba rumbo a Dirección.

Al principio creyó que lloraba por impotencia, porque no podía hacer nada para probar que era inocente. Pero después comprendió que el motivo de su tristeza era otro, y no contestó cuando le preguntaron si en efecto había sido ella, y tampoco dijo nada cuando le dieron la posibilidad de acusar a alguien más.

Bajo presión para que divulgase el paradero de la campana, Miranda los condujo hasta la pila de arena y marcó el lugar preciso con un gesto. (Era preferible que la encontrasen pronto a esperar que Demián la cambiase de lugar y dañase a alguien, o se dañase, al hacerlo.)

Miranda no se apartó nunca de su silencio, ni siquiera cuando entregó a Pat el mensaje de la directora citándola para el día siguiente. Sabía muy bien que su madre era capaz de cualquier cosa si le contaba la verdad. Y a Miranda ya no le importaba que se hiciese justicia. Que Demián fuese castigado en su lugar no cambiaría nada. Acababa de descubrir los límites del bien, de comprobar que su poder era más débil de lo que había soñado. Ante la oportunidad de cambiar, Demián había decidido perseverar en el mal: ¿no era esa elección algo que estaba a su alcance, una consecuencia de su libre albedrío?

Lo que más la entristecía, lo que la abismaba y la obligaba a ocultarse en rincones oscuros para llorar sin que le hiciesen preguntas, era la intuición de que Demián era una causa perdida.

LI. Donde Miranda se extravía en el bosque

La suspendieron por cinco días. La medida puso incómodos a todos, empezando por la señorita Posadas. A la directora nunca le temblaba la mano para firmar una sanción, pero entendía que Miranda era una buena alumna y una niña modelo (un tanto peculiar, quizás, pero qué podía esperarse del retoño de semejante madre), y estaba segura de que se había tratado de un incidente aislado —eso, en el caso de que en verdad fuese culpable. Pero la falta era grave, en tanto había alterado el funcionamiento de toda la escuela, y tuvo una difusión masiva entre los padres; dejarla pasar con una llamada de atención hubiese sentado un mal precedente. Pat protestó, como era de esperarse, pero no tenía muchos argumentos que oponer al castigo. Ni siquiera podía explicar la versión de Miranda, porque Miranda misma se había negado a dársela.

Fueron cinco tensos días en la cabaña, entre un lunes y el viernes que marcaba el comienzo del Sever. Pat tenía más trabajo que nunca. Las ollas no dejaban de hervir ni siquiera por la noche, produciendo nubes de vapor que empañaban todas las ventanas. Pat pelaba, cortaba, picaba, lavaba, azucaraba, revolvía y removía espuma sin parar. Miranda rogaba para que ninguno de sus compañeros viese a su frenética madre ni se acercase a la cabaña llena de humo, porque en ese caso su fama de bruja quedaría consolidada.

En esas condiciones Teo estaba feliz de andar siempre afuera, yendo de aquí para allá con la camioneta, porque un blanco móvil tiene más posibilidades de seguir intacto que un blanco fijo. Pero lo angustiaba la situación de Miranda, que se pasaba el día dibujando (a veces monigotes, a veces estrellas y mandalas) o escuchando la radio. A pesar de que la niña no tenía nada que hacer, Pat no dejaba que acompañase a Teo. Sumaba así castigo al castigo, no porque condenase su presunta travesura, sino porque censuraba la falta de confianza que Miranda exhibía al no contarle qué había ocurrido.

En vano intentó Teo que Miranda le abriese su corazón, y que Pat considerase la posibilidad de que la niña estuviese tratando de protegerla, como solía proceder de acuerdo a su instinto. Atrapado entre dos posiciones inamovibles, lo único que Teo podía hacer era volver a casa lo antes posible para separar a las dos mujeres y permitirles un desahogo. Por supuesto, nunca lograba hacerlas felices. Pat resentía el hecho de que Teo no la ayudase en la cocina, y aunque Miranda disfrutaba de su compañía, al quedarse otra vez sola parecía más desdichada que al comienzo. El único consuelo que Teo se daba a sí mismo era el de estar haciendo todo lo posible, todo el tiempo. ¡Pobre de aquel que se pone a sí mismo en la situación de satisfacer a la vez a dos, o incluso más, amores!

El jueves por la tarde Miranda le pidió que la acompañase al bosque. Teo aceptó de inmediato. El ambiente de la cabaña era irrespirable, y no a causa de los vapores. Prefería decirse eso en vez de aceptar que temía que Miranda vagase a solas por allí afuera, porque sus miedos tenían una forma inconfesable; forma de lobo.

Anduvieron en silencio durante un buen rato. Miranda parecía concentrada en su radio portátil, que no paraba de darle problemas: se la pasaba moviendo la rueda del dial, tratando de sintonizar su emisora favorita.

"Deben ser las pilas", dijo Teo.

"No son las pilas", replicó Miranda.

"¿Cómo sabés?"

"No son las pilas."

Teo no tenía ganas de discutir, ya era suficiente con Pat y su permanente malhumor. Siguió andando un rato más, hasta que se aburrió y propuso a Miranda jugar al *tutti frutti*. La niña aceptó sin demasiado entusiasmo. Concentrada en el problema de la radio, le molestaba tener que distraerse para entretener a su acompañante.

"Basta para mí", cantó Teo poco después.

"Ufa", protestó Miranda, apartando la Spica de su oreja. "Dale, decí. ¿Color?"

"Verde."

"¿Mundi?"

"Venecia."

"¿Comida?"

"Venado."

"Pobrecito venado... ¿Marca?"

"Viaggio. Es una marca de valijas."

"Si bemol."

"¡...Muy bien! Te estaba poniendo a prueba", dijo Teo, revolviéndole el pelo. "Mañana te llevo a la oficina de patentes. Quiero registrarte como detector humano de mentiras. Trabajo nunca te va a faltar, eso te lo aseguro."

"¡Otra vez Si bemol!"

"¿Vamos a seguir jugando o qué?"

"Contás vos."

"A", dijo Teo, tratando de adoptar un tono neutro. Uno no podía mentir una vocal, ¿o sí?

"Basta."

"Ele."

Teo trató de concentrarse. Color: lila, eso era fácil. Londres. Lasagna. Esta vez podía ganar sin hacer trampas. Tenía que esforzarse, Miranda era rápida y sabía demasiado. ¿Sería cierto que mentía en Si bemol? ¿Mentía toda la gente en Si bemol, o variaba la tonalidad de la mentira de acuerdo a cada mentiroso? En materia de teoría musical, Teo no distinguía un Si de un no. Miranda lo sabía, seguro que lo estaba apurando. Aunque era cierto que las valijas Viaggio eran un invento. ¿Cómo suena un Si bemol? Sería mejor que lo aprendiese, para estar preparado. Menos mal que Pat era sorda para la música. ¿Qué sería de los hombres si las mujeres pudiesen detectar cada mentira? ...Lacoste, pensó. Si Miranda dudaba podía enseñarle una chomba que tenía en la cabaña.

"¡...Basta para mí!"

Teo miró hacia abajo con una sonrisa triunfal. Pero Miranda no estaba ahí.

Ni en el otro costado. Y tampoco atrás. Miranda no estaba en ninguna parte.

Se sintió confundido. La había tenido a su lado un minuto atrás. ¿Por qué no podía verla, por más que girase en redondo los trescientos sesenta grados? Los niños no se desintegran en el aire. La gente no desaparece así como así. Ya no, al menos. Eso era antes. En los 70. Las desapariciones eran cosa del pasado, como el peronismo, los *hippies* y el *disco sound.*

Sintió una angustia que no podía explicarse.

"Miranda, ¿dónde estás?"

La lógica le decía que Miranda debía oírlo, aunque se hubiese echado a correr. Pero hay todo un universo que se despliega allí donde la lógica termina.

"¡Miranda!"

Esta vez gritaba. Volvió a gritar. Su voz podía oírse hasta los confines de la Tierra. ¿Por qué no le respondía, entonces? ¿Se habría golpeado, estaría desmayada? ¿Necesitaría un médico? Pat sabría qué hacer, sin dudas. Se preguntó qué le diría si regresaba solo a la cabaña.

"¡Miranda, dónde estás!"

Teo empezó a correr entre los árboles. ¿Cuánto tiempo había transcurrido desde su propia carrera, desde su propio escape?

Una niña perdida en el bosque. Un lobo que habla en latín.

Corrigió dirección, siguió gritando, volvió a torcer. Se dirigía a ninguna parte, cada paso podía acercarlo a ella o alejarlo de forma irreparable. ¿Qué podía hacer, quedarse quieto? Una rama le arañó la cara a centímetros de un ojo. Si no la encontraba, bien le valdría quedarse ciego. Pero no todavía: necesitaba ver, ver a lo lejos, ver la copa de los árboles, ver las hojas del suelo, ver a Miranda.

Tuvo que hacer acopio de voluntad para frenarse. Todo su cuerpo le pedía acción, aunque fuese acción inútil; quería sentir que hacía algo. Pero entendió que lo mejor era quedarse quieto en un lugar, seguir gritando y dejar que Miranda lo encontrase.

"¡Miranda!" Su grito produjo un remolino entre las hojas.

De repente estaba allí. A tres metros, apichonada, atesorando la radio entre sus dos manitas, que la apretaban contra el pecho.

"¿Dónde mierda estabas? ¿Dónde te habías metido?", gritó Teo.

El gigante era consciente del poder de su voz. Cuando Teo gritaba, un hombre común sentía una experiencia parecida a la de Teo cuando se expuso a su primera explosión: el golpe en el cuerpo, el aire que se vuelve vendaval, la desaparición de todo otro sonido en el mundo. Miranda vaciló al recibir el grito, como movida por un viento.

"¿Por qué no contestabas?", dijo Teo.

"Te contesté. Pero no me oíste. ¡No parabas de gritar!"

Teo abrió la boca para continuar su diatriba, pero no dijo nada. La niña decía la verdad. No necesitaba saber de música para entenderlo.

Miranda corrió hacia él y se abrazó a sus rodillas. Teo no se movió. Quería mostrarse firme, para que Miranda comprendiese la gravedad de lo ocurrido.

"Perdoname", dijo Miranda allá abajo. "Fue por la radio. Hace días que no anda bien. ¡No puedo oír nada!"

"Dejame ver", pidió Teo. Miranda dudó un instante, lo suficiente como para que Teo se fastidiase más. "¡No te la voy a romper! ¿Querés que la arregle o no?"

Miranda hizo un puchero y levantó su mano, entregándole la Spica.

Teo la encendió y movió el dial. No oyó nada, estaba muerta. Entonces quitó la tapa que protegía las pilas.

"¿Viste que yo tenía razón? ¿Cómo vas a oír algo si no tiene pilas?", dijo, enseñándole a Miranda el cubículo vacío.

Para sorpresa de Teo, Miranda le quitó la radio de un manotazo.

"No son las pilas. ¡Esta radio no funciona a pilas!", porfió la niña.

"¡Todas las radios portátiles funcionan a pila!"

Con un gesto de bronca asomando en sus ojos húmedos, Miranda encendió la radio, movió el dial y se la enseñó a Teo.

"¿Ves que anda? ¡Se escucha mal, pero se escucha!"

Teo acercó una oreja a la radio. Miranda decía la verdad. Se oía ruido de estática, pero cuando la niña giraba el dial, se oían voces humanas entrecortadas, palabras sueltas. ¿Había oído mal, o las voces que emitía la radio hablaban en latín?

Ahora fue Teo quien arrebató la Spica, con una brusquedad que provocó la queja de Miranda. Nervioso, movió el dial para oír mejor. Nada. No se oía nada. La radio estaba muerta otra vez.

Teo se puso de rodillas y devolvió el aparato a Miranda.

"Mejor probá vos y dejame oír otra vez", dijo.

La intuición del gigante era correcta. Cuando Miranda la manipulaba, la radio funcionaba aun sin las pilas. Sin embargo no pudo identificar las voces, ni entender el mensaje más allá de algunas palabras sueltas. *Indicant. Nulla. Poenam. Corvis.* ¿Qué clase de emisora estaban recibiendo, que transmitía palabras en latín? ¿Existía en las inmediaciones una antena que transmitía ceremonias preconciliares?

Cuando miró a la niña descubrió que lloraba en silencio.

"Hacé algo, por favor", le pidió. "Yo quiero oír la música. ¡Necesito mi música!"

Miranda explotó en un sollozo lleno de mocos.

Teo la abrazó. Contra su pecho, no parecía más grande que una muñeca.

La cubrió de besos y la alzó, elevándola hasta la altura de las verdes copas.

Apenas regresaron a la cabaña pidió permiso a Pat y se llevó a la niña al pueblo para comprarle otra radio. Probaron todas las que había en el negocio. Por supuesto funcionaban, pero Miranda no las quiso. Decía que ninguna pasaba la misma música que la Spica. Teo le explicó que todas las radios pasaban la misma música, pero no pudo convencerla. Aunque desalentado por el capricho, Teo terminó comprando una nueva y su provisión de pilas. Imaginaba que el apego de Miranda por el viejo aparato pasaría pronto. El viaje de regreso le dio la razón. Al rato de andar Miranda guardó la Spica en su bolsillo y se puso a escuchar la radio nueva. El resto del viaje transcurrió en silencio.

Ninguno de los dos dijo lo que pensaba en realidad.

Miranda oía la radio nueva y su música pedestre para que Teo no se sintiese tan mal, después de tanto esfuerzo. Todavía conservaba la esperanza de que la Spica resucitase, y volviese a propalar las canciones que amaba.

Y Teo, que recordaba cuándo había oído hablar en latín por última vez, se preguntaba como entonces si no estaría volviéndose loco.

LII. De las ansiedades propias de la víspera del Sever

Todo parecía igual al día anterior, con variantes tan sólo de forma como la ubicación en el concierto de la semana (el viernes sucedía al jueves de manera inmediata) y el distinto número (también sucesivo e inmediato) que les correspondía en el calendario. De hecho la temperatura fue idéntica uno y otro día, y la presión se manifestó isobárica; el viento soplaba en la misma dirección este-nordeste de la víspera, produciendo un aire terso, casi almidonado. Y en ambas ocasiones el cielo se llenó de ejemplares de lo que el *Atlas Internacional de las Nubes* llama cúmulo-nimbus, con ocasionales *spissatus* y un par de solitarias *floccus*. Pero a pesar de las similitudes, no hubo dos días más distintos entre sí en todo el año de 1984 que el segundo jueves y el segundo viernes de octubre —fecha oficial del inicio del Sever.

Hasta los sueños fueron distintos. La noche del miércoles al jueves fue un ejemplar clásico de su tipo: madre de un sueño plácido y un tanto pesado, característico del cansancio acumulado a esa altura de la semana laboral. Pero la noche del jueves al viernes, cuando el cansancio era todavía mayor, fue madre de sueños inquietos, breves y hasta de no pocos insomnios. Mucha gente estaba preocupada por detalles que aún no había anudado, cosas de último minuto de las que dependía su participación en la fiesta. La mayor parte, sin embargo, durmió los sueños intranquilos que se sueñan cuando la ansiedad es intensa, y por ende está más viva que el cansancio.

Desde la primera hora del viernes operarios municipales recorrieron el pueblo colgando las guirnaldas de luces. Temprano por la mañana, barreras negras y amarillas cortaban ya las cuatro calles que rodeaban la plaza, permitiendo tan sólo el acceso de peatones y de los vehículos que trabajaban para los puestos de la feria. (La camioneta de Teo fue de las más madrugadoras.) Con la excepción de estos signos, todo parecía indicar que el día era tan común como lo había sido el jueves hasta su triste deceso, en punto por la medianoche; pero el aire estaba cargado de eléctrica anticipación.

La gente conversaba sobre el asunto en los pasillos, en los escritorios y hasta en los baños públicos, mientras exponía al fresco partes de su anatomía. En bancos, oficinas públicas y mercados también se hablaba del tema, que igualaba a los clientes con los empleados y a estos con sus jerarcas. Se dialogaba en los medios de transporte, e incluso de vehículo a vehículo (en los altos propiciados por los semáforos de Concordia, y en los embotellamientos que el corte de calles tornaba inevitables), y hasta de vehículo a peatón, mediante el simple expediente de bajar una ventanilla y llamar al transeúnte conocido, que pasaba justo por allí con un paquete que olía a disfraz.

Cualquier excusa era buena para intercambiar recuerdos de otras fiestas, así como también vaticinios y por supuesto chismes; las versiones sobre quiénes harían qué cosas durante el Sever estaban a la orden del día, y cotizaban alto en la bolsa del cotilleo. Por supuesto, nadie decía palabra de sus propios planes. Esos secretos, acariciados y alimentados durante casi un año, no serían develados hasta que el Sever quedase inaugurado, *quod debetur*, en el acto que presidiría Farfi al caer la tarde. Este era uno de los tantos sentidos en los que el Sever funcionaba como espejo magnificador de usos y costumbres: porque subrayaba la tendencia de la gente a comentar los aspectos de la vida ajena que con tanto cuidado se ocultan de la propia.

El esfuerzo por disimular lo inocultable producía escenas deliciosas. Gente que desempolvaba el carrito del bebé para transportar con discreción una escafandra de buzo. Gente que escondía una llama (animal mamífero, *Lama glama*) dentro de una camioneta, disimulando la cabeza del rumiante con un pañuelo y arguyendo, ante vecinos y curiosos, que se trataba de una tía vieja. Gente que usaba paraguas bajo el rayo del sol para ocultar la torre de su peinado, una obra de la peluquera Margarita Orozú que no hubiese desentonado en la cabeza de María Antonieta. Gente que transportaba el estuche de un contrabajo aun cuando era incapaz de tocar una nota, y marcos de cuadro pero sin cuadro, y un arcabuz escondido dentro de la funda de una caña de pescar, y zancos entre listones de madera. Hacían cola frente a la oficina de correos para retirar encomiendas tan bien envueltas como extrañas en su forma: paquetes con forma de tuba, de adarga, de rayo robado a Zeus, de salvavidas, de cohete marca Acme y hasta de huevo, aunque de un tamaño más adecuado a Humpty Dumpty que a una tortilla.

Más allá de los nervios, y del apuro en ultimar detalles, y del esfuerzo puesto en conservar secretos propios mientras se divulgaban ajenos, la comunidad disfrutaba del Sever con la intensidad que los antiguos dedicaban al carnaval. Algunos detractores de la fiesta (detrás de los que se adivinaba la mano de Krieger) sostenían que existiendo el carnaval, no tenía sentido gastar dinero público en la realización del Sever. Pero la historia demuestra que esta fiesta clásica que precede a la cuaresma sólo se celebra con enjundia en ciudades mediterráneas y tropicales, donde además el agua, que todo lo lava, tiene una presencia cierta y casi mágica. Era lógico que Santa Brígida, que nunca fue ni sería Río, Venecia o New Orleans, inventase carnestolendas acordes con su idiosincrasia. Porque aunque estuviese lejos del Mediterráneo, y en sus bosques las palmeras nunca superasen la categoría de leyenda, Santa Brígida podía argüir que estaba rodeaba de tanta agua como el Lido y el Pan de Azúcar —sólo que en estado de nívea condensación.

Muchos de los efectos del Sever sobre Santa Brígida eran comparables a los del carnaval sobre, por ejemplo, los moradores de Río de Janeiro. Como el carnaval, el Sever era en Santa Brígida un estallido contra la tiranía de lo apropiado. Como el carnaval, el Sever privilegiaba los excesos por encima de la medida: en el color, en el alcohol, en la expresión de la alegría de vivir por encima de la burocrática aceptación de la existencia.

Pero el Sever cumplía además funciones que el rey Momo nunca asumió. Al despuntar la década del 80 era una excusa para otorgarle a la gente permiso para manifestar por las calles, después de años de proscripciones políticas. El Sever les devolvía el señorío sobre el pueblo; y les permitía expresarse de forma colectiva, pero también individual, bajo las reglas del juego del revés. Habrá quien sostenga que el momento que atravesaba el país estaba lejos de la cabeza de los pobladores a la hora de optar por sus disfraces. Pero el observador fino habrá notado que aunque las reglas lo hiciesen posible (*Sos lo que no sos*, Regla No. 1), ningún *hippie* optó jamás por vestirse como uno de sus posibles opuestos, esto es un militar, por el mismo motivo que hace que nadie se disfrace de Muerte Roja en un pueblo que acaba de salir de una peste.

Esa era una de las funciones de la fiesta. Así lo había entendido Farfi, aunque todavía se cuidase de decirlo de manera abierta.

Pero existía otra función del Sever que el intendente no intuyó al comienzo, ni siquiera en su desaforada encarnación de fin de semana. La gente de Santa Brígida era de naturaleza mansa y previsible, un rasgo que se había profundizado después de haber cedido a los poderes públicos, ¡durante tanto tiempo!, la facultad de vigilar y perseguir y castigar, de acuerdo a criterios que no necesitaban transparencia y sin rendir cuentas de lo actuado. Al cabo de tantos años de vivir (y morir) según el dictado de un Padre Castrador, la restauración de la democracia no significó el regreso a la noción de una comunidad de iguales con derechos inalienables, sino el reemplazo de la figura del Padre Castrador (el dictador de turno) por la del Padre Benévolo (el gobernante electo de turno), a quien seguían solicitándole todos los permisos. Con las ediciones sucesivas del Sever, de un éxito siempre creciente, Farfi comprendió que la gente agradecía que le señalase, en su papel de Padre Benévolo, y por medio de una ley reproducida en el correspondiente boletín, entre qué fecha y qué fecha le daba permiso para ser feliz en público.

LIII. Donde Teo arma el puesto de dulces y la señora Pachelbel filosofa

Ya dimos cuenta de la hora en que la camioneta de Teo arribó al pueblo, sumándose a los preparativos de la fiesta. Lo que se escamoteó entonces fue que el madrugón no se debió a sobredosis de responsabilidad, sino al imperativo de la fuga. Teo escapó de lo que había sido una mala noche, durante la que Pat dio vueltas y más vueltas en la cama, impidiéndole dormir; y huyó de la perspectiva de un día imposible en la cabaña, soportando a una mujer que vivía la inminencia de la fiesta con la alegría de aquel a quien se le practican seis tratamientos de conducto simultáneos.

El puesto de los dulces estaba ubicado en un sitio privilegiado de la plaza, a pasos del escenario que ocuparían las autoridades durante la inauguración y del que luego se adueñarían los desfiles y las bandas musicales. Detrás del otorgamiento de semejante sitial estaba la mano de Dirigibus, siempre presta a palmear, aceitar y firmar en pos del bienestar de la señora Pachelbel. Teo ubicó la parcela y se abocó a levantar el puesto por sí solo. Creía haberlo hecho de maravillas hasta que apareció David Caleufú y sin pedir permiso ni dar explicaciones, corrigió la verticalidad de unos parantes. Fueron unos pocos grados, pero suficientes para marcar la diferencia entre la gloria y el derrumbe.

Al mediodía la señora Pachelbel se acercó a la plaza para decorar el puesto. Mientras colgaba telas y ataba moños y ubicaba estantes, fuentes y carteles, la mujer le preguntó a Teo si Pat ya había decidido qué vestido llevaría durante el Sever.

"Me dijo que no se iba a poner nada raro", confesó Teo mientras la señora Pachelbel le colgaba telas para comparar opciones. (Con los brazos extendidos, Teo era más largo que el puesto entero.) "Según ella, es imposible que haga algo más contrario a su naturaleza que lo que ya le tocó. Va hacer de amable vendedora cuando no es amable ni sabe vender, y además considera un ultraje que se la relacione con la idea de dulzura, aunque más no sea por proximidad física con los frascos. ¡Así que ni se lo imagina!"

"¿Qué cosa?"

"Le compré un disfraz. ¡Va a ser para cagarse de risa! Es lo más anti-Pat que uno puede concebir."

"¿Antipático?"

"No, no: anti-Pat, lo contrario a Pat. Ya va a ver. Es un traje de..."

"Nein, nein, stumm! No diga nada. Aquí no se dice. ¡Uno se calla todo hasta la noche!"

"Ufa. ¿Cuál es la gracia, si no lo puedo compartir?"

"La tela azul es bonita. ¿Usted qué opina?"

"El azul es frío", respondió Teo sin siquiera mirar la tela que colgaba de su brazo.

"¿Y usted, qué?", dijo la señora Pachelbel mientras removía la tela y la cambiaba por otra. "¿Se fa a poner algo, también, o piensa mofagse de los demás desde afuega?"

"Esta vez voy a observar, nomás. Es raro que la vida me dé oportunidad de pasar desapercibido", dijo Teo. Con los brazos abiertos parecía el Cristo del Pan de Azúcar, eso sí, con un atuendo más colorido, cortesía de la señora Pachelbel. "Aunque le confieso que la noción del opuesto me seduce. Si hubiese encontrado una forma de convertirme en enano, en átomo, o cuanto menos en la Hormiga Atómica, lo habría hecho sin pensarlo."

"No es necesaguio ser tan litegal, *nicht war?*", opinó la señora Pachelbel. "Cada uno de nosotgos gwarda en sí mismo farios opuestos posibles. Eso es lo lindo del Sefer. Uno puede explogar las fidas que dejó de lado, al confertigse en quien es."

"Uno no siempre elige. A veces le toca, y listo. ¡Míreme a mí!"

"Aun así, elige lo que hagá con lo que le tocó."

"No le conocía esa veta filosófica."

"Es melancolía, nomás. Las fiestas me ponen de mal humor. Odio la Nafidad, también. Y el Año Nuefo, ¡of! ¡Hasta mi cumpleaños detesto! ...*Grun, ja.* ¡El color fegde está muy bien!"

Como era de prever, la señora Pachelbel se negó a hacer declaraciones sobre su disfraz. Ni siquiera estaba segura de usarlo, lo decidiría a último momento. Teo presionó: si no iba a usarlo, ¿por qué no se lo contaba? Pero la mujer siguió en sus trece. Aunque era obvio que añoraba su ciudad natal, tal como lo expresaba en su *opus* pictórico, hacía ya mucho que había adoptado los usos y costumbres de Santa Brígida. Para decirlo en términos que la mismísima señora emplearía: *Donde fueres, haz lo que fieres.*

Aunque Teo ya estaba habituado a la sacralidad de la siesta en Santa Brígida, nada lo preparó para el silencio de aquella tarde. En un momento estaba colocando los tablones que oficiarían de mostrador, rodeado de gente que iba y venía en plena tarea, y a los pocos minutos se descubrió solo en plena plaza, con perros por única compañía.

Las entidades oficiales, los bancos y las oficinas habían dado asueto al mediodía. La mayor parte de los negocios ya no reabriría sus puertas, a no ser que un cliente de último minuto golpease con la insistencia necesaria. (En vísperas del Sever no se le niega nada a nadie.) Teo aprovechó para beber una cerveza y disfrutar de la extraña sensación de visitar un pueblo fantasma. Un viento curioso jugueteaba con las telas de puestos y tiendas, hurgando y revolviendo, como si tampoco pudiese creer que no hubiese quedado nadie en las inmediaciones. Los perros daban vueltas, mareados ante la súbita abundancia de cubiles. Dos de ellos adoptaron la posición contemplativa de Teo, echándose a sus pies y secando lenguas al sol. El gigante se tomaba su tiempo, saboreando cada trago. Estaba seguro de que sería su único momento de paz en todo el fin de semana.

Dejemos a Teo a solas con su cerveza, mientras contempla la feria vacía en la plaza vacía del pueblo vacío. Es lo menos que podemos hacer por él, tratándose del último momento de paz del que gozará en mucho, pero mucho tiempo.

LIV. Aquí se especifican las explosivas características de cierto discurso

El discurso inaugural del intendente Farfi era una de las atracciones del Sever.

Esto no se debía a su elocuencia ni a la lucidez de su pensamiento ideológico. Farfi ni siquiera era un profesional de la política: había tenido que inventar un partido de la noche a la mañana para que la ley lo habilitase a presentarse a elecciones. En aquella circunstancia vaciló entre llamarlo PRO-BRIS, que significaba Partido para la Reforma Orgánica de la Brígida Santa, y CASBAH, o sea Comité de Amigos de Santa Brígida por una Argentina Humana. Pero al percibir en estos nombres un eco del conflicto que padecían sus parientes de allende los mares, el nieto de Ahmet Farawi optó por el muy consonante PSB: Partido por Santa Brígida.

Ya lo había registrado de manera legal cuando advirtió que ese nombre tampoco era inocente: aludía a su condición de hombre dividido en dos por la farmacopea.

Farfi ganó las elecciones de manera rotunda, pero nunca se molestó en hacer proselitismo a favor del PSB. Según expresaba, no tenía interés alguno en el crecimiento del Partido. "En la actualidad, contando tan sólo con dos militantes, el PSB tiene dos facciones internas. Yo encarno el contubernio con el régimen y mi mujer es el ala jacobina", decía. "No hay día en que no reclame mi cabeza. ¡Lo último que necesito es que alguien más discuta todo lo que hago!"

Dada su extravagancia neurológica, el intendente sólo participaba en actos públicos entre lunes y jueves, cuando la medicación estaba al mando. (El mismo criterio se aplicaba a las entrevistas periodísticas.) Pero los viernes se llamaba a silencio de radio, porque el influjo de las píldoras empezaba a ceder y entonces Farfi, como siempre que el síndrome de Tourette se liberaba de sus químicas cadenas, mezclaba palabras convencionales con insultos de la manera más aleatoria, como en una pieza de *free jazz*, y sin importar quién estuviese delante, amigo o enemigo, mujer o niño.

Como el Sever se desarrollaba durante un fin de semana, Farfi se enfrentaba cada año con el mismo dilema. ¿Debía prolongar la ingesta de medicación un día más, para estar en condiciones de pronunciar un discurso civilizado? ¿Valía la pena semejante esfuerzo, aunque esto condenase al ciudadano Farfi a perderse la mejor mitad de la fiesta? Al final decidía siempre dar la cara en su estado natural, porque le parecía la opción más coherente. Si el Sever era la Fiesta del Revés, y si en su condición de tal reivindicaba el costado más libre del espíritu humano, ¿qué impedía al primer ciudadano de Santa Brígida dar ejemplo de ese espíritu desde el discurso inaugural?

El ferretero Oldenburg, amigo de Farfi desde la infancia, no se perdía ni una de sus alocuciones. El éxito que la oratoria de Farfi obtuvo en el Sever original impulsó a su amigo a pensar en la posteridad. Desde la segunda edición de la fiesta, en 1981, Oldenburg trabajaba por el bien de la Historia: se ubicaba a espaldas de Farfi en el escenario y registraba el discurso en un grabador portátil.

Ese mismo año, al promediar el sábado, el ferretero distribuyó por la plaza copias del texto del discurso en sus tres versiones: la oficial, que reproducía lo que Farfi había elegido hacer sonar en el micrófono; la completa, que recogía lo que Farfi dijo al micrófono más los improperios que había vertido a un costado, sobre el grabador de Oldenburg; y el texto censurado a secas, que así anotado consistía en una página completa de obscenidades.

Esta circulación fue muy celebrada por los ciudadanos, pero también produjo un efecto indeseado. El lunes por la mañana un centenar de esas copias hizo su aparición en la escuela, contrabandeado por los alumnos. Los chicos se dedicaban a repetir algunas de las expresiones más creativas, amparándose en la impunidad que les daba el uso de la muletilla: *Como bien dijo el intendente Farfi...*

Algunos padres promovieron el escándalo (en realidad lo promovió la señorita Posadas, tirando a los padres como piedra y escondiendo la mano) y Farfi se comprometió a controlar la circulación de sus textos de allí en más, dado que a todos constaba que no estaba en condiciones de controlar los discursos. Fue así que surgió una de las atracciones paralelas de la fiesta.

Los sábados del Sever a la medianoche, cuando los niños ya habían salido de circulación, aquellos que deseaban oír la grabación del discurso completo se reunían en el bar del Tacho Gómez. La velada superó las expectativas de público desde el primer año de su implementación. El mismo Farfi asistía en cumplimiento de pactos preexistentes con Oldenburg, que se había comprometido a no transcribir el texto por escrito siempre y cuando su amigo acudiese al bar.

La difusión de la cinta nunca dejaba de arrancar carcajadas. Cuando apartaba la cara del micrófono para que no se lo oyese maldecir, Farfi escupía las palabras dentro del grabador de Oldenburg: el efecto de subrayado que esto producía en la cinta era irresistible. Rojo de vergüenza, y como todos agotado de reírse, Farfi cerró aquella noche bautismal agradeciendo el homenaje *sui generis.* Destacó la generosidad del idioma español en materia de barbaridades, presentó sus respetos a Gilles de la Tourette por haberle abierto un canal de conexión directa con el inconsciente y aprovechó la presencia de tantos amigos "para pe pe pedirles, con mucho cariño, que se vayan todos a cagar".

A pesar de su compromiso de no volcar al papel las partes censuradas de los discursos, el ferretero Oldenburg conservaba las cintas con fervor de coleccionista. Tenía la intención de esperar a que el intendente se retirase, para editar como libro la colección de sus insultos bajo el título *El pensamiento político del intendente Farfi.*

LV. Descriptivo del clima jubiloso previo al inicio del Sever

Las campanas de la iglesia sonaron ocho veces para una plaza llena. Aun cuando estaba claro que el acto inaugural no comenzaría antes de las nueve, el *tout* Santa Brígida ya había llegado a destino. La gente se adelantaba a la convocatoria para exhibirse y registrar la inventiva ajena. En esa hora de paroxismo el pueblo era un panel perdido de *El jardín de las delicias*. Estaba lleno de criaturas de todos los sexos y de todos los colores, de híbridos entre lo orgánico y lo mecánico y relecturas del mundo natural dignas de un bestiario: dragones y unicornios convivían con mariposas de alas más largas que un brazo.

En un carnaval convencional todo se reduce a apreciar la imaginación puesta en juego para elegir el disfraz y la artesanía de su resolución. En el Sever, en cambio, cada disfraz suponía una declaración sobre la forma en que la persona se ve y es vista por el mundo. La Regla No. 1 obligaba al participante a convertirse en aquello que no era. Esto suponía, cuanto menos, una clara conciencia de sí, en un mundo lleno de gente que pasa por la existencia sin terminar de definir su propia identidad. Para disfrazarse o actuar como lo que uno no es, resulta imprescindible saber lo que sí es: una definición por oposición, o por la negativa. Al disfrazarse de loro, como lo hizo en 1983 por sugerencia (y emplumada obra) de su esposa Vera, David Caleufú manifestó que era consciente de su parquedad: se hizo cargo de uno de los rasgos más salientes de su persona, releyéndolo desde un humor que no excluía la autocrítica.

Mucha gente realizaba lecturas menos especulares respecto de sus vidas. Esa era la función de las Reglas que sucedían a la inicial en el breve reglamento del Sever: la No. 2, que decía *El adentro es afuera (y viceversa)*, y la No. 3: *Todas las normas se invierten.* Aquellos menos dados a la introspección podían jugar con el orden del universo físico, o con las convenciones que rigen el mundo social. El niño que acudió a la plaza con un traje enterizo sobre el que estaba pintada su musculatura, como si careciese de piel, estaba interpretando la Regla No. 2. El hombre que se presentó con una chaqueta adaptada a sus piernas y un pantalón reconfigurado para su torso estaba amparándose en la Regla No. 3. Y al mismo tiempo ambos respetaban la norma inicial, porque habían elegido mostrarse de una forma distinta a la que fatigaban día tras día.

Teo, que había arribado temprano para que Pat atendiese el puesto desde el primer minuto, no daba crédito a sus ojos. Las historias del Sever lo habían convencido de que se trataba de una pintoresca pero siempre tímida relectura del carnaval: algunas mascaritas, muchos disfraces caseros y cotillón en abundancia. A medida que la gente fue llegando su sorpresa fue en aumento. Había polichinelas, cowboys, gaiteros escoceses y Beatles. Había momias, Napoleones, princesas y samurais. Había yetis, marcianos, vampiros y Hombres de Hojalata. Pero más allá de los disfraces convencionales, que se acogían a la Regla No. 1 al explorar otras variantes de la existencia, había invenciones mucho más elaboradas que una simple vestimenta. Estas creaciones ponían en evidencia una inversión en tiempo, arte e inventiva que demostraba hasta qué punto la gente de Santa Brígida se tomaba el Sever como una causa.

Teo vio a una mujer disfrazada de espejo. Su carita asomaba por un óvalo calado en mitad de la superficie brillante. Cuando alguien se paraba delante suyo se veía a sí mismo, pero con un rostro ajeno —convirtiéndose al instante en otro. (A no ser que uno midiese lo que Teo, en cuyo caso registraba parte de su propio cuerpo con una cara asomando en mitad del vientre.)

Teo vio a un hombre que llevaba un arnés de madera encima de la espalda. Cuando accionaba dos palancas el arnés se desplegaba, convirtiéndose en alas dignas del hombre-pájaro soñado por Da Vinci.

Teo vio llegar al ferretero Oldenburg en un Torino cuya carrocería había sido invertida: cuando avanzaba, parecía ir en reversa. (Los vehículos preparados para participar del Sever tenían permiso municipal para circular en torno de la plaza.)

Teo vio un grupo de árboles que se movían juntos a todas partes, porque en realidad no estaban disfrazados de árboles sino de bosque: el todo era más que la suma de las partes. Esa fue la sensación que invadió a Teo, a medida que dejaba de ver individualidades para observar el conjunto de la plaza.

"Te dije que esto era un disparate", comentó Pat desde el interior del puesto.

"A mí me gusta", dijo Teo, que no daba abasto para ver a todas partes.

"Enderezate, ¿querés? ¡Si total no hay forma de que pases desapercibido! ¿Dónde está Miranda?"

"Tranquila. Está con Salo. ¡La veo desde acá!"

En ese instante un hombre vestido de velero clavó su quilla en el muslo de Teo. La nave era una estructura de madera de metro y medio de eslora con un agujero en mitad de la cubierta, por donde el hombre encajaba su cuerpo como quien se ciñe un barril.

"Disculpe. ¡Estoy jodido de las velas!", se excusó.

En efecto, las pequeñas velas tendían a desplegarse solas, tapándole la visión. Teo lo ayudó a atarlas y la embarcación retomó su curso.

"Dentro de algunas horas", dijo Pat, curada de espanto, "esto va a estar lleno de borrachos lastimándose con sus propios trajes."

"Para apreciar ese espectáculo tendría que estar sobrio. Y pienso ocuparme de que eso no suceda."

"No te vayas de mambo, pelotudo, que después tenés que manejar."

"Qué boquita, hermana", dijo Teo. Porque Pat se había disfrazado de monja. Y un niño que codiciaba los dulces había palidecido ante su palabrota.

"Soy monja, no santa. Igual quedate tranquilo, que después me confieso. Y ahora rajá", dijo Pat al niño, regalándole un frasco a modo de soborno.

"Si vas a regalar un dulce por cada guarrada que digas, nos fundimos en quince minutos."

"La culpa es tuya, por incitarme al pecado."

"La que me incita al pecado sos vos", dijo Teo, levantando y bajando las cejas.

"Si supieras lo que llevo puesto debajo del hábito... O mejor dicho: lo que *no* llevo puesto."

"En este mismo momento hay una película porno dentro de mi cabeza."

"¿Nunca te ofrecieron trabajar en una porno? ¡Serías una estrella!"

"¿Delante de una cámara, y con una mina que no conozco? No se me pondría dura ni untada con cemento."

Ahora la que había palidecido era una viejita. Miraba a Teo con la boca abierta, desde una altura muy próxima al muslo herido por la quilla, y tenía en la cabeza algo parecido a las hélices de un helicóptero.

"Disculpeló, señora", dijo Pat. "A esa altura el cerebro no se oxigena bien. ¿Le interesa algún dulce? Hoy no vendemos pero sí regalamos. ¡Son las reglas del Sever!"

Ante la generosa oferta, la viejita dio vuelta la cabeza (para extrañeza de Teo, las hélices no giraron con ella) y gritó con la estridencia de una cotorra:

"¡Chicas, acá regalan!"

Las "chicas" eran sus seis amigas, y reunían entre ellas casi quinientos años de experiencia vital. En menos de un minuto rodearon el puesto, extendiendo hacia Pat una corona de manos ávidas y pecosas. Ante la invasión, Teo decidió ponerse a salvo de esas langostas e ir donde Miranda.

LVI. En el que se describe el complejo proceso de decisión que llevó a Miranda a elegir su disfraz

La niña estaba exultante. Venía hablando del Sever y deshojando margaritas para elegir un disfraz desde comienzos del invierno. La ocasión de la fiesta había dado lugar a conversaciones fascinantes, de las que Teo participó durante sus idas y venidas en la camioneta. En esos viajes Miranda se había estudiado a sí misma con aplicación. Necesitaba saber quién era, y qué cosas representaba, para poder diferenciarse de sí misma con un disfraz apropiado.

Sabía por ejemplo que era hija, lo cual le proporcionaba un opuesto natural, la condición de madre. Pero muchas de las compañeras de Miranda habían elegido ese disfraz, repitiendo un juego que ya jugaban a diario hasta el hartazgo. ¿Cuál era la gracia de hacer de madre, más allá de servir té y de mandonear a bebés de plástico para que dejen de llorar?

Teo estaba de acuerdo en que Miranda era mucho más que hija. Estaba viva, por lo pronto, lo que la oponía a lo muerto (durante algún tiempo consideró el disfraz de zombie) y a lo inerte; por supuesto, vestirse como una roca tampoco ofrecía mucha diversión.

Miranda también era pequeña, condición que la oponía a los adultos. Pero vestirse de grande era un juego convencional. Por un rato pensó en disfrazarse de gigante en homenaje a Teo, pero para eso necesitaba montarse encima de zancos y esa habilidad formaba parte de lo que Miranda no era ni tenía.

Además Miranda era mujer, lo cual le presentaba la oportunidad de explorar el mundo de lo masculino. Esto le resultaba tentador. Se pasó casi un mes imaginando posibilidades, pero concluyó que carecía de la información necesaria. A fin de cuentas, todas sus experiencias con el sexo masculino se limitaban a las fugaces relaciones amorosas de su madre. Claro, ahora estaba Teo, pero eso la llevaba al mismo callejón sin salida explicitado en el párrafo anterior: hacer de Teo no era fácil, a no ser que uno fuese Teo de nacimiento o se hubiese formado como artista de circo.

El gigante le hizo notar que ella era otras muchas cosas. Era inteligente, aunque la idea de explorar la tontería no pareciese demasiado seductora. Y ante todo era buena, lo cual le abría la posibilidad de investigar el ancho mundo de los personajes malvados. Miranda barajó docenas de nombres. Podía ser Frankenstein, podía ser Drácula, podía ser el Hombre Lobo. Podía ser el Guasón o Gatúbela. Salo, que era fanático de los dibujitos de la Warner, le sugirió los nombres del Coyote y del gato Silvestre, pero Miranda, con discernimiento fino, le retrucó que en ese caso los villanos eran el Correcaminos y Tweety. El pobre Coyote quería comer, nomás, igual que Silvestre; eran los pájaros los que respondían con sadismo a un impulso natural.

Esa corriente de pensamiento la llevó a desandar el camino iniciado, y a descartar también a Frankenstein y compañía: esas criaturas no eran malvadas, sino víctimas de su destino. ¿Quiénes eran malos por vocación, entonces? ¿Quiénes habían optado por el mal porque sí, haciendo uso del libre albedrío que era patrimonio de la humanidad? Aquí la lista se achicaba mucho, aunque seguía siendo larga en exceso para desgracia de la especie. Estaba Satán, el villano original. Y los villanos históricos, de los que Miranda sólo conocía a Hitler, por icónico, y a los todavía vigentes militares de la dictadura. Teo aprovechó para contarle de Stalin y de Truman, que ordenó tirar bombas atómicas sobre una población civil. Pero la idea de parecerse a esa gente, aunque más no fuese con un disfraz, le producía repulsión. ¿Y qué sentido tenía estar triste durante el Sever? Además Pat la colgaría antes de dejarla hacer semejante barbaridad, y de paso colgaría a Teo por inspirarla. No había diversión alguna en la representación de una maldad tan real.

Fue así que dieron con la respuesta. Miranda era real. Carne y hueso, materia orgánica, una irrepetible combinación de átomos. ¡Lo cual significaba que podía ser todos los personajes fantásticos que ella no era, por cortesía del Sever!

Podía ser un hada, o Dorothy la de *El Mago de Oz*. Podía ser la Sirenita de Andersen. Podía ser una reina, como Guinevere, o una futura princesa como la Cenicienta de los zapatitos de cristal. Podía ser la Julieta de Shakespeare. Podía ser Helena, la de Troya. Podía ser la Mujer Maravilla. Podía ser un unicornio o Dulcinea.

Pat le proporcionó una lista de criaturas del folklore de las islas británicas. Podía ser Black Annis, la bruja caníbal de rostro azul y garras de hierro. (*No, no, ¡nada de brujas!*) O podía ser Jack-in-Irons, el gigante cargado de cadenas que ataca a los caminantes. (*¡No puedo competir con un gigante de verdad!*) O la reina Etain, esposa del rey Midhir, que se convirtió en un cisne para romper con un hechizo y regresar con su amado. (*¡Me van a confundir con una gallina o un pato!*) O podía ser el duende Puck, que hace bromas pesadas pero se apiada de los enamorados que sufren...

Durante algunos días pareció decidida a disfrazarse de Nimué, la Dama del Lago que entregó la espada Excalibur al Rey Arturo. Le encantaba la idea del largo vestido y del cabello suelto, porque Miranda identificaba sus trenzas con la infancia: las mujeres grandes nunca usaban trenzas, sino el cabello libre al viento, o cortito como Pat; y además le gustaba que custodiase una espada mágica. Pero es obvio que realizó consultas secretas, porque su entusiasmo inicial se apagó. Ser Nimué significaba tener que explicarle a todo el mundo quién era la Dama del Lago, y la explicación mataba parte de la gracia; un buen disfraz debe ser comprendido de inmediato.

Una noche, mientras se sobreponía a uno de sus dolores de cabeza, Miranda le pidió a Teo que se aproximase a su cama: necesitaba preguntarle algo. Teo era su fuente de sabiduría en todo aquello que se apartaba de la realidad cruda. Esa realidad constituía el dominio de Pat, la ciencia aplicada, el conocimiento necesario para garantizar la supervivencia. Teo, en cambio, significaba la fantasía, la especulación, el dato colorido y quizás inútil; era la persona indicada para esta consulta.

Miranda quería saber acerca de los ángeles. ¿Eran reales como ella o eran fantásticos? Teo, que sabía del escepticismo de Pat, se apresuró a decirle que los ángeles eran irreales. Miranda siguió demandando precisiones. ¿Eran varones o mujeres? Teo respondió que eran seres espirituales, y que por lo tanto no tenían sexo. Miranda quiso saber, entonces, por qué había ángeles con nombre de varón, como Gabriel o Miguel. Teo le dijo que los ángeles de la Biblia parecen ser sólo masculinos, pero que tradiciones anteriores, como la persa y la babilónica, creían en la existencia de ángeles femeninos, y que además existía un señor llamado Milton para quien los ángeles eran masculinos y femeninos de forma intercambiable; podían ser lo que quisieran, cuando quisieran. O sea, preguntó Miranda, que bien pueden tener el pelo largo y suelto. Mejor aun, explicó Teo: el Arcángel Gabriel era dueño de la única espada que podía opacar a Excalibur.

La idea no entusiasmó a Pat, que prefería a Miranda alejada de cualquier tipo de mistificación. (Aunque no podía confesarlo tenía una objeción que iba más allá de su escepticismo religioso: Pat rechazaba cualquier cosa que vinculase a Miranda con el Ángel Caído.) Pero se rindió ante la certeza de que el disfraz era todo lo que Miranda había soñado para el Sever.

Ese viernes la niña llegó a la plaza vestida como Arcángel. Tenía una túnica blanquísima y los cabellos dorados cayendo en cascada sobre sus hombros. (Este arreglo era obra de Pat.) A sus espaldas se abría un enorme par de alas, que Teo fabricó con madera, tela, plumas y cola de carpintero; y en las manos llevaba (otra obra de Teo, esta vez con madera y esmaltes de los que se usan para los autos de carrera) la más llamativa, y por ende maravillosa, de las espadas flamígeras.

LVII. Registra la forma en que la gente celebra el disfraz de Teo, aun cuando no lleva ninguno. Y deja constancia de un error en materia de especialidades médicas

Miranda permanecía entre los puestos de la fiesta, recibiendo una catarata de elogios. Cada adulto que pasaba se detenía, la conociese o no, para expresarle su admiración. Qué ángel más lindo, le decían. (El común de la gente no estaba al tanto de la diferencia entre ángeles y Arcángeles; es una cuestión de rango.) Y qué alas más hermosas. ¿Vas a volar hasta el escenario cuando haya que desfilar? (El común de la gente ignoraba que Pat no quería que Miranda participase del concurso.) Y esa espada es de fuego, ¿no es cierto? Mejor tratarte bien, entonces: ¡no sea caso de que fulmines a alguien!

Salo no se movía de su lado. Estaba vestido de astronauta, con un traje plateado que Vera confeccionó y la escafandra que David Caleufú fabricó con una lata de galletitas Okebón. A simple vista el disfraz era impecable, y por eso cosechaba también su ración de elogios. Vera había dotado al traje de un sistema de broches, para permitir que ante una emergencia el astronauta se bajase los pantalones e hiciese sus necesidades; en esto se diferenciaba de sus colegas de la NASA. Pero la escafandra presentaba sus cuitas. El visor tendía a empañarse con el aliento, lo cual dificultaba la visión. Y allí adentro no se oía bien. Salo dejaba de respirar, a veces, para poder registrar otra cosa más allá de sus resoplidos. Por fortuna el niño salía a su padre en eso de no hablar mucho. Pero las veces que lo hizo tuvo que gritar, y cuando aproximaba los labios a una oreja de Miranda tendía a pegarle con la escafandra en la cabeza.

"¿Cómo andan mis criaturas del espacio?", dijo Teo al llegar a su lado.

Salo giró el cuerpo entero hacia Miranda. Dado que la escafandra miraba sólo hacia el frente, el niño debía enfrentarse a aquello que quería ver.

"¡Dice Teo que cómo andamos nosotros, que somos criaturas del espacio!", gritó Miranda, tratando de penetrar el latón con su voz.

Salo levantó un pulgar enguantado, en señal de conformidad.

"¿Vieron algo que valga la pena?"

Miranda empezó a dar saltitos en el lugar, mientras gesticulaba con la espada y sus alas se agitaban como locas.

"¡Vimos a unos señores vestidos como árboles, y, y, y vimos una señora que parecía un molino, y un nene con un culo de goma en la cara que gritaba *soy caracúlico* y, y, y al señor fla-*quísimo* de la estación de servicio disfrazado como un gordazo tamaño baño, y a la señorita Fontán disfrazada de buzón!, y, y, y...", dijo Miranda de un solo impulso, después de lo cual golpeó con la espada en la escafandra de Salo para que le prestase atención, *pam pam pam*, y entonces gritarle: "¿Qué más vimos, eh?"

"Y a Demián Demonión, ¿lo vieron?", quiso saber Teo.

"Por suerte no."

"Si se lo llegan a cruzar, no le den bola. Y vos no le encajés un espadazo, porque entonces la voy a ligar yo y Pat nos va a confiscar la flamígera. ¿Entendido?"

"O-*key*. ¿Y la señora Pachelbel?"

"Va a llegar a la hora del acto, no creo que antes. Tiene que cerrar el negocio, y después ponerse lo que se vaya a poner. ¡Vos sabés lo que tardan las mujeres!"

Miranda dijo que no con la cabeza.

"Tenés razón. Vos no sabés. Tu mamá nunca tarda más de cinco minutos en secarse, peinarse y vestirse para salir. Pero las mujeres normales no son así, te lo juro."

"Me lo imaginaba", dijo Miranda, con tono resignado.

"Si se quedan acá, voy a dar una vuelta. Pero no se muevan. Si te perdés de vista..."

"...Pat te cuelga, ya lo sé", dijo Miranda.

"Y nos quedamos sin Sever *per secula seculorum*."

Teo no llegó muy lejos. La plaza estaba repleta de gente, entre locales, curiosos y turistas. Trasladarse en medio de una multitud es difícil de por sí, pero esta aglomeración presentaba complicaciones extracurriculares: antenas, tejados, sombreros, coronas, ramas y lanzas que el paseante debía esquivar si pretendía conservar ambos ojos dentro de sus cuencas. Para colmo estaban las miradas y las exclamaciones de tantos que, al no conocer a Teo, pensaban que ese no era él, sino su disfraz.

"Qué bien hecho que está", dijo una mujer vestida como un jefe sioux.

"Muchas gracias, señora", respondió Teo, educadísimo.

Los turistas le sacaban fotos. Algunos hasta le pedían que posara, como si fuese una máscara del carnaval veneciano. Al principio Teo puso a prueba expresiones que podían pasar por típicas de un gigante enojado. Después ya no tuvo que hacer esfuerzo, puesto que se estaba fastidiando de verdad. Y cuanto más se fastidiaba, más lo aplaudían: la gente premiaba lo que consideraba una actuación acorde a un excelente disfraz.

Estaba a punto de chivarse cuando se encontró con el doctor Dirigibus, que caminaba en compañía de un hombre disfrazado como cavernícola.

"Doctor, me sorprende", dijo Teo, registrando el traje amarillo huevo y el pañuelo al tono con que el jurisconsulto enjugaba su sudor. "Estaba convencido de que usted era uno de los más firmes cultores del Sever."

"Rop otseupus eq ol yos", respondió Dirigibus, con una fluidez obtenida al cabo de semanas de prácticas secretas.

"¡Está hablando al revés!"

"¡Leif la utiripse led Revés!", dijo el jurisconsulto, exultante.

"Muy listo de su parte."

"Elpmis y ocimonoce", admitió Dirigibus, cuyas finanzas no pasaban por su mejor momento. (Se le iba buena parte del sueldo en flores.)

"¿Y la señora Pachelbel?"

"Somadeq ne sonrev acá", respondió, para después apiadarse del desconcierto de Teo y aclarar: "Quedamos en vernos acá. Te presento al doctor Fenelón Moore", dijo Dirigibus, aludiendo al cavernícola. "¡Es el médico de Pat!"

Teo le estrechó la mano. El médico llevaba un abrigo hecho con retazos de piel, una macana al hombro y una peluca despeinada, por debajo de la cual asomaban un par de anteojitos doctorales. Fenelón Moore era un cavernícola muy culto.

"Es raro encontrarse con alguien que conoce a mi mujer con tanta intimidad", dijo Teo, imaginando al médico inclinado entre las piernas de Pat con espéculo en mano y linterna en la frente. (En la fantasía de Teo, un ginecólogo era una suerte de minero.)

"La señorita Finnegan es una mujer muy discreta. ¡Apenas me deja hacer mi trabajo!", suspiró el médico.

"No debe ser muy cómodo para ella."

"Pero si no se abre, la consulta no sirve para nada."

"Y, sí, visto así..."

"¡No puedo andar recetando a ciegas!"

"¿Está medicada? Nunca me dijo. No es nada serio, ¿no?"

Fenelón Moore puso cara de haber metido la pata.

"La confidencialidad de mi paciente es sagrada", se excusó.

"Pero el que incursiona por las zonas sagradas de mi mujer soy yo, y si le pasa algo tengo derecho a saber. ¡Si tiene una infección me puedo contagiar!"

"¿Infección?", repitió el médico.

"¿Es algo peor?", preguntó Teo, sudando frío. Por su cabeza pasaban las imágenes de chancros y gangrenas que le habían mostrado en la secundaria, en películas que pretendían prepararlo para el ejercicio de la sexualidad responsable.

"Yo no trato con enfermedades contagiosas. Me parece que acá hay un error."

"¿Usted no es el ginecólogo de Pat?"

"Yo no soy ginecólogo. ¡Soy psiquiatra!"

Teo se quedó alelado. ¿Ese era el médico a quien Pat veía dos veces al mes? ¿Qué cosas receta un psiquiatra, más allá de pastillas?

Viendo la incomodidad de Teo, Dirigibus terció para cambiar de tema.

"¿Y qué hay de vos?", preguntó al gigante. "Pensé que te ibas a disfrazar."

"¿Para qué?", dijo Teo. "Si así como estoy la gente me aplaude, me toca, me pellizca los brazos... ¡Se creen que estoy hecho de gomaespuma!"

LVIII. La angustia de la señora Pachelbel antes de salir de su casa

La señora Pachelbel se asomó al espejo por enésima vez en la penumbra de su habitación. Había apagado la lámpara antes de vestirse, conformándose con el resplandor que se colaba desde la calle; todavía no estaba preparada para el escrutinio de la luz plena. Se preguntó si estaría haciendo bien, o si convendría que se quitase el traje para sumarse a la fiesta como un curioso más. La gente desfilaba por la avenida en una única dirección, podía oír su bullicio. En cualquier momento los altavoces dejarían de propalar su música para proceder con el discurso del intendente. ¡Si seguía dando vueltas, acabaría perdiéndose la ceremonia!

Los sentimientos son un fenómeno de circo, pensó. Uno se pasa la vida conteniéndolos, y esgrime el látigo y amenaza con la silla para obligarlos a regresar a la jaula que reemplaza a su selva original, porque sólo deben salir cuando hay función, esto es cuando cuadra y es propio, y aun entonces conformarse a medida; ¿o no es ése el sentido del espectáculo? Sólo con el tiempo se comprende que hasta el domador más brutal siente miedo de ser destrozado cada vez que se pone a tiro de las fieras.

La señora Pachelbel había sacado a pastar a una de sus bestias. Ahora no conseguía hacerla regresar. Y detrás de las rejas el resto aullaba, reclamando su oportunidad. Porque no se puede aislar un sentimiento, están todos conectados entre sí, son una red como la que forman las células, basta con tocar una para que todas se enteren y respondan a su vez. Uno se permite reír y al rato descubre que la tristeza punza más y al enfrentarse a un contratiempo responde con violencia y para entonces ya está ahí, a la intemperie, después de haber trabajado tanto para encontrar protección permanente. Si no hubiese sentido miedo cuando se descubrió echada en el piso, sin poder moverse; y si ese miedo no la hubiese hecho tan vulnerable al consuelo que Miranda le proveyó...

En cualquier caso ya era tarde. Detrás de Miranda había llegado el doctor Dirigibus, persistente como la gota que horada la roca. ¿Qué podía hacer el huracán una vez que le abrió la puerta, más que entrar? Al poco tiempo de empezar a frecuentarlo, se descubrió pensando cuán encantador le parecía: todo lo que hacía falta para apreciarlo era volverse ciega a sus trajes horrendos y sorda a su efusión verbal.

A veces se preguntaba si Dirigibus la aceptaba tal cual era, o si alentaría en cambio la esperanza de que existiese otra señora Pachelbel, más amable y más sensible, latiendo por detrás de la fachada arisca. Ella sabía que esa otra mujer había vivido alguna vez. Lo que no sabía con seguridad era si vivía todavía.

Para peor el otro, su amante de tanto tiempo, había empezado a llenarla de atenciones desde que le dijo que ya no podían seguirse viendo en la intimidad. ¿No le había facilitado el dinero que necesitaba para alquilar el stand de los dulces? ¿No la había invitado a asistir al Sever como su pareja, a pesar de que le aclaró que a partir de entonces serían sólo amigos?

Puede que todavía estuviese a tiempo de poner freno a tamaña locura. Lo mejor que podía hacer era quitarse ese ridículo traje (¿en qué había estado pensando, cuando se le ocurrió ponérselo?) y devolverlo a su caja, o quemarlo de una buena vez, y volver a tomar distancia del doctor Dirigibus. Porque si él era persistente ella podía serlo más, ¿o no lo había sido durante doce años?

Ya encontraría alguna forma de lidiar con Miranda, de evitar que siguiese hablándole con esa vocecita tan dulce y preguntándole si estaba bien cada vez que cruzaba el umbral del negocio, como si estuviese interesada de verdad en las oscuridades de su vida, ¡como si pudiese confiarle su corazón! La señora Pachelbel había trabajado con denuedo para convertirse en el Terror de los Niños. De ser necesario, haría valer su título.

Si es que alguien volvía a tomarla en serio, después de que saliese a la calle vestida de esa forma.

LIX. Demián sorprende a Miranda con un disfraz que es su perfecto opuesto

"Escuchá", dijo el Arcángel al astronauta sordo.

Porque la música que producía el Sever no se parecía a ninguna otra música.

Miranda cerró los ojos para apreciarla sin distracciones. Las bocinas propalaban por todo el pueblo canciones que sonaban al revés. Oyó también el rozamiento rítmico de las ropas, que iba y venía como la gente que las vestía, suave cuando era seda y áspero en el cuero; la explosión de las capas embolsadas por el viento; el crepitar de las antorchas y de los carbones sobre los que se asaban los chorizos; la voz atiplada de los vendedores ambulantes (al superponerse sonaban como bronces) y los accesorios de los disfraces, que tintineaban como cortina de abalorios.

Pero lo más distintivo del concierto era la melodía, y el vehículo de esa melodía eran las voces humanas. Todo el mundo se expresaba con una música vibrante, más aguda que su registro habitual pero no tanto como la que utilizan cuando están asustados, o enojados, o desesperados; era el registro propio de la alegría. Más allá de las palabras, lo que la gente decía al hablar era que estaba contenta. Contenta de estar allí, en la plaza, jugando a ser otra. Contenta de estar viva.

"Uy, mirá quién vino", dijo una vocecita que Miranda conocía bien.

Era la voz de Demián, flanqueado por los mellizos. Aldo estaba disfrazado de futbolista y Pehuén era Superman: *hic sunt leones.*

La niña golpeó tres veces sobre la escafandra, como si llamase a una puerta. Salo volteó su cuerpo para poder verla, y cuando Miranda le señaló en dirección al trío volvió a virar, produciendo las risas de Demián y su cohorte; se movía como un robot.

"¿Y este de qué se disfrazó?", preguntó Superman.

"¡Es un espermelozoide!", dijo el futbolista.

"¿Un qué?"

"¡Un...!" La explicación del término le resultaba al deportista más esquiva que la palabra misma. "¡...No importa!"

"Tendría que haberse disfrazado de limpio, para ser lo que no es."

"¡O de persona!"

Que Demián no participase de ese peloteo dio esperanzas a Miranda. Pensó que el Sever lo impulsaba a probar otras variantes de su ser —y tratándose de Demián, cualquier alternativa era mejor que el original. ¡Ese disfraz debía significar algo!

Demián estaba disfrazado de santo. La idea había sido de su madre, que por una vez fue terminante: o se vestía así o se quedaba en la casa y se perdía el Sever. La mujer jugaba sus fichas a que el hábito conjurase al monje; la pedagogía no había hecho mella en Demián, y por lo tanto era hora de apelar a la magia.

El niño se resistió hasta que comprendió que el disfraz jugaría en su favor. Si la gente lo confundía con un chico tranquilo, podría entrar a sitios que suelen estar vedados a los terremotos como él. Con un poco de suerte, hasta lo dejarían manejar maquinaria pesada.

La cháchara de los mellizos prosiguió mientras Demián y Miranda se estudiaban.

Al verlo así, tan quietito y enfundado en un disfraz que trasuntaba pureza, Miranda fue perdiendo sus aprensiones. Demián era un santo y ella era un Arcángel: formaban parte de un mismo equipo, y por ende era impensable que se enfrentasen. Aliviada, Miranda le ofreció una sonrisa que era una rama de olivo.

Pero Demián no lo veía de esa forma. La educación religiosa que sus padres le impartieron abundaba en karmas y en vidas pasadas, pero no había sido muy precisa respecto de la diferencia entre santos y Arcángeles. Al descubrir a Miranda así vestida, Demián sintió que la niña lo estaba despojando; le había robado la exclusividad del disfraz, ¿o no estaban vestidos de lo mismo? Para colmo Miranda tenía unas alas espectaculares y una espada que le producía envidia. ¿Cómo era posible que Miranda, una mujer, portase una espada, mientras él, que era varón, no tuviese otro accesorio que las alas de cartón y ese halo de mierda hecho de alambre forrado?

Demián rechazó la sonrisa de Miranda. Todo lo que quería, ahora, era lastimarla.

"Negro puto", dijo, apuntándole a Salo. (Miranda protegía a Salo más de lo que se protegía a sí misma.) "Te tendrías que haber disfrazado de rubio."

Salo tocó el brazo de Miranda y dijo algo dentro de la lata. No se oyó bien, pero la niña interpretó que Salo preguntaba qué había dicho Demián. En consecuencia agitó la cabeza y movió los labios para que Salo leyese en ellos la palabra *nada;* prefería ahorrarle el sinsabor.

"Se tendría que haber disfrazado de humano", acotó Aldo. "¡Si es una bestia!"

El trío estalló en una carcajada única.

"¡Uy, miren! Ahí veo a unos tipos que se disfrazaron de ustedes", dijo Miranda, señalando con la espada flamígera. Demián y compañía cayeron en la trampa, dejando de reír. El ego les jugó una mala pasada: miraron lo que Miranda mostraba, imaginándose homenajeados por un grupo de adultos.

Eran tres hombres disfrazados de monos. Su intención había sido la de interpretar al trío que no habla ni ve ni oye, pero se habían desviado enseguida, prefiriendo beber y convertirse en pioneros del descontrol profetizado por Pat: a esa altura ya estaban borrachos, y los movimientos de mono les salían de manera natural.

Demián se arrancó el halo de un tirón e hizo un bollo con el alambre.

"¿Qué está pasando acá?", preguntó Teo, que regresaba de su periplo exploratorio y percibió la tensión, digna de Earps y Clantons en el *O. K. Corral.*

Frustrado por el poder disuasor de Teo, Demián optó por la fuga. No podía enfrentarse a un gigante. Pero tenía claro que Teo no cuidaría siempre de Miranda. Todo era cuestión de esperar; la oportunidad de la revancha llegaría de manera inexorable.

"Qué pendejo del orto", dijo Teo, viéndolo perderse entre la multitud.

En ese momento las bocinas se llamaron a silencio y la plaza se acalló.

LX. En el que se da cuenta del discurso del intendente Farfi, y del rotundo éxito de cada uno de sus tropiezos

La gente se apiñó en torno del escenario. Teo aprovechó su masa corporal para abrirse paso con rapidez, rescatar a Pat del puesto (que ya no tenía más mercadería que regalar) y aproximarse al tablado con Miranda encima de sus hombros; un mirador privilegiado.

La aparición en escena de Farfi produjo una salva de aplausos, que ahogó las palabras formales del locutor de turno. El intendente estaba escoltado por autoridades provinciales y la plana mayor de su administración. Detrás suyo asomaba la única persona que no vestía traje y corbata: el ferretero Oldenburg, disfrazado de piloto de Fórmula 1 (aunque su Torino montado al revés no calificara para la categoría), que se había ubicado allí para registrar la versión completa del discurso. Por supuesto, Farfi se pondría su disfraz apenas concluyese con los compromisos de su investidura. Lo hacía ahí mismo, sobre el escenario, una vez declarado el comienzo del Sever. La sorpresa del disfraz del intendente era otro de los encantos del festival.

"Far-fi-far-fi-far-fi-far", empezó a corear la audiencia.

El intendente levantó los brazos pidiendo silencio. Después sacó su libretita negra de tapas magreadas y buscó la página en que había garabateado los apuntes para su alocución; humedecía un dedo y pasaba hoja tras hoja, interminable.

Al fin se acercó al micrófono, carraspeó. En cuestión de segundos el silencio se había extendido por toda la plaza.

Amagó decir algo, cerró la boca y reculó. Ya había empezado a pestañear de forma incontrolable. Un murmullo sordo comentó el intento fallido.

Volvió a intentarlo con tal decisión que se dio los dientes contra el micrófono.

"...Carajo", dijo, claro y audible.

Convirtiendo, así, a la palabra *carajo* en el concepto inicial de su discurso, que fue saludado con una ovación.

"Gracias", dijo Farfi, poniéndose colorado. Sacudió la cabeza, riéndose de sí mismo (lo que le valió más aplausos y un nuevo *far-fi-far-fi-far*), y respondiendo a un comentario de Oldenburg con un puñetazo amable, se lanzó a la palestra:

"Queridos amigos, gente de Santa Brígida. (*Frígida puta, vaselina.*) Este es el primer Sever de un tiempo nuevo, el primer Sever que celebramos en democracia. Aplaudan, ahora: ¿o no les parece el mejor de los motivos?"

(Nueva ronda de aplausos.)

"...Por eso creo que es un gran momento para contarles algunos de los deseos que inspiraron esta fiesta (*fija pija purulenta: ¡chupamelá!*) ...hace ya algunos años, durante el tiempo oscuro. En aquel entonces pensé que necesitábamos una fiesta (*¡fija pija!*) ...porque necesitábamos alegría, tanto como precisamos del agua o del aire para respirar. Porque sin alegría no se puede vivir. (*Virgo desvirgo, vulva, ¡vagina!*) Y al menos para mí, estos años fueron lo lo los más tristes de mi vida. ¡Asesinos del alma!"

(Más aplausos. Farfi toqueteó el micrófono con insistencia, un claro tic.)

"Pero claro, yo no quería una alegría cualquiera. ¡No quería otro Mundial de Fútbol, ostra mental de fiaca, orto mustio!"

(Mezcla de aplausos y chiflidos.)

"Y pensé: ¿qué alegría puede ser legítima en tiempos como éstos? Primero y obvio, la alegría de estar vivos. Pero alegrarme de esa forma cuando conozco tanta gente que sufrió pérdidas tremendas, me pareció un insulto. (*Bulto verga, basura, ¡basta!*) Nosotros seguimos vivos no por mérito, sino por casualidad. ¡O en todo caso, por desmérito! A veces siento culpa de estar vivo. Me parece que si los militares... (*mierda mierda mucha: ¡chupamelá!*) ...que si los militares, digo, no me hicieron nada, e incluso me permitieron administrar este pueblo, debe ser porque vieron en mí algo que yo preferiría no ver. ¡Algo debo haber hecho mal, para ser respetado por esa gente!"

(Rechiflas aisladas.)

"...Me parece perfecto que disientan. Es bueno expresar lo que uno siente, sabiendo que no van a torturarte ni a matarte. De esto se dan cuenta hasta los enemigos de la democracia, ahora chiflan porque saben que no les va a pasar nada pero antes se quedaban chitos porque te te tenían miedo hasta de abrir la boca. ...Carajo. ¡Y este carajo no se me escapó!"

(Segunda ovación de la noche.)

Farfi se retorció el bigote con un gesto de satisfacción. Cuando estaba contento, las puntas se le curvaban más. Consultó los apuntes de su libretita y siguió:

"Pensé, en aquel momento, que vivíamos en un país que nos condenaba a ser de una única forma y a pensar en una sola dirección, bajo amenaza de muerte. (*¡La concha de tu madre!*) ¿Por qué no inventar, entonces, una fiesta que celebrase la posibilidad de ser otro? Probar un camino alternativo y desafiar la lógica impuesta son ejercicios elementales de libertad, una libertad cuyo ejercicio cotidiano resignábamos. De allí nuestra Regla Uno, la Rumba Nunca Usada, la Raya Única. ¿Por qué quedarse con las ganas (*gomas grandes, ¡tetas!, gloria*) ...de probarlo todo, al menos una vez en la vida? Cuando nos llegue la hora de morir, dentro de mucho, espero, ¿a quién le vamos a echar la culpa de no haber sido libres?"

(Aplausos.)

"Espero que este ejercicio anual de libertad nos haya preparado para sacarle el jugo al nuevo tiempo. No podemos borrar el sufrimiento del pasado. Pero tenemos la obligación de aprender de ese dolor. Se lo debemos a los que hoy no están y también a los que vendrán. Carajo. Mierda. ¡Y la gran puta!"

(Miranda preguntó si habían oído al señor: "Dijo *fuck, shit and stuff like that.*")

La iglesia echó a volar sus campanas, imponiéndose por encima de los aplausos finales.

Nadie se movió de su lugar. Querían saber de qué se disfrazaría Farfi.

El intendente se cambió de zapatos, de chaqueta, se quitó la corbata. La gente moría de ansiedad, se preguntaba qué estaba haciendo. Recién cuando se pegó un bigotazo rubio encima del suyo empezaron a sospechar.

Al colocarse la peluca de largos y blondos cabellos, la plaza estalló. Farfi era Krieger. Había dado en el blanco con todos los detalles: los zapatos italianos, el saco sport, la cabellera vikinga. Fiel al espíritu de la fiesta que ayudó a crear, Farfi se había convertido en algo que no era. Y la gente lo aplaudió a rabiar, incluso aquellos cuyo pan dependía ahora de Krieger y su monumental hotel, porque a fin de cuentas estaban enmascarados, y la gente es más libre enmascarada que a cara limpia.

LXI. Una página del romancero gaucho, llena de incidentes

Miranda los puso sobre aviso: "¡Ahí, ahí! ¡La señora Pachelbel! ¿No está preciosa?"

Teo y Pat no la veían por ningún lado. Pero como Miranda insistía, y manipulaba las orejas de Teo como si fuesen riendas, avanzaron en la dirección correcta.

Hubiesen seguido de largo, de no ser porque Miranda jaló con fuerza de las orejas y obligó a Teo a frenar. No estaban preparados para ver a la señora Pachelbel vestida de novia.

Para su mayor sorpresa, la mujer no estaba sola. Puro Cava la tomaba de las manos, como si estuviese a punto de formular sus votos.

Al verlos aparecer, la señora Pachelbel se sonrojó. Quiso retirar sus manos, pero Puro Cava no la dejó, apretándola más.

"¡Pensé que no iba a venir!", dijo Miranda.

La mujer sonrió. La idea de que Miranda esperase por ella la llenaba de algo que en otros tiempos hubiese identificado como ternura.

"Tenía mis dudas, no lo foy a negar", dijo, con un nerviosismo que no le conocían. "Supongo que conocen al señor Pugo Cafa."

Puro Cava soltó una mano para dirigir la propia al ala de su sombrero. Estaba disfrazado de gaucho, con un pañuelo blanco cubriendo la cabeza aun por debajo del sombrero, cinturón de monedas, facón y botas de potro. El traje era auténtico, pero el porte de Puro Cava lo convertía en un artilugio teatral; aunque se vistiese de mona, Puro Cava traicionaba de inmediato la seda del Tenorio que era en verdad.

"La señora me habla mucho de ustedes", dijo. Lo cual visto de cierta forma era mentira, porque la señora Pachelbel nunca le hablaba de nada, pero a la vez era cierto, porque una vez se le escapó algo respecto de su socia, del gigante y de la niña —y eso, para los parámetros de la señora Pachelbel, ya era mucho.

"Qué hermoso vestido. ¿Es suyo?", preguntó Pat.

El semblante de la señora Pachelbel se endureció. Durante un instante pareció que respondería a la curiosidad de Pat con la frialdad que le era habitual. Pero cometió el error de ver en dirección a Miranda, que también aguardaba su respuesta.

"Ega mío, *ja*", dijo al fin. "Hace mucho, mucho tiempo."

"Le queda tan hermoso, que me impulsa a hacer algo que nunca creí posible. ¡Quiero pedirle que se case conmigo!", dijo Puro Cava, contento de haber obtenido un público.

"Bist Du verruckt?", respondió la indignada mujer.

"¿No es encantadora?", dijo Puro Cava.

La mujer siguió increpándolo en alemán. Por toda respuesta Puro Cava le acercó el morro en busca de un beso. Lo que obtuvo, en cambio, fue un sopapo que hizo volar su sombrero.

"¡Tengo la más apasionada de las novias!", dijo Puro Cava. Lejos de intimidarlo, los rechazos de la señora Pachelbel lo incentivaban; era la versión humana del zorrino Pepe Le Phew.

"Das ist Falsch!", gritó la señora Pachelbel para consumo de Pat y compañía. Pero ninguno de ellos hablaba alemán, así que debió traducir. "¡Eso no es fegdad! ¡Entge el señor y yo no hay nada más que...", dijo, y se frenó pensando en Miranda, a quien no quería ofender con información impropia para sus años. Entonces buscó el término preciso en alemán, para disimular, y dijo: "Entre el señor y yo sólo hay algo *sexuell!*"

Todavía insatisfecha, aprovechó el instante en que Puro Cava recogía el sombrero para propinarle una patada con sus borceguíes —que no se había sacado ni siquiera para vestir de novia.

La discusión había atraído la atención de un círculo de espectadores. Todo el mundo conocía al señor Puro Cava del Registro Civil, y todo el mundo conocía la dulcería de la señora Pachelbel, aunque nadie había sospechado que existía algo entre ellos: ¡se trataba de una noticia bomba!

Dos de los integrantes del público se integraron al drama, al atajar a Puro Cava cuando salió disparado por el patadón.

"¿Ves que yo tengo razón?", dijo Pat en voz baja, dirigiéndose a Teo. "¡No hay nada como el amor para arruinar una relación!"

"Que te niegues a nombrar algo no evita que exista. Vos me amás y punto, aunque te hagas la boluda."

"Y yo que pensaba que era imposible que te agrandases más", dijo Pat.

A esa altura ya estaba arrepentida de haber abierto la boca. ¿Por qué será que las parejas actúan sus dramas cada vez que se les presenta una oportunidad, aunque se trate del lugar y del momento más inadecuados?

Sintiendo que el público estaba de su lado, Puro Cava volvió a la lid con más bríos. Una mujer grande, emocionada hasta las lágrimas, consintió en prestarle su alianza para que consumase el compromiso.

"Querida señora Pachelbel", dijo Puro Cava, exhibiendo el anillo con el gesto del sacerdote que consagra la hostia, "¿quiere casarse conmigo?"

"Lo que pasa es que vos tenés miedo", dijo Teo, metido en su propia disputa. "Parecés muy decidida, te llevás al mundo por delante, pero en el fondo sos una cagona. ¿Cuándo vas a aceptar lo que sentís?"

"¡Antes muegta!", dijo la señora Pachelbel.

"Ya la oíste", dijo Pat.

El público soltó una expresión de abatimiento; el amor perdía la batalla.

Miranda luchaba para seguir el hilo de las dos conversaciones simultáneas, cuando un tercer sonido llamó su atención. Salo golpeaba sobre la escafandra con su propio puño. Miranda bajó del árbol que era Teo con la presteza de una ardilla. Una vez en tierra, Salo quiso hablarle al oído y volvió a pegarle un cabezazo con la lata.

"¡Au!", protestó Miranda. "¡No te entiendo!"

Por toda respuesta, Salo señaló en dirección al escenario.

Se iniciaba el desfile para elegir al niño que sería intendente durante el fin de semana. Salo estaba impedido de ganar porque ya lo había ganado, pero sabía bien que Miranda tenía ilusiones.

La niña comprendió que la confusión imperante podía beneficiarla. ¡Desfilaría delante de todos sin que Pat se diese cuenta! Y si resultaba electa, su madre ya no podría prohibirle destacar por encima de sus compañeros.

"Mami, me voy con Salo cerca del escenario", dijo Miranda tironeando del hábito negro.

"¿Qué?", preguntó Pat, confundida. Ya tenía bastante con el brete en que la señora Pachelbel la había metido, ¿y ahora Miranda la llamaba *mami?*

"Va a haber payasos, ¿no oíste el anuncio? ¡Desde acá no se ve nada!"

"Sola no vas a ningún lado", dijo Pat en piloto automático.

"Voy con Salo. ¡Vera está allá, también: mirala!"

Pat trató de ver a la madre de Salo, pero no vio a nadie y para peor Teo la agarró del brazo.

"Si por lo menos dejaras de mentirme", dijo el gigante.

"Las monjas no decimos mentiras."

Miranda se sintió más convencida que nunca de su derecho a proceder con el ardid: Pat estaba mintiendo delante de sus narices, podía percibirlo, y quien le miente a un mentiroso tiene cien años de perdón. ¿No lo decía el refrán, acaso?

"Acabo de conocer a tu médico", dijo Teo. "El doctor Canelón Plus. Tu psiquiatra. ¿Qué clase de pastillas estás tomando?"

Pat no supo qué responder. Miranda seguía sacudiéndola.

"Las monjas no tomamos pastillas, tomamos hostias", dijo Pat al fin.

"La hostia te la voy a dar yo, si me seguís boludeando."

Un grito de sincero dolor, proferido por el señor Puro Cava, le brindó a Pat la puerta de escape que necesitaba.

"¿Por qué no te vas a algún lado con Puro Cava y yo me llevo a esta mujer? Tengo miedo de que lo mate", dijo Pat al gigante.

"Mami, voy", insistió Miranda con un nuevo tirón.

Teo comprendió que Pat tenía razón. Nunca había visto una novia más furiosa (y más políglota, dado que ahora también maldecía en francés) que la señora Pachelbel. ¡La vida de Puro Cava pendía de un hilo!

"Andá", le dijo Pat a Miranda, "pero cuando llegues allá haceme señas. ¡Quiero ver dónde estás!"

Miranda salió a la carrera con Salo de la mano. Las alitas flamearon al viento, como si dijesen adiós.

LXII. En el que alguien descubre una verdad oculta, y sufre en consecuencia

Entonces llegó el doctor Dirigibus.

"¿Eq asap acá?", dijo, contribuyendo a la Babel generalizada.

Es cierto que el espectáculo era confuso. Pat, vestida como monja, abrazaba a una desaforada señora Pachelbel, que aunque ataviada como novia revoleaba sus botas como si quisiese patear cuanto culo se le cruzase por delante. Teo empleaba ambos brazos como barreras para impedir el avance de Puro Cava, que se había disfrazado de gaucho fino en desfile del Día de la Tradición; le faltaba el caballo, nomás. Y una mujer de edad gateaba entre la gente. ¿Estaría disfrazada de niño que no llegó a la edad de caminar?

"¿Qué está pasando?", insistió Dirigibus, ahora al derecho. "Señora Pachelbel, ¿puedo ayudarla?"

Al ver a Dirigibus, la mujer dejó de patalear y se puso pálida.

"Mi querido amigo, ¡qué oportuno!", dijo Puro Cava, hablando por encima de los brazos de Teo. "Quiero que seas el primero en saberlo. ¡La señora y yo nos vamos a casar!"

"¡Eso no es fegdad!", dijo la mujer.

"Nunca te había dicho de nuestra relación, en respeto a su pudor. ¡Pero llevamos noviando largo rato!", dijo Puro Cava, aun cuando Teo se lo llevaba a la rastra.

"¡Nunca fuimos nofios!"

"¡Nos vimos todos los martes y los viernes, durante los últimos cinco años!"

La señora Pachelbel quiso desmentirlo, pero comprendió que al dar precisiones sobre la relación que la unía a Puro Cava sólo lastimaría más al pobre Dirigibus.

El jurisconsulto sumaba dos más dos. ¿No le constaba la diligencia con que la señora Pachelbel cerraba más temprano los martes y los viernes, sin dar mayores explicaciones a sus ávidos clientes? ¿Y no eran los martes y los viernes los días en que su amigo Puro Cava, el más discreto de los caballeros, faltaba a la ceremonia del copetín?

¿Cómo podía haber ocurrido aquello durante tanto tiempo, delante de sus narices y sin que se diese cuenta?

"¡No es lo que usted piensa!", dijo la señora Pachelbel, viendo la decepción que asomaba en el rostro del jurisconsulto.

En ese instante la viejita en cuatro patas pegó un grito de alegría, se levantó y le entregó a Puro Cava el anillo de oro que había recuperado. Teo levantó a Puro Cava como un muñeco y se lo llevó de allí, pero no pudo evitar que dijese a voz en cuello:

"¡Nadie puede oponerse al amor! ¡Ni siquiera un gigante! ¡Aunque el mundo intente separarnos acabaremos casados, mi querida señora!"

Si Miranda hubiese estado allí en ese instante, habría oído el ruido del corazón de Dirigibus al romperse. Pero no estaba allí. Estaba ocupada en su propio problema, uno que reducía esta tragicomedia a la categoría de juego de niños, y que alteraría su vida para siempre.

LXIII. Donde se desencadena la tragedia, lo cual nos exime de mayores comentarios

Para entender el drama de Miranda es preciso retroceder unos instantes, hasta el momento en que Teo salvó a la niña de su villano personal. Viéndose superado en fuerza bruta, y por ende despojado de su principal poder, Demián huyó secundado por los mellizos y se perdió en la fiesta. Pero lejos de olvidar el incidente, le consagró la noche: desde entonces se abocó a encontrar una forma de vengarse de Miranda.

Le tomó su tiempo. En primer lugar, porque Demián no era un niño de muchas luces. Y en segundo, porque la plaza carecía de la clase de elementos que solían servir a sus fines. Allí no había cartuchos de tinta, ni lápices punteagudos, ni tizas ni borradores voladores. Allí no había maderos que usar como garrotes, ni clavos torcidos, ni gomeras.

Demián dio vueltas durante el discurso de Farfi, cuando el mundo entero parecía haberse llamado a un alto, sin hallar nada de utilidad. Los canteros del lugar estaban desprovistos de piedras. Los puestos de venta habían quedado despojados de mercaderías, lo que los reducía a telas, tablones y caños enroscados con fuerza. Demián llegó al extremo de tironear del traje de un hombre disfrazado de David, pretendiendo despojarlo de su morral cargado de piedras; pero todo lo que obtuvo fue un grito y una patada que le erró por poco. Para colmo volvió a toparse con los borrachos disfrazados de monos, que para entonces habían vuelto a hacer honor a su disfraz, puesto que ya no estaban en condiciones de ver, oír o decir nada coherente. Demián sintió que su pesadilla lo perseguía, acorralándolo.

Ya estaba resignado a llenarse los puños con la tierra de los canteros, cuando una idea fermentó en su cerebro. La sumatoria de elementos —la nívea vestimenta del Arcángel, la tierra, los monos— le sugirió un curso de acción. Recordó entonces un documental que había visto en la televisión por culpa de sus padres. Los documentales aburrían a Demián hasta la muerte, pero de tanto en tanto surgía en ellos algo asqueroso o impresionante que valía la pena comentar. El documental tenía que ver con ciertos monos (este fue el *clic* de la inspiración) y su peculiar forma de defenderse desde los árboles de algunas agresiones terrestres. El concepto que prendió en la mente de Demián fue simple: aun cuando está desarmado, uno puede fabricar sus propias armas —de manera literal.

Se lo contó a los mellizos en pleno arrebato, pero sólo logró inspirarles repugnancia. Trató de explicarles las bondades de la idea, pero Aldo y Pehuén no eran de aquellos que pueden ser persuadidos por un razonamiento. Tuvo que ejercer todo el poder que conservaba sobre ellos, y amenazar, y negociar (ofreció un par de juguetes que los mellizos codiciaban; sentía una necesidad de vengarse tan imperiosa, que había dejado de pensar en el precio), para que aceptasen pasar a la acción. Se apartaron un instante de la plaza, buscando un rincón en sombras; nadie percibió su ausencia.

Ahora podemos regresar a Pat, que a esta altura ya había apartado a la señora Pachelbel de su pretendiente y hacía lo posible (que era poco, dado que la de consolar no era una de sus habilidades) por tranquilizar a la mujer. Dijo las primeras banalidades que acudieron a su boca, lugares comunes: que se calmase, que no era para tanto, que todos los hombres son iguales; ninguna de ellas llegó a destino, porque la señora Pachelbel no cejaba en su frenesí de injurias.

Mientras tanto Pat miraba por encima de su hombro en dirección a Teo, que a diferencia suya estaba teniendo un éxito rotundo con el cortejante. No podía oír qué le decía en pleno follón, pero era obvio que Puro Cava entraba en razones, puesto que asentía y le devolvía a la viejita la alianza prestada. Pat se preguntó si Teo estaría recurriendo a los argumentos que utilizaba consigo mismo, cuando trataba de convencerse para no presionarla demasiado y dejarla ser sin pedir nada a cambio. En cualquier caso, la imagen del gigante cobijando al pequeño le produjo una emoción inesperada. Se preguntó si Teo no merecería a alguien mejor que ella, o menos consumido por sus propias urgencias, y al fin se prometió hacer un esfuerzo, algo, no sabía bien qué, para al menos insinuarle que había vida detrás de sus murallas, y que aunque esa vida era una llama pequeña, poco más que un rescoldo, latía por él —por Miranda y por él.

Y mientras tanto nadie consolaba al doctor Dirigibus.

El pobre hombre vagaba por la plaza, farfullando entre dientes. Trataba de rearmar un universo que se había pulverizado en un instante. Miles de preguntas reverberaban dentro suyo, preguntas que no podía formularle a nadie porque todos se habían apartado de él como de la lepra. ¿Sería cierto que Puro Cava había sido amante de la señora Pachelbel todo ese tiempo? ¿Sería por eso que la mujer le había cerrado las puertas durante tantos meses? Pero en ese caso, ¿por qué había accedido al fin a sus galanterías? ¿Habría terminado con Puro Cava, o estaba engañándolos a los dos? Y la pregunta más acuciante, que resumía el conjunto de sus dudas, era tan sólida como el estuche que abultaba en su bolsillo: ¿qué haría ahora con el anillo que había comprado para esta ocasión, dado que Puro Cava se le había adelantado?

Fue en ese estado que llegó al pie del escenario. Allí no había más que niños, que se apiñaban en espera de su turno para desfilar. Dirigibus casi cayó al tropezar con ellos. Decidió apartarse, navegando el fino cauce que separaba a las criaturas de los padres ansiosos. Y así arribó al sitio que le permitió ver lo que ocurrió entre Miranda y Demián.

No tardó en divisar a la niña, que se destacaba entre los pequeños por sus alas y su espada flamígera. A primera vista reavivó su tristeza: Miranda era la hija de Pat, y Pat estaba con la señora Pachelbel —en lugar suyo. Pero la niña era tan bella, y transmitía una luz tan clara que le resultó imposible seguir compadeciéndose de sí mismo. Miranda tomaba de la mano a otro niño, vestido como astronauta. Aunque tenían una estatura similar, era obvio quién conducía a quién: el Arcángel rescataba al hombre perdido en el espacio. ¿Cómo podía alguien verla y no pensar que un mundo mejor era posible?

Pero entonces una sombra se adueñó de su rostro. Miranda había visto algo que no le gustaba. ¿O se trataba de alguien? Dirigibus tardó poco en descubrir a Demián, a quien por supuesto identificaba. Como tantos ciudadanos de Santa Brígida, había sido blanco de sus agresiones en más de una oportunidad. Demián era temido en todos los negocios, víctimas de su vandalismo. Y era odiado por los dueños de mascotas, cuyos perros y gatos habían sido objeto de dolorosas atenciones. Y era vilipendiado por los padres de sus compañeros de escuela, y por las ancianitas que no podían escapar de su acecho, y hasta por sus propios hermanos, a quienes utilizaba como cobayos de cada uno de sus experimentos. En opinión de Dirigibus, Demián era el único niño que convertía la fobia de la señora Pachelbel en una proposición razonable.

El chico avanzaba con las manos escondidas detrás de la espalda. Dirigibus sospechó de esa actitud, dado que rezumaba una sumisión que no podía asociar a Demián. Más aun cuando vio que lo seguían otros dos en igual posición; a estos, aunque iguales entre sí, no pudo reconocerlos. Lo cierto es que llevaban en el rostro una expresión asqueada, que los diferenciaba de su líder.

Demián no tenía cara de asco. Demián sonreía.

Miranda no alcanzó a reaccionar. Abrió la boca para pedirle a Demián que no lo hiciera pero no llegó a emitir sonido alguno. El primer proyectil le dio en el pecho. Miranda vio la mancha oscura y creyó que Demián le había tirado barro con la mano. El olor la atacó de inmediato: eso no era barro.

El segundo golpe rebotó sobre su cara; los restos de la masa se le quedaron prendidos del pelo. Los mellizos lanzaron su carga, que recibió como una lluvia.

Dirigibus les pidió que se detuviesen.

Ya era tarde. Demián y los mellizos habían acabado con su provisión. Ahora miraban a Miranda y se mataban de risa y la señalaban con dedos manchados de negro.

Miranda se asfixiaba, el olor fétido le cerraba las narices, no podía ni siquiera respirar por la boca, estaba ocupada en escupir lo que le había entrado y no podía aspirar porque temía ahogarse en su propio vómito, en la inmundicia que pugnaba por responder a la inmundicia que la había desecrado, esa porquería que era mucho más que la mierda de Demián y de Aldo y de Pehuén porque olía a mucho más que mierda, olía a muerte, a materia que se desintegra a toda velocidad, a sepulcro sin cal. El pánico se adueñó de ella. En sus oídos sonaba el Mi agudo de un silencio atronador, que rompió con su garganta al disparar un sonido grave, más grave de lo que se había imaginado capaz de producir; ni siquiera le sonó humano.

Durante un instante no supo lo que hacía. Levantó la espada y apuntó a Demián como si pudiese fulminarlo con el poder del Arcángel, para que dejase de reírse y de alentar a los demás a reírse también.

Entonces ocurrió lo inesperado.

Demián dejó de reír. Pareció que se había atragantado con algo, porque llevó su mano sucia a la garganta produciéndose un arañón. Pero antes de que nadie reaccionase en su ayuda, Demián bajó la mano que había alzado y cayó cuan largo era. Su cuerpo golpeó el suelo con sequedad, peso muerto; ni siquiera así el niño reaccionó, o prorrumpió en un quejido.

El primer grito que se oyó fue el de Miranda. Fue un grito que marcaba el fin de su asfixia, como el de un niño que nace. La exhalación expulsó además a los demonios del pánico y de la humillación de lo vivido; su intensidad había sido inenarrable para Miranda, y por eso el grito espantó a quienes lo registraron. Pero ese grito encerraba algo que era todavía peor, porque no se refería a un horror pretérito sino a uno que asomaba su cabeza en el presente, un grito que era horrible porque se anticipaba al horror, porque nos dejaba a sus pies, indefensos, con el cuello desnudo en espera del tajo.

El padre Collins llegó donde Demián. Se aseguró de que sus vías respiratorias estuviesen libres, pero aun así el aire no circulaba. Un médico se aproximó poco después. Todas las maniobras para reanimarlo fueron inútiles.

Ya lo habían pronunciado muerto cuando aparecieron sus padres. Entonces se oyeron los otros gritos, los indescriptibles, los que sólo puede proferir un ser humano cuando se enfrenta al peor de los dolores.

Para entonces Pat ya había llegado hasta Miranda, y la había abrazado sin pensar en la mierda que la ensuciaba y le había preguntado qué pasó, por Dios decime qué pasó, la monja consolaba al Arcángel en una inversión de la jerarquía celeste, pero Miranda no podía hacer otra cosa que llorar dando berridos, como si llorase por cada injusticia padecida por el hombre desde la Creación. Fue Salo quien dio el paso, Salo que se arrancó la escafandra y se acercó a Pat y le dijo con esa voz que sacaba tan poco a pasear, mientras señalaba el cuerpo yerto de Demián:

"Fue él. Fue culpa de él."

Teo y el intendente Farfi, que se había arrancado la peluca rubia pero conservaba el bigote, trataban de consolar a los Centurión. El matrimonio se había separado para penetrar en dos dimensiones diferentes: el padre se había apagado como una vela, incapaz de mover un músculo o articular una palabra; y la madre se retorcía como un nido de serpientes, mientras Teo trataba de abrazarla con sus brazos de Atlas y lloraba en el proceso como un niño con sed.

De repente Miranda agarró a Pat con sus dos manitos y la llamó, le dijo *mami* como si no pudiese verla y ya la hubiese perdido para siempre.

"Estoy acá, mi amor. Mami está acá."

Entre sollozos, Miranda le preguntó por Demián.

"Me parece que se murió, mi amor. Yo sé que es feo, pero son cosas..."

Miranda sacudió la cabeza como una loca.

"No, mami, no. Demián no se murió. ¿No entendés? No se murió, mami. Lo maté yo. Lo maté yo. ¡Lo m...!"

Pat le tapó la boca antes de que volviese a gritar. Le ciñó el cuerpo con su brazo libre, aplastando las alitas, y la alzó.

Un instante después se habían desvanecido al amparo de la noche.

EXPLICIT LIBER SECUNDUS

Liber tertius

Haven't had a dream in a long time.
See the life I had, can make a good man bad.
So please for once in my life let me get what I want.
Lord knows it'll be the first time.

THE SMITHS, *Please let me get what I want.*

LXIV. Algunas consideraciones sobre la escasez de gigantes

Hubo un tiempo en el que nadie se sorprendía al encontrarse con un gigante. Formaban parte del paisaje, como los carteles de Coca-Cola y los toros de Osborne.

Con frecuencia se conchababan en el ejército, una iniciativa muy valorada por los generales y por sus compañeros de la infantería (porque gigantes jinetes no se ha visto nunca) a causa de razones más que obvias: cuando Sansón juega en el equipo propio, se marcha a la guerra silbando una tonada.

Pero también se los apreciaba cuando peleaban en el bando contrario, porque representaban una oportunidad de obtener rápidos ascensos. El filisteo Goliat, que medía seis codos y un palmo, posibilitó con su torpeza que David iniciase la marcha hacia el trono de Israel. (En estos días los atajos hacia la realeza ya no son lo que eran: antes había que enfrentarse a un gigante armado con guijarros, pero hoy alcanza con ser artista de circo, o en su defecto guardaespaldas, en las inmediaciones de Estefanía de Mónaco.)

Ser gigante en tiempos antiguos equivalía a ser piloto de pruebas en tiempos modernos: se trataba de la profesión más riesgosa. Las pobres criaturas existían tan sólo para servir de rasero. Allí donde hubiere un gigante acudía un diminuto héroe, para poner a prueba su valor —y conseguir buena prensa.

Porque nadie tenía peor prensa, y era en consecuencia más víctima del prejuicio, que un gigante.

Ni siquiera Homero trata a estos hombres grandes con decencia. En *La Odisea*, el héroe cuyo nombre da título al poema divisa la caverna del cíclope Polifemo. Enseguida concluye que se trata de "la guarida de un gigante... un monstruo construido como ningún otro mortal... un hombre-montaña, que elevaba su cabeza y sus hombros por encima del mundo." ¿Por qué asevera Odiseo que se trata de un monstruo, aun cuando ya ha comprendido que Polifemo es un solitario que no se mete con nadie y que pasa sus días dedicado al pastoreo?

Es cierto que Polifemo ignora su pedido de hospitalidad y que acto seguido se come a dos de sus hombres. La escena es truculenta: Polifemo los mata golpeándolos contra el suelo y después los devora, primero miembro a miembro y engullendo el torso en último término. Pero la misma descripción sugiere la existencia de dudas razonables: que el gigante hubiese tenido la delicadeza de matarlos antes de comérselos; que distinguiese entre entrada y plato principal; y que no dejase sobra alguna, son signos que plantean la posibilidad de que su apetito fuese legítimo. ¡Los hombres no tenemos mayor consideración con los pollos!

El destino de Polifemo es cruel. Odiseo lo ciega con el mástil de un barco tallado en punta y endurecido al fuego. Y además lo humilla al malquistarlo con el resto de los cíclopes. Como Odiseo le ha dicho que su nombre es Nadie, cuando los cíclopes preguntan a Polifemo quién lo ha cegado el pobre gigante responde que ha sido Nadie, que Nadie es el culpable. Sus congéneres concluyen que Zeus le ha enviado una peste y lo abandonan. A partir de allí Homero también se desentiende de su destino. Ningún poema recoge las desventuras del gigante ciego, aun cuando cualquiera que tantee a su paso con un bastón del tamaño de un árbol debe dar bastante que hablar.

De acuerdo a Geoffrey de Monmouth en su *Historia Regum Britanniae*, la isla de Albión estaba habitada por gigantes. A su llegada a esas costas, liderando a un grupo de troyanos que se había quedado sin patria, Brutus persiguió a los gigantes y los obligó a ocultarse en las cuevas de las montañas. Con la prepotencia del conquistador, que además su nombre subrayaba, Brutus ignoró el derecho de los gigantes a conservar sus tierras. No contento con quitárselo todo, se atribuyó el poder de cambiar el nombre del lugar y desechó Albión en beneficio de Bretaña.

Después de haber acorralado a los gigantes y matado a todos los que encontró, Brutus perdonó la vida de uno llamado Gogmagog tan sólo porque quería divertirse. Lo entusiasmaba la posibilidad de ver la lucha entre Gogmagog y su campeón Corineus, con fervor que sólo puede ser tildado de deportivo.[13] Gogmagog le rompió a Corineus tres costillas, pero Corineus lo alzó por encima de su cabeza y lo arrojó desde un acantilado al mar, donde se quebró en mil frag-

[13] Su debilidad por los deportes tenía fama de peligrosa, al menos para sus acompañantes: el muy Brutus mató a su propio padre de un flechazo durante una excursión de caza.

mentos y manchó las aguas con su sangre. Tiempo después, siempre según Monmouth, el celebérrimo Arturo de las leyendas acabaría en territorio francés con un gigante oriundo "de ciertas regiones de España". Lo cual certifica que Don Quijote pudo haber sido miope al emprenderla contra los molinos, pero en el fondo no estaba mal informado.

Se sabe de la existencia de gigantes pacíficos como San Cristóbal, el protector de los viajeros: ayudaba a la gente a vadear un río a cambio de monedas. Un día un niño le solicitó ayuda. A mitad de camino, el niño empezó a pesar cada vez más; Cristóbal tuvo que hacer uso de toda su fuerza para llevarlo a la otra orilla. Cuando el gigante le preguntó cómo era posible que un niño pesase lo que el mundo entero, la criatura le dijo que él era Cristo, o sea Dios, es decir el creador del universo.

Otro gigante benévolo fue el mentado Bran the Blessed, que parecía una montaña aun cuando vadeaba a pie el canal que separa Gales de Irlanda. La leyenda dice que al sentirse morir pidió que le cortasen la cabeza y que la enterrasen en Londres debajo de la Torre Blanca, para que sus poderes mágicos protegiesen a Bretaña de los invasores. Pero el poder de esta reliquia sugiere, tal como ya lo hacía el resto de los documentos, que no hay mejor gigante que el gigante muerto. Y ante el peso de la evidencia, ¿quién podría culpar a estas criaturas por moverse en las sombras desde entonces, cultivando un arte que por naturaleza se les presentaba esquivo: el de la invisibilidad?

La dedicación de los héroes al exterminio de gigantes explica su presente escasez. Son criaturas en riesgo de extinción, como el ibis y el dodo. Pero por supuesto, existen otras razones concurrentes. Una fundamental es la carencia de mujeres gigantes. Para muchos hombres ser grande de tamaño resulta sinónimo de poder, pero para las mujeres la vastedad de dimensiones sólo tiene connotaciones negativas. No es insensato creer que las pocas mujeres gigantes que existieron deben haberse sometido a dietas que las volvieron exangues primero, y extintas después.

Otra razón determinante es la económica. En una época caracterizada por la producción en gran escala, los gigantes sobran porque son pocos y en consecuencia no constituyen un mercado digno de abastecimiento. Cualquiera que mida por encima de la norma puede dar fe de las dificultades para conseguir ropa, calzado y muebles acordes con sus dimensiones. Por eso los únicos que hoy prosperan son aquellos que ganan lo suficiente para pagarse ropas, calzados y muebles diseñados a medida, como los jugadores de basket de la NBA o los gigantes de las películas de Tim Burton.

Los descorazona la preferencia de la época por todo lo que se achica: el tamaño de los automóviles y de los teléfonos, la duración de los matrimonios, la cantidad de hijos por familia, la dimensión de los apartamentos, las tallas de la ropa, las porciones de comida en los restoranes, los aparatos portátiles para reproducir música, los asientos en los aviones, los ascensores, las unidades de materia (antes se creía que no había nada más pequeño que un átomo, hasta que alguien se topó con James Joyce y después con un *quark*), las balanzas y los paraguas, entre tantos ejemplos posibles.

En un mundo así empequeñecido (¡XS!) no es extraño que prefieran ocultarse. Algunos perfeccionaron el arte de la invisibilidad al punto de sugerir su inexistencia: muchos creen que los gigantes no existen ni existieron nunca, salvo como deidades venidas a menos o explicaciones poéticas para paisajes de aliento monumental. Sin embargo siguen asomando allí donde no llaman tanto la atención, como el basketbolista Yao Ming, que disimula su colosalidad al rodearse de jugadores altos (aunque nunca tanto como él); o el actor Matthew McGrory, que participa en películas fantásticas como *Big Fish*, donde la gente lo confunde con un truco generado de forma digital.

Esta irrupción en el proscenio de la percepción pública debería sugerir la existencia de otros gigantes, que no salen en las noticias ni viajan en avión. Sería lógico pensar que no murieron todos los que se escondieron en las cavernas cuando Albión todavía no era Bretaña. Y que aquellas regiones de España de las que hablaba Monmouth siguen produciendo gigantes, especializados en el arte de parecer molinos.

Hay quienes sostienen que no sólo existen, sino que se comunican entre sí dejando crípticos mensajes escritos o tallados a alturas a las que sólo sus manos pueden llegar, y sus ojos leer: en lo alto de las columnas, o de los troncos, o de los postes de luz, o de las bibliotecas. Pero esta versión supone una inclinación al secreto y la conjura inhabitual en esta gente: por lo general, todo lo que un gigante necesita para reconocer a otro es asegurarse de que sus ojos estén abiertos.

Lo cierto es que han sobrevivido, como a nosotros, lector, nos consta con claridad diurna. Y si hubiese que creer en las profecías de Merlín, deberíamos pensar que volverán a multiplicarse. Monmouth dice que Merlín dijo: *"Un Gigante, de color blanco como la nieve y brillando resplandeciente, dará origen a un pueblo que es radiante"*.[14] Y Merlín nunca abría la boca porque sí.

[14] *"A Giant, snow-white in colour and gleaming bright, will beget a people which is radiant."* (Geoffrey de Monmouth, *The History of the Kings of Britain*, Parte Cinco: *The Prophecies of Merlin.*)

LXV. Aquí nos reencontramos con un gigante conocido, a pesar del esfuerzo puesto en mantenernos a prudente distancia

¿Y qué fue de la vida de Teo, en los meses transcurridos desde aquel fatídico Sever? Los cambios han sido muchos y drásticos. Para empezar, si queremos encontrarlo deberíamos alejarnos de Santa Brígida, puesto que Teo ya no mora allí, y emprender viaje hacia el norte durante cientos de kilómetros. Deberíamos atravesar Mendoza, y San Juan, y La Rioja, avanzando siempre en la dirección a que apunta la aguja, hasta llegar a una provincia llamada Santiago del Estero. Una vez allí sería preciso apartarse de la ciudad capital, para adentrarse en uno de los terrenos más desérticos de una tierra que es seca por naturaleza. El pueblo en cuestión tiene un nombre que aunque el visitante no conociese podría adivinar, dada la precisión con que describe su objeto: se llama Monte Abrasado. Pero aun cuando hayamos arribado al pueblo la búsqueda no habrá terminado, ya que no nos toparemos con Teo en las afueras, a la intemperie, trabajando al sol entre arbustos espinosos, y tampoco lo veremos en sus bares al adentrarnos en sus calles, ni en sus talleres, ni en sus bancos (plural adecuado, dado que sólo hay dos), ni en sus escuelas.

Teo está aquí adentro, en el segundo piso de un edificio descascarado y sin ascensores que el municipio consagró a la administración comunal: se sienta en una sillita detrás de un mínimo escritorio y pone sellitos, tal como su madre siempre temió. Allí, en ese cubículo en el que entra a presión, y a pesar del esfuerzo empeñado en parecer un hombre común y silvestre, Teo es más gigante que nunca.

Monte Abrasado está habitado por descendientes de indígenas, gente de pequeñas dimensiones. Las personas acuden a Teo por sus trámites, pero también para observarlo. La oficina ha estado más transitada que nunca en los últimos meses. Teo trata de no hacerse cargo, y sigue atendiendo teléfonos y llenando formularios como si tal cosa, pero aun así advierte que su persona se adueña de todas las miradas. Entonces suspira y se dice que es inevitable y trata de seguir adelante, qué se le va a hacer, un minotauro también llamaría la atención detrás de una máquina de escribir.

A veces la gente se le quedaba mirando, enmudecida, por más que la invitase a formular su reclamo.

"Buenas tardes. ¿Qué se le ofrece? ...Supongo que se le ofrece algo, ¿o no? ¿Viene por la patente? ¿Infracciones? ¿Libre deuda? ¿Está seguro de que buscaba esta oficina? ¿No se habrá equivocado de edificio?", insistía, sin lograr que el par de ojitos negros parpadease siquiera mientras luchaba por registrar su inmensidad.

A poco de empezar Teo pidió que se lo apartase de la atención al público. Pero su jefe le hizo notar que, primero, no existía un lugar que pudiese ocultarlo de las miradas de los visitantes (a no ser que decidiese trabajar dentro del baño), y segundo, que desde su llegada el pago de patentes se había puesto al día, y ese era un logro administrativo al que no pensaba renunciar. Así que Teo apechugó, y siguió preguntándole a la gente si estaba allí para reclamar libre deuda, por simple curiosidad o por anhelo religioso; o en su defecto tecleaba sobre la máquina de escribir con dos lápices, una técnica que también empleaba para llamar por teléfono. (Cuando no tenía lápices y usaba sus dedos, las teclas se trababan o marcaba un número equivocado. Para Teo las cartas de poker tienen el tamaño de fichas de dominó, y las fichas de dominó tienen el tamaño de sus uñas.)

¿Era feliz Teo en su sillita, descargando sellitos como mazas sobre papeles polvorientos? Por supuesto que no. Teo odiaba los trámites burocráticos, la sola idea de estar vinculado a ellos lo hacía rechinar los dientes. Se sentía tan infeliz en Monte Abrasado que en las últimas semanas había empezado a extrañar las explosiones, aquella intensidad de la vida que se había acabado con el accidente.

A veces se preguntaba si no habría habido algo deliberado en esa explosión; si su cabeza no le habría jugado una mala pasada, traicionándolo. La intensidad de aquellos días como *demolition man* había sido extrema, una emoción que disfrutaba en el instante del estallido pero que no encontraba dónde volcar una vez disipado el humo. En aquel entonces había empezado a abusar del alcohol y de los analgésicos, necesitaba bajar de revoluciones. No resultaba descabellado imaginar que el accidente hubiese sido la única forma que encontró (una forma brutal y autodestructiva, por cierto) para aplacarse y aplicar sordina a la música wagneriana que se había apoderado de su vida; chocar para salirse de la carrera. Pero en ese caso, ¿cuánto más podría soportar la reiteración minimalista de sus días en Monte Abrasado, ese rascar monótono de las mismas cuerdas, produciendo notas (las mismas notas) que se volvían amenazantes por acumulación?

Esa es una pregunta que Teo prefiere dejar sin respuesta. Sabe que es una respuesta que todavía no conoce, o que está impedido de ver porque aún no es tiempo. Ahora es el tiempo en que Teo agacha la testuz y calla, se encaja, se amolda, se acomoda, se aviene, concede, otorga y aguanta, porque Teo tiene un buen motivo para hacerlo, el mejor de los motivos.

Teo tiene a Pat. Y tiene a Miranda.

LXVI. Donde Pat revela, para sorpresa de Teo, que conoce al artista Francisco Tocino

Si alguien le hubiese pedido a Pat que describiese Monte Abrasado, se habría topado con una serie de medias frases, balbuceos y palabras inconexas que no construían nada a excepción de una imposibilidad. Es cierto que escogieron ese pueblo sin pensarlo demasiado, víctimas del cansancio producido por tanto viaje y de la desazón que arrastraban desde Santa Brígida (Miranda se sorprendió, nunca habían elegido un lugar con tanta irreflexión, sin embargo en esos días se sentía responsable por todo y decidió no preguntar); y también es verdad que una vez instalados en la casa Pat no volvió a moverse, salvo para sus excursiones al supermercado. Pero existía algo, en esa incapacidad de Pat de ofrecer una representación verbal de Monte Abrasado, que iba más allá de la falta de información.

Pat no lograba asimilar la noción de que Monte Abrasado era un pueblo, lo que cualquiera entiende por pueblo, un rejunte de casas y edificios separados por calles y plazas, habitado por gente de todas las edades. En la cabeza de Pat, Monte Abrasado no era sino una forma abstracta, una obra conceptual en tres dimensiones, un entrecruzarse de planos descriptos en madera, ladrillos, placas de cemento y chapas, una instalación que empleaba fuego y agua y que se apropiaba de la idea del consumo en carteles que proponían *Tome Pritty* y que ofrecían los servicios de Sepelios Perversi. Dado el escaso valor que Pat otorgaba a las representaciones de cualquier tipo, no es de extrañar que Monte Abrasado no terminase de cuajar en su mente como lo que pretendía ser: no lo consideraba un pueblo, sino apenas la obra de un artista alienado.

Teo debería haber sospechado cuando Pat empezó a hacerle preguntas sobre artistas. Un día le preguntó sobre Andy Warhol y las latas de sopa que podían ser arte. Después le preguntó sobre un pintor que había perdido la visión de los colores, condenado a partir de entonces a trabajar con negros, blancos y plúmbeos grises. (Teo no había oído hablar de este artista y no pudo ayudarla.) Más tarde quiso saber sobre un pintor que tenía nombre comestible. *Omelet? Chips? Fries?* Uno que parece elegir sus modelos entre los internos de un hospicio. Aquí Teo arriesgó el nombre de Francis Bacon. Ese mismo, dijo Pat: *¡Francisco Tocino!* Cuando Teo quiso saber por qué pensaba en Bacon, ella explicó que esa tarde se había cruzado con una mujer escapada de uno de sus lienzos: la boca que se abría en mitad de la mejilla, los rasgos a punto de desintegrarse. (En efecto, la mujer se parecía a Isabel Rawsthorne.)

¿Qué había pasado con la Pat Finnegan que no necesitaba nada que la ciencia no describiese en sus precisos términos? ¿Desde cuándo había dejado de considerar que el sentido común la vacunaba contra las veleidades del arte? El Teo de Santa Brígida no habría pasado por alto este cambio, habría interrogado y a falta de respuestas habría especulado. Pero el Teo de Monte Abrasado tenía la cabeza en otra cosa. Se había convertido en único sostén económico de la familia. Debía hacerse cargo de la alimentación, la nafta, los gastos varios y el alquiler de la casa (un caserón de puertas muy altas que le encantó, porque preservaba su cabeza de los golpes) y el sueldo de empleado estatal no alcanzaba para tanto.

Lo angustiaba la perspectiva de verse obligado a vender la camioneta, no quería quedarse varado en ese pueblo. Teo encontraba cierto encanto en la fealdad de Monte Abrasado (los arbustos espinosos parecían pequeñas explosiones congeladas), pero no conseguía sentir afecto por el lugar. Había llegado allí en circunstancias que prefería olvidar, las mismas que lo forzaban a ser alegre todos los días para distraer a dos mujeres atribuladas, lo cual le vedaba el cultivo de ideas inquietantes y la formulación de preguntas que hiciesen olas —y le impedía reparar en una Pat que empezaba a ver el mundo con ojos de Francis Bacon.

Miranda no podía decir mucho porque vivía encerrada. Pero desde la ventana había observado que la mayoría de los niños eran gordos, lo cual le parecía un detalle simpático. Una vez fue a visitar al señor Atamisqui, el dueño de la casa, un viejo flaco y trenzado como un rebenque que vivía en una casilla ubicada al fondo. Atamisqui olía a curtiembre y tenía tan sólo dos dientes a la vista, uno arriba a la izquierda y otro abajo a la derecha; los barrotes de una celda. Miranda le preguntó por qué todos los niños eran gordos, y de inmediato se arrepintió. El señor Atamisqui era muy miope, usaba un par de gafas culo de botella que lo asemejaban a un búho: ¿y si le había preguntado sobre un fenómeno que escapaba a su percepción?

Pero Atamisqui no dudó, se ve que los gordos ya existían en los tiempos en que todavía veía, y le dijo que la gordura era el resultado de comer todo el tiempo fritos de harina, pasteles y chicharrón, papas y azúcar, ¿no has olido el aceite en el aire, de día y de noche?, y que por eso los chicos estaban desnutridos a pesar de su aspecto de globos humanos. Miranda se acordó de los niños pobres de Santa Brígida, que también eran gordos, y entonces entendió. A partir de ese momento sintió un respeto todavía más grande por el señor Atamisqui, y se dijo que para ver hacía falta mucho más que un buen par de ojos. Quizá fuese suficiente con un buen par de dientes.

LXVII. Sobre los arreglos de la nueva convivencia, y sobre la *happy hour* más larga del mundo

Pat ya no trabajaba. Le hubiese gustado hacerlo, siempre había sido independiente y detestaba pedirle dinero a Teo aunque más no fuese para los cigarrillos. Pero entendía que Miranda era su responsabilidad (¿o debería decirse que era su culpa, para describir su sentimiento con exactitud?), y había decidido tomar el toro por las astas.

Miranda se fue de Santa Brígida promediando octubre, con su primer grado recién comenzado, y llegó a Monte Abrasado en noviembre, cuando faltaban pocos días para la finalización del año lectivo. En el norte el calendario escolar es distinto: las clases van de marzo a diciembre y no de septiembre a mayo, como en el sur. Lo más sensato hubiese sido guardarse durante los meses del calor agobiante, para que Miranda retomase primer grado al llegar marzo. Sin embargo Pat pretendía que Miranda estudiase todo el verano y rindiese el examen para pasar a segundo grado.

Aunque Teo tenía dudas respecto de la necesidad de semejante esfuerzo, prefirió callar. El estudio les daría algo que hacer, disiparía el silencio al que venían aferrándose. Ese silencio había sido su muleta durante los primeros días en Monte Abrasado, lo único que les permitió seguir andando.

Pero por supuesto, este arreglo significaba que Pat ejercería como maestra. Y nadie sabía mejor que Miranda cuán desastrosa era Pat en función docente.

Lady Screams-A-Lot hizo honor a su apodo: vivía gritándole, porque no toleraba el error pero tampoco la duda. Miranda se tapaba los oídos, esos gritos eran la negación de toda música, le producían dolor físico, y al padecer se entontecía, y se bloqueaba. Cualquiera se habría conmovido ante el esfuerzo que hacía para salir del marasmo, leyendo o sumando en voz alta mientras las lágrimas confluían en su boca, anegándola.

Teo no presenciaba ninguna de estas escenas. Lo cual no significaba que no las adivinase al regresar a casa, cuando reparaba en los ojos rojos de Miranda. Pat no le hablaba a la niña más que para pedirle cosas: el encendedor, la copa, que la ayudase a poner la mesa o a levantarla. Sólo demandaba palabras de Miranda durante la cena, cuando le pedía que repitiese ante Teo lo que había aprendido ese día. En esas ocasiones Miranda empezaba a balbucear y Pat se encrespaba hasta que la niña se reencontraba con su voz o Teo la salvaba del escarnio con sus bromas.

Las noches se habían ido conformando a una rutina: Pat se iba a la cama con su copa y sus cigarrillos, Teo anunciaba que la seguiría pronto y se quedaba leyendo en compañía de Miranda, que dibujaba o apuraba tarea que le había quedado pendiente. (A la mañana siguiente Pat no admitiría excusas ni dilaciones.) La niña se iba aproximando al gigante por etapas, cada vez un poquito más cerca, hasta que terminaba sentada sobre sus piernas, una vasta planicie en la que todo cabía, hasta la carpeta de dibujo. Una vez allí Miranda se negaba a ir a dormir aunque bostezara como ametralladora; prefería desmayarse en brazos de Teo y ser transportada a la cama como una muñequita. Teo toleraba estas dilaciones porque trataba de no dormirse nunca antes que Pat, que bebía y fumaba hasta caer rendida. El gigante tenía miedo de dormirse primero, para despertar en la madrugada rodeado por las llamas de un incendio irrevocable.

Desde que dejó de tomar las pastillas de Fenelón Moore, Pat se puso al día con el alcohol. Bebía vino al mediodía, una copita por las tardes, un vermouth al caer el sol... Cuando el gigante regresaba Pat estaba viviendo lo que llamaba *my happy hour*, una hora que resultaba interminable para Teo y que a menudo se transformaba en una *violent hour*, cuando discutían por cualquier motivo, o en una *sad hour*, cuando Pat se abandonaba a su depresión. Las veces que se animó a pedirle que bebiese menos Pat reaccionó de forma destemplada, ella era grande y que Teo no era quién para controlarla, carecía de autoridad moral para ello, ¿o acaso no había llegado ebrio aquella vez, después de manejar con imprudencia en la montaña?

Teo no terminaba de comprender por qué Pat destrataba así a Miranda. A su entender la niña ya tenía carga suficiente con la muerte de Demián, de la que seguía culpándose aun cuando su responsabilidad estaba lejos de ser indiscutible.

A veces creía que Pat había empezado a ver en la niña el reflejo del Otro, de aquel padre cuya existencia negó durante tanto tiempo. El gigante sabía que algunas personas se desencuentran con sus hijos cuando descubren en ellos un espejo de sus ex parejas. ¿Sospechaba Pat que el veneno de la sangre paterna se imponía en Miranda a su propia sangre, la buena sangre de los Finnegan? Teo encontraba ridícula la ocurrencia, Miranda seguía siendo el encanto de siempre —sólo que más triste. Pero Pat parecía desconocer a la pequeña, se comportaba como un carcelero o como una institutriz victoriana. Lo que más dolía a Teo era que Miranda actuaba como si Pat tuviese razón, como si en verdad fuese mala e indigna, y por eso lo toleraba todo sin quejarse.

Ni siquiera se quejaba cuando Pat desaparecía. Al principio Pat decía: me voy al mercado, le daba tareas para que se ocupase y salía un rato, pero con el correr de los días esos ratos se convirtieron en horas. Eso sí, se las ingeniaba para regresar a la casa antes que Teo, aunque a menudo cayese a último momento con las manos vacías. Entonces le decía a Miranda que se había olvidado las compras en algún lugar y atribuía la demora a su búsqueda, siempre infructuosa. Y después se servía un vermouth, confiando en que el alcohol le diese la fuerza necesaria para alumbrar una sonrisa de bienvenida.

Con frecuencia Teo llamaba por teléfono y Miranda le decía que Pat había salido y le mentía que se había ido hacía quince minutos, cuando hacía ya una hora, o dos. Las primeras veces que se demoró de esa forma Miranda corrió al cuarto de su madre y revisó el placard hasta encontrar el viejo bolso, aquel que cargaba cada vez que salían disparadas de algún pueblo. Cuando lo descubría se quedaba tranquila.

Tenía miedo de que su madre hubiese seguido camino, pero esta vez sin ella.

LXVIII. En el cual Pat se aviene a hablar de los poderes de Miranda

Pat había armado el bolso la noche en que Demián murió. Apenas llegaron a la cabaña metió a la niña en la bañera para que se quitase la mierda de encima, y se abocó a rescatar lo indispensable. Cuando Teo le preguntó qué hacía, Pat fue terminante. Pensaba irse de allí, de la cabaña y de Santa Brígida, apenas Miranda acabase de bañarse. Si Teo quería acompañarlas, sería bienvenido. Si prefería quedarse no habría reproches. El gigante intentó resistirse, no había motivos para salir entre gallos y medianoche, el chico había muerto pero ellos no tenían nada que ver, fugar era como admitir una culpa inexistente, ¿no sería más lógico presentar sus respetos a los Centurión, acompañarlos en su dolor? Pat ni siquiera discutió. Una vez que Teo expresó sus objeciones se limitó a repetir:

"Nosotras nos vamos, aunque sea caminando. Si venís, bien. Y si no, también."

El primer tramo del viaje transcurrió en silencio. Pat pidió a Teo que se dirigiese al norte, sin mayores precisiones. Miranda durmió lo que quedaba de la noche y buena parte del día. Teo empezó a asustarse, temía que Miranda hubiese caído en una suerte de coma. Por eso la torturaba un poquito cada vez que paraban a cargar el tanque, sacudiéndola, llamándola por su nombre. Miranda respondía aun dormida, abría los ojos, comprendía dónde estaba (estaba en la camioneta, estaba en fuga) y se volvía a apagar. A pesar de su angustia, la ayudaba saber que Teo seguía allí. Era la primera vez que Pat y Miranda no escapaban solas, la primera vez que Pat admitía un compañero en la ruta. Eso consolaba a Miranda en su aflicción y le permitía regresar al sueño con una sonrisa en los labios.

Pat habló de los poderes la noche inicial del éxodo. Teo había conducido todo el día y se sentía agotado. Pagaron un cuarto en un hotel de San Rafael, un agujero minúsculo con dos camas individuales y un catre de campaña para Miranda.

Compraron sandwiches y comieron con desgano en la habitación. Miranda se desmayó otra vez antes de que Teo terminase de masticar. Pat había elegido la distancia: estaba en el balcón con su porroncito de cerveza.

El gigante arropó a la niña y salió a buscarla.

Era una noche cálida pero sin luna. En la ciudad quieta lo único vivo era la chimenea de una fábrica, que humeaba todavía. Esa vez Pat se lanzó a hablar sin que Teo le preguntase nada, mojándose los labios de tanto en tanto con cerveza caliente.

Le contó al gigante que al principio pensó que estaba enloqueciendo. Tardó un tiempo en comprender que esas pequeñas libertades que el mundo físico se tomaba en su presencia (la mamadera que se calentaba sola, la papilla que salía volando lejos del plato, los objetos que se acercaban a Miranda como si ella fuese un imán) no eran síntomas de un raciocinio en jaque, sino manifestaciones de la voluntad de su niña.

Terminó comprendiendo que debían ser obra de Miranda por un proceso de descarte. Esas cosas raras nunca pasaban cuando Miranda dormía. Con Miranda despierta, se hacía evidente que dependían de sus deseos y rechazos. Si quería algo trataba de agarrarlo, y en caso de verse imposibilitada hacía que ese algo fuese donde ella. Para rechazar un bocado cerraba la boca como cualquier niño, pero si Pat insistía encontraba formas creativas de librarse del acoso. La papilla podía salir volando, o el plato volcarse solo. Una vez Pat descubrió que la papilla hervía en la cuchara de plástico, a pesar de que ya se había enfriado hacía largo rato; la cuchara terminó derritiéndose mientras la papilla se ennegrecía. Otra vez Pat empezó a oler algo feo. Cuando acercó la cuchara (ahora metálica y con mango de madera) a sus narices, entendió que la papilla se había podrido en cuestión de segundos.

Con el correr de los meses Pat puso en acto su intuición. Una tarde (ya estaban en Santa Cruz, en aquella época; uno de los puertos de su exilio interior) dispuso una serie de elementos encima de la alfombra y se sentó frente a Miranda. Empezó a darle órdenes a modo de juego: haceme ojitos, aplaudí, dame una naranja, tirame besitos... Miranda respondía sin fallar; el deseo de complacer a su madre siempre fue inmenso en ella. Pat empezó a pedirle cosas cada vez más rápido: traeme el patito, tirá el almohadón, ¡dame otra naranja! Al dificultarse la obediencia debido a la creciente velocidad de las órdenes, Miranda recurrió a sus poderes para no decepcionarla. El almohadón salió volando sin que nadie lo tocase y una segunda naranja saltó fuera del bol de frutas, rodando sin detenerse hasta los pies de Pat.

Teo lamentaba haberse perdido ese universo digno de Mary Poppins. Pero Pat, que conocía a Mary Poppins porque en algún momento había sido niña (aunque viviese tratando de disimularlo), le dijo que no había existido nada muy Disney en aquella experiencia. Por cada momento encantador contaba cinco momentos terroríficos. Una madre común y corriente vive en ascuas cuando vigila a su niño para que no meta los dedos en el enchufe, agarre una tijera o voltee una lámpara. La cuestión empeora cuando el niño logra que la tijera se aproxime a sus manos, aun cuando se haya tomado el recaudo de ponerla en algún sitio alto o en el interior de un cajón. La cantidad de veces que uno grita *eso no se hace* puede multiplicarse hasta el infinito, e incluir frases que nadie nunca imaginó decir, como *no hay que doblar las patas de la mesa* o bien *que sea la última vez que me evaporás el agua de la bañera.* Durante esos tres años iniciales de vida Miranda fue mucho más que un bebé travieso: fue un duende, un *imp*.

Pat entendió que debía enseñarle a controlarse antes de que llegase a la edad de escolarización. Una vez que se viese obligada a socializar, el más mínimo desvío de la normalidad podía traducirse en escándalo, y por ende en publicidad indeseada.

"La mayoría de los padres enseña a sus hijos a no mearse encima", dijo Pat en el balcón, echando un vistazo al bultito inmóvil sobre el camastro. "Yo tuve que enseñarle a no mearse, y a no mover las cosas con su mente, y a no joder con las temperaturas, y a no canturrear en idiomas raros que terminan armando quilombo."

La circunstancia obligó a Pat a adoctrinar a su hija para que respetase las convenciones de la normalidad. Lo anormal era todo aquello que los demás niños no podían hacer aun cuando ella pudiese. Hacer bailar solas a las muñecas era anormal. Convertir el puré en soufflé de chocolate era anormal. Lo más difícil era conseguir que Miranda diferenciase aquellas cosas que los niños normales sí podían hacer pero que ella, aun pudiendo, no debía: como cantar, por ejemplo. Los chicos normales cantaban y no pasaba nada. Miranda cantaba y algo cambiaba en el aire, y si la letra era muy explícita algo de lo que describía podía ocurrir, o al menos insinuarse en el mundo físico. Las canciones del jardín de infantes eran un catálogo de peligros potenciales. Pat temía recibir un llamado que la informase de una epidemia de barbas de tres pelos, o de la irrupción en la escuela de un elefante que respondía al nombre de Trompita.

Pat aborrecía este costado de la educación que debía impartir, porque resentía la diferenciación entre lo "normal" y su presunto negativo. ¿Qué es lo que diferencia a una persona normal de una anormal? ¿Sus costumbres, o aquello que hay dentro de su cabeza? ¿Puede la normalidad ser determinada por algún tipo de test, o es una cuestión matemática: normal es lo que hace la mayoría, en lugar de ser el resultado de otro tipo de regulación? ¿Qué es lo normal, se preguntaba Pat, en un país que produce todo tipo de alimentos y aun así hambrea a su gente? ¿Qué es lo normal en un país donde miles de personas pueden ser secuestradas, torturadas y arrojadas al mar sin que nadie se entere?

Hubiese deseado ser más selectiva, y dejar que Miranda disfrutase en alguna medida de sus extraños talentos. Pero lo más práctico era prohibirle todo uso de sus poderes, a no ser que estuviesen en su casa y solas, y aun así con la mediación de un permiso expreso. En ese contexto de represión Pat alentó el canto de *La batalla del calentamiento* no sólo por su utilidad en las noches frías, sino porque era la única forma que había encontrado de manifestarle a Miranda que la aceptaba y la amaba aun en su excepcionalidad. Cuando cantaban la cancioncita, era difícil saber quién de las dos era la más poderosa, y a quien debía atribuirse la autoría del prodigio.

LXIX. Más sobre aquella noche, que también incluyó disquisiciones teológicas y alguna hipótesis sobre el destino de la especie

"¿Qué es eso?", preguntó Pat, señalando por encima de la baranda del balcón.

La noche se había llenado de escamas. Estaban en el aire, por todas partes; las llevaba el viento.

"Ceniza", dijo Teo. "Sale de la chimenea. Andá a saber qué estarán quemando."

Se quedaron un rato en silencio, siguiendo las evoluciones de los desechos que escupía la fábrica. Pat encendió otro cigarrillo, solidarizándose con la producción de escamas, y retomó el relato sobre Miranda.

"Entonces, justo cuando la tenía bien educadita, en el momento en que había aprendido a controlarse como una *lady*," dijo Pat, "empezaron las convulsiones".

Pat creyó que los ataques formaban parte del mismo fenómeno: Miranda debía hacer esas cosas porque tenía un tumor dentro de la cabecita, o una anormalidad en la constitución de su cerebro. Pero los médicos no encontraron nada. (Nada que estuviesen preparados para ver, en todo caso.) Cansada de tantas pruebas, Miranda empezó a doblar las agujas de las jeringas que pretendían inyectarle. Pat la convencía de que era por su propio bien, o en el peor de los casos amenazaba con no volver a comprarle Coca-Cola: eso no fallaba nunca.

Teo preguntó si había encontrado alguna explicación para el fenómeno.

"A veces pienso que se trata de un salto evolutivo", dijo Pat. "Que Miranda es una adelantada, y que en el futuro toda la especie humana va a tener características similares."

"Ojalá tengas razón", dijo Teo, "porque en ese caso significaría que todavía estamos evolucionando. A veces pienso que ya tocamos nuestro techo y que vamos a seguir siendo tal cual somos, una especie de máxima agresividad, hasta que algún enajenado patee el castillito y haga sonar las trompetas del Apocalipsis." Pero después de decir esto se arrepintió, puesto que no quería que Pat pensase en arcángeles con espadas flamígeras, y se apresuró a cambiar el rumbo de la conversación. "Yo sé lo que opinás de la Iglesia y de los curas, lo tengo clarísimo, pero decime: ¿alguna vez pensás en Dios?"

Pat apuró el último trago de su cerveza y puso cara de asco, parecía pis.

"¿Dios? ¿Qué es eso?"

"Hay días en que pienso que Dios es la inteligencia suprema. Una cabeza enorme, envidiable, que está por detrás de este tinglado, previéndolo todo, ¡hasta tu salto evolutivo! Y hay días en que pienso que es un chapucero. Me lo imagino como un *nerd*. Un tipo que es muy bueno para algunas cosas... para jugar con los ladrillitos de la materia, por ejemplo... y un completo inútil para otras. Su relación con los humanos, sin ir más lejos. Por eso vive ofendido, porque no lo valoramos como cree merecer. El tipo está convencido de ser un genio y nosotros lo menospreciamos, o peor todavía: lo ignoramos. El resto del tiempo vive asustado por las consecuencias de sus actos. Yo supongo que Einstein no debe haber previsto que sus teorías iban a contribuir con la construcción de bombas, que su talento podía ser instrumental a la maldad; creo que el tipo no vio tan lejos... el libre albedrío es fantástico pero hay que tener espaldas para bancárselo: Auschwitz no es un error en el sistema sino una demostración de su funcionamiento... y por eso asumo que Dios vive escondido, en un exilio autoimpuesto. No le da la cara para hacerse cargo de lo que puso en marcha. ¡Teme que lo corramos a cascotazos! Yo entiendo que, por más que haya pretendido vendernos lo contrario, el tipo no es todopoderoso. Por lo pronto no puede borrar el pasado, no puede borrar sus propias cagadas: sólo puede operar sobre el presente al igual que nosotros, corregir lo que hay, como un escritor apurado por los tiempos de la imprenta que él mismo echó a andar."

El viento echó una palada de cenizas encima del balcón. Como no quería que le lloviesen encima, Teo se metió adentro del cuarto.

"A veces pienso que Dios dejó correr el agua en estos años", dijo desde allí. "Que esperó a ver si algún régimen le demostraba que se había equivocado, que el libre albedrío podía ser eliminado de cuajo y que los hombres iban a estar mejor así."

Pero Pat se había quedado en el balcón, entrecerrando los ojos.

"Dios no existe", dijo mientras se dejaba alcanzar por la lluvia gris. "Yo lo sé porque lo busqué por todas partes y no lo encontré, ¡hasta en el infierno lo busqué!, y no estaba, te juro: puedo dar testimonio."

Teo la observó desde el cobijo de la habitación; parecía dispuesta a aceptar un destino de estatua. Le preguntó:

"¿Ni siquiera creés que hay una fuerza vital, una energía de la que da testimonio un universo que se expande, una vida que se complejiza y multiplica?"

"Ya te lo dije, no creo en Dios."

"Pero creés en el demonio."

"Creo en la maldad del hombre."

"¿Y en la bondad no?"

"No me consta. ¡No la veo por ninguna parte!"

Teo abrió su mano y la agitó, tratando de que Pat lo viese.

"Lo tuyo no es bondad", dijo ella, arrojando la colilla a la calle. "Vos estás conmigo porque todavía te caliento, y por lo tanto seguís tratando de cogerme."

"Ni que fueses la única mina del planeta."

"No soy la única, pero soy la mina con que te encajetaste."

"Podría encajetarme con otra en cualquier momento."

"La química de tu organismo sigue enganchada al mío. ¡Así como nadie se enamora a voluntad, tampoco se desenamora!"

"¿De verdad pensás que yo sigo con vos de puro egoísta?"

"¿De verdad pensás que estás conmigo por puro altruísmo?"

"¡Claro que no! Entiendo la atracción del sexo, la necesidad de la posesión. Pero a la vez estoy seguro de que existe algo más. Un impulso a la ternura que trasciende lo sexual. Un deseo de que el ser amado esté bien, y sea feliz, aunque no nos pertenezca. Ya sé que es un rasgo apenas insinuado, que recién empezamos a desarrollar como especie y que casi siempre sucumbe al empujón de lo primitivo, de lo bestial que todavía conservamos. ¿Pero no me darías el beneficio de la duda? ¿No aceptarías la posibilidad de que haya en mí algo más, además de la calentura y del instinto de posesión?"

Pat no respondió de inmediato, tal como Teo hubiese deseado.

El silencio lo lastimaba. Decidió contraatacar.

"Vos pensás en negativo, nomás. Pero en el fondo, que el padre de Miranda la esté buscando es bueno. El tipo querrá protegerla, ayudarla..."

"No tenés ni idea de lo que decís", lo cortó Pat. "¿Vos te creés que la busca porque piensa en ella? ¿Te creés que dedica un segundo, aunque más no sea, a considerar el bienestar de Miranda? Todo lo que existe en su caso es vanidad. El deseo de asegurarse un espejo, una imagen que prolongue su existencia. Eso es lo que haría si la tuviese: formarla para que sea su versión femenina, una extensión de sí mismo. ¡Algo que no voy a permitir!"

Teo le dio la espalda y caminó hasta el catre donde Miranda dormía. La niña tenía la boca entreabierta, los labios unidos por un hilo de saliva. Parecía una criatura normal, pero Teo sentía deseos de despertarla y de pedirle que obrase maravillas.

"Lo único que sé", dijo en un susurro, "es que cuando la veo pienso que este universo no puede ser del todo malo. Me pasa con todos los chicos en general, altos y flacos, gordos y bajos, pero sobre todo con ella. Si existe algo como Miranda esta historia debe valer la pena, aun cuando no terminemos de encontrarle la vuelta."

El gigante miró entonces a Pat, que al fin había entrado en la habitación. Su melenita estaba gris, al igual que sus hombros.

"Estás llena de ceniza", le dijo. "¡Parecés canosa!"

Teo le pasó la mano por la cabeza, quitándole las escamas.

"¿Y cuál es tu veredicto? ¿Te voy a seguir gustando cuando sea vieja?"

"Sos una viejita calientapijas, eso es indudable."

Pat le pegó un puñetazo juguetón, no quería que Miranda oyese barbaridades.

Teo quitó una escama que se había pegado en la mejilla de Pat, debajo de un ojo. Pero al hacerlo le dejó una mancha sobre la piel, una lágrima negra que no pudo borrar porque Pat se metió entonces dentro de su pecho, en busca de un abrazo.

Se quedaron viendo a la niña, que respiraba con calma.

"¿Qué es lo que hace cualquiera después de mandarse una cagada?", dijo Teo. "Pide perdón y regala flores o algo más importante, dependiendo de la gravedad del moco que haya hecho. Eso es lo que pienso cuando la veo. Que Dios sabe que se mandó una cagada y que Miranda es su ramo de flores. Su forma de pedir perdón."

Pat no dijo nada, tan sólo se estremeció entre los brazos de hierro. Pero por dentro pensaba que daría cualquier cosa por ver lo que Teo veía. Pensaba: ojalá pudiese.

LXX. La versión de Miranda

¿Y cómo se llevaba Miranda con sus aptitudes de hechicera?

Al principio era algo natural, que surgía en ella con espontaneidad. Los poderes resultaban tan propios de su persona como la habilidad de flexionar el brazo para rascarse la nariz, y en consecuencia los manejaba con la misma falta de reflexión: puro instinto motriz, brotando solos en presencia de un deseo.

Durante mucho tiempo no advirtió siquiera que canturreaba al usarlos, del mismo modo en que muchos canturrean mientras desarrollan una actividad placentera, sin imaginar que entre canto y acción podía haber algo similar a causa y efecto.

Cuando era muy pequeñita no sabía qué eran esas melodías, esas palabras que cantaba. Emitía los sonidos que su deseo le dictaba, y ese canto producía, o al menos acompañaba, el cambio deseado. A veces necesitaba tan sólo que un soplo de aire se desprendiese de sus labios. Con el tiempo empezó a sospechar que ni siquiera se trataba de lo que cantaba (a veces improvisaba melodías y palabras, a veces usaba fragmentos de las canciones que ya sabía o que oía en la Spica, o recombinaba esos sonidos y esas palabras), sino de cómo cantaba, y en qué circunstancias.

En presencia de esas músicas la realidad se transformaba. Esto no debería sorprender, ya que ocurre lo mismo con cualquier sonido. El mundo es una cosa cuando este piano está en reposo y otra distinta cuando tocamos una de sus teclas, no sólo porque lo oímos, sino porque su vibración afecta a los objetos que están a su alcance. En general percibimos sus manifestaciones extremas: sabemos que un sonido agudísimo puede quebrar cristales, y que uno gravísimo los hace vibrar. Miranda era incapaz de decir si era su música la que cambiaba las cosas, o si las transformaba la voluntad por detrás del sonido, o la técnica empleada al proferirlos; era demasiado pequeña para efectuar una distinción semejante. Pero ya había percibido que sin canto no había cambio alguno.

Lo cierto era que había perfeccionado sus poderes con el uso, como la capacidad de caminar y de expresarse mediante el lenguaje. Y que acorde con su infancia, los había empleado en los vericuetos del juego o para satisfacer sus necesidades. Habiendo vivido su vida a la sombra de Pat, a quien amaba con locura en devolución de su fervor vigilante, no había conocido el dolor y el displacer más que por los cuentos. El padre ausente y el abuelo malvado tenían para Miranda la misma consistencia que el lobo de Caperucita: persuasiva, pero no del todo real.

En la tibieza de su vida primera, los poderes fueron una forma de conocimiento, una exploración del mundo a su alcance; en el peor de los casos cobraban la forma de una travesura mayúscula, casi nunca deliberada.

Al ir creciendo descubrió el dolor de la pérdida: de los sitios a los que se había habituado, de las pocas personas a quienes su madre abrió la puerta. En el vacío generado por este sentimiento sus poderes se volvieron más imprecisos, a la vez que más fuertes. Podía hacer más cosas que antes, eso estaba claro. Pero antes la vida era tan simple como identificar un deseo y complacerlo. Ahora tenía deseos que no podía identificar, y que no lograba resolver por más que los poderes le bullesen dentro. A veces se sentía triste sin saber por qué. A veces los sonidos del mundo confluían en un La ensordecedor, que no lograba apagar por más que se llenase las orejas de algodón.

Fue en una tarde de esas que Pat decidió irse de La Pampa (otro puerto de su exilio), y que Miranda se robó la Spica de José Luis, el novio que su madre tenía por entonces. Cuando Pat descubrió el hurto, su impulso fue el de quitarle la radio e imponerle un castigo. Pero se sentía culpable por el despojo a que la había sometido, y además le constaba el placer que Miranda encontraba en la escucha. Decidió que si alguna circunstancia justificaba el olvido de la moralidad convencional, era aquella por la que atravesaban. Y así Miranda conservó la Spica.

Sorteó las etapas iniciales de la escolaridad sin sufrir más sinsabores que un porrazo, o el arrebato de algún elemento con el que jugaba. Nunca le dirigieron agravio más hiriente que el de *pecosa.* Por eso la maldad desordenada y sin sentido aparente de Demián la tomó por sorpresa.

A esa altura ya había aprendido a controlar sus poderes. Por regla general nadie se cuestiona funciones que le son naturales, hasta que le ocurre algo al cuerpo que las compromete (el asma, por ejemplo, obliga al enfermo a objetivar su capacidad de respirar) o alguien desde afuera califica, y por lo tanto redefine, su existencia. En el caso de Miranda, este rol le cupo a su madre. Pat le enseñó a Miranda a controlar sus esfínteres, pero también le enseñó a controlar sus poderes, que se vería obligada a reprimir casi siempre. Debió remarcarle a la niña lo excepcional de sus habilidades, y lo inconvenientes que eran a consecuencia misma de su excepcionalidad, mucho antes de que Miranda estuviese en condiciones de reflexionar sobre ellas. En consecuencia, creció creyéndose distinta (la socialización le enseñó que también lo era en otros aspectos, por ejemplo en su falta de padre) y un tanto inadecuada para el mundo en que le había tocado vivir.

Pat nunca le dijo que sus capacidades eran malas en sí mismas, pero si no lo eran, ¿por qué no podía usarlas cuando quería, de acuerdo a su criterio? El hecho de que debiese reprimirlas no auguraba nada bueno. Miranda, pues, sospechó siempre que había algo inconveniente en ella. Pero la mayor parte del tiempo creía que las reconvenciones de su madre eran exageradas, y por eso aprovechaba los momentos de soledad para reconectarse con sus capacidades ocultas: las empleaba para jugar. Eso era lo que le había pasado con los pájaros de plastilina que provocaron el escándalo en la escuela. Le habían salido tan lindos que olvidó que no estaba sola, y el deseo de verlos moverse fue más rápido que el mecanismo de censura.

Ya llevaban algún tiempo en Monte Abrasado cuando Miranda confesó a Teo que también había usado sus poderes en otras oportunidades —siempre a escondidas de Pat.

Aquella vez en que la señora Pachelbel se enfermó y Teo la dejó a su cuidado, por ejemplo: en ese instante deseó que se pusiese bien y la tocó con su mano. Enseguida se sentó, dijo Miranda, y ya podía hablar. Teo recordaba con vividez la picazón en su propia herida, aquella que le produjo la rama; revivió el contacto de la mano de Miranda y la prodigiosa cicatrización de sus tejidos. Le preguntó si también había tenido que ver con esa curación. Miranda le dijo que lo había curado "despacito", con un soplo insonoro, para que su madre no protestase.

Algunas veces ni siquiera era consciente de estar usando sus talentos, como lo hizo al aliviar la borrachera de Teo tocando el vidrio en que apoyaba su frente. En ese momento Miranda había sentido pena por Teo, a quien pensaba víctima de la inflexibilidad de su madre. Todo lo que deseaba era hacerle un mimo; le hizo mucho más.

El deseo era el motor, siempre. Sólo podía usar sus poderes para cosas que desease de verdad. Una vez Teo le preguntó si no sería capaz de doblar una cucharita con el poder de su mente, como hacía un tal Uri Geller. Miranda lo miró como si fuese el gigante quien tenía seis años en lugar de ella y le dijo que no, que no doblaba cucharitas por una simple razón: ¿para qué sirve una cucharita doblada?

Miranda no podía cumplir pedidos absurdos como el de la cucharita, en tanto no encontraba sentido en arruinar un utensilio en perfecto estado; no lograba forzarse a desear algo. Por eso el trauma que rodeaba a la muerte de Demián. Miranda entendía que debía haber deseado esa muerte. Y descubrir que podía desear algo tan malo la abrumaba. ¿Qué pasaría si los malos deseos se hacían más frecuentes?

Teo le explicó que toda la gente tiene impulsos dañinos, que tan sólo era cuestión de aprender a controlarlos, y que ese proceso era parte habitual, y también necesaria, de la vida. Le contó que él mismo había reprimido el deseo de golpear a algún niño que lo lastimaba con sus burlas, a sabiendas de que podía hacerle mucho daño.

Pero Miranda no se animaba a aventurarse otra vez en esa zona de voluntad ilimitada que le presentaban sus poderes. Porque para perfeccionar el control debía animarse a la posibilidad del descontrol, y eso era algo que no estaba dispuesta a hacer. El riesgo era demasiado grande. No podía darse el lujo de lastimar a nadie más. Extremista como su madre, prefería ignorar por completo su poder: así fue que lo enterró en lo más profundo de su cuerpo.

Teo no estaba convencido de la bondad de esa represión. En primer lugar, siempre existía la posibilidad de que Demián hubiese muerto por causas naturales. ¿Quién podía asegurarles que no había sido víctima de un defecto cardíaco del que nadie estaba enterado? Frente a esta posibilidad Miranda se cerraba por completo: ella decía saber que no había sido así. Recordaba lo que le había ocurrido a la ventana del aula aquella vez que sintió ganas de agredir a Demián; había desviado su ira a último momento, rompiendo a cambio el cristal. Pero en el Sever ya no ejerció censura sobre sus impulsos. Podría haberlo hecho, como en el patio del colegio. Era obvio que no había querido: su odio había sido más fuerte que cualquier prevención.

El gigante insistía: aun cuando aceptaran que Demián había muerto a causa de Miranda, eso no significaba que la niña debía enterrar sus poderes para siempre. ¿O acaso no los había usado para hacer el bien a mucha gente, y para producir maravillas? Pero Miranda ya no estaba segura de poder diferenciar lo bueno de lo malo, y ante la duda prefería abstenerse.

Ahora todos fingían ser una familia normal, como si no comprendiesen el absurdo de la empresa. La familia compuesta por un gigante, una *banshee* y una niña con poderes no estaba muy lejos de las fantasías de Charles Addams, aun cuando el gigante fingiese no serlo, la *banshee* aullase sólo por dentro y la niña se soñase igual a todas.

LXXI. Introduce un concepto de gran utilidad para comprender la argamasa que mantiene unidos a los tres protagonistas

Al reducir las motivaciones de Teo a la lujuria y el deseo de posesión, Pat se cerraba a la posibilidad de un amor más generoso y desconocía, a la vez, otro de los fuegos que aviva la conducta humana: el impulso de formar una familia.

¿Por qué siguen existiendo las familias, aun cuando la institución fue dada por muerta tantas veces? Porque a pesar de las agresiones recibidas, entre las que se cuenta el impacto económico que limita la cantidad de hijos y recomienda deshacerse de los viejos, las familias no mueren sino que se reinventan. De todas las creaciones de la especie es quizás la más proteica —y la más duradera.

Las familias del tiempo de Teo y de Pat ya no se parecen mucho a la noción tradicional, pero siguen construyéndose alrededor de la misma esencia: son un núcleo humano unido por un amor más profundo que el amor romántico, que siempre fue frívolo y no soporta gran peso sobre sus hombros desnudos. Es aquella gente con la que contamos y que cuenta con nosotros, llueva o truene. La sangre es un componente posible pero no necesario de la ecuación. Algunos amigos son familia. La familia de algunos amigos es familia. Parientes de mínima consanguinidad, o relación política, son familia. Ni siquiera aquellos que han sido dañados o descuidados por los suyos, ni siquiera aquellos que nunca formaron parte de una sociedad semejante, eligen la soledad o el individualismo como la opción más natural. A su manera, aunque más no sea por oposición a lo que los dañó, se procuran *otra* familia.

Respecto de los motivos que la hacen deseable... En algún tiempo nada importó más que la sensación de pertenencia a un grupo, con la identidad que se desprendía de ella. La familia sistematizaba la creación de nuevas generaciones, mientras sus tabúes se ocupaban de prevenir la endogamia; a la vez ordenaba los trámites sucesorios, facilitando el traspaso de tierras, de saberes y de herencias. Pero con los siglos los grupos de pertenencia se multiplicaron, haciéndola prescindible y quizás redundante: la identidad podía desprenderse del nacionalismo, de la etnia, de la opción política y también, *rebus sic stantibus*, de la deportiva. El contrato formal comenzó a ser visto como un engorro, un engendro pensado para favorecer a las ex mujeres y a la casta de los abogados. Y sin embargo, aun cuando todo en la idea de familia remitía a yugo, a convención y a inmovilidad, el hombre siguió buscando su amparo, y sigue todavía.

Habrá quien sugiera que las familias de este tiempo no son tales, sino versiones degradadas de algo que alguna vez tuvo valor verdadero. Es cierto que en el lapso de una vida, un hombre puede haber cambiado de familia muchas veces de acuerdo con un criterio funcional: cuando un lazo al que supusimos duradero se muestra lábil, lo anulamos y reemplazamos por otro similar. Pero lo que importa aquí no es tanto la calidad del lazo, sino lo que el hombre demuestra al reincidir. Que precisa del vínculo. Que valora la alianza. Que está dispuesto a prestarle sus brazos.

Los relatos creacionistas sugieren que un Dios o demiurgo creó a la humanidad para que lo adore, o para que complete y vigile su Creación, o para que reine sobre ella. En su seriedad un tanto extrema, estos planteos soslayan la intuición de que un Ser Supremo increado, es decir alguien a quien nadie parió ni crió y a quien nadie acompaña, no debe tener motivo más poderoso para crear otros seres a su imagen y semejanza que el de procurarse una familia.

Alguien que lo abrace. Alguien que lo escuche. Alguien con quien jugar.

LXXII. Donde se revela que el peso de la familia es tan grande, que actúa hasta en aquellos que no saben que lo son

Los romances secretos son un elemento de valor en todo melodrama, y por eso se los contiene *in pectore* hasta el momento en que su revelación obtendrá mayor efecto.

El melodrama es un destilado de obsesiones humanas: las identifica, las purifica, les da forma estética y las ubica en una estructura narrativa. La fuerza del melodrama, y su perdurabilidad por encima de otro tipo de relatos, se funda en que ha elegido algunas de obsesiones más profundas de la especie. Es verdad que recurre a los romances secretos con una frecuencia que parece abusiva. Pero al contrastar con la vida real, se descubre que el melodrama juega esta carta con la discreción de un monje budista. Los romances secretos son más frecuentes en la vida que en el melodrama. Y la causa de que los lectores reaccionen ante su inclusión en el relato es simple: reconocen el valor de un romance secreto porque todos tienen, o han tenido, un romance secreto.

En su mayor parte se trata de romances reales, conducidos en las sombras. Muchos han muerto ya, pero siguen ocultos debajo de la hojarasca del pasado, a sabiendas de que su divulgación podría alterar el curso de varias vidas.

En el caso de aquellos que no han experimentado estas turbulentas emociones, existe una explicación. Algunos romances no llegaron a ser tan sólo porque el amante no fue correspondido por su amado. Y en el caso de los que nunca tomaron la iniciativa ni aceptaron la propuesta de otro, está claro que protagonizaron romances aunque más no fuere en el territorio de su imaginación. No existe quien no haya idolatrado en secreto a alguien real o imaginado (una estrella de cine, por ejemplo), y que no se haya dicho que en caso de ser correspondido, rompería todos los lazos y quemaría todos los puentes, sacrificando si es preciso el *amor sui*, el apego a la propia vida, en la pira del *amour fou*.

Todo el mundo ha viajado en esa nave. Es un espejo en el que nadie dejará de reconocerse; y en este espacio que el espejo abre más allá del muro, nos permitimos referir la historia del encuentro que puso sangre Sachs en las venas de los Caleufú.

La abuela de David trabajó durante años en el hotel Edelweiss. Era una mujer brava y cerril, de una belleza insólita para los cánones europeos. Ella, a su vez, nunca había conocido a un hombre más limpio y más blanco y más amable y más perfumado que *herr* Sachs: la atracción de los opuestos.

Una noche de agosto de 1928 Heinrich Maria Sachs bebió de más, con las devastadoras consecuencias que el alcohol produce en las víctimas del despecho. Al término de un largo coqueteo, el joven en quien había depositado sus esperanzas lo había despreciado de la peor forma: tratándolo de viejo y escogiendo, en su lugar, a una mujer.

Esa noche Sachs dio una de las mejores actuaciones de su vida. Poco después el restaurant del Edelweiss quedó vacío, con la sola excepción de su estrella máxima, que se dedicaba a beber entre bastidores. Sin embargo había alguien más en el local, una persona que siempre estaba allí aunque tendiese a confundirse con el mobiliario: la mujer que se encargaba de la limpieza. Desolada ante las lágrimas de su patrón, la abuela de David intentó darle consuelo. No entendió nada de lo que decía; no intentó decir nada. Pero el cuerpo tibio y las caricias obraron el milagro, y Sachs consumó entonces su único desliz en una vida de intachable homosexualidad.

El resultado de ese encuentro entre tinieblas fue la madre de David.

Sachs y la abuela no se hablaron después de aquella noche. La mujer consiguió otro trabajo. Nunca formuló reclamos ni reproches; prefirió conservar las formas, y dejar que su marido criase a la niña como si fuese propia.

David no sabe que su abuelo materno se rizaba las pestañas e interpretaba una magnífica versión de *Die Beine von Dolores.* Quién sabe qué pensaría de enterarse, qué secreta conmoción alumbraría su alma. Pero sin dudas repararía en las dos circunstancias que todavía mezclan su historia con el destino de Sachs. Una ya fue registrada, es la obsesión de David por la preservación del Edelweiss, un misterio que para nosotros ya no es tal. La otra circunstancia es diaria y la provee su hijo Salo, el mejor amigo de Miranda.

Salo es moreno y morrudo y callado, aunque por supuesto no tanto como su padre, pero tiene un rasgo que lo singulariza. Cuando el sol les pega de lleno, los ojos de Salo exhiben un reflejo azulado que Vera y David Caleufú nunca ven, porque no esperan verlo. Quién sabe qué pensaría Sachs al descubrir sus ojos brillando en la cara del indio, qué diría en su español sacado de un chiste de Fritz y Franz, que canción le cantaría acodado sobre el piano de Manolo Anzuarena. Lo cierto es que su luz sigue presente en su bisnieto Salo, en el fulgor de esos ojos cuando se permiten la picardía.

Miranda dijo alguna vez que Salo parecía mayor cada vez que sonreía. Y quizás lo fuese.

LXXIII. Relata cómo fue que David Caleufú dio con un tesoro, y en el más oportuno de los momentos

Esto que referimos tuvo lugar el domingo 9 de diciembre de 1984. David Caleufú visitó el Edelweiss a media tarde, con la intención de despedirse. A primera hora del día siguiente las máquinas lo demolerían.

Tal como David temía, Krieger había renegado de su promesa una vez que las obras del Holy B se pusieron en marcha. Alentado por una furia que en su exterior era idéntica a su alegría, o a su nerviosismo, David pensó en renunciar. Pero Vera lo disuadió, como lo hubiese hecho cualquier esposa sensata. (Esto es, recurriendo a amenazas.) ¿Cómo iba a dejar un trabajo respetable y bien pago a causa de un capricho? Aun admitiendo que Krieger había faltado a su palabra, ¿qué sentido tenía ganarse un enemigo tan poderoso por razones tan endebles como la estructura del Edelweiss?

Acorralado por los argumentos de su mujer, David hizo lo único que podía hacer: fue a decirle adiós al viejo hotel.

Recorrió todos y cada uno de sus pisos. Miraba y suspiraba, tratando de grabar en su mente esas imágenes que ya nadie volvería a ver, los cuartos vacíos, la marca de los cuadros sobre las paredes, la forma en que la luz entraba por las persianas picadas, los baños despojados de sus enseres —una boca desprovista de dientes.

Al llegar al que fue en su gloria despacho de Sachs, descubrió que había quedado allí un viejo armario. Tenía una pata rota, razón por la que nadie había querido llevárselo, pero no era nada que David no estuviese en condiciones de reparar. Se le cruzó que podía cargarlo en la chata y obsequiárselo a Vera, a modo de compensación por los dolores de cabeza que le había provocado.

Cuando movió el armario descubrió que ocultaba una puerta de metal, empotrada en la pared. La puerta tenía manija y una cerradura, pero nadie le había echado llave.

Adentro había chucherías: una condecoración, un camafeo con el retrato de la madre de Sachs, una serie de cartas en alemán, una brújula de origen suizo. Pero además había dos documentos escritos en perfecto español. El primero era una carta. *Mi querido señor,* decía con letras rudimentarias, *le doy gracias por las cosas que me hiso llegar para la nena pero le pido que no mande mas, la nena esta bien tiene todo y no quiero que el padre sospeche mejor que no sepa y la nena tampoco, menos mal que no salio rubiesita aunque tiene sus ojos. Mil gracias, Macacha.*

David leyó el texto con desgano, no le decía nada, aunque no dejó de observar que la firmante llevaba el mismo nombre de su abuela.

El segundo documento era más claro en sus significados. Se trataba del testamento de Heinrich Maria Sachs, redactado y validado por un abogado de Río Negro que firmaba al pie de las páginas tantas veces como el dueño del Edelweiss. Salteándose la jerigonza introductoria, David se fue derechito al punto en que Sachs decía legar todas sus propiedades a su hija natural, María de la Luz Painemal, en carácter de única beneficiaria.

David releyó ese párrafo cuatro o cinco veces, sin dar crédito a su suerte. La única María de la Luz Painemal que conocía en el pueblo era su propia madre, la esposa del difunto Josué Caleufú.

Se olvidó del armario. Vera sabría entender.

Aunque tenía una idea clara del significado del documento, no quiso correr riesgos. Salió como un cohete del Edelweiss y se fue a lo del Tacho, convencido de que a esa altura de la tarde el doctor Dirigibus ya habría transformado el largo almuerzo en un temprano vermouth.

Quizás estuviese a tiempo, todavía, de detener la demolición del hotel.

LXXIV. Dedicado en su esencia a las noticias que llegan desde Santa Brígida

Habrá notado el lector que regresamos a Santa Brígida sin mediar aviso alguno. Ocurre lo siguiente: aun cuando pudiese parecer lo contrario, la historia no se apartó nunca del pueblo y aledaños. Allí empezó, allí regresará cuando sea tiempo y allí culminará.[15]

Existe un motivo por el cual retomamos el contacto con Santa Brígida en este lugar. Durante la temporada inicial del exilio el gigante recibió cartas de Dirigibus con ritmo semanal, en papelería de color variable que Teo imaginaba determinada por el traje empleado el día de la escritura.

Le llegaban a una casilla de correo y no a la casa, porque Teo no quería que Pat supiese que seguía comunicado con el pueblo; con similar precaución le pidió a Dirigibus que no divulgase su paradero. El jurisconsulto accedió sin reclamar explicaciones. Creyó que Teo pretendía estar fuera del alcance de los Centurión, en caso de que intentasen hostigarlo de alguna forma por su dolor sin consuelo. Las verdaderas razones de Teo eran bien distintas, como ya estamos en condiciones de apreciar.

Dirigibus era un cronista vivaz e informado. Le dijo que la cabaña estaba en condiciones inmejorables, supervisada por David Caleufú y plumereada por Vera con periodicidad, "lo cual terminará demostrando, *Deo adiuvante*, que tus temores de que una turba enfurecida le prendiese fuego eran infundados." Le contó también que la autopsia de Demián había confirmado el dictamen de muerte natural, algo que Teo hubiese querido que Miranda supie-

[15] Las limitaciones del relato lineal obligan a los narradores a contar un trozo de la historia por vez, sugiriendo que aquello que no se está narrando no sucede en verdad, o ha quedado suspendido en el tiempo. Pero la vida procede de otra forma. Los días en Santa Brígida siguieron sucediéndose en ausencia de Teo y de Miranda, y lo hicieron de la misma forma a su regreso. Es más, nos consta que continuaron en la misma tesitura hasta el presente, desobedeciendo la voz de alto expresada en el punto final de este libro.

se pero calló para no revelar sus fuentes. (Intuía, de cualquier forma, que la noticia no modificaría la convicción de la niña de ser culpable *ab irato*.)

Lo puso al tanto de que los Centurión habían levantado su casa y regresado a Buenos Aires, llevándose consigo los restos del pequeño: necesitaban empezar de nuevo en un sitio que no estuviese cargado de recuerdos. Le habló de las obras del Holy B, que por entonces parecían imparables, y confesó que el padre Collins había abusado de su dilección por el alcohol para sonsacarle información sobre Miranda y sobre Pat. "Deberían prohibirle a ese hombre que formule preguntas lejos del confesionario", escribió Dirigibus, "del mismo modo en que se prohibe a un verdugo llevarse el trabajo a casa. ¡Un fernet más, y habría terminado contándole hasta mis fantasías sexuales!"

Dirigibus no hablaba en sus cartas sobre la señora Pachelbel. En alguien tan expansivo como el jurisconsulto, el silencio sólo podía significar problemas. Teo se solidarizaba con su decepción amorosa; le habría ofrecido el hombro para llorar, aunque más no fuese de manera metafórica, pero no tenía tanta confianza como para desplegar el tema a la luz del día. Todo lo que se animó a hacer fue preguntarle, en una de sus propias cartas, qué sabía de la señora Pachelbel. Por las alusiones que Dirigibus hizo semanas después Teo entendió que había recibido la carta en cuestión, pero aun así el mutis que guardaba sobre la mujer siguió siendo impenetrable.

"Por lo demás, mi querido coloso, la vida en Santa Brígida prosigue su marcha imparable", le escribió entonces en tinta azul sobre papel celeste. *"Si pudieses vernos dirías que estamos igual que siempre, aunque vos y yo sepamos que eso es imposible. La ley de este universo no permite que nos engañemos al respecto. Estamos condenados al cambio. Nuestros organismos se modifican a cada segundo, y alrededor nuestro los átomos bailan su danza inquieta. ¡Ni siquiera yo soy ya quien era cuando empecé esta carta! Todo lo que nos queda es la esperanza de que ese cambio se verifique acorde a la naturaleza, es decir de forma pausada y orgánica, en vez de precipitarse con el estruendo de la violencia."*

La carta continuaba así: *"Debería decir, sin embargo, que no consigo echar mano a ese consuelo en estos días. Krieger solicitó al gobierno comunal que impida la libre circulación de animales domésticos. Una medida que, de prosperar, alejaría de nuestras calles y techos a las cabras que siempre consideré las verdaderas dueñas del lugar. Parece ser que los extranjeros a quienes Krieger aspira hospedar desconfían de aquellos animales que no han sido vacunados, y que circulan por las mismas sendas que uno. Así que con tu permiso, concluiré aquí esta carta y saldré a verlas y pisaré su mierda y dejaré que coman de mi mano y mordisqueen los fondillos de mis pantalones, antes de que las declaren ilegales y las fuercen a ausentarse del paisaje. Cuánta razón asistía a Ovidio en su* Metamorfosis*:* 'Tempus edax rerum'".[16]

El inconfundible estilo de Dirigibus le permitía imaginar su voz mientras leía, y por ende creerse en su presencia. A Teo le gustaba fingir que nunca se había ido de Santa Brígida y que todo estaba como entonces. En su fantasía Pat seguía cociendo frutas y Miranda volvía a su escuela y el niño malévolo todavía hacía de las suyas. Que Demián cometiese desmanes era un elemento clave del sueño porque significaba que no había muerto, y si Demián no moría en el sueño eso significaba que ellos tampoco, Demián recuperaba su vida para que ellos pudiesen retomar las suyas, sus hermosas vidas, en el punto en que la tragedia las había cortado a todas.

[16] *Oh, tiempo devorador de las cosas.* (*Metamorfosis,* 15, 234.)

LXXV. Crónica de una excursión dominguera, con descubrimiento incluido y eventual accidente

Con el alma más ligera a causa del dictamen forense, Teo quiso transmitir ese optimismo a sus mujeres. Como no podía hacerlo de manera directa, dado que la revelación de su fuente lo metería en problemas, decidió impulsar una acción que le permitiese exteriorizar su alegría en compañía de Pat y de Miranda —pero sin llamar su atención.

Hizo sus averiguaciones, que le resultaron más trabajosas de lo que esperaba (esa región de Santiago del Estero no abunda en atracciones turísticas), y al fin consiguió armar una propuesta que puso a consideración de la amable platea femenina. Se trataba de una simple excursión, un picnic con pretensiones: irían a conocer del dique de El Mollán, almorzarían al borde del lago y regresarían al caer la tarde.

El anuncio fue recibido con escepticismo. Miranda ya conocía suficientes diques como para haber comprendido lo obvio: que las represas eran obras de ingeniería desprovistas de encanto alguno. El hecho de que los adultos insistiesen en peregrinar hacia los diques le producía un explicable fastidio. En este punto Pat era más permeable. La idea de aproximarse a una enorme extensión de agua le producía una excitación casi sexual, con la que Teo había contado desde el principio. Sabía que uno de los rasgos que más la oprimían de Monte Abrasado era su sequedad. Pat se definía anfibia, necesitaba humedad en torno suyo porque si no se ahogaba, sus ojos le pedían verde para no quedarse ciegos. Por eso consideró la propuesta con mejor ánimo que el de su hija.

"Hay balnearios", dijo Teo, apelando a la rana que había en Miranda.

La niña siguió mirándolo con la jeta fruncida.

"Podemos jugar en el agua. Moby Dick es un poroto al lado mío. ¡Yo soy la verdadera ballena blanca!"

Miranda no modificó ni un ápice su expresión.

"Voy a comprar Coca para llevar. Y a preparar sanguchitos", insistió el gigante, quemando sus últimas naves.

La mención de la bebida hizo el milagro. Miranda se sumó a los planes de inmediato. "Yo quiero de mortadela y de salchichón", dijo, dando por sentado el asunto.

Entonces fue Teo quien frunció la jeta. El recuerdo de los viajes junto a su propia madre, que lo condenaba a una monodieta de salchichas de paquete, le revolvió el estómago. ¿Debería someterse a aquel viejo sabor para garantizar el éxito de la excursión?

"¿A cuántos kilómetros queda el dique?", preguntó entonces Pat.

"Trescientos, más o menos."

"Es mucho para ir y volver en el día."

"Yo manejo, no te preocupes."

"Lo digo por el tiempo. ¿No dijiste de ir este domingo? Miranda se tiene que acostar a una hora razonable, porque el lunes se levanta temprano."

Teo estuvo a punto de decir que eso era relativo, dado que la niña no tenía horario. La escuela de una sola persona a que acudía (cuya dirección coincidía, además, con la de la casa que habitaban) podía abrir sus puertas en cualquier momento. Pero la mirada de Miranda lo disuadió de abrir la boca. Ella sabía que Pat se aferraba a los horarios escolares para que no perdiese la costumbre del madrugón al retomar las clases. Y cuando a Pat se le metía algo en la cabeza, no cambiaba ni aunque se la abriesen con un abrelatas y revolviesen adentro con un cucharón.

Pero como estaba dispuesto a todo con tal de complacerlas, Teo buscó fuerzas en un pasaje de la *Eneida* (*Improbe amor, quid non mortalia pectora cogis!*, o sea: *¡Amor cruel, a qué no obligas al corazón de los mortales!*) y se comprometió con ambas. A una le garantizó el salchichón y la mortadela. A la otra le prometió que regresarían temprano.

El domingo amaneció despejado. Teo había dejado todo listo desde la noche anterior. No tenían más que subirse a la camioneta y emprender el camino. El único contratiempo fue la ruta: pasmosa como era, empeoraba durante largos tramos trastocándose en una cinta de grava que protestaba bajo el peso del vehículo. Salieron a las nueve y media. Llegaron a las dos de la tarde.

Una vez allí pasaron a las corridas delante del dique (tal como Miranda esperaba, era un paredón indigno de mayores comentarios) y se instalaron en un balneario que tenía coquetas mesitas a tiro del agua. Contracturado por el viaje, Teo quiso darse un chapuzón antes de comer. El agua reacomodó su osamenta y le masajeó los músculos. Como ninguna había querido acompañarlo en la aventura, nadó un poco y después se limitó a flotar. El resto de la gente que almorzaba allí se dedicaba a mirarlo.

"Un señor dijo que parecías una isla flotante", comentó Miranda a su regreso.

"Decile que digo yo que él se parece a un flan", remató Teo mientras se metía en la boca tres cuartos de sandwich.

Pat casi no probó bocado. No podía quitar los ojos del agua. Durante el almuerzo pareció distraida, participando en las conversaciones casi a su pesar.

No habían terminado de comer, siquiera, cuando le pidió a Teo: "¿La podés cuidar un rato?"

Ni siquiera esperó respuesta. Se descalzó y avanzó hacia la orilla. A pasos de la arena se quitó la camisa y los jeans, que quedaron hechos un bollo allí donde cayeron.

Cuando el agua le besó los pies vaciló un instante. Teo sabía que el agua no estaba fría. Se preguntó qué barrera la habría detenido, a qué prevención respondería esa inmovilidad. Fuese lo que fuese, Pat se obligó a imponerse. Un segundo después se había arrojado de cabeza. Las ondas que generó el chapuzón se expandieron hasta perderse de vista, aros concéntricos que aparecían a intervalos regulares hasta que dejaron de surgir y se desvanecieron por completo. La superficie del agua recuperó su perfección aceitosa, una piel sin mácula. Teo contuvo el aliento, como si fuese él quien buceaba, hasta que vio la cabeza oscura de Pat emerger muchos metros más allá. La saludó con la mano. Ella no lo vio, o cuanto menos decidió no responder, porque empezó a nadar crawl en una línea paralela a la de la costa.

Miranda se había puesto a juguetear con la radio nueva. Lo hacía más por fuerza de costumbre que por placer. Cada vez que la encendía se pasaba un rato investigando el dial de punta a punta. Casi nunca encontraba nada que le gustase y terminaba apagándola. Esa tarde no fue una excepción: Teo oyó fragmentos de folklore, de publicidades, de conversaciones, de tangos, de canciones románticas, y al final un clic. Miranda había apagado la radio. Oírla suspirar a continuación fue demasiado.

"Dale, vamos al agua", le dijo. "Aunque sea a mojarnos un poco, hasta que hagamos la digestión. ¡Si seguimos acá sentados nos vamos a achicharrar!"

"No sé nadar", respondió la niña.

Teo se quedó de una pieza. Nunca se le había ocurrido que una hija de Pat pudiese ser ajena al agua. Pero ahora que repasaba su biografía, comprendía que era casi inevitable. A Miranda le había tocado convivir con su madre el mismo tiempo que Pat llevaba esquivando el mar. Y hasta donde sabía Pat no la había hecho socia de ningún club deportivo: eso implicaba dejarla en manos de otra gente, un sacrificio que sólo estaba dispuesta a hacer en aras de la educación formal.

"Mejor, todavía", dijo Teo, imbatible en su optimismo. "Así te puedo enseñar yo."

Pero Miranda no se movió de su asiento.

"¿Qué pasa? ¿No te gusta el agua?"

"Me gusta. Pero me da miedo."

"Casi todo lo que a uno le gusta da miedo o duele, de una forma u otra. Hay que enfrentarse a esas cosas desde el principio, porque si no uno termina viviendo adentro de un frasco. Vení, acompañame a la orilla", dijo, tendiéndole la mano.

Se sentaron al borde del agua, mojándose los pies y la cola. Pat seguía nadando crawl allá lejos, como si estuviese empeñada en batir un récord.

"Hay mucha gente que le tiene miedo al agua. Y no me refiero a los roñosos", dijo Teo, tratando de arrancarle una sonrisa. "No hay que tenerle miedo porque no es una cosa rara. Por el contrario, debería sernos de lo más común. El setenta por ciento de nuestro cuerpo es agua. Y agua salada, además. Somos como un botellón de agua marina, con conservas adentro. En especial huesos y chinchulines."

"Qué asco, pibito."

"Los meses del embarazo los pasamos adentro de una bolsa llena de líquido: durante todo ese tiempo somos peces. Y a los nueve meses salimos a la orilla, o el médico nos pesca. Así que nadar no es nada raro. Es recordar, más bien, porque nacimos sabiendo. Acordarnos de lo cómodos que nos sentíamos cuando estábamos en la panza de mamá. Acordarnos de lo agradable que era el contacto con el líquido."

"Salo me dijo una vez que ya era demasiado grande para aprender."

"Nunca es demasiado tarde para aprender."

Dicho eso se puso de pie y la invitó a seguirlo. Miranda aceptó su mano, pero el brillo del miedo seguía presente en sus ojitos.

Entraron de a poco. A tan escasa profundidad, el agua seguía estando tibia.

Cuando llegó a la altura del pecho de Miranda, Teo le dio su otra mano y la ayudó a flotar. Miranda pataleó de inmediato, respondiendo al instinto. Pero aun así necesitaba reaseguro, y le pidió a Teo:

"No me largues."

"¿De veras creés que yo te soltaría acá, sabiendo que te da miedo?"

Miranda dijo que no con la cabeza.

Estuvieron así más de una hora. Miranda chapaleó a lo loca, se mató de risa y hasta se animó a hundir la cara en el agua durante segundos. Al salir Teo la felicitó y le dijo que se había graduado como foca. La próxima vez, si practicaba mucho, podría aspirar al título de pejerrey, y si seguía adelante sería en forma sucesiva salmón, mantarraya y pez vela.

Cuando emprendieron el regreso eran más de las cinco. Les quedaban un par de horas de luz. Teo pensó que una vez que oscureciese, esa ruta sin luces ni costuras de pintura fosforescente le iba a dificultar la reducción de los tiempos del viaje. Las cuatro horas y media que habían tardado en llegar le parecieron tan breves como irrepetibles.

Percibía la ansiedad de Pat sin que ella necesitase decir una palabra. Le había costado sacarla del agua, no había querido ni siquiera secarse, como si desease prolongar la sensación de humedad sobre la piel. Pero el viento del desierto la puso áspera y tensa en cuestión de minutos. Y ahora no quería otra cosa que llegar cuanto antes, para volver a internarse en su cueva y oír el tranquilizador goteo de las canillas.

Teo decidió acelerar mientras fuese de día, para que el viaje a oscuras resultase más corto. En un momento descubrió que iba a ciento ochenta kilómetros sobre un tramo de grava. Podía sentir la inestabilidad de la camioneta en la vibración del volante.

Hizo un buen promedio hasta que un camión le tapó la salida. El vehículo marchaba por la mitad de la trocha, sin respetar los carriles de ida y vuelta, a poco más de cien kilómetros por hora; al adueñarse de la ruta, le dificultaba a Teo el trámite para sobrepasarlo. Tocó una bocina que el camión se empeñó en ignorar. Pero Teo insistió, hasta que la confluencia de un tercer vehículo que venía en dirección contraria forzó al camión a desplazarse a su legítimo carril.

Teo aprovechó el hueco abierto por ese automóvil para intentar la maniobra. Al pasar a su lado, el camión se le echó encima. Teo volanteó apenas, pero aun así la camioneta mordió la banquina. Se salió de la ruta y empezó a girar en redondo, como si hubiese caído en el interior de un remolino. Pat gritaba. Teo se concentró en el volante. Al fin recuperó el control. La camioneta se detuvo. Le preguntó a Pat si estaba bien. Para sorpresa de ambos, Miranda había seguido durmiendo durante el accidente, abrazada por el cinturón de seguridad.

El gigante regresó al camino. Tenía toda la intención de alcanzar al camión, obligarlo a frenar y moler a palos al conductor, por hijo de puta o por inconsciente: en cualquiera de los casos, había estado a punto de matarlos.

Ya había pasado la barrera de los cien cuando ocurrió algo inesperado. Una de las llantas traseras estalló en plena carrera. Por segunda vez en cuestión de minutos, Teo se descubrió luchando con el volante en pos del control. Evitó frenar, lo que los salvó del vuelco. Pero tenía encima una curva cerrada. Durante un instante creyó que se estrellarían contra el farallón, que lo embestirían de frente como quien se abraza a un destino ineluctable. Oyó un grito que se sumaba al de Pat: era Miranda, que esta vez se había despertado. Teo pisó el acelerador. La camioneta corcoveó y se metió en la curva como los carritos que se despeñan en la montaña rusa. Aliviado, Teo dejó que el vehículo se detuviese solo al agotarse la inercia.

Pat se bajó de la camioneta y sacó de allí a Miranda, murmurando palabras pensadas para el consuelo de ambas.

No hubo palabras para Teo mientras reemplazaba el neumático. El gigante supuso que el silencio indicaba la ambivalencia de los sentimientos de Pat: no sabía si increparlo por haberlas puesto en peligro, o agradecerle porque las había salvado.

Arrojó a un costado el neumático roto; puros jirones, ropa vieja.

Teo no sentía ambivalencia alguna. Ni siquiera le quedaba una reserva de odio hacia el camionero, que por entonces seguía su camino lo más campante, por completo ajeno al episodio.

El gigante sabía muy bien quién era el verdadero culpable de lo ocurrido. Y aunque simpatizaba con la causa que lo había impelido a comportarse de esa forma, no encontraba forma de disculparlo —de disculparse a sí mismo.

Las amaba tanto que había estado a punto de matarlas.

LXXVI. Donde se manifiesta la utilidad que aún conservan las enciclopedias, y se goza en las certezas del *Ordo Virtutum*

Cuando su jefe le dijo de viajar a Santiago, la ciudad capital de Santiago del Estero, Teo aceptó de inmediato. La idea de visitar un lugar con cines y librerías y semáforos y disquerías y kioskos de revistas lo llenaba de un entusiasmo infantil. Aunque en el fondo supiese que había otros motivos por los que agradecía la oportunidad del viaje. El ambiente en la casa de Atamisqui se estaba volviendo opresivo. Pat se ahogaba en Monte Abrasado, y ahogaba a Miranda en su carácter de maestra tiránica, y Teo hacía el payaso a diario pero a menudo se agotaba de la rutina, como el actor mortificado por el papel que lo incomoda porque excede sus talentos.

Además Pat en su modalidad *happy hour* se ponía cada vez más hiriente. Lo criticaba por cada cosa que hacía, del mismo modo (Teo estaba seguro de esto) en que lo habría criticado si no las hacía. Tenía una endiablada habilidad para presentarle al otro una situación imposible, en la que nunca existía la posibilidad de meter baza o sugerir la existencia de un camino alternativo. Como en la cuestión de la bebida: plantearle la conveniencia de moderarse, o de ir a un especialista, o de regresar a la medicación, sólo resultaba en un ataque de furia y en una sobreactuación de su beber que lo empeoraba todo aun más. Pat no le dejaba otra posibilidad que la de callar y resignarse. Actuaba como si Teo no fuese el otro en una relación significativa, sino un enemigo del que se esperaba rendición incondicional.

Le comunicó la noticia del viaje con incomodidad. Pat la recibió del mismo modo. Se limitó a preguntarle lo obvio, a qué se debía la excursión (un formal intercambio de documentos, aunque Teo sospechase que su jefe lo utilizaba para que un reclamo suyo llegase de manera más efectiva: como sus compañeros de escuela al elegirlo delegado, jugaba la carta del gigante) y cuánto duraría (saldría de madrugada en la camioneta, para poder regresar el mismo día), y eso fue todo. Pat no volvió a hablar del tema. Por la noche, ya en la cama, le pidió que no corriese mucho y que se asegurase de estar bien descansado para no dormirse al volante. Después se dio media vuelta y apagó el velador. Teo se quedó pensando si ella no estaría pensando lo mismo que él, si no temerían ambos que el otro se fugase en su ausencia.

Miranda no dijo nada al oír la noticia, pero esperó el momento en que Pat se duchaba para abordar a Teo y preguntarle si pensaba volver.

El gigante recordó el poder de la niña para identificar la mentira y dudó un instante antes de decir:

"Claro que vuelvo. Es un trámite, nomás. ¡Voy y vengo!"

La niña siguió viéndolo en silencio, como si la respuesta dada no fuese suficiente.

"Cuidá a tu mamá", dijo Teo, y después se arrepintió. No era la primera vez que esas palabras salían de su boca, pero nunca antes se había sentido tan idiota al pronunciarlas. No era la niña quien debía cuidar a su madre, sino al revés. ¿Cómo podía sugerirle, siquiera, que se hiciese cargo de semejante peso?

Llamó por teléfono apenas llegado a Santiago. Miranda atendió jadeando, como si hubiese corrido un maratón antes de manotear el tubo. Remarcó que la vería a la noche y le preguntó si quería algún regalo en especial. La niña lo dejó librado a su criterio.

Teo concretó el trámite en tiempo récord. Podría haber emprendido el regreso de inmediato, pero quiso dar una vuelta por la ciudad. Tenía la excusa de los regalos que pensaba comprar. Lo que tenía además eran unas ganas locas de vagar sin rumbo, horarios ni responsabilidades ciertas. Se preguntó si Miranda habría visto en él algo de lo que el mismo Teo no era consciente.

Caminó sin brújula. Se compró una regia edición de *La Odisea*, cuyo texto original nunca había leído; de niño se había encandilado con las versiones abreviadas del poema. Revisó bateas de discos y compró los regalos para Miranda, despreocupándose del dinero por primera vez en mucho tiempo. Tal como esperaba, el regalo de Pat le dio más trabajo. ¿Qué se le regala a alguien que no tiene interés en los libros ni en la música, ni en la ropa ni en los perfumes, ni en la decoración ni en los deportes? En su desconcierto terminó revisando casas de antigüedades y hasta mercerías. Pero algo en su derrotero lo condujo rumbo a un barrio que presumió próximo a la universidad, porque encontró librerías especializadas y negocios que vendían artículos para médicos, desde delantales hasta prótesis ortopédicas. Allí lo visitó la inspiración que motivó su compra. Era un disparo en la sombra, pero tenía la intuición de que Pat lo apreciaría.

Se topó con una enorme biblioteca pública. Preguntó si podía realizar consultas sin ser socio. Le reclamaron tan sólo un documento de identidad y lo remitieron a la sección especial donde se guardaban las enciclopedias.

Se apropió del primer volumen de la *Britannica* y buscó un asiento. Después hurgó en lo más hondo de su billetera y sacó el dibujo que había hecho Miranda durante aquella migraña.

La niña había dibujado un círculo encajado sobre un cuadrado al que desbordaba; y dentro del círculo había diseñado una figura mandálica, que no empezaba ni terminaba nunca, sino que parecía girar delante de los ojos de manera infinita. Esta figura interminable incluía una figura alada que era parte ángel y parte deidad maya, y una torre, y una ola llena de espuma. Por detrás del mandala se insinuaba una lluvia de estrellas. Y en el centro, el eje en torno del cual giraba la creación, había un sol que generaba aros concéntricos como los que rizan el agua cuando cae una piedra. ¿O era más bien una flor?

Teo hojeó la enciclopedia de forma mecánica. Podía pasarse días enteros así, pasando páginas de tomo tras tomo, sin saber bien qué buscaba.

Tuvo suerte más rápido de lo que esperaba. El dibujo saltó de la enciclopedia como si estuviese vivo. Representaba la visión de una mujer llamada Hildegarda de Bingen. Era una monja que había vivido entre 1098 y 1180, y que había experimentado desde muy pequeña visiones místicas que reprodujo en dos códices llamados *Scivias* y *Liber divinorum operum* o *Libro de los trabajos divinos*. El dibujo que reproducía la enciclopedia tenía puntos de contacto con el de Miranda: el círculo que desbordaba el cuadrado, el mandala, la figura alada, la torre (tenía dos en este caso) y la ola.

Teo preguntó por los libros de la mística. En la biblioteca no había ejemplares de esos títulos. Pidió entonces fotocopiar la enciclopedia. Le respondieron que la fotocopiadora estaba rota. Tuvo que contentarse con reproducir el dibujo con su torpe mano, sobre una hoja rayada y con un lápiz cedido en préstamo. Al pie del papel copió además un par de frases de Hildegarda que la enciclopedia consignaba. Quería ser capaz de leerlas de manera textual, para que no se le escapase ningún matiz. La primera decía:

"Las visiones que tuve no me visitaron mientras dormía, ni en sueños, ni en la locura, ni las vi con mis ojos carnales, ni las oí con los oídos de mi cuerpo, ni en sitios ocultos; sino mientras estaba despierta, alerta, con los ojos del espíritu y los oídos interiores, y las percibí a simple vista y de acuerdo a la voluntad de Dios."

Condujo de regreso como si volase. Le pareció que hacía el viaje en un instante, el tiempo se convirtió en nada durante el frenesí de preguntas y especulaciones que acudían a su mente.

Se cuestionaba cómo desplegar la cuestión delante de Pat. Tenía la ventaja de que muchos de los elementos echaban luz positiva sobre la condición de Miranda. La niña sufría migrañas durante las que veía cosas definidas, como Hildegarda; y la monja había vivido ochenta y dos años en una era que no conocía los antibióticos, lo cual sugería que Miranda podía llevar adelante una existencia larga y provechosa, sin temer que las visiones fuesen manifestación de un mal mortal. No iba a necesitar gran esfuerzo para convencerla de la similitud entre los casos: todo lo que tenía que hacer era mostrarle su copia del dibujo de Hildegarda, y preguntarle a quién imaginaba como su autor.

Lo difícil iba a ser la parte mística del asunto. Teo temía que Pat se dejase llevar por su ateísmo militante, y que rechazase el todo al querer rechazar la parte. Para eso conservaba la segunda cita que había copiado. Hildegarda había manifestado pasión por la música, que según ella expresaba la unidad del mundo tal como lo había creado Dios. Teo estaba seguro de que Pat diría que Dios no tenía nada que ver con el mundo en que vivían, y que por ende no tenía nada que ver con la música. Pero Teo confiaba en que aquella frase iba a sugerirle dudas razonables. Hildegarda decía que en la música se puede oír cómo una ramita echa brotes. ¿Acaso no oía Miranda la música que existía en la rama que se brota, y en la nieve que cae, y hasta en el rechinar de un hierro?

Hildegarda componía, además. En una de sus obras, *Ordo Virtutum*, representaba al Diablo como una criatura que sólo hablaba, y que por eso no podía tener contacto con lo divino. Si era necesario, Teo estaba dispuesto a jugar ese naipe. Para el gigante esta intuición de Hildegarda era tan tranquilizadora como el dictamen forense sobre la muerte de Demián, porque sugería que el poder de Miranda no era malo en sí mismo. No existía nada demoníaco ni maligno en la niña, porque el Diablo no puede cantar —y Miranda cantaba, ¡vaya si cantaba!

Llegó exultante a las lucecitas de Monte Abrasado. En ese estado, no estaba preparado para lo que habría de descubrir apenas abriese la puerta de su casa.

LXXVII. Kristallnacht

Quiso prender la luz de la entrada y no pudo. La llave no funcionaba. Cuando avanzó sus pies produjeron un crujido. Comprendió por qué no había luz: la bombilla estaba rota —y la lámpara también.

Llamó a Pat y a Miranda mientras dejaba los paquetes sobre el suelo.

La segunda lámpara que alcanzó también estaba rota. Como el florero: partido en mil pedazos, astillas y polvo, flores desparramadas y ya resecas.

Teo pensó que lo peor había pasado. Que las pesadillas de Pat se habían hecho realidad, y que habían venido por ellas, y que se las habían llevado, y que ese padre maléfico en cuya existencia nunca había creido del todo (exageración melodramática, Pat en plena paranoia, Pat-*ranoica*) era tan sólido como la noche que se había derramado en la casa.

Miranda apareció a la carrera y se abrazó a sus piernas. Cuando Teo le preguntó si estaba bien, se limitó a mover la cabeza sin apartar la cara de su escondite. El gigante le preguntó qué había pasado. Miranda no respondió. Teo presionó, necesitaba saber de Pat.

"Está en la cocina", dijo Miranda.

La alzó y se la llevó consigo. La niña temblaba.

Al andar comprendió las características de la destrucción, aun en la penumbra de la noche. No había quedado un solo vidrio sano. Las lámparas estaban rotas, y los adornos de cristal, y las ventanas, y las puertas con placas de vidrio, y las banderolas y también los espejos. Teo preguntó por Atamisqui, preocupado por la reacción del dueño de la casa. Según Miranda el viejo había aparecido enseguida, pero Pat le dijo que estaban viendo una película con el volumen demasiado fuerte y le pidió disculpas. ¡Atamisqui era tan miope, que ni siquiera había advertido que no tenían televisor!

Teo pensó que el viejo debía estar arrepentido de haberles alquilado. Ya le había dado explicaciones otra vez, cuando preguntó por los gritos nocturnos de Pat. Teo dijo que Pat tenía pesadillas recurrentes. Al día siguiente le regaló al viejo un juego de tapones para los oídos —de la misma marca que Teo usaba todas las noches.

Pat estaba en la cocina, barriendo vidrios rotos a la luz de las velas. Era el ambiente donde la destrucción había sido mayor, puesto que comprendía platos, vasos, fuentes, botellas y frascos. Hasta donde pudo apreciar, no había quedado nada a salvo. El piso era un asco, porque no sólo estaba lleno de vidrios, sino además del líquido de las botellas, y de conservas, y de mayonesa.

Le preguntó a Pat qué había pasado.

Pat lo miró un instante y siguió barriendo en silencio.

"Fui yo", dijo Miranda.

Pat dejó de barrer.

"Me agarró como una locura", dijo Miranda. "Empecé a gritar y, y, y se rompió todo. Vas a tener que gastar un montón de plata, ahora."

Miranda espió la cara de Teo con vergüenza, como si temiese lo que podía descubrir allí. Pero cuando percibió que no había enojo (era dolor, en todo caso, o quizás impotencia), se animó a decirle:

"¿Me perdonás, Teo Teíto?"

Teo suspiró y la abrazó más fuerte.

El gigante se ocupó de limpiar la habitación de Miranda. La metió en la cama (ya era hora de dormir, de cualquier forma) y le prohibió que anduviese descalza; quién sabe por cuánto tiempo más iba a haber astillas de vidrio por todas partes. Mientras pasaba un cepillo por el suelo, le preguntó cómo había sido la cosa.

Miranda pareció no entender la pregunta. Se quedó callada, y al final abrió apenas la boca:

"Ya te dije."

"Me refiero a qué te impulsó a hacerlo. Vos nunca hacés estas cosas porque sí, no usás los poderes de manera caprichosa. ¿O me vas a decir que ahora estás dispuesta a doblar cucharitas? Además estabas tan cerrada con el asunto, me porfiabas que no los ibas a usar nunca más... Algo pasó, eso es obvio. Contame."

Miranda mordisqueó la sábana, miró hacia la puerta y después se encogió de hombros.

"Tengo sueño", dijo. "Quiero dormir. ¡Cuando salgas, no apagues la vela, *please!*"

Y se acostó, tapándose hasta las orejas.

"Qué pena", dijo Teo. "Porque yo quería darte el regalo que te traje, y ahora voy a tener que esperar hasta mañana."

Miranda no se movió. Teo pensaba: se está muriendo por dentro, pero en su testarudez, ¡digno ejemplar de las Finnegan!, no va a dar el brazo a torcer. En efecto, Teo terminó de barrer, pasó un trapo húmedo y le dio un beso de despedida. Miranda seguía en sus trece, los párpados arrugados de tanto apretarlos.

Cuando llegó a la cocina advirtió que Pat había concluido con su tarea. Ya no había vidrios ni mayonesa ni salsa de tomate desparramada por el suelo. Por los ruidos comprendió que Pat limpiaba el desastre del baño. Sintió sed. Abrió la heladera. Por fortuna quedaba agua en una botella de plástico. Bebió del pico. Después de cerrar la heladera fue hasta el mueble de la cocina y abrió uno de los cajones. Allí había tres bombillas de repuesto, que había comprado durante sus primeros días en Monte Abrasado. Pensó que de momento bastarían para la cocina, el living y el baño.

La silenciosa tarea concluyó poco después, y Teo y Pat se reencontraron en su habitación. Pat se metió enseguida en la cama, pero Teo ni siquiera se desvistió. Seguía en el umbral de la pieza, enmarcado por el vano de la puerta, con un paquete en la mano.

"¿No te vas a acostar?", preguntó Pat.

"Fuiste vos, ¿no? La que rompió todo. Si hubiese sido la nena habría roto las lamparitas que guardé en un cajón. No entiendo, además, cómo podría haber hecho para romper los frascos que había en la heladera sin romper también los estantes de vidrio."

Pat encendió un cigarrillo con la lumbre de la vela. Y exhaló una enorme bocanada de humo, como si pretendiese ocultarse detrás de la niebla.

"¿Me vas a contar o no?"

"Qué querés que te diga", respondió Pat: no era una pregunta, sino casi un lamento.

"Decime por qué."

Pat demoró un instante en responder. Sentada a contraluz de la vela, su rostro era un sumidero de sombras.

"Tomé de más, me puse agresiva, la hice llorar. Rompí la botella de ginebra y me sentí mejor. Después rompí las de vino y me sentí todavía mejor. Cuando quise darme cuenta, no podía parar. Fue lo más parecido a un momento dichoso que tuve en mucho tiempo."
Pat percibió que esa confesión de infelicidad hería aun más a Teo y

sacudió la cabeza, su torpeza no conocía límites. "Lo siento. Quedate tranquilo, que ya te lo voy a pagar todo."

"Quién habló de plata, acá." (No era una pregunta.)

Se quedaron en silencio un instante, sin saber muy bien cómo seguir.

"A veces me cuestiono cómo fue que me convertí en esto", dijo Pat al fin. "Me miro al espejo... ¡o me miraba, debería decir, ahora que los rompí! ...y veo a alguien desconocido, el perfecto opuesto de lo que siempre quise ser. Yo soñaba con cambiar el mundo. Me pasaba una cosa tan rara... Porque a medida que crecía fui comprendiendo cuánta maldad existe, y cuánta crueldad inútil, y cuánto egoísmo sin límites, pero en vez de endurecerme y de resignarme me sentía cada vez más inundada por este sentimiento insensato, una suerte de... amor demente por la humanidad, una ternura que a veces me ahogaba, te juro. Me daban ganas de salir a la calle a abrazarlos a todos, no me importaba que no fuesen perfectos, yo sabía que hasta en el fondo del corazón más oscuro había algo tibio, todo lo que había que hacer era esperar, estaba convencida de que ser maravillosa iba a inspirarlos para que también lo fuesen. Pero después pasó lo que pasó y... acá me tenés. Encerrada entre estas paredes. Convertida en un ama de casa deficiente, en una madre-monstruo. ¡Parece una pesadilla!"

Teo quiso objetar su juicio, pero al mismo tiempo deseaba que Pat siguiese hablando. En su temblequeo, la luz de la vela hacía que todos los elementos que la habitación contenía pareciesen precarios.

"Yo sé que a mucha gente le pasa lo mismo. Pero a mí me está pasando por otras razones. No es que renuncié a mis sueños, no es que me los olvidé. Por el contrario, aunque parezca absurdo estoy haciendo lo que hago porque... es la única forma que encontré de... no rendirme. Tengo que hacer lo que hago por más que me subleve, por más que sea tan contrario a mi naturaleza, no me gusta hacer lo que hago, ¡pero tengo que hacerlo! Es la única salida. Por eso escapo. Por eso me escondo. Por eso me callo. Yo te conozco, Teo, si te lo digo todo vas a terminar contándoselo a Miranda, o revelándoselo de una forma u otra y eso no puede ser, es inaceptable, yo tengo el deber de protegerla."

"¿Protegerla de qué? ¿De la verdad?"

"Si es necesario, sí. Hay verdades que son intolerables. Verdades a las que nadie se puede enfrentar. Ni siquiera estoy segura de que vos puedas soportarlas, aunque tengas espaldas de gigante. ¿Cómo voy a pretender que una nenita cargue semejante peso y siga viviendo? Decime que me entendés, Teo, por favor. Decime que entendés por qué no puedo hablar. ¿Me entendés?"

Teo hubiese deseado complacerla. Amargado, se tironeó del pelo y dijo:

"Lo único que yo entiendo es que te amo. Pero no me sirve de gran cosa en este momento. Antes era distinto, antes pensaba que amarte tenía algún valor, pensaba que mi amor podía marcar alguna diferencia en tu vida, pero ya entendí que no. No sé si mi amor sirve para algo. No sé si mi amor puede cambiar algo."

Teo estaba dispuesto a seguir hablando, pero Pat lo interrumpió. Tenía miedo de que el gigante desovillase su razonamiento, miedo de que llegase a su lógica conclusión y le expusiese que ya no podían seguir juntos. Por eso señaló el paquete y le dijo:

"¿Qué traés ahí?"

Teo contempló el regalo, que había olvidado por completo, y se adelantó para entregárselo.

Pat destrozó el papel y abrió la caja. Miró el contenido con desconcierto.

"¿Y esto que quiere decir?", preguntó mientras sacaba el estetoscopio.

"No lo sé. Pero estaba seguro de que te iba a gustar."

Pat sonrió mientras examinaba el instrumento. Después lo engarzó en sus orejas. Y usó el extremo para auscultar su pecho, en busca de su propio corazón.

Teo le dio la espalda y se dispuso a salir.

"¿Adónde vas?", quiso saber Pat.

"No quiero que Miranda se duerma sin recibir su regalo. No se lo merece."

Pat bajó la mirada, se sentía culpable.

El gigante estaba en el umbral cuando oyó que Pat lo llamaba.

"¿Teo? Nunca te dije gracias. Por todo lo que le das. En serio, gracias. Todo lo que Miranda reciba, todo lo que la ayude... No va a ser al pedo, creeme. Ella es nuestra única esperanza."

Teo pensó que Pat se refería a su relación de pareja, y asintió. En esos momentos, lo único que le impedía subirse a la camioneta para desaparecer de una buena vez era el afecto que sentía por la niña.

LXXVIII. Un breve interludio musical, con la ayudita de ciertos amigos

Miranda no estaba dormida. Tenía los puñitos pegados a la boca y los ojos húmedos, que se llenaron de luz cuando lo vio asomar con el paquetazo a cuestas.

"¿Y eso qué es?", preguntó, sentándose en la cama.

"Para vos. Abrilo."

La niña redujo el papel a tiras del mismo modo violento y efectivo que había empleado su madre. Era un tocadiscos Winco, usado pero en perfecto estado, que Teo había conseguido por monedas en una casa de antiguedades.

"Yo tenía uno igual cuando era chico", dijo Teo mientras lo enchufaba. "Y vivía escuchando discos como este."

Entonces le dio lo que traía en una bolsa aparte. Era una copia de *Sgt. Pepper's Lonely Hearts Club Band*, también usada pero con garantía a prueba de rayaduras.

"Los Beatles", dijo Miranda sin aliento.

Teo agarró el disco y lo colocó en la bandeja del Winco, que seguía instalado encima de la cama.

"Te lo pongo bajito, así no molestamos a tu madre."

Apenas se oyó el sonido de los instrumentos de cuerda que se aprontaban, Miranda dijo:

"¡Yo esto lo conozco!"

En efecto, podía cantar de memoria la canción que daba nombre al disco. Le explicó a Teo que la había oído en su radio vieja.

Lo mismo ocurrió con la canción que venía después, *With A Little Help From My Friends.* Teo tampoco se extrañó, era uno de los temas más populares del álbum y las emisoras de *oldies* lo pasaban todo el tiempo, al igual que *Lucy In The Sky With Diamonds.* Al oír esa vocecita tan preciosa, Teo deseó ir a buscar a Pat y contarle de Hildegarda y del *Ordo Virtutum* y del pobre Diablo sin talento para las melodías.

Pero que Miranda también pudiese cantar *Getting Better* le resultó llamativo. Y mucho más cuando descubrió que también se sabía la letra de *Fixing A Hole* y de *Being For The Benefit Of Mr. Kite!*

"¿Esas también te las aprendiste en la radio?", preguntó.

"La radio vieja las pasaba seguido", dijo Miranda. "¡La radio nueva pasa porquerías, nomás!"

Teo se rascó una oreja hasta dejarla roja. El misterio de la radio lo tenía a mal traer desde el comienzo. ¿Cuántas veces había tratado de sintonizar su música en la camioneta, mientras Miranda se pegaba a la Spica en el asiento de atrás, sin dar nunca con la canción que la niña escuchaba? Y el hecho de que el aparato funcionase sin baterías seguía desafiando sus conocimientos. ¿Había encontrado Miranda una forma de canalizar su energía hacia un objeto exterior a su cuerpo? En ese caso, ¿por qué no encendía la batidora al pasar, o las luces de la casa?

"Para mí que es una radio de otro país", dijo Miranda, que deseaba proporcionar algún consuelo al gigante.

"¿Y eso por qué?"

"Porque el hombre que habla entre canción y canción habla en un idioma que no entiendo."

"¿Entonces por qué la escuchás?"

"Porque me ayuda. Cuando estoy nerviosa, prendo la radio y la canción dice algo que me pone bien. Cuando no sé qué pensar de alguna persona, prendo la radio y la canción me lo cuenta."

"La primera vez que te vi en la cabaña venías escuchando la radio", dijo Teo. "¿Te acordás de la canción que sonaba entonces?"

Miranda bajó el sonido del Winco a cero, para que la música de Los Beatles no se entrometiese con su recuerdo.

"Era una canción muy alegre, de un señor que decía: '*I would die for you, darling if you want me to*'"[17]

"Prince", dijo Teo.

Miranda se encogió de hombros y volvió a subir el volumen.

"Cuando conociste a la señora Pachelbel, ¿también oías la radio?"

Miranda bajó el volument otra vez y dijo: *"I am a rock. And a rock feels no pain. And an island never cries."*[18]

"Paul Simon", dijo Teo. "¿Y cómo es que te las acordás tan bien?"

[17] *Moriría por vos, querida, si así lo quisieras.*

[18] *Soy una roca. Y las rocas no sienten dolor. Y una isla nunca llora.*

"Porque muchas veces la canción se repite cuando veo a esa persona. ¡Al final me la sé de memoria!"

"¿La misma canción se repite siempre con la misma gente?"

"A veces no. Desde que la señora Pachelbel se enfermó, por ejemplo, la radio cambió de canción. En esa época ponía una que, que, que decía: *'Please, let me get what I want. Lord knows it would be the first time.'*"[19]

"The Smiths", dijo Teo. "¿Y yo, qué? ¿Siempre inspiro la misma música?"

"No, la canción del principio cambió enseguida. Después pasaban siempre una que decía: *'I believe in love. I believe in anything.'*"[20]

"Lloyd Cole", dijo Teo, sin poder reprimir los colores que le quemaban las mejillas. Se preguntó si en verdad sería tan ingenuo como opinaba el misterioso DJ de la radio de Miranda. Pero enseguida dejó de pensar en sí mismo, acuciado por un interrogante más urgente.

"¿Y Demián, qué?", preguntó. "¿Qué canción escuchabas cuando se aparecía?"

Miranda lo miró con ojos desorbitados, no concebía que trajese a colación una cuestión que le dolía tanto.

"Ya sé que no te gusta hablar del asunto, pero por favor, contame", dijo Teo, con la voz más dulce que pudo emitir.

Miranda comprendió que no había crueldad en la intención del gigante. Pero aun así animarse a hablar requería de ella un esfuerzo sobrehumano, le temblaban los labios.

"...Al principio era una canción tonta, nomás. Los señores cantaban: *'Is this the real life? Is this just fantasy?'* y a mí me divertían."[21]

"Queen", dijo Teo, identificando los primeros versos de *Rapsodia bohemia.*

"Pero la canción seguía, y uno de los señores cantaba *Mama, just killed a man...* [22] Yo nunca creí, pensaba que, que, que esa parte era pura *fantasy*, que no tenía nada que ver con la *real life*, como la parte que dice *Beelzebub has a devil put aside for me...*[23] Pat dice que Belcebú no existe y que Dios no existe, el diablo no existe. Pero yo

---

[19] *Por favor, déjame conseguir lo que quiero. Dios sabe que sería la primera vez.*

[20] *Creo en el amor. Creo en cualquier cosa.*

[21] *¿Es esto la vida real? ¿Es esto fantasía?*

[22] *Mamá, acabo de matar a un hombre.*

[23] *Belcebú me tiene reservado un diablo.*

sentía que Demián era un diablito, a veces. Era tan malo conmigo, con todos, ma-*lísimo* porque sí, *just because*... Es mi culpa, ¿no es cierto? Si le hubiese hecho caso a mamá no habría pasado nada. No tendría que haber creído en el diablo, si yo no hubiese, si, si, si yo..."

Miranda empezó a sollozar de manera incontrolable. Teo la abrazó de inmediato contra su pecho y subió el volumen del Winco, fue una reacción infantil, no quería que Pat la oyese llorar y que irrumpiese en el cuarto para preguntarle qué había hecho, por qué torturaba a la nena, prefería que gritase para que bajaran el volumen. El gigante meció a Miranda como si fuese un bebé necesitado de sueño, mientras George Harrison cantaba *con nuestro amor podríamos salvar al mundo, si tan sólo lo supieran.*

Cuando le pareció que el llanto amainaba se atrevió a preguntarle:

"¿Es por eso que te angustiás tanto cuando la radio no anda? ¿Porque te sentís perdida, sin.... guía?"

Miranda asintió, refregando la nariz llena de mocos contra su camisa.

"Vos no tuviste la culpa de lo que le pasó a Demián", dijo mientras le acariciaba el pelo. "Demián se murió porque le falló el corazón, se ve que sufría una enfermedad que nadie le había diagnosticado, yo lo sé porque lo averigüé, los médicos lo dijeron, pero no le cuentes a tu madre porque si se entera de que hablé con alguien de Santa Brígida me arranca la cabeza, ¿entendiste? ...Vos te sentís mal porque le deseaste algo feo a Demián y se te cumplió ahí nomás, pero fue una casualidad, además todos tenemos malos deseos alguna vez, todos pensamos *uh, ese turro, ojalá lo pise un tren.* Yo también, y tu mamá, y hasta Salo, seguro, ¡todos! ¿Te creés que Salo no pensó alguna vez, *ojalá la gorda se caiga de culo y ya no se pueda levantar más?*"

La alusión a la señorita Posadas cumplió su cometido, Miranda soltó una carcajada aun en medio del llanto.

"Es así, enana", dijo Teo, también aliviado. "Todos nos enojamos alguna vez con otro y le deseamos pestes. Pero yo sé, y tu mamá sabe, ¡y todos los que te conocen lo saben!, que nunca tuviste la intención de lastimar a Demián. Vos no sos mala, Miranda. Por el contrario, sos buena por naturaleza, sos amable y considerada con todos, fuiste un sol con Demián aunque te hizo las mil y una, ¡hasta con la bruja de Pachelbel te portaste bien! El incidente de Demián es feo, es horrible, pero por eso te duele: porque sos buena, porque seguís siendo buena. La clase de persona que es capaz de bancarse un castigo que no le corresponde, con tal de proteger a alguien más."

Miranda dejó de llorar en ese instante y se quedó muy quieta. Teo entendió lo que pensaba, se preguntaba si Teo sabría la verdad sobre los vidrios rotos.

"Pat me contó lo que pasó. Ya sé que fue ella la que reventó todo", dijo Teo. "Ahora contame vos."

Miranda apartó la cara del pecho de Teo tan sólo para cubrirse con la tapa del disco, por encima de la cual asomaban sus ojos húmedos.

"¿Qué querés que te diga?"

"No sé. Lo que quieras."

Miranda no dijo nada. Sus ojos se escapaban hacia el hipnótico girar del disco.

Teo comprendió que no iba a sacarle palabra mientras Miranda creyese que cualquier expresión sobre lo ocurrido se parecería a una traición. Acababa de prometerle discreción respecto de la presunta enfermedad de Demián, y no iba a mostrarse indiscreta entonces ni siquiera en su favor.

"No importa", dijo Teo. "Yo quería que supieses que tengo claro que no fuiste vos."

Miranda asintió y volvió a cantar.

"Will you still need me, will you still feed me, when I'm sixty four?"[24]

"Claro que sí", dijo Teo, más para sí que para Miranda. Y después ya no dijo más. Se quedó compartiendo la música con la niña, hasta que llegó *A Day In The Life* y el universo se destruyó y volvió a construirse en el interior de la pequeña habitación del pequeño pueblo del país en el culo del mundo.

---

[24] *¿Me necesitarás todavía, me alimentarás todavía, cuando tenga sesenta y cuatro?*

LXXIX. Donde se consideran las lábiles fronteras entre lo real y lo imaginado

Teo dudaba cada vez más de la historia de Pat.

Al comienzo creyó que estaba disgustada con el padre de la niña, lo cual no constituía un sentimiento extraordinario: el mundo está abarrotado de padres violentos, o inadecuados, o negligentes; y por eso asumió que la decisión de instalarse en Santa Brígida era una forma lícita de poner distancia. Pero cuando entendió que el motivo de su peregrinar era el escape, y que Santa Brígida no era el primer destino que Pat y Miranda habían visitado durante su éxodo, una campana de alarma sonó en su cabeza. Si tal como Pat sostenía, existían buenos motivos para que se escondiese de esa forma, ¿por qué se negaba a referirle a Teo la verdad de su historia —y por ende a defender su caso?

Todos los elementos con que Teo contaba para convencerse de que Pat no estaba secuestrando a su hija se reducían a uno solo: la palabra de Pat. Cualquier intento de ir más allá de esa barrera era interpretado como una traición. Aquí también se lo forzaba a una rendición incondicional. Si quería permanecer al lado de la mujer, debía cerrar los ojos y confiar, aunque eso significase desoír toda lógica.

Poco a poco los ladrillos de la evidencia levantaron un muro entre ambos. La devoción que Pat sentía por Miranda, tan encantadora en el inicio, empezó a parecerse a una obsesión. La bronca que Pat le tenía al padre de la niña, tan común en tantas separaciones, empezó a parecerse a un delirio paranoico: Pat creía ver signos de ese hombre, y de la amenaza que representaba, en todas partes.

Para colmo le concedía poderes casi sobrehumanos. Cuando Teo le proponía nuevos destinos para alejarse de la sequedad de Monte Abrasado, Pat los rechazaba escudándose en la virtual omnipresencia de su perseguidor. No podían cruzar a Chile porque el padre de Miranda vigilaba todas las fronteras. No podían ir al mar porque el padre de Miranda tenía gente en todas las playas y en todos los puertos.

Estas conversaciones terminaban en discusión de forma inexorable. Pat le hacía sentir entonces que podía prescindir de él y retomar su vida en otra parte, como si nada hubiese ocurrido. Y Teo, que había incendiado su vida anterior sin sospechar la precariedad de la nueva, elegía el silencio para no quedarse sin nada.

Descubrir que Pat visitaba a un psiquiatra y que tomaba medicación también contribuyó a su tormento. Una vez instalados en Monte Abrasado se enteraron de que no había médicos de esa especialidad en la región: nadie podía recetar fármacos para Pat, que entonces dejó de ingerirlos. Pero el hecho de que su organismo estuviese limpio de sustancias psicotrópicas tampoco disminuía la carga del gigante. Ahora lo acuciaba la sospecha de que el discurso de Pat era una ilusión, una construcción para justificar su temor a la pérdida, su incapacidad de echar raíces, sus limitaciones como madre.

En ese contexto el tema de los poderes de Miranda modificaba su sentido. ¿Y si no existían en realidad? Teo temía que fuesen un fraude, una invención tan conveniente y seductora como la del lobo, e improbable por igual. ¿Y si se trataba de una fantasía que la niña había creado para proteger a su madre, y así volver razonable el celo que Pat dedicaba a apartarla del mundo: una suerte de delirio asociado?

Aun cuando Teo había sido testigo de algunos de los prodigios, el hecho de que formasen parte del pasado los volvía vagos, como esos recuerdos que uno no sabe si vivió o le contaron. ¿Quién podía certificar que los calores de la primera noche se debían a la interpretación de *La batalla del calentamiento*, en lugar de ser consecuencia de la fiebre? ¿Quién podía dar fe de que los pájaros de plastilina habían echado a volar, más allá de un grupo de niños de seis años? ¿Quién podía demostrar que Miranda había curado a la señora Pachelbel, en lugar de la misma naturaleza al dar por finalizado el ataque? ¿Y quién defendería la idea de que Miranda tuviese algo que ver con la muerte de Demián? Los forenses no lo harían, como ya había quedado demostrado. Desde el incidente del Sever, es decir desde que Teo era consciente de la existencia de los "poderes", jamás había vuelto a verlos en acción. Miranda se negaba a usarlos. Sólo admitió haber recurrido a ellos la noche de los vidrios rotos —¡para cubrir el desastre que hizo Pat!

Ni siquiera le constaba que la niña pudiese decodificar en clave musical cada sonido que llegaba a su mente. ¿Cómo saber que no mentía al decir que tal cosa era un La, o un Si bemol, cuando Teo no tenía forma de diferenciar una nota de otra? Hasta su capacidad de percibir la mentira era cuestionable, y quizás obra de la sugestión: desde que Teo fue atrapado en su primera mentira, se había puesto tan nervioso cada vez que pretendía embaucarla que hasta un tonto lo habría descubierto.

El único fenómeno del que Teo daba fe era el de la radio, la diminuta Spica que sólo funcionaba en manos de Miranda, ¡y sin baterías! Aun así estaba seguro de que debía haber una explicación científica para ello, aunque todavía no se le hubiese ocurrido ninguna. Y en lo que hacía a las canciones que según Miranda la iluminaban, la única evidencia al respecto era el testimonio de la misma niña. ¿Qué le impedía haberlas escuchado tal como venían, en el orden azaroso de la programación de una emisora corriente, para reubicarlas *a posteriori* como si comentasen las experiencias de su vida?

Hasta entonces había aceptado las explicaciones de Pat (o más bien su falta de ellas) y se había avenido a respetar sus condiciones. Por eso no había preguntado más, ni buscado corroborar su historia con fuentes del mundo exterior. Con el tiempo hizo propios los razonamientos de su mujer: cada vez que dudaba de ella se veía inundado por la culpa, y se sentía indigno de la confianza que Pat le otorgaba al confiarle lo más preciado, la custodia compartida de su niña. Pero el mismo amor que sentía por Miranda lo impulsaba a cuestionarse si no debía asumir el riesgo. ¿Quién que no fuese él podría ayudarla, en caso de que Pat dejase de ser una influencia positiva sobre la pequeña? Si Pat perdía el control, ¿quién iba a estar allí para proteger a Miranda —quién que no fuese él?

No nos extrañaría que el lector tuviese menos dudas que Teo en este tramo de la historia. Esto se debe a las limitaciones que el oficio impone a los narradores. Al estar obligados a referir tan sólo lo significativo, soslayamos lo cotidiano, a saber: la forma en que Pat se comporta la mayor parte del tiempo, lúcida e inteligente y sensual como de costumbre, una mujer de la que cualquiera se enamoraría aun en el presente de la narración, durante el destierro de Monte Abrasado. Por cada borrachera que desemboca en una escena desagradable, por cada hecho como el de la *Kristallnacht*, existen días y semanas enteras en que Pat se conduce de acuerdo a la mejor de sus versiones.

Por eso solicitamos piedad en la consideración de las dudas de Teo, que se pregunta quién es él para determinar qué sería bueno para Miranda por encima del juicio de su propia madre. El gigante se siente como aquellas familias judías que esperaban al tren que las conduciría al campo de concentración: preguntándose si hace bien en esperar lo mejor, en ser optimista, o si debería liderar la huida del andén para escapar de un posible matadero.

En esos días Teo apela al estoicismo al que lo condenó la convivencia con su propia madre, y recurre a las *Tusculanas* de Cicerón para decirse *Accipere quam facere praestat iniuriam*, es mejor sufrir una injusticia que hacerla.

Teo sufre, pues. Pero apechuga.

LXXX. Donde se comprueba que lo real es mucho más peligroso que lo imaginado

Es lícito preguntarse qué habría sido de Teo y de Pat de haber confiado más el uno en el otro. Si Teo hubiese sido más paciente. Si Pat hubiese confiado por completo, no sólo permitiéndole compartir el cuidado de Miranda sino haciéndole saber la verdad de su situación. Pero está claro que la mayor parte de los seres humanos desconfían de los demás y hasta de ellos mismos; y que no dicen la verdad arguyendo proteger al otro, cuando tratan de protegerse a sí mismos de la posibilidad de un juicio negativo.

Lo cierto es que Teo habría ganado en tranquilidad de saber lo que ocurrió en Santa Brígida poco después de su fuga, el primer viernes de noviembre.

Aquella tarde cayó una nevada que sorprendió a todos, dado que el calendario juraba que estaban en primavera.

¿Recuerda el lector a aquel asesor a quien el intendente Farfi le confió el manejo de sus viernes inestables? Pues bien: esa tarde decidió contrariar las órdenes expresas de su superior, y plantearle una cuestión que excedía la normativa sobre pasacalles y renovación de alcantarillas. Lo hacía, dijo, tan sólo porque el documento había llegado a sus manos con carácter de urgente, y no estaba seguro de cuán conveniente sería ignorar esa urgencia hasta el lunes siguiente por la mañana.

Era un documento con el membrete de la Armada Argentina.

A pesar de los tintineos que los viernes producían en su cabeza, Farfi se puso serio. Estaba habituado a lidiar con cuestiones del Ejército y de la Gendarmería, pero nunca había llegado hasta sus manos un asunto de la Armada. ¿Qué interés podían tener los marinos en Santa Brígida? La última vez que Farfi había consultado el mapa, el pueblo seguía sin tener salida al mar.

Dejó en libertad a su asesor y se quedó solo en su despacho, pidiendo que nadie lo molestase. El texto del documento aclaraba que no se trataba de una solicitud oficial sino oficiosa, en beneficio de un miembro de la Armada que había perdido a un familiar. Dirigida en términos genéricos a las municipalidades de la región, la carta solicitaba que se tuviese a bien informar sobre el paradero de una tal Patricia Picón, treinta años, argentina, de Capital Federal, cuyo número de documento se adjuntaba. Había una foto, también, reproducida en una fotocopia: era una chica de pelo larguísimo, flaca y un tanto demacrada. A pesar de la inquietud que empezaba a dominarlo, Farfi reconoció los rasgos. Si uno hacía el esfuerzo de imaginar esa cara con unos kilos más, y de agregarle las pecas que la fotocopia borroneaba...

En el texto figuraba una línea privada de teléfono de Buenos Aires, a la que rogaban llamar en caso de contar con información. Siguiendo un impulso (la medicina perdía fuerza en su sangre a cada minuto), levantó el teléfono y llamó. En los segundos de espera la parte de Hyde ganó ímpetu en el alma del intendente; decidió hablar no como Farfi, sino fingiendo ser su secretaria, Clara, lo cual lo obligaba a expresarse como mujer. Pero todavía quedaba en Farfi bastante Jekyll como para que tomase la precaución de decir que ella, esto es "Clara", era la secretaria del intendente de Oro Seco, un pueblo que estaba a ciento veinte kilómetros. Farfi ansiaba saber de qué se trataba el asunto, pero no quería marinos en Santa Brígida.

"Clara" preguntó por qué buscaban a la chica en Oro Seco. Su interlocutor dijo que habían rastreado un giro de dinero a nombre de Patricia Picón en la ciudad de Bariloche. (El hombre de la Armada evitó decir que el dinero había sido enviado por los padres de Patricia desde Madrid, eso lo habría obligado a explicar cuestiones engorrosas.) La búsqueda que se realizó en Bariloche no había rendido frutos, por eso ahora probaban suerte en zonas aledañas. Cuando "Clara" quiso saber si pesaba sobre la chica alguna causa judicial, su interlocutor dijo que no. (Dijo, de forma textual: "Negativo", cosa que a "Clara" le causó mucha gracia y le demandó un esfuerzo ingente para contener la risa.) Todo se reducía a un ex marido preocupado por el bienestar de su ex mujer, una chica inestable: querían encontrarla antes de que se dañase a sí misma.

Al cortar, Farfi descubrió que temblaba. Siempre temblaba al desembarazarse de los fármacos, pero esta vez había algo más. Luchando para que su cabeza no se disparase en cualquier dirección (el Farfi-Hyde necesitaba ponerse al día con su naturaleza, y no toleraba dilaciones), quiso prestarle al asunto la debida seriedad. Tenía temor de lidiar con una cuestión de vida o muerte con la levedad que lo embargaba los fines de semana. Un asunto tan serio era cosa del Farfi medicado. Aunque existía la posibilidad de que ese Farfi meticuloso decidiese honrar la solidaridad que un poder siente con otro, y obligase a la Clara real a discar el número para informar lo que el intendente sabía.

Se enfrentaba a un dilema.

En un rapto de inspiración de esos que sólo lo visitaba entre viernes y lunes, se metió el documento en el bolsillo y salió. Pensaba beber una copa en lo del Tacho y después cenar afuera con la familia, y más tarde encontrarse a jugar al truco con sus amigos. Fue al salir del club que pasó aquello con lo que contaba. Para entonces Farfi y sus compadres habían bebido de más, uno se patinó en la nieve y arrastró a los otros al suelo, donde rodaron y se empaparon y rieron durante lo que pareció una eternidad. En el esfuerzo por levantarse y por levantarlos, el documento se le cayó del bolsillo. Allí quedó, absorbiendo humedad. En la madrugada volvió a nevar (fue la última vez en el año), cubriéndolo casi por completo. Para cuando la nieve se derritiese, los papeles estarían en tan mal estado que nadie distinguiría el membrete de la Armada, y mucho menos los trazos de la fotocopia, que sería presa de los barrenderos.

El lunes por la mañana Farfi recordaba poco y nada del asunto.

Lo cual también tuvo un efecto negativo. El Farfi responsable habría advertido que la Armada nunca enviaría un documento similar tan sólo a la sede de los gobiernos municipales de la zona. Un cuerpo militar como la Armada tiende a confiar en cuerpos que se le parecen, aunque más no sea en el uniforme.

Por ejemplo la Policía. Y la Gendarmería.

Este es el sitio en que retomamos lo que decíamos al comienzo del capítulo, sobre la tranquilidad que hubiese sentido Teo al descubrir que la Armada buscaba a Patricia Picón —una chica a quien la foto revelaba idéntica a Patricia Finnegan.

En presencia del documento recibido por Farfi, Teo habría comprendido que la amenaza que pendía sobre Pat y sobre Miranda era real. Y que Pat hacía bien en desconfiar del mar, y de los uniformes, y de las fronteras custodiadas por ellos.

Pero en esa circunstancia también habría comprobado que su futuro se ennegrecía. Porque Pat y Miranda estaban en la mira de los militares, que aun en su desgracia seguían siendo dueños de un poder sin coto. Y porque la persecución se volvía todavía más peligrosa con una Pat que, de manera ya inocultable, comenzaba a desintegrarse.

LXXXI. Aquí Dirigibus se aviene a hablar de lo que hasta entonces había negado, y a la vez informa de una decisión fatídica

"Mi estimado Teodoro", decía la carta en manos del gigante, *"durante todo este tiempo eludí referirme a un asunto que reviste la más grande de las importancias para mi persona. Sé que sabés a qué asunto me refiero, aunque con elegancia de caballero hayas evitado ponerme en la obligación de exponer cuestión tan delicada, cuando era obvio que todavía no estaba en condiciones de hacerlo. Pues bien: llegó el momento. No sé si estoy al fin en condiciones, pero es indiscutible que el momento es el presente, puesto que si no abro ahora mi corazón, puede que ya no tenga otra oportunidad de hacerlo"*.

La carta de Dirigibus proseguía de esta forma: *"Nunca me consideré dotado para el amor romántico. Mi inclinación natural es la de buscar la armonía en todas las cosas. Yo creo que un buen matrimonio es una relación de camaradería casi fraternal, que adopta las características de una sociedad de socorros mutuos: los contrayentes se prestan ayuda en las tareas, potencian su capacidad económica, funcionan como una unidad en las relaciones sociales y colaboran el uno con el otro en la satisfacción de las necesidades orgánicas y en la propagación de la especie. Alguna vez estuve casado, y aunque nunca llegué a tener hijos puedo dar fe de la vitalidad de la institución matrimonial así concebida. Mi querida Dita, Dios la tenga en su seno, fue la mejor compañera que pude haber tenido."*

"En cambio el amor romántico está fundado en pasiones que escapan de control, y que en su extremismo lo obliteran todo. A mi edad ya no pensaba posible experimentar algo semejante. Sin embargo, desde que conocí a la señora Pachelbel he perdido toda noción de medida y de templanza."

"¿Qué extraño poder determina la atracción? ¿Qué fuerza es la que nos guía hacia una persona en especial, en desmedro del resto? Existen quienes atribuyen este proceso de selección a la química, ya sea a través de ciertos perfumes o por función hormonal. Si así fuese, deberíamos con-

cluir que se trata de un mecanismo caprichoso y poco económico; mucho más práctica es la modalidad de los mamíferos en general, que recurren a la hembra en celo que tienen más próxima."

"También descreo de la aproximación psicoanalítica, que sugiere que buscamos en la hembra características propias de nuestras madres, tanto en lo que hace a su personalidad como a su apariencia. (Según dicen, nuestra apreciación de la belleza femenina deriva de los rasgos que aprendimos a amar en nuestras progenitoras.) Debo decirte que mi madre tenía un aspecto físico muy parecido al de este servidor, por lo cual siempre he considerado mi existencia como algo parecido a un milagro. Y que aunque trabajó toda su vida en condiciones desgraciadas, jamás la vi perder la compostura ni tratar a un ser humano con desdén, como la señora Pachelbel hace tan a menudo."

"Qué me llevó de las narices hacia esta mujer arisca y destemplada es algo que está más allá de mi entendimiento. Pero el tiempo convirtió el interés en afecto, y el afecto, que todo lo reescribe, convirtió la atracción en amor. Hace ya mucho que llegué a la conclusión de que no podía sino hacer frente a mis sentimientos. Y fue con esta resignación que enfrenté el cortejo, sabiendo que no contaba con otra arma para penetrar esa coraza que no fuese mi ingenuidad."

"Mi corazón vincula el éxito en esta empresa al ascendiente que ustedes, y de forma muy especial la niña, tuvieron sobre la señora Pachelbel. Su logro no es menor que el de aquel que derrite un témpano tan sólo con una caja de fósforos. ¡Aquellos tiempos sí que fueron felices! Del mismo modo, no puedo evitar asociar su alejamiento de Santa Brígida con la infortunada circunstancia que me distanció de la señora Pachelbel. Pienso que si ustedes siguiesen aquí las cosas serían diferentes. Pero como no lo son, me veo obligado a tomar decisiones que nunca querría haber tomado."

"Al principio la doble traición (¡mi amigo Puro Cava!, ¡mi amada Pachelbel!) me postró en cama, robándome toda la energía. No quería comer. Peor todavía, ¡no quería beber! ¿Cómo podía mi amigo haber seducido a esta mujer a mis espaldas? ¿Cómo pudo ella traficar con ambos afectos? Sin embargo fui saliendo de a poco del pozo, gracias a los oficios de mis otros amigos. (El Tacho me obsequió lo mejor de su bodega, tentándome de volver a abrazar la vida; ¡no podía prescindir de su mejor cliente!) Esta gente me ayudó a considerar la otra cara de la moneda. Puro Cava también estaba devastado, pensando que era yo quien la había enamorado a escondidas. Y me culpaba del rechazo que la señora Pachelbel expresó ante su propuesta de matrimonio."

"Durante semanas la señora Pachelbel golpeó a mi puerta, ofreciendo explicaciones. Imagino el esfuerzo que debe haberle demandado semejante gesto de humildad. Nunca atendí a su llamado. Necesitaba saber, pero no toleraba la idea de verla postrarse ante mí. Alguien me dijo que languidecía por las tardes, mirando el espacio vacío junto al semáforo que mi presencia había llenado en otras épocas."

"Al fin llegó una carta suya, llena de maravillosos errores ortográficos. En ella trataba de explicar lo que había sido, y todavía era, un malentendido. Lo había sido por primera vez porque la caballerosidad nos impidió hablar de nuestros afectos. Con su discreción de siempre, Puro Cava había ocultado la relación carnal que lo unió a la mujer durante tanto tiempo. Con un pudor similar, yo evité contarle de la persona que se robaba mis sueños. ¡Nunca existió traición! La señora Pachelbel dejó de recibir a Puro Cava la misma semana en que me abrió la puerta de su dulcería. (Para no crear un nuevo malentendido, te aclaro que digo esta frase de forma literal: me refiero al negocio de la dulcería, y no a otra clase de delicias.)"

"Pero aun cuando la confusión podía ser aclarada, subsistía otro malentendido en apariencia insoluble. La señora Pachelbel cultivó durante años la relación con Puro Cava, a pesar de tenerla siempre por insatisfactoria. Conocés bien su naturaleza pragmática: para ella Puro Cava era tan sólo un objeto sexual. La relación que entabló conmigo le proporcionó otras satisfacciones: el puro afecto, el deleite intelectual, el goce culinario. Según revelaba en la carta, para la fecha del fatídico Sever se había descubierto envuelta en la mayor de las confusiones. Por una parte había comprendido que la relación conmigo también le resultaba insatisfactoria. Puro Cava, entendió, era para ella algo más que sexo. Había comenzado a extrañarlo. Y al mismo tiempo se sentía incapaz de prescindir de mi presencia; yo era para ella algo más que simple afecto. En esa nube estaba cuando acudió al Sever y ocurrió lo que ya sabemos."

"En su carta me decía que los acontecimientos la obligaban a prescindir de ambos. Y que a pesar de su dolor, sabía que no existía otra salida posible. Porque en su alma seguía amándonos a los dos, y no pudiendo optar por uno en desmedro del otro. En pleno conocimiento de nuestro código de honor, aceptaba que la situación era insostenible y elegía dar un paso atrás para no prolongar un enfrentamiento entre caballeros que no se sentía en condiciones de dirimir. Así se despedía, prometiéndome fidelidad eterna: 'Adieu…'"

"Pensé que estaba en lo cierto, que no nos quedaba otro camino que el de la renuncia. Hasta que Puro Cava golpeó a mi puerta con una propuesta que pensé descabellada, pero que de a poco fui apreciando en sus conveniencias."

"Puro Cava dijo que era un despropósito que hubiese tres personas infelices, cuando dos de ellas podían aspirar a la dicha. Y que aunque la señora Pachelbel se negase a elegir a uno de nosotros, existía una forma de que zanjásemos la cuestión entre caballeros."

"Le pregunté si estaba hablando de algo tan simple como revolear una moneda. Me dijo que había considerado la idea, pero que esa resolución conduciría a la consagración de un perdedor que se enfrentaría al peor de los destinos. Si fuese él quien perdiese, no querría seguir viviendo, me dijo. Le dije que mi tesitura era idéntica. Entonces me planteó su solución, que después de considerar en todos sus aspectos acepté de buen grado."

"Puro Cava y yo vamos a batirnos a duelo. El sobreviviente se quedará con la señora Pachelbel (a quien, como imaginarás, no hemos puesto al tanto de la iniciativa), y el perdedor tendrá la fortuna de ya no sufrir el desamor. Creo que las posibilidades de triunfar son equitativas. ¡Yo ofrezco un blanco mayor, pero a la vez veo mejor que él!"

"Te parecerá una solución bárbara y por ende indigna de estos tiempos. Pero estoy convencido de que no ha habido tiempos más bárbaros que este presente; y a la vez no podrás negar la elegancia con que el duelo zanja una cuestión que de otra manera seguiría irresuelta hasta el fin de los tiempos."

"Es cuestión de días, nomás. Sólo resta acordar ciertas cuestiones, por ejemplo la choix des armes. *Si estuvieses aquí te elegiría como padrino, ¡pero en tu ausencia tuve que recurrir al Tacho!"*

"Puede que no me quede tiempo de escribirte otra carta antes del duelo. Y puede que tampoco lo haga después, si la fortuna pasa de mí. En ese caso considerá estas líneas, esta carta escrita in articulo mortis, *como mi despedida. Fue un deleite conocerte, al igual que a tu familia. Sirva mi destino como recordatorio de la forma en que el corazón pone a prueba a los hombres, y de la necesidad de vivir siempre acorde con los sentimientos más altos."*

"Tuyo, siempre."

"D."

LXXXII. Donde se percibe la importancia que Dirigibus otorga al saber andar en bicicleta

Nadie en Santa Brígida sabía de los orígenes del doctor Dirigibus. Todo lo que los mayores recordaban era que el abogado llegó al pueblo en 1952 de manera providencial, tan calvo como ahora pero con la viruta de su pelo aún bruna. Santa Brígida había crecido mucho y ya no estaba en condiciones de regular sus asuntos como hasta entonces, apelando a la buena voluntad de sus vecinos o a los oficios de leguleyos y jueces distantes. Además en las partidas de poker de Farfi padre se jugaba un monto de dinero que hacía recomendable un veedor externo, en aras de garantizar el *fair play*.

El doctor Nildo C. Dirigibus ya era viudo por entonces. Pronto hizo buenas migas con Farfi padre, que lo puso a prueba con algunos de sus entuertos legales y al fin le entregó la custodia de sus empresas. Durante décadas fue un negociador inmejorable. Siempre obtenía el objetivo buscado, y además se ganaba el favor y la amistad de aquellos que hasta entonces habían litigado en su contra: firmaban el documento que los perjudicaba con una sonrisa en los labios.

Con el tiempo su paladar curado en alcohol se impuso a su buen juicio. Conservaba el don de gentes, pero a menudo olvidaba la disputa que lo había llevado hasta allí y se despedía a los abrazos sin haber concretado nada; o firmaba el primer documento que le ponían delante, sin cerciorarse de que reflejase lo que se había pactado de manera verbal e incurriendo así en perjuicios garrafales para su representado.

Farfi padre estaba a punto de despedirlo cuando sucumbió a un infarto sobre el tapete verde. (Ni siquiera durante el ataque soltó las cartas; tenía un full que nunca pudo mostrar.) Puesto al mando del barco familiar, Farfi hijo fue desplazando al jurisconsulto del cuidado de sus intereses, mientras trataba de no herir su orgullo. Cuando lo sorprendió la función pública, entendió que había encontrado el nicho perfecto para el abogado. Dirigibus había nacido para la mediación. Allí donde existía un conflicto entre partes, el flamante intendente lo enviaba como su adelantado. Para cuando arribaba en carácter oficial, no le quedaba mucho que hacer más allá de estrechar manos, palmear espaldas y sonreír para las fotos.

Dirigibus creía que todos los asuntos humanos tenían arreglo, con excepción de la muerte. Cuando algún representante de las partes enfrentadas se deprimía ante las dificultades y expresaba su convicción de que el problema era insoluble, se arrepentía de inmediato, al punto de desear no haber abierto nunca la boca. Esa negatividad era lo único que convertía a Dirigibus en un hombre furioso. La ceguera de sus congéneres lo irritaba, siempre había una solución, ¡debía haberla! El hecho de que alguien dudase de su existencia lo impulsaba a pronunciar una tirada de argumentos, durante la cual regaba a las partes con muestras de su saliva mientras las avergonzaba por su escasa disposición al acuerdo.

¿Qué es lo que nos diferencia de las otras especies, qué nos espabila, decía lloviendo su fina lluvia, sino nuestra capacidad de entendimiento? Si hasta los leones y los antílopes llegaron a un acuerdo que les permite convivencia armónica, ¿por qué no podemos arribar nosotros a un acuerdo semejante? ¿Somos acaso seres menos dotados que un emú o un babuino? Hemos dominado la Tierra, y conquistado el mundo de lo físico, y redactado Constituciones encomiables, y explorado lo ínfimo hasta descubrir el átomo, y estudiado lo infinito al frecuentar el espacio, ¿y no somos capaces de encontrar la salida a un conflicto de medianeras? Y así, después de apabullar a los representantes de las partes hasta que bajaban los ojos en reconocimiento de su indignidad, Dirigibus se arremangaba para empezar a considerar el tema otra vez desde cero, todas las veces que fuese necesario, hasta que una fórmula satisfactoria para todos apareciese delante de sus ojos, ¡al fin!, con la claridad de la Tierra Prometida.

Para Dirigibus todo se reducía a no cejar nunca en la busca de la armonía. Cuando se le planteaba que no podía haber armonía en una realidad que estaba herida por la injusticia desde su origen (el arrebato de sus tierras a los indios, por ejemplo), Dirigibus se permitía disentir. Siempre había formas de castigar a los culpables y de compensar a las víctimas, explicaba, que aunque no restableciesen la realidad original significaban una corrección del mal hecho, y por lo tanto negaban preeminencia al error.

El jurisconsulto decía que la vida se parece mucho a andar en bicicleta. La condición *sine qua non* para avanzar es el equilibrio. Por supuesto, aun cuando uno se ha lanzado ya al camino existe la posibilidad de perder el balance, por propia impericia o influencia externa. Ante la perspectiva de una dolorosa caída, uno corrige el rumbo de maniobra con un volantazo (es decir exagerando hacia el otro lado), y después otro más (también exagerando, pero menos), y todos los que sean necesarios, con maniobras de graduación cada vez más sutiles, hasta recuperar el dominio y la recta marcha.

A continuación Dirigibus subrayaba dos aspectos del tema que le parecían cruciales: las características evolutivas de este andar (que es resultado de un aprendizaje), y la necesidad de vigilancia constante, para que una grieta inesperada en el terreno no se traduzca en pérdida de la armonía. ¡Aun aquellos que saben pedalear sin las manos pueden caer de bruces, si no están atentos al terreno! El argumento de Dirigibus era elocuente, pero sus interlocutores nunca lo oían hasta el final, distraídos por la imagen que se había formado en sus mentes: imaginaban el cuerpo aguindado del jurisconsulto encima de una exigua bicicleta, luchando para no derrumbarse.

Ninguno de los que conocía a Dirigibus de niño conjeturó un futuro consagrado a la concordia entre los hombres. Porque aunque fue amado, y tuvo amigos, y pudo estudiar, sufrió reveses que en otros habrían provocado la amargura que fermenta para volverse resentimiento.

El padre del jurisconsulto era un hombre bueno, que amaba a su mujer y a su hijo y no dejaba de prodigarles diarias atenciones. Tenía un hotel familiar sobre la calle Anchorena, en un barrio acomodado de la ciudad de Buenos Aires. Lo había heredado de su propio padre, de quien aprendió ese amor generoso que ahora vertía sobre los suyos. Habituado a tenerlo todo, y a pedir sin obligación de dar nada a cambio, el padre de Dirigibus creció convencido de que el mundo iba a ser tan generoso como su progenitor.

Pero la vida le demostró lo contrario. Acuciado por el rojo de los balances, el padre de Dirigibus solicitó un préstamo que no pudo devolver. El banco le remató el hotel. Después pidió dinero a un prestamista, para seguir solventando la vida holgada que quería para los suyos. Como nunca pagó en tiempo y forma le rompieron un brazo, lo cual lo inhabilitó para conseguir trabajo. Cuando el prestamista amenazó con dañar a su esposa y a su niño, Dirigibus padre desesperó. Es probable que hubiese hecho una locura, de no haberlo detenido entonces la policía por causas que pendían sobre su cabeza: sueldos impagos e indemnización de sus ex empleados, viejos proveedores que lo acusaban de defraudación y estafa, impuestos inmobiliarios que aún adeudaba...

Dirigibus recordaba las visitas al penal donde purgaba condena su padre, ese hombre bueno que no sabía cómo dejar de hacerse daño, haciéndoselo a los suyos por añadidura. De pequeño le parecía que su padre era feliz allí, donde se le proveía de todo lo indispensable sin necesidad de que lo pidiese. Esos domingos su madre llevaba una canasta con la vianda (que se aligeraba durante los controles que les hacían antes de entrar), y juntos comían y bebían y se contaban historias y se ponían al día, como lo hacen las familias por las noches al calor de su hogar. Si hacía abstracción del escenario, el pequeño Dirigibus podía sentir que estaban de regreso en el hotel de puertas siempre abiertas. Mientras vivieron allí la posada estuvo repleta todas las noches, con huéspedes pagos o sin ellos: su padre era incapaz de negar asilo a los sin techo, del mismo modo en que su madre ofrecía sopa a todo aquel que se acercase a su mesa.

La cárcel también estaba llena de indigentes, hombres buenos caídos en desgracia. Aun cuando conservaba el recuerdo feliz de aquellas visitas, en que su padre compartía la vianda con sus compañeros de infortunio mientras hacía gala del mejor de los humores (era dicharachero, y legaría ese ánimo a su hijo), Dirigibus tenía claro que la prisión debió haber sido algo más que esa fachada, una realidad que su padre no entendió o no quiso transmitirles para no afligirlos ya más. Estuvo adentro dos años, al cabo de los cuales lo degollaron con un hierro afilado por frotación, durante lo que aparentaba haber sido una disputa que nadie supo o nadie quiso explicar.

Era probable que su padre hubiese sido fiel a su naturaleza hasta el fin, pidiendo ahí adentro cosas que no estaba en condiciones de pagar hasta que le cerraron la cuenta de forma definitiva. O que hubiese esperado de los otros la clase de generosidad que consideraba natural, y que había ejercido con los suyos y en el hotel e incluso dentro de la cárcel, encontrando a cambio el egoísmo asesino que es la moneda más común entre los hombres. Lo cierto es que Dirigibus quedó huérfano a los ocho años y que su madre se deslomó para mantenerlo, cosiendo con máquina y con aguja, mientras apartaba monedas para que pudiese estudiar y le decía *todo tiene arreglo en esta vida, Nildito, todo menos la muerte* sin perder nunca la sonrisa —hasta que ella misma ya no tuvo arreglo.

Pudiendo haber heredado lo peor, Dirigibus recibió lo mejor de ambos mundos: tenía la loca generosidad de su padre y la contracción al trabajo de su madre; el optimismo había sido un regalo conjunto. Por eso perseveró, y enfrentó la vida con la mejor de las voluntades aun cuando el destino volvió a golpearlo (¡Dita se fue tan joven!), y por eso se ponía impaciente cuando alguien se enredaba y se ahogaba en un vaso de agua y se quejaba de que su problema era insoluble porque no lo era, todos los problemas humanos eran solubles, lo único irremediable, lo único que no tenía arreglo, era la muerte, y eso era algo que Dirigibus sabía porque lo había aprendido él solito, a los volantazos por el camino, mientras trataba de no perder el equilibrio.

Sin embargo algo cambió cuando ocurrió la crisis de la señora Pachelbel. Al comienzo la enfrentó con filosofía, diciéndose lo que tantas veces había dicho a otros: la gente tiene derecho a elegir aunque elija lo que no nos gusta, uno puede dramatizar y rasgarse las vestiduras o decir mañana será otro día como Scarlett O'Hara y empezar a vivir el resto de la vida, qué se le va a hacer, a lo hecho pecho y a otra cosa mariposa. Pero con el correr de los días entendió que el dolor no cedía. El pecho que había puesto a la adversidad se quejaba a la altura del esternón, su pena se había hecho carne; y el resto de su vida no se decidía a empezar. Se preguntó si sería cosa de la edad, mezcla de achaque con falta de perspectivas: ¿qué sentido tenía recomenzar, cuando a uno le quedaba poco tiempo y todo lo que quería era vivirlo a su antojo?

Aquello que había llenado su vida de sentido perdía sabor día tras día. Bebía por costumbre y de a grandes tragos, ya no paladeaba. Ni siquiera encontraba satisfacción en el trabajo que había sido la luz de su existencia. Aceptó representar a David Caleufú en su reclamo como heredero de Heinrich Maria Sachs, pero no lograba concentrarse en la tarea. Se había reunido varias veces con Krieger y con sus abogados sin llegar a ningún acuerdo. El empresario tenía rabietas durante las que decía cosas horribles, contrariando las recomendaciones de sus propios consejeros legales. Acusaba a David Caleufú de ser un indio ignorante, enemigo de la idea del progreso e incapaz de reconocer el valor del dinero que quería pagarle a cambio del Edelweiss.

Dirigibus no registraba los agravios pero tampoco lograba valorar las ofertas, por más que crecieran a cada minuto. Terminaba sugiriendo nuevas reuniones a futuro, que enfermaban a Krieger porque implicaban que las obras seguirían paradas un tiempo más. Entonces Krieger desesperaba, y decía que ese asunto del infierno no tenía remedio —sin que Dirigibus hiciese otra cosa que agarrar su maletín y despedirse hasta la próxima.

El jurisconsulto sentía que la disputa ocurría lejos suyo, en otro plano de la existencia; como si la viese desde otro lado, desde afuera de la pecera, sin comprender del todo bien qué afanes impulsaban a esos peces birmanos trenzados en pelea.

Por eso se aferró a la propuesta de Puro Cava con tanta intensidad. Le llegó en el momento en que reevaluaba sus nociones de la vida y de la muerte, cuando se cuestionaba si tenía sentido seguir pedaleando por un camino sin amor: ¿no sería hora de soltar el manillar de una buena vez? Había dejado de ver a la muerte como fatalidad, algo que ocurre sin que medie nuestra intervención, que no oye nuestra voz ni cuenta nuestro voto y en consecuencia no deja otra salida que la aceptación, para empezar a mirarla como algo deseable, algo sobre lo que podíamos tener voz y voto, algo administrable. Quizás la muerte no tuviese solución porque era en sí misma una solución.

Con ese espíritu se preparaba a marchar al encuentro de su destino, al despuntar las primeras luces de un día que estaba cerca.

LXXXIII. Donde le ocurre algo sin nombre a alguien que tampoco lo tiene, ni lo tendrá

Aquella tarde flotaba una bruma extraña en la casa.

A su regreso del trabajo Teo encontró a Pat sentada junto a la mesa de la cocina, de donde no se movió ni siquiera para darle la bienvenida. Le preguntó por qué estaba sentada así, torcida como un barco ebrio. Pat dijo que no se sentía bien, pero pretextó un malestar de características vagas que según ella no ameritaba consulta médica.

En esa circunstancia Miranda se prodigaba para cuidarla: le ofrecía aspirinas, algo de beber, vaciaba el cenicero desbordante de colillas; parecía incapaz de alejarse de la cocina, ahora que el sol de su universo se había instalado allí. Pero las miradas que dirigía a Pat estaban cargadas de una oscuridad que sorprendió a Teo. Imaginó que habían tenido otro de los encontronazos que cada vez eran más habituales, aunque los disimularan delante suyo en cumplimiento de un pacto de silencio. Preguntó si había pasado algo. Tal como esperaba, le dijeron que no. La vida siguió su curso. Durante la cena Pat bebió agua. Fue un día desprovisto de *happy hours.*

A medianoche Pat despertó a Teo. Le pidió que la llevase a la salita de primeros auxilios. Estaba sufriendo una hemorragia.

El gigante cargó a Miranda con sábanas y todo. Cuando preguntó entre sueños qué pasaba, Teo dijo que iban al médico para que le recetase algo a Pat de una buena vez. Así arropada, la niña siguió durmiendo sobre el asiento de la camioneta.

La sala de primeros auxilios era lo más parecido a un hospital que existía en Monte Abrasado: un living adaptado para la espera de los pacientes, tres consultorios y ningún quirófano. Tajos, quebraduras y partos eran atendidos allí mismo, sobre camillas como la que recibió a Pat a su llegada. Para las cuestiones de gravedad y los tratamientos prolongados, la gente del pueblo se trasladaba a Villa Ángela, en la provincia del Chaco.

El médico de guardia era un joven de origen chaqueño, que parecía no haber pegado los ojos en los últimos diez años. Al ver que la hemorragia era de origen vaginal (Pat se había llenado la bombacha de toallitas y compresas, todas empapadas), le pidió a Teo que lo dejase examinarla a solas. Ella suscribió el pedido, fingiendo coraje con una sonrisa débil. La enfermera abrió la puerta sin darle a Teo posibilidad de protestar, parecía dispuesta a sacarlo a empellones de ser necesario. Más allá del pudor, la humanidad del gigante los condenaba al hacinamiento dentro del consultorio.

Regresó a la calle para esperar junto a la camioneta. Miranda seguía descansando. Teo descubrió que Pat había dejado un cigarrillo a medio fumar, que todavía humeaba dentro del cenicero: lo terminó en dos pitadas.

Era una noche calma y llena de estrellas. A esas horas el silencio en Monte Abrasado era casi absoluto. De tanto en tanto se oía algún vehículo a la distancia. Teo creyó oír además el sonido de una radio que le llegaba desde alguna casa cercana; alguien padecía de insomnio, o bien se había quedado dormido antes de apagarla.

Su pensamiento volvió a la forma en que Pat había recibido su tesis sobre Hildegarda de Bingen. Todavía jugueteando con el estetoscopio nuevo, Pat había admitido que el dibujo se parecía a los de Miranda, y concluido que debían proceder de la misma causa fisiológica. A menudo las migrañas producen trances, durante los que el sujeto cree ver una luminosidad extrema; Pat decía que William James había definido ese fenómeno con la palabra *fotismo*. Por eso mismo negaba todo misticismo a las visiones: se trataba de la interpretación que una mujer religiosa había dado a un fenómeno neurológico. Teo sugirió que una cosa no quitaba la otra, todo aquello que ocurre en este universo físico debe tener una explicación coherente con las reglas de su funcionamiento, pero a la vez puede admitir *otra* interpretación. Si un médico hubiese revisado a la niña que Cristo resucitó diciendo *talita kumi*, habría encontrado una explicación fisiológica para la reacción, o se habría excusado diciendo que en realidad no estaba muerta sino catatónica, sin que ninguna de esas explicaciones contradijese o inhabilitase el poder de la voz que la había llamado a la vida. Pero Pat no estaba de ánimo para discusiones, y mucho menos teológicas. Se tapó los oídos con el estetoscopio y volvió a examinar su corazón. Dándose por vencido, Teo se tumbó a dormir.

Al rato la oyó hablar. Se expresaba con un murmullo.

"*Heart exercises*", dijo.

"¿Me estás hablando a mí?", preguntó el gigante, somnoliento.
"No", dijo Pat. "Dormí tranquilo."
El médico salió a la calle minutos después. Le dijo que la sangre había parado, pero que era conveniente que Pat hiciese reposo durante cuarenta y ocho horas.
Cuando Teo le preguntó por qué se había desangrado, el médico le pidió un cigarrillo. Era obvio que la situación lo ponía incómodo. Teo dijo que acababa de fumarse el último y siguió mirándolo en espera de una respuesta.
"Yo no soy quien para meterme en la vida de la gente", dijo al fin el chaqueño. "Pero el que le hizo eso a su señora es un bestia. Estas cosas no se pueden practicar así nomás. Es muy fácil que se produzca una infección. Tuvo suerte, dentro de todo. Acá se mueren pibas cada dos por tres."
Cuando Teo entró al consultorio Pat tenía los ojos cerrados y las manos entrelazadas encima del pecho. Estaba más pálida que nunca, tanto que sus pecas parecían haberse borrado, pero no dormía. Teo estaba seguro de ello. Lo que Pat más deseaba en ese momento era escapar, pensó: escapar de la sala, escapar de su presencia; pero como su cuerpo dañado se lo impedía, escapaba hacia adentro. Se quedó allí, viéndola, sin saber muy bien qué decirle ni por dónde empezar. El silencio creció hasta volverse intolerable. Fue Pat quien lo rompió sin siquiera abrir los ojos.
"¿Y la nena?"
La salita apestaba a sudor seco y a desinfectante barato. Teo descubrió que en las paredes había tres almanaques, de los cuales sólo uno correspondía al año en curso.
"Sigue dormida. La está cuidando el médico."
Pat miró entonces hacia la pared que daba a la calle, como si tuviese visión de rayos X y pudiese verificar el aserto de Teo a través del muro.
"¿Por qué no me dijiste?", preguntó el gigante.
"Porque ibas a tratar de convencerme de que no lo hiciera", dijo Pat, como el actor novato que en su ansiedad escupe la línea memorizada.
"Tenés razón." A Teo le pareció que su voz no volaba, que nacía seca y se caía ahí nomás, encima del piso salpicado de sangre.
"Deberías estarme agradecido", dijo Pat, que seguía mirando la pared. "Te ahorré el trámite espantoso. Lo peor es tomar la decisión

y bancártela mientras la llevás a cabo. A vos te toca la aceptación del hecho consumado y nada más. Es la parte más liviana."

Teo se preguntó de qué material estarían hechas las paredes del consultorio. Sentía una necesidad casi infantil de bajar los almanaques a puñetazos y no parar hasta abrir ventanas en los muros, con la cabeza si era necesario.

"Yo sé que tenías derecho a saber, y a opinar", dijo Pat. "Pero la decisión final era mía de todas formas, porque se trata de mi cuerpo, y nadie puede decidir sobre mi cuerpo que no sea yo." Ahora sí volteó la cabeza para verlo. La voz con la que habló tenía un grado de agresión que antes no estaba allí. "¿Qué ibas a hacer si no estabas de acuerdo? ¿Atarme a la cama durante nueve meses?"

Pat se incorporó para formular la última pregunta, y al hacerlo una punzada se le clavó en el vientre. El primer impulso de Teo fue acercarse para tocarla, pero su cuerpo no le respondió; la dejó donde estaba, a solas con el dolor que había elegido padecer.

"Vos y yo no estamos en condiciones, no podemos traer otra criatura a este mundo", dijo Pat con una voz que se había rendido al dolor físico. "Sería una locura. No tenemos casa, no tenemos futuro."

"No tenemos casa ni futuro, y además vivimos escapando", dijo Teo.

Pat asintió, la aliviaba que Teo le diese la razón.

"La pregunta", dijo el gigante, "es por qué."

Pronto comprendió que Pat no diría nada ni siquiera en esa circunstancia.

"Ya sé que las cosas son complicadas, ya sé que no lo buscamos", insistió Teo. "Aun así me gustaría que lo entiendas, yo quiero tener hijos con vos."

"Pero yo no."

¿Era necesario que fuese tan cruel? Teo se preguntó por qué no querría engendrar un hijo suyo, aun después de haber tenido a Miranda con otro.

"Me imagino un nenito con tus pecas", dijo el gigante, dispuesto a presentar batalla. "Un pibito que tenga tus ojos, yo lo quiero, u otra nenita, me da igual, que sea una mezcla de tu ..."

Pat levantó una mano, le pedía que se detuviese con un gesto urgente. Tenía la otra mano hecha una garra sobre su vientre vacío.

"No me hagas eso. No podés decirme semejante cosa. Ahora no. Ya no."

Teo miró hacia abajo. Necesitaba zapatos nuevos con urgencia. Era un problema serio, en Monte Abrasado la gente no usaba calzado más grande que el de un escolar.

Pat se tapó la cara durante un instante. Cuando retiró sus manos parecía haber envejecido diez años en tan sólo segundos. La piel se había tensado alrededor de sus ojos, como si los huesos del rostro empujasen desde abajo, pugnando por salir. Sin embargo cuando habló sonaba con una extraña calma.

"Si querés irte, te podés ir, nomás", le dijo. "¿Qué mejor momento? Yo no te juzgaría. La verdad es que no entiendo qué hacés conmigo, por qué soportás tanto. ¿Te lo avisé o no aquella noche, cuando nos conocimos? Te dije que te iba a traer quilombos, ¿o no te lo dije? Vos necesitás una buena chica, sin complicaciones, que te banque tus delirios. Conmigo no se puede hacer proyectos, pensar en mañana. Soy un desastre. Si pudiese abandonarme a mí misma, ¿sabés con qué gusto me iría? Yo no tengo suerte, todo lo que toco se hace mierda. Y no te quiero hacer mierda. Así que aprovechá. Abortame, Teo. Vos tenés derecho a elegir, nadie puede decidir sobre tu vida más que vos. Es tu oportunidad. Si no te rajás ahora, no sé si va a haber otra."

Teo miró la puerta abierta. El pasillo estaba a oscuras. Era un alivio para su vista, la luz blanca de la salita le hacía doler los ojos.

Se aproximó a la camilla, cuidando de no pisar la sangre con sus zapatos viejos. Cuando llegó a su lado se puso de rodillas y empezó a hablarle muy cerca de la oreja.

"Antes de conocerte, yo trabajaba para una empresa de prospección minera", dijo Teo. "Viví un tiempo en Jujuy, encargado de las perforaciones con explosivos. ¿Te acordás que me preguntaste si alguna vez había tenido un accidente?"

Pat seguía mirando al techo, la lámpara que emitía una luz sucia reclamaba toda su atención. Aferraba la mantita que la cubría con dos manos flacas salpicadas de rojo.

"Una carga que preparé explotó antes de tiempo", siguió diciendo Teo. "A mí no me pasó nada, pero cuatro de los tipos que trabajaban conmigo se hicieron pedazos."

Pat ni siquiera parecía haber registrado sus palabras. La lámpara estaba llena de bichos muertos que se apilaban unos sobre otros.

"¿Me oíste? Cuatro tipos. Cuatro laburantes. Estábamos trabajando con unos detonadores de mierda que nos daba la empresa, por eso no hubo juicio siquiera, no tuve responsabilidad penal. Pero yo sabía que los detonadores no eran confiables y los usé igual. Tendría que haberme negado a trabajar en esas condiciones. Si yo me hubiese puesto firme... Pero no lo hice. Y maté a cuatro tipos. Cuatro padres de familia. Yo convertí en viudas a cuatro mujeres. Yo convertí en huérfanos a un montón de chicos. Todo ese dolor es mi obra, mi responsabilidad."

Pat seguía mirando la nada. Desalentado, Teo apoyó la frente sobre la camilla. La tela de la sábana era áspera.

"No entiendo", dijo al fin Pat con sincero desconcierto. "¿Por qué me contás esto? ¿Por qué ahora?"

Teo habló sin moverse, todavía prosternado ante la camilla.

"Quería que supieses que si me dejaras, yo no te juzgaría. Quería decirte que no sé qué hacés conmigo ni por qué me soportás. Yo soy un desastre, Pat. Todo lo que toco termina hecho mierda."

Pat le pasó un brazo por encima del cuello. No fue un abrazo amoroso, ni siquiera fraternal; apenas el gesto de alguien que está tratando de no caer.

"No puedo más. Te juro, Teo. No puedo más."

En cualquier otro momento Teo la habría desmentido, le habría dicho que no fuese tonta, que todo iba a estar bien, que él la amaba y que Miranda la amaba y que las cosas no podían sino mejorar. Pero se limitó a responder el abrazo en silencio, no le daba el cuero para decir algo en lo que no creía a ciegas, ya no como antes, cuando era un hombre decidido a hacerla feliz, cuando era capaz de correr desnudo por el campo con tal de verla reír, cuando todavía no existía ese fantasma entre los dos.

LXXXIV. Registra el inicio de la pasión por los libros en Miranda, y de su interés por la noción del secuestro

Los chicos del barrio pensaban que Miranda estaba loca. ¿Qué otra razón podía existir para su encarcelamiento? Sólo salía de la casa custodiada por su mamá o por el gigante. Ni siquiera visitaba el patio de adelante, separado de la calle por verjas de hierro que culminaban en puntas de lanza. Se pasaba todo el día adentro del caserón de Atamisqui, escuchando el mismo disco o viéndolos jugar a ellos a través de la ventana del living, con cara de cachorrito al que ataron con una cadena demasiado corta.

Las versiones sobre su aislamiento eran múltiples. Lila decía que a lo mejor tenía una enfermedad en la piel, y que no se exponía al sol para no ponerse peor, uno la veía normal así de lejos pero capaz que de cerca era un monstruo. Pero todos la habían visto salir alguna vez, así que la hipótesis de la piel enferma no se correspondía con la realidad.

El Chihuahua pensaba en otro tipo de mal. Había visto una película sobre un nene que vivía adentro de una burbuja. Pero otro de los chicos, Pedro Pedro, le dijo que aunque fuese transparente la burbuja debía ser visible cuando la nena se asomaba en la ventana, y no lo era. Y Christian le dijo al Chihuahua que esa enfermedad era un invento suyo, y que las únicas burbujas que conocía eran las que hacían sus pedos en el agua de la bañadera.

En la ausencia de certezas, era lógico que recurriesen a la sabiduría de sus mayores. Las mujeres del barrio comentaban que Atamisqui había dicho que Miranda (porque se llamaba Miranda, el nombre era tan raro como ella) era una nena agradable y educada, que ni siquiera se hacía sentir. Debía estar drogada o algo, le darían pastillas como le daban al Coleto para que no volviese a salir en pelotas a la calle. Pero el dato más jugoso lo aportó Beto, el hijo de doña Norma, la ahijada de Atamisqui. Doña Norma entró a la casa para limpiar el día que la mamá de Miranda estaba en cama. Plumereó el living y los dos cuartos y la cocina así que vio todo lo que había para ver, pero no vio ninguna televisión. Esa gente no tenía televisor. ¿Cómo no les iba a salir loca, la hija?

El encierro de Miranda se agudizó durante los días que Pat dedicó al reposo. Su madre dormía la mayor parte del tiempo. Eso dejaba a Miranda librada a su albur, al comando de la casa y sin nada que hacer. El primer día puso *Sgt. Pepper* dos o tres veces, dibujó, picoteó algo de la heladera, recibió llamados de Teo que requería su informe médico. (*"¿Doctora Miranda, es usted? Quería saber cómo sigue la paciente..."*) Estaba tan aburrida que empezó a curiosear entre los libros que Teo le había dejado. La selección no era grande, Teo no acarreaba libros infantiles entre sus pertenencias, pero había varios de ellos que un niño podía leer si se armaba de coraje.

Miranda se preguntaba por qué todos los libros de la gente mayor tenían que ser tan gordos.[25]

David Copperfield, por ejemplo, empezaba así: "Si terminaré resultando el héroe de mi propia vida, o si esa responsabilidad le cabrá a algún otro, estas páginas deberían revelarlo." Miranda se preguntó cuál era la gracia de leer la historia de un señor que ni siquiera estaba seguro de ser el héroe de su historia. Y entonces decidió abandonar *David Copperfield* hasta estar segura de que quería leer *David Copperfield*.

Las aventuras de Alicia en el País de las Maravillas se abría así: "Alicia estaba empezando a cansarse de estar sentada en la ribera junto a su hermana y sin nada que hacer: una o dos veces había curioseado el libro que su hermana leía, pero no tenía dibujos ni conversaciones, '¿y cuál es la gracia de un libro', pensó Alicia, 'sin dibujos ni conversaciones?'" Miranda sintió que se le salía el corazón del pecho: ¡a Alicia le pasaba lo mismo que a ella! Pero enseguida se cuestionó el sentido de leer un libro sobre una chica aburrida. Se había sentado a leer para olvidar que ella misma, Miranda, estaba aburrida. ¿Qué sentido tenía mirarse en semejante espejo? Además el libro era el más gordo de todos (Teo le había dado su ejemplar de *Las obras completas de Lewis Carroll*), y tampoco tenía dibujos, y ni siquiera estaba segura de que incluyese conversaciones. Miranda no entendía de qué forma un libro podía incluirlas a no ser que llevase adentro un tubo de teléfono, o una cassette con una charla grabada en su cinta. Y por

---

[25] Hay mucha gente mayor que se pregunta lo mismo. Son los mismos que sin dudas no leerán nunca este libro.

eso no llegó al segundo párrafo, que le habría permitido encontrarse con el Conejo Blanco.

Lo que le gustó fue el comienzo de *Raptado*, de Robert Louis Stevenson. "Comenzaré a narrar la historia de mis aventuras, arrancando de una cierta mañana del mes de junio de 1751, en la que, muy temprano, retiré por última vez la llave de la puerta de la casa de mi padre." Este libro no era indeciso como *Copperfield*, ni la enfrentaba a su aburrimiento como *Alicia*. Dejaba en claro que el narrador había perdido a su padre, una situación que Miranda comprendía muy bien. Y la mención a una llave que se usa por última vez prometía cambios inminentes en la fortuna del narrador: algo serio, tan serio como esas cosas que le cambian a uno la vida (y que Miranda tanto ansiaba sin saberlo) estaba por pasar en *Raptado*.

Siguió leyendo con la lentitud a que la condenaba su falta de práctica. Al rato Pat la llamó desde su habitación. Miranda sabía lo que estaba por pasar. Su madre le iba a decir vení, acostate acá, al lado mío, y la iba a abrazar en silencio hasta que el sueño reapareciese, como ya lo había hecho otras veces durante el día. Así que tuvo el tino de llevarse el libro a la cama, y pasó páginas con una mano mientras palmeaba a Pat con la otra como a un bebé cansado pero inquieto.

En un momento los ojos empezaron a dolerle. A esa altura ya sabía que el narrador se llamaba David Balfour, que tenía dieciséis años y que todo lo que le quedaba en el mundo era un tío a quien no conocía, y que vivía cerca de Edimburgo. Cerró el libro, se desembarazó del abrazo materno (Pat roncaba como un tronco bajo la cuchilla del aserradero) y salió de la habitación.

Los chicos jugaban en la calle. Miranda se instaló en la ventana, desde donde podía verlos a pesar de la distancia que imponían el patio y las rejas. Ya conocía a la mayor parte del elenco: había chicos a quienes identificaba por su nombre, porque había oído a otros llamarlos así, como Chicho y Christian y Lila, pero había algunos a quienes les había endilgado nombres de su propia invención, como El Chihuahua (porque era mínimo, eléctrico y de ojos saltones) y Voz de Pito (o sea Beto, el hijo de doña Norma). Y también estaba Pedro Pedro. Miranda sabía que el chico debía llamarse Pedro a secas, pero como era el líder los demás se la pasaban gritando *Pedro, Pedro* la tarde entera para llamar su atención. Miranda insistía con el doble apelativo porque lo encontraba más rico que su nombre de bautismo: los dos Pedros subrayaban la importancia del personaje.

Todos eran más grandes que ella, a excepción de Lila y de Voz de Pito, que también andarían por los seis.

"Uy, mirá, ahí anda la loca", dijo Voz de Pito al verla en la ventana.

Los varones se juntaron en la vereda, y al ver que Voz de Pito estaba en lo cierto la saludaron como todas las tardes, bajándose los pantalones y mostrándole el culo.

"No dice nada", comentó Lila, decepcionada.

"Nunca dice nada", dijo Pedro Pedro.

"Para mí que se cree que nosotros nos saludamos así, siempre", dijo el Chihuahua.

"¿Te imaginás?", preguntó Chicho. "Mirá si mostrásemos el culo cada vez que nos encontramos con algún conocido." Y empezó a actuar la escena, bajándose los pantalones a cada saludo: "Buenos días, señorita. (*Culo.*) Buenos días, director. (*Culo.*) Buenos días, sargento. (*Culo.*) ¡Hola, vieja!"

Los chicos rieron hasta agotarse y después regresaron a sus juegos. El único que se quedó un momento más fue Pedro Pedro. Tenía diez años, era flaquito (sus amigos eran como bolas, salvo el Chihuahua, claro) y poseía lo que Teo llamaba ojos de Bambi: grandes pupilas negras y pestañas que parecían postizas. Pedro Pedro estaba convencido de que Miranda no estaba loca. Con el correr de los días había percibido la atención que la niña dispensaba a sus juegos, cómo se reía cuando había que reírse y cómo fruncía el ceño cuando hacían maldades o abusaban de alguno. Esa tarde Pedro Pedro se animó a levantar la mano y a saludarla de una forma distinta a la habitual. Miranda respondió a ese saludo y después se apartó de la ventana. Estaba muerta de vergüenza.

Poco más tarde, cuando ya todos habían regresado a sus casas (sólo volvían cuando sus madres prometían dejarles ver televisión), Miranda escuchó un ruidito sobre el vidrio que daba a la calle. Soltó el libro al que había regresado y se aproximó a la ventana. Ahí afuera no había nadie. Pero el ruido había existido, Miranda sabía que algo había golpeado contra el cristal: el sonido le resultaba inconfundible.

Encontró la piedrita sobre el suelo del living. Estaba cubierta por un papel, ajustado al guijarro por una bandita elástica.

Todo lo que el papel decía, en lápiz negro y con letra de niño, era *HOLA*.

Esa noche, mientras cenaban solos en la cocina, Miranda le preguntó a Teo qué significaba la palabra *raptado.*

Teo le dijo que significaba *secuestrado.* Secuestrar o raptar a una persona era privarla de la libertad en contra de sus deseos.

"Como lo que el capitán Hoseason le hace a David Balfour."

"Eso mismo", dijo Teo con una sonrisa. Le fascinaba que Miranda hubiese leído la historia hasta ese punto.

"Como hacían los militares acá cuando Pat era joven", insistió Miranda.

Teo masticó la carne un poco más antes de sucumbir a la curiosidad.

"¿Quién te contó eso?"

"Pat."

"¿Y qué más te contó?"

"Que habían secuestrado a muchos de sus amigos. Y que nunca volvieron. Espero que David Balfour vuelva de las islas Carolinas. Vuelve, ¿no es cierto?"

"Vas a tener que seguir leyendo. Aprovechá ahora que tu maestra está tumbada con licencia por enfermedad, y que no puede obligarte a leer esos libros que dicen *Viviana vive a la vuelta, Qué querible es Quico* y pavadas por el estilo."

A la tarde siguiente, cuando Pedro Pedro reiteró su saludo privado, Miranda le enseñó a la distancia la piedrita que había transportado el mensaje.

Pedro Pedro sonrió. Miranda sonrió también, porque creyó que la reacción del chico significaba que la piedra la había arrojado él —tal como esperaba.

Cuando al fin las madres renunciaron a sus derechos sobre el televisor y los chicos emprendieron el regreso a sus cubiles, Pedro Pedro encontró la forma de demorarse un poco más.

Y entonces Miranda le arrojó su mensaje.

LXXXV. En el cual reaparece un viejo conocido, para sorpresa de todos (incluido el lector)

Una tarde de domingo Teo llevó a Miranda al circo.

Teo había visto los afiches en el camino al trabajo. *Circo Hermanos Larsen – Diversión garantizada – Leones payasos domadores – Elefantes ecuyeres equilibristas – Focas tragasables contorsionistas – Una espléndida velada en familia*, decía el anuncio. Esta sintaxis estimulaba su imaginación. ¿Sería verdad que los leones payasos domaban a otros animales? ¿Y qué pensar de los elefantes ecuyeres: qué clase de cabalgadura los soportaría mientras hacían equilibrio? Pero la proposición más sorprendente era la que involucraba a las focas. Ya era difícil imaginar a una foca metiéndose un sable entre los dientes, pero la promesa de las contorsiones era demasiado. Para una foca, hacer contorsiones debía ser tan complicado como peinarse para una anguila.

Elevó la propuesta a Pat cuidando de que Miranda no se enterase, la presión de la niña hubiese sido contraproducente en esas circunstancias. Teo apelaba a la responsabilidad materna cuando explicó que Miranda tenía derecho a disfrutar de diversiones propias de su edad. Era una oportunidad que no volvería a repetirse en el corto plazo: ¿cuántos circos al año podían pasar por un sitio como Monte Abrasado?

Pat admitió que Miranda merecía una salida después de tanto encierro, así que dio su bendición. Pero aclaró de inmediato que no pensaba acompañarlos en la aventura. Detestaba los circos, dijo. Le daban pena los animales viejos y apolillados, le molestaban las carpas con olor a humedad y los payasos le producían escalofríos desde pequeña. ¿Qué clase de rostro era el que miraba detrás de la máscara?

La perspectiva de escapar de Pat durante el domingo produjo en Teo un alivio que al rato se transformó en culpa. Desde el incidente de la hemorragia ya no sabía cómo lidiar con su mujer. Nunca estaba seguro de qué decir: le parecía que todo aludía al hecho de alguna manera, o bien que escamoteaba la cuestión de forma artificial, y por ende sospechosa. Tampoco sabía qué la incomodaba más, si su ausencia o su presencia. El permiso fue concedido de forma tan graciosa, y con tanta rapidez, que Teo sospechó que Pat había sucumbido antes que él a la tentación de estar a solas.

El circo de los Hermanos Larsen era tan precario como Teo había temido. (No había leones payasos ni elefantes ecuyeres.) Lo habían instalado en un predio al borde del desierto, una carpa desteñida con remiendos de colores vivos; los tientos rechinaban todo el tiempo, resecos por el viento áspero del lugar. Pero Miranda vivió la experiencia como si se tratase del mejor espectáculo del mundo. Reaccionaba ante cada golpe de efecto con alegría infecciosa: las rutinas eran más viejas que la mujer que vendía las golosinas, pero la niña las convertía en nuevas con su asombro. El gigante se preguntó cuántas de las vivencias que los niños comunes y corrientes dan por sentadas seguirían siendo inéditas para Miranda. ¿Ir al teatro, al cine? ¿Quedarse a dormir en lo de una amiga? Visitar la casa de algún familiar, ¿sería para la niña el equivalente de una aventura exótica?

Lo que el gigante no sospechaba era que parte de la alegría de Miranda se debía a la presencia de alguien que no era payaso ni león ni equilibrista. La mayoría de la población infantil de Monte Abrasado había ido al circo, lo cual incluía, entre otros, al Chihuahua y a Lila y a Voz de Pito, que no dejaban de mirarla y de hacer comentarios por lo bajo, la loca había salido al fin, estaba bajo custodia del gigante. Pero ninguno de estos ejemplares interesaba a Miranda, que tenía ojos para uno solo: su mirada pivotaba todo el tiempo entre la pista central y el rostro de Pedro Pedro.

Teo creyó reconocer al niño de los ojos de Bambi, estaba seguro de haberlo visto en alguna parte. Lo que no entendía era la razón por la cual el chico lo miraba así, con una expresión parecida a la de aquellas caras que lo censuraban cuando tenía la edad de Miranda y cantaba demasiado fuerte, o sacudía la silla, o decía palabras inapropiadas.

Al término del número de las focas, que lejos de tragar sables se habían limitado a jugar con pelotas, Miranda le dijo a Teo que quería hacer pis. El gigante miró en derredor: no había nada parecido a un baño dentro de la carpa. Preguntó entonces a uno de los acomodadores. El hombre lo miró como si Teo hubiese escapado de una jaula y después le dijo que buscase afuera.

Salir de la carpa significó caer en la emboscada del sol.

"Pobrecitas focas", dijo Miranda. "¡Deben estar muertas de calor!"

"Seguro que las humedecen todo el tiempo, su piel necesita agua", dijo Teo. "Son como tu mamá, que vive encremándose."

"Se lo voy a decir a Pat. '*¡Mami, Teo cree que parecés una foca!*'"

"Las deben transportar en piletones, incluso, para que puedan chapalear a gusto."

"¡Si seguís hablando de líquido, me voy a hacer encima!"

No había baños cerca de la entrada principal, así que Teo optó por rodear la carpa con Miranda sentada encima de sus hombros. Pero como empezó a hacerlo por el extremo equivocado, se topó con los carromatos que transportaban a la *troupe* —la humana y la animal. Pensó que a esa altura desandar sus pasos sería un camino todavía más largo, así que siguió avanzando a grandes trancos. Había vehículos de todo tipo, desde camionetas a camiones (los elefantes viajaban con la cabeza afuera, mirando el paisaje) hasta acoplados que eran jaulas con ruedas. Algunos de los camiones tenían pintado el nombre del circo en su costado, en magentas y verdes lavados por el sol. De tanto andar, la mayoría de los neumáticos había perdido sus dibujos.

"Tratá de no mearte encima mío", dijo Teo, sintiendo los brincos de la niña. "Pensá en otra cosa. Mirá esas jaulas. Ahí llevan a los animales, ¿ves? O mejor dicho, ¿olés? Qué *sputza*. Los bichos viven vidas más simples. Ellos mean y cagan donde les da la gana."

"No me hagas reír, que no aguanto", dijo Miranda, y después: "¿Qué pasa? ¿Por qué te paraste acá? ¿Qué querés, que haga pis en medio de las jaulas?"

Ese no era el motivo por el cual Teo se había detenido. En ese instante ni siquiera recordaba la urgencia de Miranda.

"Teo, me meo", dijo Miranda, espoleando a su cabalgadura. Pero como el gigante no se movió del lugar, la niña repitió su anuncio como cantinela. "Teo me meo. Teomemeo. ¡Teomemeo!"

Teo sólo pensaba en ese olor. Un aroma agresivo, que se había metido en sus narices dentro del caballo de Troya de los demás perfumes. Un olor que recordaba muy bien, y que lo retrotraía a un momento y un sitio muy específico.

"*De caelo in caenum*", dijo la voz de barítono.[26]

---

[26] La frase significa *Del cielo al fango.*

Miranda dejó de repetir su mantra. Ella también se había olvidado de la urgencia.

Teo miró en derredor. Las jaulas parecían vacías. ¿Estaba soñando como aquella vez?

"Ecce lupus", insistió la voz.

Había un bulto en el fondo de una jaula.

"Lupus?", dijo Teo.

"Acércate", dijo el lobo. (Lo dijo en latín, pero traducimos para no abusar de las notas al pie de la página.)

Teo dio un paso temeroso. Los deditos de Miranda arrugaban el cuello de su camisa.

El lobo estaba tumbado en una jaula, al amparo de la sombra que la enorme carpa producía. Parecía muerto, pero sus ijares se inflaban con cada inspiración.

Teo dio un nuevo paso. El olor conocido se hacía cada vez más penetrante. Había otro perfume mezclado con éste, un aroma más pútrido, pero como la mayor parte de los hombres Teo no tenía muy educado su olfato; de haberlo tenido, lo habría comprendido todo de inmediato.

"¿Qué animal es ese?", preguntó Miranda.

"Un lobo."

"¿Trabaja en el circo?"

"...Qué sé yo. ¡Digamos que sí!"

"Qué lindo que habla. ¿Qué idioma es?"

"Latín", dijo Teo.

"La última vez que nos vimos no pude despedirme", dijo el lobo, enseñando una lengua que era más gris que roja. "Nos interrumpió la *mater dolorosa.*"

"¡Es el idioma de la radio!", dijo Miranda, emocionada. "¡La radio vieja habla en latín!"

"Es ella, ¿verdad?", preguntó el lobo, buscándola con un ojo amarillo. "La niña. *Opus unicum!*"

Teo se detuvo. ¿A qué se debía el interés del lobo por Miranda?

"¿Cómo sabes de ella?", preguntó el gigante.

Miranda se quedó con la boca abierta. ¡Teo también podía hablar ese idioma!

"Inter vapres rosae nascuntur", dijo el lobo.[27] "¿Cómo se llama?"

---

[27] La frase significa *Las rosas nacen entre espinas.*

"Miranda."

"¿El lobo preguntó mi nombre?", dijo ella, encantada.

"No te apartes de la niña", dijo la bestia. "¡Miranda te ayudará a obtener lo que buscas!"

"¿Dijo algo de mí?", insistió la niña.

"Pará un poco, después te cuento", le respondió Teo. Y volvió a dirigirse al lobo: "¿Cómo llegaste hasta aquí?"

"Siguiendo tu rastro. Cuando caíste del árbol y apareció la *mater dolorosa* debí esconderme. ¡Mi mensaje quedó interrumpido! Quise acercarme otra vez para completarlo, pero la región se llenó de hombres que husmeaban en mis huellas. Entonces desesperé. ¡No podía regresar a casa en esas condiciones, a decirle a mi amo que había fracasado! Decidí escapar y ya no regresar a su servicio. Viví mi vida en libertad durante algunos meses. No hablaba con nadie, me alimentaba con ratas y hasta hurgando en las basuras", dijo el lobo a borbotones, como si hubiese atesorado las palabras durante demasiado tiempo y necesitase escupirlas. "Pero la conciencia me atormentaba noche tras noche. En el silencio, lo único que resonaba en mi cabeza era el mensaje que no terminé de darte, un fuego que no cesaba en su ardor. ¡Nunca dejes algo inconcluso! Al fin volví al sitio en que te encontré por primera vez, pero ya era tarde: ustedes se habían ido. ...Y ahora déjame decir lo que debo decirte. ¡No me queda mucho tiempo!"

La inmovilidad que el lobo había observado hasta entonces perturbaba a Teo, que preguntó:

"¿Por qué sigues tumbado allí?"

"Me encantaría levantarme para sostener una conversación civilizada. Pero no puedo moverme", dijo el lobo.

Teo no le creyó del todo, pero aun así se acercó un paso más. A esa distancia el olor que no sabía reconocer se hizo más fuerte.

"¿Qué es eso?", preguntó Teo. El lobo tenía una mancha blanca en el vientre.

"Aequat omnes cinis", respondió el lobo citando a Séneca.

La frase significa: *La muerte nos iguala a todos.*

La mancha se movía aun cuando el lobo no. Eran gusanos blancos. Se veían tan gordos como inquietos, entrando y saliendo de una herida.

"Me atropellaron en el camino", dijo el lobo. *"Aliud ex alio malum!*[28] Pero al fin pude ponerme en pie y andar, hasta que di con

[28] *Un mal deriva del otro,* escribió Terencio en *El eunuco.*

el circo. La gente fue amable, están habituados a tratar con fieras. Comprendieron que no tenía cura, pero me dieron agua y me cedieron esta jaula para que terminase mis días en paz."

"Se está muriendo, ¿no?", preguntó Miranda, que no sabía latín pero entendía la música de las palabras.

"Y yo que había perdido la esperanza", dijo el lobo. "Sin embargo, ya ves. El circo me trajo hasta aquí. ¡Y ahora puedo recordarte mi mensaje!"

Teo se rascó la cabeza. Era verdad, lo había olvidado casi todo. Y lo que todavía recordaba le seguía sonando a disparate.

"¿Vas a volver a hablarme de redención?"

"Te queda poco tiempo para cobrar tu premio."

El gigante sacó cuentas. Ya había pasado un año desde el primer encuentro. ¿Cuánto le quedaba, entonces? ¿Seis meses, un poco menos?

"Está bien", dijo el gigante con resignación. "¿Qué debo hacer?"

"Lo sabrás cuando llegue el momento. Que llegará pronto, eso es seguro. ¡Estén preparados! Y ahora presta atención, que te diré la frase que no acabé de decir aquella vez: *¡en caso de necesidad, recurre a la música de las esferas!*"

Teo, que ya venía patitieso, recordó que estaba hablando con un lobo muy culto. Y como intuía que no habría una nueva oportunidad de dialogar con la bestia, quiso asegurarse de que había comprendido el mensaje.

"¿Te refieres a la música de los pitagóricos?", preguntó. "¿Debo estudiar la tradición secreta? ¿La unión entre las matemáticas y la música? ¿La teoría de que el universo entero está controlado por sonidos?"

"¿Por qué lo haces todo tan difícil?", dijo el lobo, fastidiado. "Todos estos meses en su compañía, ¿y aun no aprendiste nada del *opus unicum*?"

Durante un instante Teo pensó que el lobo se refería a un *opus* musical en concreto. Se preguntó cuál sería, ¡sentía deseos de darse la cabeza contra los barrotes! Pero entonces recordó que la bestia había empleado la expresión *opus unicum* para definir a alguien.

"¿...Miranda? ¡Estás diciendo que debo recurrir a Miranda!"

Aun moribundo, el lobo revoleó los ojos. ¡Qué gigante más lento le había tocado en suerte!

"¿Están hablando de mí?", preguntó la niña, más ansiosa que nunca.

"No me obligues a repetirme. ¡Estoy cansado!", dijo el lobo, y dejó caer el morro sobre el fondo de la jaula.

Ajenos a su agotamiento, los gusanos siguieron cebándose en su carne.

"¿Me dejás que lo acaricie?", preguntó Miranda.

"¡No!", dijo el lobo, agitando todo su cuerpo en un espasmo.

Miranda, que ya había empezado a estirar su mano hacia los barrotes, la recogió al oír la negativa. Los ojitos se le llenaron de lágrimas con una velocidad casi mágica.

"Dile que se lo agradezco", pidió la bestia a Teo. "Sé que podría curarme. Pero no es necesario. He vivido una vida mucho más larga de lo que imaginas. Ya he hecho todo lo que soñaba hacer. Y además pude conocerla. ¡Es más de lo que tenía derecho a esperar!"

"¿Puedo hacer algo por ti?"

El lobo estaba agotado, ni siquiera respondió.

"Si me dijeses quién te envió, podría al menos darle un golpe en tu nombre", insistió Teo.

"Durante mucho tiempo alenté esa esperanza. El mío no es... el más considerado de los amos", dijo el lobo, casi sin aliento. (Volvió a emplear aquí la palabra *domine.*) "...Pero ya no importa. Será mejor que se vayan. ...*Pax vobis!*"

"Pax tibi", dijo Teo, y empezó a alejarse de allí.

Lo sorprendió descubrir que pesaba sobre su alma una enorme tristeza.

Miranda decía adiós con la mano, mientras caminaban entre las jaulas vacías.

LXXXVI. Donde se relata la mañana del duelo, que resultará fatídica (aunque no por los motivos esperados)

El día elegido para el duelo amaneció con lloviznas. Dirigibus observaba la ventana desde su sillón: el color rosado del alba se negaba a aparecer, a pesar de que el reloj sugería la propiedad de la hora. El agua, discreta pero constante, no haría más que empeorar las cosas. Puro Cava y él se encontrarían en un terreno al que el barro habría tornado incierto. Sus pies vacilarían aun más al dar los pasos contados. La cortina de lluvia haría más difícil ver al otro como blanco; dispararían a ciegas.

Dirigibus (que no había podido dormir, más allá de ocasionales cabezazos) culpó a la ficción por las expectativas que había alentado para el día. En las ficciones los días de gloria amanecen límpidos. En las ficciones todos los cabos se atan, y nada ocurre porque sí, y los hechos no quedan a mitad de camino, y cada escena tiene su escenario adecuado. Estaba claro que la vida no respetaba esas convenciones. En la vida todo era gris, y embarullado, y quizás desprovisto de sentidos; si existía algún sentido había que extraerlo de la maleza a machetazos, y asegurarlo a la tierra para que el viento no se lo llevase al primer soplo. Se preguntó si el universo entero no estaría enrostrándole el error de su decisión; pero no quiso sucumbir a sus temores.

Apagó el reloj poco antes de que sonase su alarma; había sido su única compañía durante la noche, un tictac que alentaba a su corazón. Eran las cinco y cinco de una mañana oscura y húmeda. Se levantó para ir a vestirse sin poder apartar la idea de su mente: qué día más feo para morir.

A pocas cuadras de allí había otro insomne. Este caminaba por el living de su casa con las manos a la espalda, siguiendo un derrotero que le había marcado su esposa para que cubriese todo el suelo con su andar: si era inevitable que arruinase el piso encerado, lo menos que podía hacer era arruinarlo de forma pareja.

Farfi no había pegado un ojo en toda la noche. Había repasado una y mil veces sus opciones (estaba medicado, lo cual lo convertía en la versión responsable y metódica de sí mismo) sin encontrar un curso de acción satisfactorio.

Ya había intentado la disuasión sin ningún resultado. Tanto Dirigibus como Puro Cava soportaron su filípica en silencio. Había tratado de sonar comprensivo: les dijo que comprendía su motivación, también había sufrido por amor alguna vez. Sin embargo aclaró que no podía permitir su sacrificio, y que pensaba impedírselo para que no borrasen con el codo lo escrito con la mano. Si su amor era tan excelso como pretendían, era absurdo que lo manchasen con sangre. El amor nunca puede ser enemigo de la vida, les dijo, porque el amor es vida: tan sólo eso y nada más. *Romeo y Julieta* era una historia de adolescentes y sólo podía ser tolerada como tal: de haberse conocido adultos, los amantes de Verona habrían procedido con la sensatez que la tragedia les vedaba.

Puro Cava esperó a que terminase y le pidió permiso para retirarse. Dirigibus admitió que había oído las palabras, pero dijo que no lograba interpretar su significado; eran sólo música que le había encantado sin lograr conmoverlo.

Agotados sus recursos de amigo (fue en condición de tal que le confesaron su propósito), Farfi acudió a la dignidad de su cargo. Los amenazó con despedirlos de sus puestos. También resultó inútil. Uno de ellos iba a morir y una vez muerto ya no tendría que cumplir horarios, y el sobreviviente se casaría con una mujer de solvencia económica, que podría apoyarlo hasta que consiguiese un nuevo empleo.

Farfi juró entonces que daría intervención a la Justicia, aunque ya preveía que esta bravata tampoco haría efecto. Dirigibus y Puro Cava eran hombres versados en los asuntos legales. Ellos sabían que la justicia humana trabaja sobre el delito cometido, lo cual le impide intervenir para prevenirlo. Si el intendente interponía una denuncia, sólo lograría que la policía esperase la resolución del duelo para arrestar al sobreviviente; y al hacerlo empeoraría la tragedia al condenarla al sinsentido.

Llegó a decirles que le contaría a la señora Pachelbel lo que tramaban. ¡Una mujer como ella jamás aceptaría como esposo al verdugo del otro! Dirigibus le explicó entonces que eran conscientes de esa realidad, y que por eso la habían ocultado a los ojos de su amada. En su ignorancia del drama en curso, la señora Pachelbel era la única entre los protagonistas que había conciliado el sueño aquella noche.

La trama requería que el duelo se realizase en las afueras del pueblo, con la intervención de padrinos que habían jurado silencio sobre el tema. (Se trataba de un asunto entre caballeros.) La versión oficial diría que el derrotado no había muerto, sino que se había ido del pueblo en la madrugada de aquel día, incapaz de tolerar durante más tiempo la frustración del amor. Tanto Dirigibus como Puro Cava habían redactado una serie de cartas fechadas en el futuro, en las que daban detalles sobre su presunta nueva vida. Esa mañana se las entregarían a sus padrinos, que se encargarían de enviarlas en nombre del muerto en las fechas pactadas (cada vez más distanciadas entre sí, hasta sumirse en el olvido), a distintos ciudadanos de Santa Brígida. De esta forma querían desalentar la idea de la existencia de un crimen, y procurar que el muerto bendijese el triunfo del amor desde ultratumba. Si Farfi se atrevía a vulnerar la confianza que habían depositado en él y le iba a la señora Pachelbel con el cuento, todo lo que lograría sería convertir un duelo en un pacto suicida; y los muertos serían dos en lugar de uno.

Farfi estaba revisando sus posibilidades por enésima vez cuando llamaron a su puerta. Su corazón saltó dentro del pecho, creyó que le traían ya la infausta nueva. Miró el reloj del living: eran las cinco y veinticinco. El duelo estaba pactado para las seis. ¿Quién podía molestarlo tan temprano?

Puro Cava arribó al terreno elegido veinte minutos después, en la camioneta de su padrino. (Había escogido al verdulero Villapún, padre de cinco hijos que había inscripto con sus nombres correctos: el hombre le debía gratitud.) Estaba vestido con su mejor traje y con su mejor pañuelo y con sus mejores zapatos; olía a Old Spice, como siempre, pero por debajo de la colonia ya asomaba el aroma del sudor frío. Al ver que Dirigibus no había llegado sugirió que se quedasen dentro del vehículo. No tenía sentido mojarse antes de tiempo. Detestaba la idea de presentarse despeinado a los umbrales de la muerte.

Dirigibus llegó al claro del bosque cuando faltaban cinco para las seis. Estaba más nervioso que de costumbre, lo había alterado la posibilidad de llegar tarde a la cita y que Puro Cava se consagrase vencedor *in absentia*. El Tacho Gómez se disculpó por los dos, su marcha había sido lenta, el camino parecía enjabonado. Acto seguido sacó los rifles del baúl de su auto. Eran más engorrosos que un par de pistolas, pero en caso de que el cadáver fuese descubierto resultaría más fácil achacarle el crimen a algún cazador furtivo. Se trataba de armas viejas, que el Tacho no usaba desde hacía mucho pero que aun así estaban en perfectas condiciones; la idea era arrojarlas al río apenas concluido el duelo.

Mientras el Tacho mostraba los rifles a Puro Cava y a su padrino, el doctor Dirigibus se excusó un momento para perderse entre los coihues. Lo mortificaba que fuesen testigos de la debilidad de su estómago. Sucumbió a las arcadas mientras maldecía, ¿por qué se nos dificulta tanto conservar la dignidad en la hora aciaga? Pero pronto recobró el control. No tenía nada que vomitar que no fuese bilis y un poco de flema. Al cabo de pocos minutos emergió de su escondite, limpiándose los labios con un pañuelo tan negro como su traje.

Una moneda determinó quién elegiría su rifle. Era una formalidad, puesto que ninguno de los dos estaba en condiciones de evaluar si un arma era mejor que otra, pero en esa circunstancia las formalidades eran todo lo que les quedaba. Venció Puro Cava.

Se ubicaron en la mitad del claro, espalda contra espalda. Convinieron caminar diez pasos, girar hasta quedar enfrentados y disparar. Si fallaban, avanzarían dos pasos y dispararían otra vez, y así todas las veces que fuese necesario hasta que surgiese un claro vencedor.

El Tacho y Villapún se despidieron de sus ahijados después de hacerse cargo del manojo de cartas. (Dirigibus incluyó una que debía ser entregada a David Caleufú, con instrucciones para llevar a buen puerto el asunto del Edelweiss; el jurisconsulto no quería ser desprolijo ni siquiera en la hora de la muerte.) Acto seguido, los padrinos solicitaron unos minutos para ponerse a cubierto y corrieron en busca de cobijo.

Fue así que Dirigibus y Puro Cava quedaron solos en mitad de la nada, mientras la llovizna les calaba los huesos. Hubiesen querido decir algo apropiado, o brindar por el triunfo del amor chocando con sus armas, pero ninguno quería exhibir el temblor de su voz. Cuando el Tacho gritó desde lejos, empezaron a marchar en el más perfecto de los silencios.

Uno. Dos. Las manos de Dirigibus resbalaban sobre el rifle húmedo.

Tres. Cuatro. Puro Cava perdió un zapato, que se le quedó atascado en el barro.

Cinco. Seis. Dirigibus volvió a sufrir arcadas, y en su malestar comenzó a andar en zigzag.

Siete. Ocho. El señor Puro Cava saltaba sobre un pie, mientras intentaba colocarse el zapato embarrado con su mano libre.

Nueve. ¡El duelo se encaminaba hacia el desastre!

Fue entonces cuando repararon en los bocinazos.

Un vehículo se aproximaba a buena velocidad, derrapando sobre el camino. Los duelistas no tardaron en reconocer al automóvil del intendente Farfi. Se miraron con desconcierto, bajando los rifles que empuñaban en alto.

"Doctor Dirigibus, señor Puro Cava", dijo Farfi al abordarlos, "vine hasta acá porque los necesito para una cuestión muy importante."

"Yo pedí el día franco con la debida antelación. Estoy seguro de que encontrará a alguien que pueda ayudarlo en mi lugar", dijo Puro Cava, decidido a proseguir.

"Aun cuando lo acompañásemos, nada impediría que volviésemos a... cazar, una vez concluida la diligencia", aclaró Dirigibus, anticipándose a una treta del intendente.

"Lo entiendo", dijo Farfi. "Pero si me dejan que les cuente, estoy seguro de que entenderán que el asunto es importante. Tan serio es, que hace imprescindible la presencia de los mejores hombres a mi lado, como mi padre los tuvo en su hora."

La apelación a esa vieja amistad les pareció atendible. Y el intendente procedió a explicar el motivo de su irrupción.

El día anterior un equipo de montañistas profesionales había descendido con sogas por el cañadón. La expedición había sido financiada por la compañía Energía del Valle, en su desesperada búsqueda de un volumen de agua que reforzase su deficiente servicio. Los montañistas llevaban cámaras de video y fotográficas Polaroid, con instrucciones de registrar el terreno de forma exhaustiva y producir material que pudiese ser analizado, ya en la superficie, por la clase de expertos que se niegan a usar sogas para nada que sea más peligroso que tender la ropa.

Al llegar a lo más hondo descubrieron algo que imaginaron promisorio. Había un cauce de agua que se abría en medio del farallón como una vertiente, a mitad de camino entre el fondo y la superficie. Ese flujo alimentaba un ojo de agua, que se prolongaba en el interior de lo que parecía una caverna. Algunos de ellos empezaron a grabar y sacar fotos como locos. Pero otro montañista, a quien no le habían confiado cámara alguna, empezó a hacer bromas sobre las monedas. Era allí donde caían las monedas que la gente arrojaba cuando pedía deseos, había miles, el montañista trató de hacer cálculos para imaginar cuánto dinero podían significar. Mientras el resto de la expedición se comportaba de forma responsable, este hombre siguió el rastro de las monedas hasta donde parecía haberlas en mayor cantidad. Esto ocurría en un parche de terreno lleno de pequeñas flores de color liláceo, se llamaban *fischias* aunque el montañista no lo supiese.

Hurgando entre las *fischias* descubrió los huesos.

Farfi les mostró la única foto que había llevado consigo. Era una Polaroid. Tuvieron que hacer un esfuerzo para descifrar lo que reproducía, parecía un cuadro abstracto: vieron el tapiz que conformaban las *fischias*, vieron la imagen parcial de una calavera, vieron un costillar humano, vieron el retazo de un vestido floreado.

Dirigibus y Puro Cava intercambiaron miradas.

"¿Entienden ahora por qué reclamo su ayuda?", preguntó Farfi. Sin esperar respuestas le dijo a Puro Cava: "Necesito que registre estas defunciones con un documento provisorio, hasta que se identifiquen los restos y procedamos a un registro definitivo. Y usted, doctor Dirigibus: ¿sería capaz de privarme de su consejo, cuando tengo entre manos un asunto semejante? ¿Me dejaría solo frente a un problema que va a conmover a nuestra comunidad, al hurgar en los secretos de su pasado inmediato?"

Mientras regresaban al pueblo en el auto de Farfi, Dirigibus se abstrajo de los detalles que el intendente proporcionaba para concentrarse en el paisaje al otro lado de la ventanilla. La llovizna se había convertido en lluvia. Con una sonrisa que nadie registró, el jurisconsulto admitió que se había equivocado. Ahora comprendía que aun cuando la vida no era una ficción, proveía de todos los elementos que la ficción necesita, incluyendo cabos que reclaman nudos y hechos que demandan explicaciones y escenarios adecuados para cada escena.

Existía un motivo por el cual se le había negado su mañana de sol glorioso, el amanecer dorado en que había pensado matar o morir. En su carácter de autor, la vida había sabido mejor que Dirigibus cuál era el género adecuado a la historia en aquel momento. Cuando se dijo que era un feo día para morir, el jurisconsulto debió haber entendido que aquello no ocurriría entonces. Con su luz opaca y su pertinaz lluvia, el día estaba pintado para un hallazgo macabro.

LXXXVII. Aquí resurge un espectro del pasado, y Miranda se rebela

Pat no terminaba de recuperarse. Es verdad que ya se había levantado de la cama. Pero realizaba sus tareas a desgano, como si su espíritu estuviese en otra parte; se había convertido en una maestra permisiva y abúlica.

Presionada por Miranda, confesó que todavía sentía dolores físicos. Cuando la niña pidió detalles sobre la dolencia y amagó tocarla, Pat fue terminante:

"Ni se te ocurra", le dijo. Y se encerró en su habitación.

Miranda le fue con el cuento a Teo esa misma noche. El gigante tuvo que golpear dos veces antes de que Pat le franquease la entrada. Preguntó qué le dolía y dónde. Esperaba una de las explicaciones típicas de Pat: una neuralgia de origen hepático, una ligera inflamación del epigastrio, cosas por el estilo. Lo sorprendió la imprecisión del diagnóstico. Pat dijo que creía tener algo roto adentro. Como si le hubiese quedado una pieza suelta dentro del vientre, que se desplazaba de acuerdo a sus propios movimientos. A veces le quitaba el aire. A veces le hacía ver las estrellas.

Pat aceptó ir a la salita siempre y cuando la viese el mismo médico. Así que esperaron hasta la madrugada jugando al Scrabel. Todas las palabras que le salían a Pat estaban teñidas por su preocupación: *isquemia, pus, osteoma.*

El chaqueño no encontró nada más allá de una ligera fiebre. Pat fue atrevida y reclamó calmantes. Pero el médico no cedió. Le dijo que no podía recetárselos antes de descubrir el origen de su mal, porque entonces lo enmascararía y eso sería peor. Estaba seguro de que Pat intentaba manipularlo, todos sus síntomas eran vagos y difíciles de comprobar. Pero el gigante y la niña lo conmovieron, era obvio que estaban preocupados de verdad. Recomendó entonces una serie de análisis. A excepción del sanguíneo, todos los demás iban a tener que hacerlos en el hospital de Villa Ángela.

Pat puso el grito en el cielo. Pero Teo ya estaba harto de las excusas que oponía a todo. Y esta vez Miranda no la apañó.

Podían llegar a Villa Ángela a primera hora de la mañana, con Pat en convenientes ayunas.

El gigante hizo oídos sordos a las protestas: que no era para tanto, que no estaba bien que faltase al trabajo en la municipalidad, que manejar sin dormir era una inconsciencia. Después vinieron los comentarios maliciosos, que también toleró. Cuando Pat preguntó si iba a tratar de matarlas otra vez, Teo agarró el volante con más fuerza y clavó la vista en la ruta.

Ya habían concluido con la primera batería de tests, en camino hacia un reparador desayuno, cuando se cruzaron en la calle con una mujer que aferró a Pat por el brazo.

"¿Patricia? ¡Qué alegría! Sos vos, ¿no es cierto? ¡Patricia Picón!", dijo la mujer. Era regordeta y muy simpática, cargaba con las bolsas de la compra. "Soy yo, Mariela. ¿No te acordás de mí? Vivo acá desde hace dos años. En esa puerta de ahí. ¿Qué hacés en Villa Ángela? ¡De todos los lugares de este mundo...!"

Pat cubrió a Miranda con su cuerpo, apartándola de la vista de la mujer. Y después recurrió a una sonrisa de compromiso para decir:

"Me debe estar confundiendo con otra. Lo lamento mucho."

Luego de lo cual intentó seguir camino.

Pero Teo no se movió. Y la mujer no la soltaba.

"¿No te llamabas Patricia?", preguntó la mujer, desconcertada.

"Le dije que está equivocada", insistió Pat, retirando su brazo.

Pero Miranda ya había asomado su cabecita, diciendo que sí con la cabeza.

La reacción de la mujer al ver el rostro de Miranda fue extrañísima. Primero sonrió, reconociendo en ella los rasgos de la madre: su mirada fue de la una a la otra, cerciorándose del parecido. Pero después volvió a Miranda, y al verla por segunda vez reconoció en ella algo más. Dejó de sonreír y se puso pálida. Miró a Teo, que no se asemejaba a Miranda ni en el blanco del ojo, y volvió a ver a Pat como interrogándola.

"Lo lamento mucho. Buenos días", dijo Pat, más apremiada que nunca.

Para mayor sorpresa de Teo, la mujer pareció comprender. Se quitó del paso. Pat salió con rapidez, llevándose a Miranda a la rastra. Teo fue tras ellas, pero en el camino se dio vuelta para ver hacia atrás. La mujer seguía mirándolos, clavada como estatua en medio de la vereda.

Nunca hubo desayuno. Nunca completaron los análisis.

Pat dijo a Teo que si no regresaban de inmediato a Monte Abrasado iba a robar un auto y volver sola con la nena. El gigante le dijo que por supuesto las llevaría, pero que antes necesitaba una explicación. En lugar de responder, Pat dio media vuelta y volvió a tironear de Miranda, alejándose de Teo. La nena se encogió de hombros, como si le preguntase al gigante qué podía hacer.

Teo eligió burlarse del desplante. Le preguntó cómo pensaba robar un auto.

Pat sacó una pistola de su cartera y se plantó en mitad de la calle.

El gigante se las llevó de allí casi volando, de regreso a la camioneta.

Durante el viaje trató de que respondiese a las preguntas más acuciantes. ¿De dónde había sacado esa pistola? ¿La había llevado siempre consigo? ¿Por qué se había negado a entregársela en Villa Ángela, como si él mismo fuese un enemigo? Pronto entendió que no obtendría nada. Todo lo que preocupaba a Pat era asegurarse de que nadie los siguiera. Las únicas veces que habló fue para pedirle que acelerase más.

Apenas entraron en la casa de Atamisqui se fue al cuarto y empezó a armar el bolso.

"Lo único que pido es que me digas por qué", reclamó Teo. "Vamos a La Quiaca, si querés, o a Marte, no me importa, todo lo que yo quiero es estar con ustedes, ¡pero decime por qué, por favor! Quiero saber por qué ando por la vida como bola sin manija. ¿Te parece mucho pedir?"

"Estás perdiendo el tiempo", dijo Pat sin dejar de esculcar el placard. "Termino de armar el bolso y salgo."

Teo abrió y cerró sus manazas en un gesto de desesperación. Quería agarrarla por los brazos y sacudirla hasta que entrase en razón. Quería pegarle como se le pega a un aparato que no funciona. Este deseo lo asustó.

"¡Miranda, nos vamos!", gritó Pat mientras metía cosas a lo loco dentro del bolso.

"No", dijo Miranda.

Estaba parada en el umbral, decidida a resistir.

Al oír en boca de la niña la palabra que consideraba de su exclusiva propiedad, Pat se detuvo. Necesitaba asegurarse:

"¿Cómo dijiste?"

"Dije que no. Yo no me voy a ningún lado. Estoy harta de viajar. *Sick to death. Fed up.* ¡Yo me quedo acá!", respondió, cada vez más envalentonada.

"Vos no estás en edad de decidir", dijo Pat, y volvió a la tarea.

"La edad es una estupidez, no sirve para nada. ¡Toda la gente grande que conozco hace cosas estúpidas!"

"Puede ser. Pero igual soy tu madre, y sos mi responsabilidad."

"Si me llevás, Teo va a ir a la policía y les va decir que me secuestraste."

"Las madres no secuestran a sus hijos."

Frustrada, Miranda levantó un dedito acusatorio.

"Te juro que me escapo como la última vez. Acá no hay nieve, ¿o no te diste cuenta! ¡Esta vez no me vas a encontrar!", dijo Miranda a los gritos.

Teo miró a Pat. ¿De qué hablaba Miranda? ¿Se había escapado en la nieve sin que él lo supiese? Pero Pat rehuyó su mirada. Estaba concentrada en la amenaza de Miranda.

"What do you want?", preguntó Pat. Estaba furiosa, pero con una furia helada.

"¡Quiero quedarme acá!"

"He's going to find us."

"¡Hablame en español!"

Pat suspiró. Estaba haciendo un esfuerzo supremo para controlarse.

"Dije... Ya sabés lo que dije."

"Dijiste que nos va a encontrar", repitió Miranda, asegurándose de que Teo comprendiese. "Estás hablando de mi papá, ¿no es cierto?"

Pat se tomó una eternidad para contestar. Cavilaba sobre la conveniencia de insistir en la mentira del padre muerto. Pero si Teo tenía razón, y Miranda percibía la mentira, todo lo que lograría sería enojarla más.

Al fin asintió, evitando su mirada.

"Volvamos a Santa Brígida, entonces", dijo Miranda. "Si nos va a encontrar, por lo menos quedémonos en un lugar que nos guste."

"Imposible", dijo Pat.

"Nada es imposible", dijo Miranda.

Pat vacilaba. Miraba adentro del bolso, como si buscase allí la respuesta a todas sus preocupaciones.

"Yo quiero vivir en Santa Brígida", dijo Miranda. "Quiero quedarme ahí para siempre. Ahí está lleno de gente que nos trata bien. Está Salo. Está el doctor Dirigibus. Está la señora Pachelbel."

"La señora Pachelbel no quiere a nadie, y mucho menos a vos."

"La señora Pachelbel quiere demasiado, y por eso es así. ¡Vos no entendés nada!"

"También está Demián, ¿o ya te olvidaste?", dijo Pat. Estaba dispuesta a todo con tal de salirse con la suya. "Debe estar enterrado ahí, y además están sus padres, y sus hermanos. ¡Te los cruzarías todo el tiempo!"

La carita de Miranda se hizo un nudo. ¿Existe algo más devastador que la visión de un dolor irreparable en el rostro de un niño?

"No, no están en Santa Brígida", dijo Teo. "Volvieron a Buenos Aires. Y se llevaron a Demián con ellos. Me lo contó Dirigibus en una carta." Y después agregó para consumo de Pat: "No te preocupes, que no le di la dirección de la casa".

Miranda deshizo el nudo y se llenó de luz. En ese instante abandonó el umbral y se abrazó a las piernas de Teo.

Pero en la mirada de Pat no había sino reproche. Sentía que Teo la había traicionado.

El gigante pensó que todo lo que lo salvaba entonces de la andanada era la presencia de Miranda.

La niña lo soltó al fin, tan sólo para ir donde Pat, vaciar el bolso encima de la cama y guardarlo vacío adentro del placard.

"Huevo con azúcar", dijo entonces.

"Gran idea", dijo Teo.

"Crunch crunch", dijo Miranda, y agarró la mano de Teo para llevárselo a la cocina.

LXXXVIII. Donde se nos pone al tanto de las noticias de un pueblo convulsionado

"Mi querido Teodoro", empezaba la carta de Dirigibus, *"escribo estas líneas para confirmar lo que ya debería serte evidente: que el duelo no acabó conmigo. Al mismo tiempo quiero tranquilizarte respecto de mi situación legal. ¡No he matado a nadie, y Dios impida que lo haga alguna vez! Puro Cava goza de buena salud. De no haber mediado el destino, es posible que alguno de los dos hubiese salido lastimado. ¡Pero aquí estamos, tan confundidos como siempre! Me gustaría decirte también que el dilema de la señora Pachelbel ha sido resuelto, pero en ese caso estaría mintiendo. La cuestión sigue pendiente de resolución, como casi todos los asuntos de Santa Brígida desde que ocurrió lo que ocurrió, aquella mañana en que Puro Cava y yo habíamos acordado enfrentarnos."*

"¿Oíste hablar alguna vez de Emma Granola, la hija de la dueña de la pensión Amancay? Debo haberla mencionado alguna vez en tu presencia. Pero como ya no puedo confiar en esta cabeza mía, prefiero contarte su historia desde cero para que entiendas el drama que tiene en vilo a Santa Brígida."

"Emma era ciega, nació ciega. Pero a pesar de esta disfunción era una chica encantadora, brillante, todos la amábamos. En 1970 tenía diecisiete años y ayudaba a sus padres en la pensión. Allí conoció a Joaquín Morán, un chico de Buenos Aires que estaba de paso. Se ve que hubo una simpatía mutua, recuerdo las protestas del señor Granola, lo sublevaba la posibilidad de que Emma se enamorase de un hippie. *(Joaquín era un chico común, serio, universitario, pero ya sabés: acá en Santa Brígida, todo el que parece raro es un* hippie *por definición.)"*

"Un día Emma y Joaquín desaparecieron. ¡Imaginate el escándalo! Granola pretendía que la chica había sido secuestrada. Todos pensábamos que exageraba, aunque no nos atrevíamos a decírselo. Lo más probable era que los tortolitos se hubiesen fugado juntos, esas locuras que la gente hace cuando es joven. (Peores son las locuras que otros hacemos ya de viejos...) Al pasar el tiempo sin señales de Emma, que

nunca envió una carta o siquiera llamó por teléfono, empezamos a sospechar algo feo. Era fácil imaginar a Emma enamorada; lo impensable era que cortase lazos con toda su familia, que los torturase con su silencio durante tantos años, que les diese la espalda. Emma era decidida, pero jamás desconsiderada. Puedo pensarla defendiendo su independencia, su derecho a vivir con quien quisiera y donde quisiera. Pero sé que aun en ese caso intentaría preservar la relación con su familia, porque la amaba."

"El asunto cimentó la desconfianza de la gente respecto de los hippies, *fue la excusa que muchos usaron para despreciarlos cuando llegaban en cantidad. En una época el aire se puso irrespirable, la gente empezó a hacer locuras. ¿Nunca te conté de las Guerras* Hippies*? Fue un verdadero disparate, pero me lo reservo para una ocasión en que dispongamos de más tiempo... y de copas de por medio.* Vinum laetificat cor hominis!"

"Los años se fueron como agua, en el mismo mutis impenetrable respecto de Emma y de Joaquín. El viejo Granola terminó muriéndose de pena, en el 76 si mal no recuerdo. Fue entonces que empezamos a familiarizarnos con otro tipo de desapariciones. Primero desapareció el grupete al que aquí llamábamos Los Seis, habían llegado a Santa Brígida a trabajar (una de las chicas era maestra, uno de los chicos era tornero), pero ante todo a desarrollar una actividad política. Como no eran de aquí no nos preocupamos cuando se esfumaron, pensamos que se habían ido a hacer proselitismo a otro pueblo. Muchos sintieron alivio, acá la gente desconfía de la política y si es de izquierdas todavía más, son años oyendo decir que la izquierda es el cuco, por eso al principio les decían Los Seis Jinetes, por el apocalipsis, pero como era demasiado largo les quedó Los Seis. Por cierto, que se fuesen dejando atrás sus pertenencias era raro, pero ¿no sonaban mucho más raras, más increíbles, cualquiera de las otras posibilidades: la existencia de escuadrones de la muerte, de campos de concentración?"

"A los pocos meses desapareció el hijo mayor de los Farrace, en Córdoba capital, donde se había mudado para estudiar. La hija de la señora Gomara desapareció en General Roca, era empleada en una curtiembre. El hijo del Pilo Irusta desapareció en Buenos Aires mientras hacía el servicio militar. Al perder a chicos de nuestro pueblo entendimos lo que hasta entonces habíamos pretendido negar: que nadie estaba a salvo de la locura de los militares, ni siquiera viviendo en un sitio tan apartado y tan insignificante como Santa Brígida. Y en ese aturdimiento, con

el alma conmocionada por el miedo y la culpa, nos olvidamos de Emma y de Joaquín."

"El duelo entre Puro Cava y yo lo interrumpió Farfi al requerir nuestro consejo. Un grupo de montañistas había bajado con sogas por el cañadón y descubierto restos humanos en el fondo. Las fotos que sacaron en la ocasión revelaban la presencia de dos cadáveres, reducidos a poco más que huesos. Farfi nos mostró la que se veía mejor. Los jirones de ropa que envolvían uno de los despojos fueron una puñalada: Puro Cava y yo llevábamos grabado en la memoria el estampado de ese vestido, las flores azules sobre el fondo dorado. Era idéntico al vestido que Emma usaba con frecuencia, y que le habíamos elogiado tantas veces."

"Del otro cuerpo no podíamos decir mucho, salvo que parecía estar en idéntico estado de descomposición y vestido con prendas masculinas. Supusimos de inmediato que se trataba de Joaquín, ¿quién otro? Y así fue (porque aunque esté pendiente una identificación definitiva, ya no tenemos dudas) que descubrimos que Emma y Joaquín nunca se habían ido de Santa Brígida."

"Farfi informó del hallazgo a la pobre señora Granola y a los padres de Joaquín, que viven en Buenos Aires. Esta gente está por llegar a Santa Brígida, es posible que ya lo haya hecho cuando leas esta carta. También esperamos todavía a un par de antropólogos forenses de la Capital. Son los únicos que aceptaron bajar al fondo del cañadón, para estudiar los cuerpos en el lugar del hallazgo y recuperarlos sin dañar la evidencia. Estos antropólogos son chicos jóvenes; lo indiscutible, al menos, es que son intrépidos. Hay que tener mucho coraje, o mucha inconsciencia, o una mezcla precisa de ambas cosas, para animarse a bajar hasta el fondo de ese abismo."

"Mientras tanto Santa Brígida se ha convertido en un avispero. No sabés la cantidad de pavadas que oí en estos días: que Joaquín empujó a la pobre Emma al abismo y después tropezó, o que la acuchilló y cayó por accidente al intentar deshacerse del cuerpo, o que arrojó a otro hombre vestido con sus ropas para pretenderse muerto y así escapar de la ley, y por supuesto, una larga lista de prácticas sexuales perversas que si me disculpás, prefiero no referir por escrito."

"La pensión Amancay es hoy escenario de un desfile de penitentes que le dan su pésame a la señora Granola, por el privilegio de verla en persona (ahora que se ha convertido en una triste celebridad) y para plantearle sus hipótesis calcadas de novela de Agatha Christie. ¡Si hasta hubo una descarada que tuvo la crueldad de sugerirle que Emma se había suicidado!"

"La tensión en el ambiente es grande, muchos han vuelto a mirar mal a los hippies, *como si la pobre gente pudiese ser culpable de una desgracia que ocurrió mucho antes de que llegasen. Por eso temo cuando pienso en los padres de Joaquín y en su inminente arribo. Bastante dolor debe haber sufrido ya ese matrimonio, para tener que soportar ahora los desprecios de tanto ignorante. Si algo me lastima de este revuelo, más allá de la pena por la pérdida, es llegar a la conclusión de que el pueblo no encontrará en la tragedia más que una distracción, primero, y al fin una excusa para atrincherarse en sus viejos prejuicios."*

"Yo, por lo pronto, he cambiado mi decisión de llevar a cabo el duelo. Todavía amo a la señora Pachelbel y siento que mi vida sin ella sería puro dolor. Pero el espectáculo de la muerte temprana e injusta me sacó el deseo de jugar con lo sagrado. Seguiré viviendo aunque tenga que vivir solo, y trataré de que el tiempo que me queda fructifique en la ayuda que pueda prestar a quienes la necesiten. ¿Qué sentido tiene una existencia si no deja una marca positiva sobre las de otros? Yo siento que aquellas existencias ya modificaron la mía. Emma y Joaquín salvaron mi vida, aun desde la muerte. Y no dejo de pensar si habrá algo que pueda hacer por ellos, aunque estén en aquel sitio donde todavía no puedo alcanzarles."

"Pues bien, ya te conté mi buena nueva. ¿Y qué hay de ustedes? ¿Están ya a gusto en su hogar adoptivo? Ansío recibir noticias de la señora Pat, y en especial del representante más pequeño de la familia. ¡No dejes de escribirme!"

"Tuyo siempre."

"D."

LXXXIX. Donde Pat hace una locura

Lo más cruel del asunto fue que estalló cuando Teo empezaba a creer que todo saldría bien. Quizás como consecuencia de su debilidad física, Pat parecía dispuesta a considerar iniciativas que antes no hubiese tolerado. Había aceptado pensar en la opción del regreso a Santa Brígida, todavía impresionada por la rebelión de Miranda. Y por primera vez no había discutido la propuesta de Teo de consultar a un abogado.

El gigante sostenía que era necesario saber qué terreno pisaban. Estaba seguro de que el potencial reclamo del padre de Miranda no tenía gran sustancia legal. En el peor de los casos obtendría derechos de visita. Si Pat aceptaba ese régimen, ya no tendrían que seguir huyendo a tontas y a locas. Pero para ello era necesario que Pat dejase de negar la existencia del otro. ¿Cuánto tiempo más podría criar a Miranda en esa negación, pretendiendo borrar la existencia de su padre biológico como si la niña fuese obra del Espíritu Santo y Pat la hubiese provisto del ciento por ciento de su material genético? Por más que se esforzase, jamás lograría cubrir el vacío que la ausencia del padre verdadero creaba dentro de Miranda. Lo mejor que podían hacer era lidiar con la cuestión de una vez por todas. ¡Un buen abogado les diría qué hacer!

Por lo general Pat ponía el grito en el cielo cuando se lo sugería, los abogados le inspiraban tanta desconfianza como los curas y los militares, pero esa vez calló. Y Teo interpretó el silencio como aceptación.

A la tarde siguiente, cuando volvió del trabajo, Pat no estaba en la casa.

Miranda lo esperaba solita, leyendo *Raptado*.

Bajo presión admitió que Pat había salido varias horas atrás, sin decir dónde iba.

“No te preocupes, que el bolso está en su lugar”, dijo Miranda, leyéndole la mente.

Teo trató de relajarse. Sería cuestión de esperar. Se dio una ducha, se sirvió un fernet, le preguntó a Miranda si quería jugar a algo.

Jugaron al tutti-frutti con papel y lápiz. Cuando Teo miró el reloj, comprendió que ya era la hora de la cena. La ansiedad lo carcomía, pero Miranda parecía tranquila y no quería ponerla nerviosa.

Ya habían terminado de comer cuando Miranda le contó que Pat salía casi todas las tardes. Había percibido la inquietud en la voz del gigante, y estaba haciendo lo que creía necesario para calmarlo.

"Cada vez tarda un poco más. Pero siempre llega antes de que vos vuelvas. Esta vez se le debe haber pasado la hora", dijo, mientras pelaba una mandarina.

Teo no hizo ningún comentario. La noticia de que Pat dejaba sola a Miranda de manera sistemática iba tan a contrapelo de la obsesión con que solía protegerla, que no podía augurar nada bueno.

A las once decidió salir. Dejó pegado un cartel en la puerta (*"Te fuimos a buscar. No te muevas de casa, que ya volvemos"*) y cargó a Miranda en la camioneta.

No sabía siquiera por dónde empezar. (En realidad sí sabía, pero prefería apartar de su mente esa posibilidad.) Se lanzó a dar vueltas por las inmediaciones. Cada quince minutos paraba en un teléfono público y llamaba a la casa. Nunca obtenía respuesta.

Eran más de las doce cuando decidió revisar los bares. No quedaban muchos abiertos, Monte Abrasado era un pueblo tranquilo y casi desprovisto de vida nocturna.

Pat tampoco estaba allí. Y seguía sin responder al llamado del teléfono.

"Contame todo lo que hicieron hoy", pidió Teo a la niña mientras patrullaba las calles por enésima vez.

"Lo mismo de siempre. A la mañana me hizo estudiar. Al mediodía almorzamos. A la tarde me puse a hacer deberes. Apenas se fue escuché *Pepper* por un ratito y me quedé viendo a los chicos que, que, que jugaban en la calle. Cuando se fueron agarré el libro. Y entonces llegaste vos."

"¿Estás segura de que no pasó nada raro? ¿No llegó carta, no sonó el teléfono...?"

"Nada. Aunque..."

"¿Aunque, qué? ¡Antes me dijiste que no había pasado nada raro!"

"¡Antes no me había dado cuenta!," protestó Miranda.

"Perdoname. Estoy nervioso. ...Decime, dale."

"Capaz que no tiene nada que ver. Porque fue algo que pasó después de que se fue."

"Decímelo igual."

"Yo conozco a uno de los chicos que juega en la calle. Se llama Pedro, pero yo le digo de otra forma. Pedro y yo jugamos, también."

"¿Cómo hacen, si tu vieja no te deja salir?"

"Nos mandamos mensajes. Con papelitos. Los atamos a una piedra y los tiramos."

"¿Y Pat no lo sabe?"

"Creo que no. Pero ahora no estoy segura. Hoy a la tarde, cuando Pat ya se había ido, Pedro me tiró un mensaje que decía por qué no le había contestado el mensaje anterior. ¡Y yo no sabía de qué me estaba hablando!"

"No entiendo."

"Claro, bobo. Pedro dice que me mandó un mensajito que yo no recibí. ¡Capaz que lo encontró Pat!"

"¿Y qué clase de mensajes te mandás con Pedro, que enloquecen a tu madre? No me digas que conseguiste novio."

"¡No, pibito! ¡No es eso!", dijo, pegándole en el antebrazo.

"¿Y entonces?"

Miranda no respondió. Se veía culpable.

"Mejor vayamos a la policía", sugirió con voz de pollo mojado.

"Si metemos a la cana en este asunto, cuando Pat aparezca nos cuelga a los dos."

Miranda metió la mano en un bolsillo y sacó un papel que tenía hecho un bollo.

"¿Y eso qué es?", preguntó Teo.

"Yo le pedí a Pedro que me mandase otra vez el mensaje que se había perdido."

Teo detuvo la marcha y encendió la luz del espejo retrovisor. Le costó trabajo abrir el bollito, con sus dedos de salchichón más nerviosos que nunca.

Todo lo que el papel decía, en lápiz, con mayúsculas y errores de ortografía, era: *YO TE RESCATO NO TE PREOCUPES YO TE VOY A SACAR DE AI.*

"Le dije a Pedro que estaba raptada", explicó Miranda, que sólo tenía ojos para su propio ombligo. "Le dije que me habían secuestrado, y que esa mujer que estaba en la casa me quería vender como esclava."

Como el teléfono seguía sonando sin respuestas, Teo decidió visitar el último lugar que le quedaba, aquel que le inspiraba tanto temor. Un temor que se transformó en vértigo el instante en que el chaqueño los miró como si los esperase y les dijo, mientras se aplicaba hielo al costado de la cara:

"No sabía dónde encontrarlos. Pasen, por favor."

La enfermera se hizo cargo de Miranda. Le ofreció caramelos. La niña dijo que prefería una Coca.

El chaqueño hizo pasar a Teo a un consultorio vacío.

"Lo primero que le digo es que se quede tranquilo, su mujer está bien", le aclaró apenas transpusieron el umbral. "La tengo sedada en otro consultorio. Sientesé."

"¿Fue una complicación derivada del... asunto?"

"Nada que ver. Por lo menos en lo clínico. En el otro aspecto habría que considerarlo."

"¿Qué otro aspecto?"

El chaqueño se sentó del otro lado del escritorio. Dejó a un costado el pañuelo con los hielos (tenía hinchada la cara a la altura del pómulo izquierdo) y entrecruzó los dedos como si rezara. Los apretaba con tanta fuerza que parte de las uñas se le ponía blanca.

Le contó entonces todo lo que sabía.

Pat cayó en la sala a medianoche. Estaba en obvio estado de shock. Caminaba como un zombie, se dejaba llevar sin protestar.

La acompañaban el dueño del bar y uno de los camareros. Dijeron que sólo se habían dado cuenta de que estaba ahí a la hora de cerrar, porque recién entonces le pasaban un trapo al baño de mujeres.

Estaba encerrada en uno de los cubículos. El camarero advirtió que había alguien, golpeó la puerta, no obtuvo respuesta. Al agacharse para espiar por debajo vio el cuerpo exánime y las manchas de sangre. Salió corriendo en busca del dueño.

Pat había llegado al bar a media tarde. Bebió dos cañas y un café, pagó (por eso nadie se sorprendió por su ausencia, los camareros pensaban que se había ido) pero en lugar de irse se metió en el baño, de donde ya no saldría por sus propios medios.

Según el chaqueño había sido un trabajo metódico, casi profesional. Su teoría era que Pat había anestesiado la zona para llevar adelante la faena, aunque no tenía pruebas de ello: de existir, el frasco del anestésico debía haber quedado en el baño del bar.

Pat se había cosido la boca con aguja e hilo quirúrgicos. Debía estar decidida a no emitir ya sonido alguno, porque no soltó una queja ni siquiera cuando el chaqueño cortó los nudos. Pero poco después hizo un brote, y empezó a gritar y a patalear y a pegar (la hinchazón del pómulo era cortesía suya) y el chaqueño tuvo que sedarla por completo. Si Teo estaba de acuerdo pediría una ambulancia, para que pudiesen trasladarla a Villa Ángela y que allí recibiese atención del sector de Psiquiatría del hospital.

Teo no dijo nada. Parecía concentrado en el pañuelo con los hielos, los cubitos se estaban derritiendo en la noche cálida y el pañuelo ya no podía absorber tanto líquido, que había empezado a reptar encima del escritorio.

El chaqueño no lo presionó, le daba tiempo para que asimilase la información, pobre hombre que además iba a tener que contener a la nena, tan chiquita y con una madre en pleno brote psicótico.

Cuando al fin abrió la boca, Teo preguntó si podía verla.

EXPLICIT LIBER TERTIUS

Liber quartus

I am he as you are he as you are me
as we are all together.

THE BEATLES, *I am the walrus*

And if I pass this way again
You can rest assured
I'll always do my best for her
On that I give my word
In a world of steel-eyed death, and men
Who are fighting to be warm
"Come in", she said, "I'll give you
Shelter from the storm".

BOB DYLAN, *Shelter from the storm*

Jinete, a la carga.

Canción popular infantil

XC. Donde se explica que los números primos constituyen una familia, como su nombre ya lo sugiere

El universo siente predilección por ciertas formas: los círculos, por ejemplo. Una y otra vez el diseño se repite, en todos los tamaños y en todos los órdenes de la existencia. En la esfera de los planetas y en los discos que se lanzaban durante los juegos deportivos de la Antigüedad. En la danza del trompo y en la pupila del ojo. En la órbita de los cuerpos celestes (que aunque elipsoidal, no deja de ser una circunferencia aplastada) y en las ondas que produce el agua al recibir la piedra. Cuando el hombre se pierde, camina en círculos. Cuando juega, inventa mil y un usos para una pelota. El anillo es el signo de su alianza con otro ser. La rueda es su mejor invención. Un círculo simboliza el número cero, y por ende la nada, pero dos círculos engarzados simbolizan el infinito. Bajo el microscopio esas formas se vuelven recurrentes. Los diseños se muerden la cola: cuanto más nos adentramos en la trama del universo, más notable es el fenómeno.

Los círculos expresan un tema, del mismo modo en que ciertas melodías (¡a menudo circulares!) lo expresan dentro del contexto de una sinfonía u otra pieza musical. Esto no significa que el significado del tema sea transparente. Muchas veces escapa de las manos del autor, significando otra cosa, o algo más; en ese caso el autor se convierte en transmisor de un misterio que lo supera, y al que rinde pleitesía.

El círculo es el tema interpretado por los ciclos vitales. Todo acaba y recomienza. La vida termina para fructificar otra vez en el suelo. Las mujeres vuelven a sangrar con el mes nuevo. Pero aunque estos ciclos sugieran una repetición eterna, cada vez que se recomienza algo ha cambiado. En un universo finito, no existe nada más parecido a lo infinito que el cambio. Por pequeña que sea una modificación al término de un ciclo, nada vuelve a ser igual a lo que era. Esto indica que el círculo perfecto, siempre idéntico a sí mismo, es en realidad una utopía, o mejor: un espejismo; y está bien que así sea, porque vivimos en un universo en permanente expansión. En un universo así, ningún círculo se cierra sobre sí mismo. Su trazo es parte de una espiral que no deja de abrirse.

Teo descubrió que Miranda tenía talento para las matemáticas. No le sorprendió, la niña ya había demostrado su habilidad en el terreno de las abstracciones. En su entusiasmo le comentó que las matemáticas y la música funcionaban sobre los mismos principios, tal como lo habían intuido los pitagóricos. (Desde que el lobo aludió a la música de las esferas, el gigante pensaba en Pitágoras con llamativa frecuencia.) Pero Teo efectuó esta revelación en un tiempo que Miranda había consagrado a desconfiar de la música. Miranda entendía que la música producía cambios en el mundo físico, o cuanto menos era la expresión de ese cambio constante que es la existencia, y ella creía haber padecido demasiados cambios. Para la niña, cambiar era igual a perder. Ella ya había perdido a su padre, y a su familia, y cada casa en que nació, y cada provincia en la que vivió; y ahora había perdido a su madre. Miranda no quería cambiar más porque no quería perder nada más; no quería perder a Teo. Si hubiese podido congelar al universo para que no siguiese degradándose, lo habría hecho sin vacilar.

Pero todo lo que podía hacer era darle la espalda a los números, del mismo modo en que había archivado la Spica. Durante algún tiempo se negó a completar las tareas de matemáticas. Teo empezó a vigilarla para que no reincidiese con las malas notas.

Una tarde, en el silencio de la cabaña de Santa Brígida (el ciclo había recomenzado, pero las cosas ya no eran lo que habían sido), Teo la pescó calculando números primos. Hacía las operaciones dentro de su cabecita y los anotaba en una lista, separados por guiones: *29 – 31 – 37 – 41 – 43 – 47 – 53*... Cuando le preguntó quién le había enseñado, Miranda dijo que nadie. Ni siquiera fue capaz de dar la definición elemental: que los números primos eran aquellos que no resultaban divisibles, y por ende no podían ser expresados como dos números más pequeños que se multiplican entre sí. (Los números 13 y 17 eran primos pero 15 no, porque podía ser expresado como 3 x 5.)

Teo aprovechó la oportunidad para decirle que los números primos eran los átomos de las matemáticas, el latido irregular de su corazón (¿el ritmo al que el universo se expande?), y que en su condición de tales generaban su propia música.

Miranda pareció impermeable a este fenómeno. Se encogió de hombros y no formuló preguntas. Teo decidió no insistir, para que

Miranda no volviese a rebelarse. Cuando descubrió que la lista de números primos seguía engrosándose con el correr de los días, respiró con alivio.

La niña no podía dar razón de la existencia de estos números tan peculiares, ni de la argamasa que los ligaba. Todo lo que podía decir es que esos números estaban relacionados entre sí, tenían algo en común, más invisible que la sangre pero igual de fuerte: eran como una familia.

Cuando calculaba números primos, Miranda se sentía menos sola.

XCI. Atendiendo a la ansiedad del lector, aquí se consignan detalles del regreso de Teo y Miranda a Santa Brígida

Al franquear la entrada de la cabaña con sus bártulos, Teo y Miranda olieron algo más poderoso que las flores con que Vera había llenado los floreros, e incluso más fuerte que el aroma de los productos de limpieza que había empleado para dejarla impecable. Todavía podían oler las frutas que Pat cocinó durante tanto tiempo, impregnando de azúcares cada madero. Teo dejó los bolsos en el suelo y cerró los ojos. Pat había estado en lo cierto, no existían mapas que lo regresen a uno en el tiempo. Todo lo que hacía falta para viajar hacia atrás era un perfume.

Esa noche visitaron a los Caleufú, que los esperaban para cenar.

La casa de los Caleufú era simple, representaba a sus dueños mejor que una fotografía. Por fuera era puro David en el rigor de sus líneas, perfección sin imaginación. Por dentro era Vera misma en su exuberancia, desde el color elegido para los muros (morado en la cocina, un verde pálido en el living) hasta la profusión de carpetitas y alfombritas y volados que adornaba cada mesa, cada piso, cada marco.

El reencuentro con Salo produjo en Miranda una alegría incontrolable, que le devolvió a Teo el alma al cuerpo. Comieron con ganas, la charla frívola de Vera y la algarabía de los niños eran la mejor sazón.

A la hora del café llegó Dirigibus, acompañado por el intendente Farfi. Miranda recibió al jurisconsulto con un abrazo. Era la primera vez que reía en muchos días. Teo percibió que cada carcajada sonaba como una nota musical. Esa noche el gigante estaba convencido de encontrar música en todo. Hasta el nombre de sus anfitriones sonaba a chacarera sobre el bombo: *David Caleufú, Verá Caleufú, Saló Caleufú...*

Cuando los niños se encerraron a jugar en el cuarto de Salo (que tenía su propia televisión, para deleite de Miranda), el intendente le contó a Teo del mensaje de la Armada en busca de Patricia Picón. El gigante absorbió el golpe en silencio. El nombre era el mismo que le había oído a la mujer que se cruzaron en Villa Ángela. Pat siempre había atribuido a su madre el legado irlandés: Finnegan debía ser el apellido materno.

El gigante no quería que Miranda fuese cedida en guarda a otra gente, y mucho menos entregársela a su padre. Estaba decidido a respetar el deseo que había regido la vida de Pat, por eso había solicitado el asesoramiento de Dirigibus. Pero la noticia que Farfi acababa de dar era una puñalada, la confirmación del peor de sus temores. Quedaba claro que el padre, o cuanto menos el abuelo paterno de Miranda, eran militares. Para peor marinos, el arma que había perpetrado las más grandes crueldades durante la represión, y que conservaba vínculos con el poder político. Ya no se trataba tan sólo de luchar contra quienes podían hacer pesar sus derechos de sangre sobre la niña. Ahora tendría que enfrentarse, y con manos desnudas, al omnímodo poder del Estado.

El gigante ya no era gigante. El gigante se había vuelto David.

Al rato llegó la señora Pachelbel. Le dio un beso a Teo (era la primera vez que lo hacía, tenía una piel delicadísima) y le expresó que podía volver a trabajar con ella, cuando quisiera y como quisiera. El gigante percibió la incomodidad de Dirigibus en presencia de la mujer; se había puesto borravino como su traje, a pesar de que esta vez no había ingerido más bebida que el café. La señora Pachelbel preguntó por Miranda. Vera le respondió (estaba habituada a contestar por otros) que acompañaba a Salo en la visión de una película. La señora Pachelbel pareció satisfecha por la respuesta. Pero a los pocos minutos, quizás aburrida por la charla legal, se excusó y fue a saludar a los niños. Todo lo que les llegó de ese encuentro fue la exclamación de alegría de Miranda.

Dirigibus quiso saber si Teo se había comunicado con los padres de Pat.

"No tengo idea de cómo se llaman ni de dónde viven. ¡Lo único que sé es que están en España! Hablé con un par de amigos que viven allá, pero les pedí que buscasen a gente de apellido Finnegan", dijo el gigante. "Debería llamarlos otra vez y sugerirles que busquen a los Picón."

"¿Sabe qué clase de gente son?", preguntó Farfi.

"Pat nunca dijo nada de ellos, ni bueno ni malo. ¡Vivía como si no existieran!"

"Lo que el intendente quiere saber", planteó Dirigibus, "es si existe la posibilidad de que los abuelos maternos reclamen la tutela."

"Ni siquiera estoy seguro de que sepan de la existencia de Miranda. Pero por supuesto, preferiría que la nena terminase en sus manos, antes de que cayera en las de su padre o en las de su otro abuelo."

"Me imagino que su verdadero deseo es muy distinto", aventuró Farfi.

"No quiero que Miranda se aleje de Pat", dijo Teo. "Aunque parezca tonto, sentimental o inútil. ¡No quiero ser yo quien las separe!"

Puro Cava llegó minutos después. Presentó sus respetos a los presentes y saludó con especial deferencia al doctor Dirigibus. Teo no podía dejar de pensar que ambos hombres habían estado a punto de matarse poco tiempo atrás.

El regreso de la señora Pachelbel aumentó la tensión. Los miembros del trío evitaban mirarse a los ojos. Miranda irrumpió segundos después, tironeando de la manaza del gigante.

"Teo Teíto, dice Salo si me puedo quedar a dormir", dijo.

"Si David y Vera no tienen problemas, yo tampoco."

Los Caleufú la invitaron a quedarse. Miranda y Salo empezaron a dar saltitos y a correr en torno de la mesa. Teo advirtió entonces que Dirigibus, Puro Cava y la señora Pachelbel miraban a la niña con idénticas sonrisas. Si alguien estaba en condiciones de producir el milagro, sin dudas era Miranda.

Farfi se comprometió a hablar con el jefe local de la Gendarmería, a quien trataría de sonsacar respecto de la identidad del padre de Miranda. Pero no era conveniente hacerlo antes del viernes por la noche, dado que debía tratarse de una averiguación informal, que no despertase sospechas; el ámbito del Club Siriolibanés, entre una y otra copa, sería sin dudas el más indicado.

Ya se estaban despidiendo cuando llegó Teresa, la maestra. Explicó que se le había permitido pasarse de curso junto con sus graduados, lo cual significaba que la habían puesto a cargo de Segundo B, y que en su condición de titular se había tomado el atrevimiento de inscribir a Miranda de manera provisoria apenas se enteró de que regresaría a Santa Brígida.

"Eso es lo que Pat quería", dijo Teo. "Que Miranda cursase segundo de forma regular."

Todos asintieron en silencio. Teo comprendió que la mención de Pat incomodaba a los presentes más que la coincidencia de la señora Pachelbel y sus dos amantes.

A su regreso a la cabaña la sintió más helada que nunca. Se descubrió tarareando *La batalla del calentamiento*, pero no hubo sortilegio.

Esa noche durmió en el sofá, como la primera vez.

Sólo que ya no habría gritos. En ausencia de Pat, el silencio era ensordecedor.

XCII. Concierne a la búsqueda y hallazgo de un nuevo hogar para Pat

La visitaban todos los fines de semana, los sábados y también los domingos.

En la emergencia, el único impulso de Teo había sido el de llevarse a Pat del neuropsiquiátrico de Villa Ángela, un sitio asfixiante y pródigo en moscas. Estaba seguro de que en Buenos Aires encontraría un sitio mejor para su cuidado, pero los temores que Pat alimentaba se le habían hecho carne y tenía miedo de llevarla a la gran ciudad. Un oportuno llamado a Dirigibus terminó abriéndole una puerta con la que no había contado. El jurisconsulto le pidió algunas horas para indagar entre los neuropsiquiátricos de la región. Y cumplió con su palabra, recomendándole tres clínicas de Bariloche. Teo consultó a Miranda a pesar de que conocía su respuesta de antemano. Nada aligeraría el peso de la desgracia que se había instalado en sus vidas, pero si podían regresar a Santa Brígida al menos contarían con el consuelo de las caras amigas.

Fue una caravana interminable. Casi tres mil kilómetros en la camioneta, custodiando la ambulancia que trasladaba a Pat, que sedada por completo se durmió en Villa Ángela y despertó en Bariloche al cuarto día. Durante la travesía las emisoras de radio aparecían y desaparecían solas en el dial, sin que Teo y Miranda intercambiasen más palabras de las indispensables. Tampoco tenían demasiado de qué hablar: era obvio que repasaban lo perdido y se interrogaban por el futuro incierto.

La clínica que les gustó era la más cara, al punto de volverse prohibitiva. Terminaron optando por la que preferían en segundo lugar, gracias a que la influencia de Farfi les granjeó un descuento en la tarifa —que ni siquiera así Teo estaba en condiciones de pagar, puesto que el traslado había acabado con el resto de sus ahorros. Dirigibus se ofreció a ayudarlo hasta que lograse ponerse de pie. Teo quiso firmarle un pagaré. El jurisconsulto dijo que ningún documento lo tranquilizaría más que su palabra de honor.

El instituto se llamaba Belvedere. Ocupaba una manzana entera, con un primer bloque de edificios de administración y consultorios, dos pabellones dedicados al alojamiento de las internas y un tercero consagrado a las actividades recreativas. Tenía el aspecto de una prisión: rejas por todas partes, un perfume inquietante hecho de medicinas y de miedo, alambres de púa reforzando las fronteras de los patios. Pero también albergaba un parque con un pequeño estanque en el medio. El estanque era más rico en verdín que en agua. El jardinero se ocupaba de que la profundidad nunca superase los cinco centímetros; la historia decía que habían tenido una mala experiencia con una interna, y que el espejo de agua había sido adelgazado para desalentar a las suicidas.

Teo volvió a consultar a Miranda. Esta vez la niña se encogió de hombros. Se sentía cansada de tomar decisiones para las que no estaba preparada, ¡el mundo insistía en tratarla como un adulto! Con la Spica funcionando, al menos habría recibido alguna inspiración. Pero la radio guardaba un silencio recalcitrante.

La decisión recayó sobre Teo. Se dijo que debía ser realista, ningún sitio llegaría a parecerle adecuado para el cuidado de algo tan valioso como Pat. El Belvedere se veía limpio, al menos. Quizás hubiese demasiados televisores funcionando al mismo tiempo; de encontrarse en forma Pat habría hecho algún comentario sobre el efecto narcótico de las pantallas que tanto aborrecía. Sin embargo en aquellos momentos Pat no estaba en condiciones de pronunciar palabra. Así que Teo se dejó llevar por la belleza del parque, donde imaginaba que Pat buscaría solaz, y por la simpatía que le despertó el personal, que se mostró permeable a la persuasión del dinero. El gigante usó parte de lo que Dirigibus le prestó para congraciarse con las enfermeras que cuidarían de Pat.

Cuestiones legales impedían que Miranda pudiese encontrarse con su madre. La clínica negaba permiso de visita a los menores de edad. Teo imaginaba que con el correr del tiempo el dinero obraría otra vez como *ábrete sésamo*, pero por el momento no insistía, ya que no estaba convencido de que Miranda estuviese lista para el espectáculo.

Las primeras semanas Teo no arrancó a Pat una sola palabra. Se limitaba a contarle qué habían hecho él y la niña desde la última visita, mientras Pat miraba la nada que parecía instalada en medio del parque. Teo tenía el corazón hecho un nudo, lo impresionaban los cabellos desprolijos, las cuencas hundidas y las marcas de la aguja que aureolaban su boca, sugiriendo una sonrisa como la de los payasos que Pat tanto odiaba, o una línea de puntos a la que unir con lápiz. Pero de todas formas se esmeraba para parecer animado, consciente de que Miranda los observaba desde lejos, detrás del ventanal de la sala de espera.

En la tercera semana Pat lo miró como si lo reconociese.

En la cuarta lo saludó al llegar llamándolo *Bran the Blessed*, el Bendito Bran, como el gigante de las leyendas que le contaba su madre.

Con el correr de los días la patología se profundizó. Los médicos confirmaron que más allá de su mejoría superficial, Pat había sufrido una regresión a los quince años. Hablaba de sus compañeras de la secundaria como de personajes próximos, de contacto cotidiano. Se refería a sus padres con la condescendencia propia de los adolescentes. Su charla se volvió verbosa y frívola, y casi desprovista de insultos. Ahora le gustaban las flores y un grupo de la Costa Oeste que se llamaba Bread y hacía canciones románticas; suspiraba por el cantante David Gates y también por Barry Gibb, el líder de unos Bee Gees que en su mundo privado jamás habían conocido la música disco.

"¿Vos sabías que Pat se había fugado de su casa a los catorce años?", preguntó Teo al salir de una de esas visitas.

"Crap. Shit. Fuck!", dijo Miranda, sorprendida.

"Tu abuela le sacó los discos de los Carpenters cuando se llevó Geografía a diciembre."

"What carpenters?", dijo Miranda, creyendo que Teo hablaba de carpinteros.

"Carpenters era un dúo de cantantes. Hermanos, David y Karen."

"¡Nunca los había sentido nombrar!"

Dado que la Spica nunca propalaba esa clase de música.

Teo siguió alentando las confesiones de Pat, que después de cada visita transmitía a Miranda con pelos y señales. Esas charlas les permitían conocer a una Pat que nunca habían imaginado por detrás de la coraza utilizada para preservarse. Teo y Miranda estaban habituados a lidiar con una Pat guerrera, la máquina de combatir entrenada en Esparta para quien nada importaba si no servía a la batalla. ¡Si hasta su nombre sonaba a tableteo de metralleta: *pat-pat-pat-pat*...! Esta pequeña y fresca Patricia, en cambio, no podía evitar que la ingenuidad comprometiese su inteligencia. Decía que al terminar la secundaria se metería a estudiar medicina con la vista puesta en pediatría, porque quería dedicar su vida a cuidar de los niños desnutridos: su futuro estaba en África, para más datos en la prototípica Biafra, que le parecía la patria de todos los hambrientos.

"Acá está lleno de desnutridos pero son gordos, porque comen fritos nomás", comentó Miranda al oír el relato.

"¿De dónde sacaste eso?", preguntó Teo, mientras pensaba: ¡Miranda a los seis sabe más que su madre a los quince!

Durante las visitas Miranda permanecía en la sala de espera, al cuidado de una enfermera sobornada *ad hoc*. Miraba el parque por el ventanal, atenta a la conversación cada vez más animada de su madre, mientras realizaba dibujos que los médicos almacenaban en espera del momento adecuado para introducir la noción de su existencia. Por el momento, Patricia —o *Patty*, como según ella la llamaba su madre— pensaba que los hijos eran cosa de un futuro lejano: serían tres o cuatro, mínimo, que tendría con un marido que imaginaba rubio y buen mozo como el cantante Dean Reed.

"¿Qué tenés contra los morochos grandotes?", le preguntó Teo.

"Nada en especial, *Bran the Blessed*", respondió Pat. "Pero vos sos una leyenda. ¡Y nadie se casa con una leyenda!"

Cada vez que se despedían Pat le decía que se cuidase de las flechas envenenadas, que en la leyenda mataron a Bran al herir su pie. Y cada vez que llegaba le preguntaba si había traído el Caldero de las Curaciones, uno de los objetos mágicos que Bran custodiaba. En la decepción que asomaba en sus ojos al mostrarle sus manazas vacías estaba el único signo de que Pat, Patricia, *Patty*, tenía alguna noción de su enfermedad.

Durante el viaje de regreso a Santa Brígida Teo ponía a prueba sus dotes de narrador. Trataba de que el relato de lo que Pat había revelado sobre sí misma fuese cada vez más largo. Una vez duró los primeros treinta kilómetros, otra vez cincuenta y a la semana siguiente sesenta; el récord a que llegó fue ochenta, contra los ciento treinta que separaban Santa Brígida de Bariloche. Para ello era capaz de echar mano a los detalles más ínfimos de la conversación, y hasta a aquellos que en otra circunstancia hubiese considerado inconvenientes para oídos tan tiernos. La vez de los ochenta kilómetros confesó a Miranda el Top Ten de Insultos Favoritos en Inglés, que por fortuna era menos procaz en la Pat de quince que en la de treinta y no iba mucho más allá de generalidades estilo *fuck, cunt* y *motherfucker*.

Teo alargaba las historias con una intención. El gigante sabía lo que ocurría cada vez que el vacío volvía a sentarse entre ambos. La ausencia de la madre se hacía notar más que nunca y Miranda lloraba en silencio hasta que al fin se dormía, la carita vencida sobre un hombro húmedo de lágrimas y de mocos.

Cuando esto ocurría el alma de Teo se desgarraba, lo asesinaba su impotencia para proteger a la niña de la pena profunda; pero no lloraba, porque (estaba convencido de ello) ya no tenía ya más agua que drenar. Estaba seco, era un gigante de arena.

Al mismo tiempo se sentía confundido, presa de emociones contradictorias: en el seno de su dolor existía una alegría insospechada. El paso del tiempo en el Belvedere le había revelado a una Pat encantadora y llena de vida, de la que había vuelto a enamorarse. Esta era la Pat que había intuido por debajo de la mujer abrasiva a quien se encontró al pie del árbol, una Pat que gozaba, una Pat que tenía un pasado y soñaba con un futuro aun cuando hubiese extraviado el presente.

Ahora Teo esperaba con ansias el fin de semana, pensando una y mil veces cómo seducir a la mujer a quien ya había seducido. Se preguntaba si quedaría dentro suyo suficiente luz para enamorar a una inocente.

Durante sus conversaciones ocurría algo parecido a la magia, que la presencia de testigos subrayaba. Existía un público que atendía a sus charlas, y que había ido creciendo con el paso de las semanas. Las internas los espiaban ocultas entre los árboles y los arbustos, un retablo de las maravillas. Ese público estaba compuesto por mujeres calvas y desmelenadas, mujeres con piojos reales e imaginarios, mujeres de ojos saltones o mirada vidriosa de muñeca de porcelana. Entre la audiencia había mujeres de movimientos espasmódicos y boca incontrolable, pero también estaban las que que hacían foco en la escena con la precisión de una cámara. Las había jóvenes y viejas, bellas y deformes. Asistían al encuentro las depresivas que se emocionaban ante la más mínima sonrisa de los protagonistas, y las aniñadas a quienes la misma circunstancia hacía estallar en aplausos y vítores. Así conformaban un arco iris de las emociones humanas, que a pesar de sus divergencias alimentaba una pasión común: la telenovela del romance entre Patty, ¡una de ellas, nada menos!, y el gigantesco *freak* del sexo opuesto.

Los domingos por la tarde, al dejar el instituto, Teo sentía que la perdía después de haberla tenido como nunca antes: Patty confiaba en Bran de una forma en que Pat no había confiado jamás en Teo. Y cada vez que Miranda volvía a dormirse en el camino a casa, se preguntaba si era lícito sentir felicidad aun en medio de la tragedia.

De contar con el Caldero de las Curaciones, habría sido el primero en usarlo.

XCIII. Donde la señora Pachelbel descubre que un hombre solo nunca es suficiente

"Estos cuadros están mucho mejor", dijo Miranda cuando vio la nueva producción.

No se trataba de un cambio rotundo. Su esencia era la misma, aquellos paisajes urbanos que la señora Pachelbel había convertido en obsesión: las escenas transcurrían en las calles y describían frontispicios, el ocasional vehículo (que jamás estaba en movimiento, sino aparcado), negocios, carteles de publicidad, tapas de alcantarillas, buzones de correo y elegantes postes de alumbrado. Pero era verdad que algo se había modificado desde la partida de Miranda. Todo comenzó la noche en que la señora Pachelbel contempló su cuadro aun fresco, mientras recordaba el dictamen sobre la desolación que transmitía su obra. Desde que Miranda la criticó, no veía otra cosa en sus telas que ausencia. Lo que los cuadros mostraban no era un pueblo, sino la deserción de su gente: la ausencia se había convertido en su tema.

Se le ocurrió que el asunto se remediaba con facilidad. Bastaba con pintar un transeúnte, caminando con un tranco largo que comunicase apuro por llegar a la oficina. Ese hombre solo haría la diferencia; un hombre solo era todo lo que necesitaba.

Lo pintó con apuro, contándolo con pocas pero rotundas pinceladas. Después se alejó unos pasos para obtener perspectiva. En efecto, el cuadro se veía distinto. Lo que más la satisfacía era el sombrero que había plantado en la cabeza del personaje. Calado hasta el puente de la nariz (que se veía roto y torcido, como el de un boxeador), echaba sombra sobre unos ojos ensoñados.

La señora Pachelbel tardó poco en encontrarle un parecido. El hombre era igual a Tibor Liszecky, el dueño del estudio fotográfico que estaba a la vuelta de la casa de sus padres. ¡Había reproducido su viva imagen!

El fenómeno le pareció simpático. Hasta que pintó más personajes (primero en esa misma tela, después entrometiéndose en otras) y una vez pintados descubrió nuevos parecidos. Esta mujer era la señora Ponikvar, que iba a la panadería tres veces en la misma mañana; y aquel era el señor Bendemann, el conductor del camión que transportaba el carbón; y la niña era su prima Lizabetta, antes de que la tuberculosis exprimiese su pobre cuerpo.

Lo extraño era que su mano se condujese con independencia, como si respondiese a mandos que no estaban dentro de su cabeza. Cuando quería recordar a alguien del pueblo la imagen que se formaba en su mente era vaga, imprecisa; no describía rasgos, sino sensaciones. Pero puesta a moverse, su mano recordaba con detalle.

El impulso nunca era deliberado. Se planteaba pintar una mujer genérica, lo único que le importaba era ubicarla en el sitio correcto y darle proporciones adecuadas. Poco después se descubría pintando las flores y la espalda de su criatura adoptaba una comba y para entonces ya no se trataba de una mujer genérica sino de la señora Grotz, la vendedora ambulante a quien su madre compraba lilas todas las tardes.

Una noche pintó a un niño en una ventana. El niño daba la espalda a la calle, pero la señora Pachelbel lo reconoció de todas formas. A pesar del dolor que sintió al identificarlo, su mano no se detuvo; por el contrario, se movió con el frenesí que el escritor aplica a las teclas cuando da con algo esencial, y no paró hasta terminar.

Miranda estaba encantada con el cambio. La señora Pachelbel no se sorprendió cuando empezó a preguntarle quién era este, y quién aquel; supuso que el detalle hacía obvia la existencia de modelos reales, que habían creado en sus vidas la idiosincracia que el pintor evocaba en pocos trazos. Y así, casi sin darse cuenta, terminó contándole a Miranda parte de su vida.

Ahora era frecuente que la niña fuese a visitarla a última hora de la tarde. Desde su regreso Miranda había hecho buenas migas con Erica, la hija de un matrimonio *hippie* oriundo de Mina Clavero, Córdoba. (Los padres de Erica eran de aquellos *hippies* CA, Conservacionistas Autogestionados, a quienes el invierno convenció de las bondades del urbanismo: una cosa era vivir en la montaña, y otra muy distinta vivir en un pueblo con calles asfaltadas, teléfono a mano y estufas en cada ambiente.) Dos veces a la semana Miranda merendaba en casa de su amiga. Después la madre de Erica la acompañaba hasta la dulcería, donde se quedaba hasta que Teo iba por ella.

Miranda sobrellevaba la ausencia de Pat con heroísmo. Su tendencia natural hacia la independencia había florecido en ese tiempo: había empezado a cocinar bajo la tutela de la señora Pachelbel, a hacerse cargo de su vestuario (elegía la ropa para el día siguiente antes de irse a dormir) y a ordenar todo lo desordenado al final de sus juegos para que Teo no se enfrentase a tareas extraordinarias. En presencia de la señora Pachelbel se comportaba con la educación de siempre. Eso sí, tenía la tendencia a hablar de Pat todo el tiempo, como si cumpliese con una obligación filial de hacerla presente aun cuando no lo estaba.

"Pat me enseñó a doblar las servilletas de esta forma. Pat dice que no hay que guardar los tomates en la heladera. Pat detesta que queden pelos en el jabón", remarcaba con fervor evangélico.

El recuerdo de su madre no la entristecía. La única cuestión por la que había manifestado preocupación tenía que ver con un dolor más antiguo. Miranda sentía que mucha gente le recordaba la muerte de Demián con ánimo acusatorio. Decía que la miraban raro, que a veces cuchicheaban o se llamaban a silencios abruptos. Esto la molestaba, en especial en la escuela.

A los pocos días de su regreso a clases le preguntó a Teo si no podía estudiar en la cabaña, como había hecho con Pat en Monte Abrasado. Teo le contó a la señora Pachelbel que había tenido que emplear gran persuasión para que volviese al aula. Era obvio que Miranda todavía se sentía culpable y que interpretaba cada mirada oscura como consecuencia de su única falta. Pero la señora Pachelbel estaba segura de que había otras razones para los cuchicheos. El estigma de la locura, por lo pronto: Miranda era hija de una mujer que se había quebrado, y en las mentes simples de sus congéneres eso equivalía a suponer que ella terminaría heredando el mal; tan sólo era cuestión de tiempo. En este contexto la amistad de Miranda con Erica no la había sorprendido. Erica tenía un problema de pigmentación en el ojo izquierdo, que se veía casi blanco. Miranda saltó en su defensa, enfrentándose a un mocoso que la trató de ciega como si ser ciego fuese un insulto. Desde entonces incorporó a Erica a la cofradía que ya formaba con Salo, el niño oscuro de ojos que viraban al azul; los unía la convicción de ser diferentes.

La señora Pachelbel sabía que Miranda repararía en los cuadros que había pintado en los últimos días. Se habían convertido en una serie aunque no la había concebido de esa forma, tomando vida propia de la forma en que lo habían hecho sus personajes humanos. Primero fue el cuadro de la calle en que había vivido junto a su marido, donde se veía la espalda del niño en la ventana. Después vino el retrato de la ventana, con el niño enseñándonos la nuca. Y después llegó el retrato del niño, sentado en una silla y con la ventana detrás suyo. Era un retrato que ya había pintado otras veces; ahora lo sabía.

"Este es el primer cuadro que hace de una casa desde adentro", dijo Miranda apenas lo vio. "¿Y el chico, quién es?"

"Mi hijo", dijo la señora Pachelbel. Hacía mucho tiempo que no pronunciaba esas palabras tan simples. "Yo tufe un hijo. Una fez, hace mucho mucho."

"Uh. ¿Y qué pasó? ¿Se murió?"

"No."

"¿Y dónde está, entonces?"

"No lo sé. En mi país, supongo."

"¿Hace mucho que no lo ve?"

"Quince años. Cuando mi esposo falleció tenía diez."

"Como en el cuadro. ¿Y por qué no se ven más?"

"*Ich weiss nicht*... Egamos muy unidos, pero cuando quedé fiuda... Se puso gebelde, me echaba la culpa de no tener papá... Tegminó yéndose de casa. Nunca llamó, ni me hizo saber qué ega de su fida."

"A veces uno quiere tanto, tanto, que te da susto", dijo Miranda.

La señora Pachelbel estuvo a punto de decirle nena, no tenés ni idea de lo que estás hablando, esa había sido su respuesta automática cada vez que contaba lo de su hijo (no había vuelto a hablar de Josi desde que dejó Europa, nadie sabía de su existencia en Santa Brígida, ni siquiera Puro Cava, ¡ni siquiera Dirigibus!) porque la gente solía llenarla de consejos que no había solicitado, la gente habla porque sí, pontifica, es una enfermedad, una manía a la que debe ponerse dique antes de que se lancen a la tarea de salvarte la vida con dos frases hechas. Esta vez no dijo nada, porque temió que la niña se sintiese agredida y no quería agregar más carga a su dolor, pero también porque pensó que Miranda sí estaba calificada para hablar de la cuestión.

Cuando alguien ha sido criado con amor, produce amor; y cuando ese amor que se desprende del pecho de forma natural no encuentra destino, puede convertirse en dolor primero y en enfermedad después. La palabra que Miranda había empleado era correcta, *susto*, eso era lo que la señora Pachelbel había sentido al morir su marido, susto por encima del dolor, porque con el hombre muerto, tan muerto como su vieja familia, Josi se había convertido en el único recipiente de su afecto... y de todos sus miedos. Amar tan sólo a una persona produce vértigo, el lazo que nos une a la vida queda reducido a una hebra, y en esas condiciones muchos se dedican a cuidar de ese hilo de día y de noche, tal como ella hizo con Josi, vigilando cada una de sus respiraciones, asfixiándolo, convirtiéndolo en un niño inútil y temeroso, condenándolo a actuar como modelo de sus cuadros, inmóvil, enmarcado, dando la espalda a la ventana y así al mundo exterior.

Siempre fue consciente del miedo con que lo amaba, del *susto.* Pero nunca se le ocurrió pensar que Josi pudiese sentir un miedo igual, o aun mayor que el suyo.

Esa tarde en el estudio, delante del primer retrato que pintaba en años, la frase de Miranda la ayudó a considerar una nueva perspectiva. En algún sentido repitió el desplazamiento que ya había realizado como artista, al abandonar la seguridad de su estudio para pintar el afuera, las calles y la gente; y al salirse de su nicho creyó que entendía, ¡al fin!, las razones del alejamiento de su hijo. Miranda atravesaba un páramo similar a la de Josi, debía lidiar con el miedo a perder a aquella persona que era, o lo había sido durante tanto tiempo, su madre y su padre a la vez. Por el momento seguía apegada a Pat, todavía la idolatraba, por eso hablaba de ella todo el tiempo, la traía al presente para no asumirla como parte de su pasado. Pero si el miedo se volvía incontrolable, quizás se viese en la necesidad de hacer lo que el pequeño Josef había hecho en su oportunidad, una decisión extrema, de sobreviviente nato: cortar la hebra de un tajo para no quedar ligado a una persona de manera excluyente, cercenar el cabo del ancla para no hundirse con su madre.

Ojalá Miranda no llegue nunca a ese extremo, pensó la señora Pachelbel; ojalá reconozca que en su caso existen otras hebras que también sostienen y ligan, otros amores: Teo, el chiquito de los Caleufú, sus maestras... ¿y acaso ella misma?

Miranda se acercó a pesar de la rigidez con que la señora Pachelbel seguía sentada en su taburete, parecía un mascarón de proa, y posó su mano (esa mano tan fresca, que el vientre de la mujer recordaba tan bien) sobre el puño que había formado para disuadir a Miranda de intentar el contacto. La señora Pachelbel se había puesto arisca como Josi hacía con ella cada vez que quería mimarlo, no volvió a tolerar su afecto una vez que su padre murió y se quedaron solos, al poco tiempo se negó a sentarse otra vez en el estudio de espaldas a la ventana, Josi ya no quería quedarse quieto viéndola a los ojos, Josi quería ver por la ventana, Josi quería salir al mundo.

Se quedaron así en silencio, mano abierta sobre puño, papel envuelve piedra, hasta que Miranda preguntó como si diese el asunto por cerrado:

"¿Nunca va a pintar casas de Santa Brígida?"

XCIV. De cómo Krieger colaboró con la creación del primer barrio privado mapuche

Dirigibus le explicó a David Caleufú cuáles eran sus alternativas como heredero de Heinrich Maria Sachs. Podía conservar el Edelweiss, sobre el que se había constituido como dueño legítimo; eso sí, iba a ser difícil que lo reabriese con el Holy B de Krieger creciendo a su lado como un tumor. La opción más lógica era vender. (Vera militaba en este bando con fanatismo de zelote.) Durante las semanas que se fueron entre la anticipación del duelo, el descubrimiento de los restos humanos y las infaustas noticias sobre Pat, la oferta de Krieger había crecido de manera demencial: nadie pagaría nunca la cantidad que el empresario prometía ahora en su desesperación. Pero para desesperación de alguien más, en este caso Vera, David le había dicho a Dirigibus que el dinero no le interesaba. ¿Para qué lo quería? Según su lógica, se había metido en este barullo para salvar al Edelweiss, y al fin lo había logrado. No tenía intención alguna de borrar con el codo lo escrito con la mano, dejando el viejo hotel en manos del hombre que lo había engañado. ¡No lo haría ni por todo el oro del mundo!

Pocos días después de que Dirigibus comunicara a Krieger la voluntad de su representado, Vera sufrió un accidente doméstico. Fue una desgracia con suerte. Puso la mano en la manija de la puerta de su casa y se quedó pegada: una descarga eléctrica atravesó su cuerpo.

Al día siguiente Dirigibus amenazó a Energía del Valle (la EnerVa del refrán popular) con una demanda. Los directivos juraron que la empresa no tenía nada que ver con el accidente. Por fortuna EnerVa seguía siendo tan ineficiente como de costumbre, porque de hecho fue uno de sus tradicionales cortes de luz lo que terminó salvando a Vera de morir. Estaba electrocutándose cuando el suministro de corriente se interrumpió. Vera se desmayó entonces con la mano pegada al picaporte de la manija, que había empezado a fundirse por el calor. Tuvo tiempo para reaccionar y comprender lo ocurrido, entendiendo el cruel destino que le esperaba si la energía eléctrica volvía a fluir. De no haber llegado Salo a tiempo de la escuela no habría tenido cómo pedir ayuda.

Acababa de salir del hospital cuando le pidió a David que la llevase a cenar, a modo de compensación por tanto sufrimiento. Aun antes de que su esposo consintiese, Vera ya había elegido el restaurant y reservado una mesa. El sitio era el más caro de Santa Brígida, pero David no tuvo corazón para expresar reparos.

Quiso la fortuna, o algo así, que la mesa que les tocó en suerte ese sábado fuese contigua a la que ocupaban el intendente Farfi y el ferretero Oldenburg. Como Vera no paraba de llenarse la boca con comida (la dieta a que la forzaron en el hospital había sido misérrima), David se entretuvo oyendo la conversación que tenía lugar al lado, como solía hacer cuando circulaba por la vida como un fantasma.

Farfi estaba a mitad de una historia sobre un hombre que, al parecer, había sido víctima de amenazas primero y de golpes después, por oponerse a la instalación de una fábrica de papel. El hombre estaba convencido de haber sido víctima de un apriete mafioso, concretado por matones a sueldo de los inversionistas. Pero aunque realizó la denuncia, nunca pudo probar (mejor dicho: la policía no pudo, y la Justicia menos) que lo que decía era cierto. Terminó sordo de un oído, y para peor desistió de oponerse a la fábrica. De entre dos males, prefería un poco de contaminación ambiental antes que exponer a su propia familia a otro apriete como el que ya había sufrido.

"La gente no termina de entender... *carajo mierda,*" dijo Farfi, por tratarse de un sábado, "que este país es muy lindo pero acá los poderosos hacen lo que quieren".

"Te pueden pasar por encima con un camión y nunca van a encontrar al culpable", replicó Oldenburg.

"¡Ni siquiera yo, que soy funcionario, estoy a salvo de esas cosas! Imaginate lo que le pueden hacer a un tipo común y corriente, *corriente y forriente, ¡chupamelá!*"

"Uno tiene la responsabilidad de cuidar a su familia, ¿o no?"

"Eso es lo mmm, lo mmm, ¡lo mmmás importante!"

La conversación derivó de inmediato a otro tópicos. Como Vera seguía engullendo, y por lo tanto en insólito silencio, David volvió a prestarle su oído a los asuntos de sus vecinos.

El intendente comentó que la casa de los Centurión seguía en venta, y que una serie de terrenos linderos, aunque loteados y en regla, todavía no tenían dueño. Podía ser una buena oportunidad para invertir, sugirió al ferretero.

Pero Oldenburg no parecía convencido. La casa de los Centurión lindaba con la de Krieger, y el ferretero no deseaba un vecino semejante.

Farfi añadió que los otros terrenos formaban una suerte de anillo en torno de la parcela de Krieger, y le preguntó a Oldenburg si había oído hablar alguna vez de un tipo de urbanizaciones llamadas *countries*.

El ferretero nunca había oído hablar de semejante cosa. (David tampoco.)

El intendente explicó entonces que los *countries* eran barrios privados, donde cada individuo tenía su casa y a la vez se atenía a un reglamento común.

"Imaginate", dijo, "lo gracioso que sería rodear a Krieger de gente a la que detesta y que lo detesta. *¡Putísimo del orto!*"

"No serviría de nada", dijo Oldenburg, todavía escéptico. "Conociendo a Krieger, empezaría a comprar casa por casa, o a hacer que la gente conspire una contra la otra por cuestiones de dinero."

"Esa es la belleza de los *countries*", dijo Farfi. "Si comprás los lotes, podés redactar el reglamento y conservar el derecho de aprobar o desaprobar cada venta. ¡Nadie podría entregarle su casa a Krieger sin tu venia!"

Esa noche David no pudo dormir. Una idea que se le había ocurrido de forma providencial, o algo así, lo llenó de un entusiasmo que nadie percibió, puesto que Vera, Salo y los perros sí dormían a pata suelta. David había encontrado cómo solucionar su dilema. Por supuesto perdería el Edelweiss, que el infame Krieger demolería de inmediato; esto implicaba que no habría final feliz para su historia, en el sentido de que todos obtuviesen lo que en verdad merecían, pero era lo que más se aproximaba a un buen final. Porque David había decidido darle un uso al dinero que beneficiaría a mucha gente (nunca, ni siquiera en sus sueños más delirantes, imaginó Sachs cuál sería el destino de los marcos que invirtió en la Argentina), a la vez que garantizaría la tranquilidad de la familia Caleufú (que ya no volvería a sufrir accidentes, de eso estaba seguro) con el beneficio agregado de demostrarle a Krieger que, aun siendo mapuche, no estaba peleado con la noción del progreso.

Dos años más tarde, esto es en 1987, el empresario Hugo Krieger Zapata vivirá rodeado por los Quitrileo, los Painemal, los Caleufú, los Weke y tantos otros de apellidos con la misma musicalidad. Sus casitas simples, construidas por David, contrastarán con el chalet de Krieger de la misma forma en que un panal de abejas contrasta con un horno a microondas. Así cercado por buena parte de la comunidad mapuche de Santa Brígida (que encima tendrá el tupé de pretender que ese caserío es un *country*), Krieger se encerrará en su mansión a lamer sus heridas. Sus nuevos vecinos lo sacarán de quicio a diario, al negarse de forma sistemática a vender sus propiedades. Cada vez que les haga una oferta, lo remitirán a David: *Hable con don Caleufú*, le dirán. Y a esa altura Krieger ya sabrá que David no piensa vender, ¡esta vez sí que no!, ni por todo el oro del mundo.

Pero a no ilusionarse, lector: esto es lo más cerca que Krieger estará de un castigo por sus pecados. No hay que olvidar que Krieger se formó en un país que premiaba a los temerarios con la impunidad, y que se encaminaba entonces a una década que subrayaría esa tendencia hasta el paroxismo. En los años 90 Krieger prosperará, saldrá indemne de una serie de juicios, declarará quiebra y fundará nueva compañía, se asociará con empresarios mendocinos para meterse en el negocio de la TV por cable y hacia el fin de siglo estará alternando entre sus viviendas de Santa Brígida (allí pasa el invierno, aprovechando la temporada de ski) y Coral Gables, Miami, donde vive el resto del año.

Podríamos decir que en otros aspectos no le irá tan bien. El divorcio le saldrá muy caro y su nueva mujer (una conductora de TV) todavía más, en especial desde que ya no logre coincidir con ella en un lugar más de dos días al mes, durante los cuales resistirá a pie firme sus avances sexuales. Dos de sus hijos ni siquiera le dirigirán la palabra y otros dos lo idolatrarán (en especial cuando llega la hora de pedirle cosas), pero si quisiésemos abundar en estas peripecias necesitaríamos el marco de una novela más triste que esta que el lector tiene entre manos, y los narradores preferirían no dedicar tanto esfuerzo a personas que, según ha quedado claro, no merecen ni siquiera el chorro de tinta.

XCV. Aquí el intendente participa de un encuentro secreto, donde descubre muchas más cosas de las que le habría gustado saber

Prosperamos gracias a los huesos; sin ellos no habría historias, dice Margaret Atwood en *The Blind Assassin.* Los huesos humanos tienen una extraña elocuencia, nos interpelan aun sin palabras. En la escena del cementerio Hamlet admite que la calavera de Yorick dio asilo a una lengua alguna vez, y en consecuencia pudo cantar. Lo que el príncipe de la duda no comprendió entonces, aun cuando su entendimiento llegaba hasta el límite de lo humano, fue que los huesos siguen cantando aun después de enterrados.

Los antropólogos forenses no tardaron mucho en identificar los restos. La evidencia inicial era abrumadora. Estaban las ropas recuperadas con los huesos, que la señora Granola y los Morán reconocieron de inmediato. También habían encontrado los documentos de Joaquín, en el interior de la mochila recubierta de una pátina de musgo y pétalos de *fischia.*

Pero aun así los forenses completaron su trabajo hasta hacerlo exhaustivo. A Emma la reconocieron por sus piezas dentales, a partir de las radiografías que la señora Granola había conservado. (Así como había guardado todo lo que le recordaba a su hija, hasta los jirones en que se había convertido su ropita de bebé.) A Joaquín lo reconocieron a partir de las idiosincráticas marcas en sus huesos, cicatrices de fracturas que se había hecho en la tibia a los seis años y en la clavícula a los nueve.

El dictamen sobre la causa de la muerte fue inequívoco. No había otras marcas de violencia sobre los cuerpos que las producidas por la caída. Ni perforaciones de bala, ni muescas que sugiriesen el uso de un arma cortante. Tampoco hallaron armas de fuego ni casquillos ni puñal alguno dentro del perímetro. Emma se había precipitado al vacío y Joaquín tras ella. Los dos habían caído de cabeza. La reconstrucción de sus cráneos y de los miembros superiores fue el trabajo más arduo: habían caído con los brazos para adelante, protegiéndose del impacto.

La tarea de comunicar la noticia a los deudos recayó sobre los angostos hombros de Dirigibus; dado que el dictamen forense fue firmado un día martes, el intendente no quería correr el riesgo de mostrarse insensible delante de los parientes.

Una vez terminada su penosa tarea, Dirigibus llamó a Farfi a la municipalidad y lo invitó a tomar una copa. El intendente consultó su reloj (ya eran más de las diez, había sido un día infernal) y le preguntó si no podían dejarlo para otra oportunidad; sentía la necesidad de reencontrarse con su familia, y además, como el jurisconsulto bien sabía, no le estaba permitido beber en medio de la semana. Dirigibus le respondió que no se preocupase por el alcohol, ya que él podía beber por los dos. Y en lo que hacía a la oportunidad, le aseguró que era consciente de lo entrado de la noche: se lo pedía porque necesitaba hablar de una cuestión impostergable.

El bar del Tacho estaba casi vacío: más allá de Dirigibus y del dueño del local, sólo había otro cliente que bebía en solitario. Así despojado, el sitio invitaba al recogimiento. La misma música sugería las ensoñaciones de la mente: a un volumen muy bajo sonaba un disco de Miles Davis que el Tacho amaba, *Sketches of Spain*. Era un álbum al que sólo recurría de tanto en tanto, cuando necesitaba algún puente para disolver distancias; la trompeta y el sonido de la púa sobre el surco eran un dúo infalible.

Dirigibus bebía un whisky. Farfi se sorprendió al descubrirlo. El jurisconsulto era hombre del vino y en ocasiones de aperitivos o a lo sumo licores, que recurriese al whisky era un gesto extraordinario. Pero el intendente creyó entenderlo, Dirigibus necesitaba algo fuerte para enjuagarse del cuerpo los recuerdos de aquel día.

Al principio la charla marchó por carriles predecibles. Dirigibus dijo que la señora Granola había aceptado la noticia con gracia; la había dejado en compañía de su hijo Lucio y de su nuera, discutiendo detalles de las exequias. El señor y la señora Morán habían persistido en la actitud que exhibieron desde su llegada, el hombre dedicado a las cuestiones prácticas (documentos a llenar o firmar, las averiguaciones sobre la fecha en que les entregarían los restos: una diligencia que podía atribuirse al ejercicio médico) y la mujer con ese aire distraído que nunca perdía, como si desde la muerte de su hijo no lograse concentrarse en ninguna otra realidad. Dirigibus dijo que estaban considerando volar a Buenos Aires al día siguiente. El intendente asintió en silencio, sonaba sensato.

Por eso volvió a sorprenderse cuando Dirigibus expresó que no estaba de acuerdo.

Ese fue el instante en que el último cliente del bar se levantó y salió. El Tacho echó llave al establecimiento y exhibió el cartel de *cerrado*. Después se sentó en la mesa más próxima a la puerta, en actitud vigilante. Este también era un hecho inusual. El Tacho nunca cerraba antes de las doce, aun cuando el bar estuviese vacío desde temprano.

Dirigibus reclamó otra vez la atención de Farfi, al preguntarle si la municipalidad pensaba organizar algún acto en honor a los muertos. Ceder el salón de la intendencia para el velatorio podía ser un gesto apropiado.

Farfi frunció el ceño. Emma y Joaquín habían muerto en un accidente, ¿qué tenía que ver la municipalidad con semejante asunto? ¿No habían prestado ya la colaboración del caso, pagando incluso los viajes y la estadía de los Morán? ¿Y no había expresado el matrimonio, por último, su deseo de regresar de inmediato a la Capital?'

Dirigibus suspiró, uno de esos suspiros que con tanto arte profería.

"No estoy tan seguro de que lo de Emma y Joaquín sea tan sólo un asunto privado", dijo entonces. "Un velatorio público nos vendría bien. Llorar un buen rato, revisar nuestras culpas, golpearnos el pecho."

A pesar de que una barrera química lo separaba de sus emociones, Farfi se ofuscó. Le dijo a Dirigibus que el asunto de Emma y de Joaquín ya había pecado por demasiado público, por eso mismo tenían que ir en sentido contrario, había llegado la hora de limpiar la memoria del pobre chico y dejar a las familias a solas con su dolor, que era y debía ser privado. (*Pri pri privado,* dijo, dado que empezaba a embarullarse.)

"¿Alguna vez te preguntaste qué hacían Emma y Joaquín al borde del cañadón?", dijo entonces Dirigibus.

En la mesa próxima a la puerta, el Tacho miró su reloj.

"Ninguno de nosotros se habría arrimado a ese lugar. Todos sabemos que es peligroso. Y en la mañana ni te cuento, cuando la niebla todavía no se disipó. La única persona que podría arrimarse ahí es un turista desinformado", dijo Dirigibus.

"O un ciego", añadió el Tacho con un hilo de voz.

En ese instante alguien golpeó la puerta.

El Tacho se levantó para abrir. Cuando se apartó para dejar pasar a la señora Granola, su rostro no revelaba ninguna sorpresa.

La mujer llevaba una mantilla encima de los hombros, afuera hacía frío. Dio las buenas noches y aceptó la silla que el doctor Diribigus había preparado para ella. Enfrentada a la oferta, aceptó una copa de cognac. (El intendente rechazó en esa oportunidad un segundo convite del Tacho.) Una vez que le hubieron servido, la señora Granola se mojó los labios y después dijo, dirigiéndose a Farfi:

"Esa noche, hablo de hace diez años, mi marido se largó a llorar. Usted lo conocía, era un hombre duro, no tenía un pelo de sentimental. Yo pensé que era culpa de la televisión, cantaba un coro de chicos que habían recogido de la calle y yo dije, *este tipo es incapaz de soltar una lágrima por su propia hija y ahora llora por chicos ajenos.* Barbaridades que se piensan. Cuando uno vive una tragedia cree que no existe mayor sufrimiento en el mundo entero, hay gente que dice que en el dolor uno se vuelve más sensible, más solidario, pero a veces no, a veces pasa lo contrario. A mí el dolor me volvió más orgullosa, más necia. Me imaginaba que existía un campeonato mundial de desgracias y yo salía campeona, en serio, ¡me llenaban el pecho de medallas!"

"Al principio lo dejé solo", prosiguió la mujer, "no quería que sintiese vergüenza, pero lloraba y lloraba y al final me acerqué, *qué te pasa, viejo, es para tanto.* No podía ni hablar, lo intentaba y apenas me miraba a los ojos empezaba otra vez. En fin, le digo lo que me terminó contando. Me dijo que había hablado con este pobre chico la noche anterior a... la caída. Disculpemé, llevo tantos años hablando de la desaparición que todavía no me acostumbro a pensar que murieron ahí nomás, ¡tan cerca nuestro! Según mi marido, Joaquín le había contado cuáles eran sus intenciones. Pensaba madrugar e irse al oeste del cañadón, a buscar una forma de bajar con sogas. Usted conoce esa parte, es la peor, hay desprendimientos cada dos por tres. Mi marido dijo que lo pensó un momento, le iba a avisar al chico, decirle que no hiciese semejante cosa y mucho menos solo, esa bajada es algo que sólo pueden encarar los profesionales, como los montañistas del otro día, ¿hace cuántos años que nadie lo intentaba, siquiera? Pero se arrepintió al momento y no le dijo nada. ¿Entiende lo que trato de explicarle? Mi marido pensó, *si este desgraciado se mata, mejor. ¡Así deja a Emma en paz!* Y al otro día bien temprano, Joaquín agarró su mochila y sus ganchos y sus sogas y se fue derechito a..."

En este punto la señora Granola necesitó otro trago de cognac.

"Al final entendí por qué se había pasado tantos años preguntando por los dos en todo el país, por Emma, pero también por Joaquín", dijo la mujer. "Yo supuse que tenía otras razones, que imaginaba que seguían juntos y por lo tanto encontrar a uno significaba encontrar el rastro de la otra. Pero no, mi marido quería dar con Joaquín porque eso habría significado que el chico no había muerto, que no se había caído al vacío. ¡Mi marido quería asegurarse de que no lo había mandado al muere!"

Dirigibus le cedió entonces uno de los pañuelos que llevaba consigo.

El intendente carraspeó. Era obvio que el relato lo conmovía.

"Le agradezco su candidez", dijo a la mujer. "Pero para serle franco, no entiendo muy bien por qué me cuenta esta historia."

"Yo creo que mi marido intuía la verdad", dijo la señora Granola. "Yo creo que intuía que Emma se había ido con el chico, que se habían caído juntos. Nunca me lo dijo de manera abierta, sabía que si yo me enteraba de que Emma se había muerto por su culpa lo habría... no sé lo que le habría hecho, mire. Así que se contentó con darme los elementos, si yo quería hilar podía hilar pero no hilé, me bloqueé, bajé la cortina. Lo único que pensé fue *pobre hombre, al sufrimiento por Emma se le agrega la culpa por el chico, no hay derecho*, y decidí callarme. Podría haber ido a golpear la puerta de la municipalidad o llamar a los gendarmes, decirles mis sospechas, así habrían descubierto el cuerpo de Joaquín mucho antes y sus padres habrían terminado con la incertidumbre de una vez, pobre gente. Pero no pensé en ellos, los dejé sufrir diez años más. Pensé en mí y nada más, en mí y en mi marido. Yo creo que a Granola lo mató la culpa, mire. El dolor por la ausencia de Emma también, pero ante todo la culpa. Usted no sabe lo que es. Lo que le hace a uno adentro. Es un bicho que te come las entrañas, de a poquito, pero sin parar nunca."

La señora Granola se cubrió los ojos con el pañuelo, pero al instante se obligó a seguir:

"Y cuando supe que Emma también estaba ahí abajo... Corriendo el mismo destino al que condené a los huesos de Joaquín, a la intemperie, pobrecitos, todo este tiempo, esta eternidad, bajo lluvia, granizo y nieve, pisoteados por los animales, meados, cagados... ¿Qué habrán ido a hacer ahí, digo yo? ¿Por qué habrán ido a ese lugar, esa mañana maldita? ...Yo siento que fui cómplice de la muerte de ese chico, se lo digo de corazón. Debería haber metido en caja a mi marido y sus estúpidos celos, ¡decirle que se dejase de embromar!, o por lo menos hablar con los papás de Joaquín una vez que Granola confesó. No me diga que no, hasta el diccionario me da la razón, lo busqué, mire", dijo, y sacó un papelito escrito con bolígrafo que procedió a leer. *"Cómplice: persona que contribuye, sin tomar parte en su ejecución material, a la comisión de un delito o falta.* Esa soy yo, tal cual. No fui la ejecutora material, pero contribuí con la falta. Ya sé que perdí a mi hija y que sufrí en consecuencia, pero ese sufrimiento no cuenta porque no es justo, Emma no había hecho nada malo, no tenía por qué pagar por nuestras faltas, ella era inocente. ¿Mi marido? No, él no era inocente. Y yo tampoco. Granola ya pagó, ojalá esté en paz. Pero yo no tengo paz. Y la necesito con desesperación, mire. Aunque más no sea por el bien de mi hijo y de mi nieto, que también son inocentes. ¡Yo no quiero que esta desgracia les caiga encima!"

Farfi agarró las manos temblorosas de la mujer y las apretó con fuerza. Con voz cálida aunque algo imprecisa (el poder de los medicamentos volvía a flaquear), le pidió que se quedase tranquila.

"Ya pasó. No se castigue más", dijo el intendente. "Uno siempre busca un culpable cuando el dolor es grande, y si no lo encuentra a mano se culpa uno mismo. Eso es lo que debe haber hecho Granola, lo más probable es que la conversación con Joaquín no no no haya existido nunca, seguro que exageró, se sentía mal por todas las cosas feas que había pensado sobre el chico y..."

"Eso no es cierto", dijo el Tacho, aproximándose. "La conversación existió, así como te la contó la señora. Yo lo sé porque pasó acá. Lo sé porque yo la oí."

Farfi comprendió que la señora Granola estaba al tanto de este hecho, porque la revelación no la afectó. Y lo mismo podía decirse de Dirigibus, concentrado en algo minúsculo que debía haber en el fondo de su copa.

"Apenas oí al pibe yo pensé lo mismo: que había que avisparlo para que no se matase, frenarlo, eso que quería hacer era un despropósito", dijo el Tacho. "Esperé que lo hiciese Granola porque la cosa era con él, yo no formaba parte de la conversación, era de palo. Claro, pasaban los minutos y Granola no decía nada. Al final me acerqué y le clavé la mirada. Granola se dio cuenta, obvio. Nunca me voy a olvidar de sus ojos. Me pedía silencio, te lo juro por

Dios. Y yo me callé, nomás. Porque no me gusta meterme, y porque entendí que Granola lo hacía por Emma: ¡no quise mandarlo al frente! Además fue cosa de un segundo. El pibe contó lo que quería hacer, Granola se hizo el sota, el chico pagó su Coca, saludó y se fue. Granola salió un segundo después. Fue la última vez que vino al bar. ¡No volvió nunca más!"

Dirigibus preguntó al Tacho si había pensado en Joaquín al otro día, cuando todavía no sabía de su desaparición.

"No, para nada", dijo el Tacho. "Ni se me cruzó que se podía lastimar de verdad. Hay tanta gente en este pueblo, pensé que alguien se lo iba a explicar a tiempo, o a frenarlo cuando lo viese ir en esa dirección, o rondando la zona. ¡Todos sabemos que ese farallón es un peligro!"

El Tacho ya no dijo más. Se encogió de hombros y recogió el papelito que la mujer había dejado encima de la mesa.

Farfi abrió los brazos, expresando su impotencia.

"No saben cuánto lo lamento", dijo. "Es una historia muy triste, mustia, muy triple. Y les prometo que lo que me contaron no va a salir de este lugar."

"Yo le sugerí a la señora Granola que hablase con los padres de Joaquín. Le dije que les contase la verdad", intervino Dirigibus, en franco disenso. "Va a ser duro para ella, pero a la larga le va a hacer bien. Una vez cometido el error, aunque más no sea por omisión, lo mejor que uno puede hacer es enfrentar a las personas perjudicadas y pedirles perdón. De allí en más, todo dependerá de cómo ella elija seguir viviendo."

"Ya está decidido, yo quiero velar a Emma", agregó la mujer, dirigiéndose al intendente. "Hay mucha gente que la adoraba y que no tuvo oportunidad de llorarla. Creo que ella se lo merece y la gente también. Pero la sala de velatorios es muy chiquita, usted sabe. Y la pensión está llena de huéspedes, gracias a Dios: si meto el cajón en la recepción se me van a espantar. ¡Necesito un lugar grande!"

Farfi ya había abierto la boca para excusarse (era obvio que la mujer pretendía velar a Emma en la municipalidad) cuando Dirigibus se le adelantó.

"Un pueblo es un organismo vivo", dijo. "Y lo que le ocurre a una parte del pueblo repercute en el todo. Hoy sabemos que el señor Granola cometió un error que tuvo consecuencias funestas. El Tacho sabe que pudo haber evitado esa desgracia, me consta que todavía se lo reprocha. También sabemos que la señora Granola sospechaba dónde podíamos encontrar al menos uno de los cuerpos, y aun así no dijo nada durante diez años. Nosotros los conocemos, damos fe de que son buena gente, está claro que no quisieron lastimar a nadie. Pero al mirar para otro lado permitieron que algo malo ocurriese, o que una situación lamentable se prolongase. *Factum est*, decían los romanos: lo hecho, hecho está. La cuestión a dirimir es lo que ocurrirá de aquí en adelante."

Dirigibus se tomó un respiro, lo que equivalía a beber un trago, y prosiguió:

"¿No creen que es probable que exista alguien más que pudo haber salvado a los chicos? ¿Gente que vio a Emma caminando lejos de su casa, y ni siquiera le preguntó que hacía o le avisó a sus padres? ¿Gente que vio a Joaquín con sus arreos de montañista, metiéndose en una zona de desprendimientos? ¿Gente que conocía sus planes de antemano, por ejemplo amigas de Emma a quienes pudo haberles confiado su intención de escabullirse?"

El silencio pesó encima de los presentes como una laja. En el tocadiscos, la púa rebotaba contra el surco final de *Sketches of Spain.*

"Yo creo que esa otra gente existe. ¡Este bar debería estar más lleno de lo que está!", dijo al fin Dirigibus. "Pero aun cuando la hipótesis pudiese ser probada, y encontrásemos a uno más o a mil más, eso no nos conduciría a ninguna parte. Porque lo que hicieron no es punible por la ley. No podríamos enjuiciarlos por negligencia o abandono de persona, ni investigarlos, ni perseguirlos, del mismo modo en que no podríamos hacerlo con el Tacho aunque quisiésemos, o con la mismísima señora. Por efecto o defecto de la legislación vigente, lo que hicieron permanecerá dentro de la órbita de sus vidas privadas, y por lo tanto sujeto tan sólo al juicio de sus conciencias."

El Tacho depositó entonces dos copas limpias encima de la mesa. La aritmética desconcertó a Farfi: aun cuando él mismo bebiese (algo nada recomendable, según sus médicos), sobraba una copa vacía, ya que el Tacho no se había desprendido de la suya.

Dirigibus extendió su brazo para que el Tacho volviese a servirle, y dijo:

"Los hombres tenemos talento para la destrucción. ¡No dejamos de ponerlo en práctica ni siquiera cuando nos perjudica! ...Muchas gracias. ¡Salud!", expresó, bebiendo de la copa que el Tacho había llenado hasta el borde. "Déjenme atribuírselo a nuestra adolescencia como especie: somos iguales a un chico que lo prueba todo y se estrella a cada paso, que desprecia el peligro porque se considera eterno. Y aun así, ¿se dieron cuenta de que siempre, hasta en la hora más oscura, termina apareciendo alguien que nos reconcilia con la humanidad? Por lo general es un desconocido que produce algo mínimo: un gesto solidario, una canción, una frase escrita en la pared. Pero basta para devolvernos la esperanza, para convencernos de que así como podemos ser lo peor, también respondemos al llamado a ser generosos. Depende de nosotros y de nadie más. ¡Ya llegamos a la edad en que ningún padre puede salvarnos de nuestros errores! ...El pensamiento es terrorífico, yo lo sé: estamos solos, nadie hará por nosotros lo que no hagamos por nosotros mismos. ¿Pero no nos quejábamos de los sistemas que nos trataban como chicos? El peso de la historia obligó a esos poderes a concedernos un cierto grado de libertad, cosa que hicieron con renuencia. Por eso mismo ahora, ante la imposibilidad de forzarnos a hacer lo que no queremos, apelan a lo peor del ser humano con tal de preservarse: ¡divide y reinarás! Nuestra única oportunidad de crecer (porque todo lo que deja de crecer, esto es evidente, ya empezó a morir) es hacer lo contrario, ni más ni menos: apelar a lo mejor del ser humano. Cuando los poderes nos sugieran los beneficios del egoísmo, deberíamos llamar a ser solidarios. ¡Cuando los poderes nos enseñen que el otro es una amenaza, deberíamos invitar a ese otro a nuestra mesa!"

"No digo estas cosas porque he bebido", aclaró Dirigibus al percibir que el Tacho volvía a consultar su reloj. (O al menos eso interpretó Farfi, que sí se estaba poniendo impaciente.) "Las digo porque amo a este pueblo. Y no quiero que culpas como la de la señora Granola diseminen su semilla en el lugar. Ya tenemos a mano la evidencia de lo que ocurre cuando el egoísmo prende en una comunidad: todo el mundo se pelea por sacar ventaja, aun cuando eso signifique pasar por encima de otro", dijo el jurisconsulto, aludiendo a las consecuencias de la construcción del Holy B. (O al menos eso interpretó Farfi, que pensaba que el hotel tenía la culpa de todo.) "Por eso digo que hay que velar a Emma en la municipalidad. El pueblo debe entender que no se trata de una pérdida para la señora Granola, sino de una pérdida que sufrimos todos. ¿Qué pasaría si encontrásemos los cuerpos de Los Seis, aquellos chicos que desaparecieron de un día para otro poco antes del golpe militar? ¿Pretenderíamos que se trata de un dolor privado, que sólo deben vivir sus familias? En estos tiempos, cualquier circunstancia que nos ayude a asumir el duelo por lo vivido es saludable. Así como el Sever nos ayudó a encontrar la alegría en medio de la persecución, necesitamos expresar el dolor de la pérdida en medio de la alegría de esta hora. Y permitirnos llorar, y examinarnos, y evaluar nuestras faltas y nuestras omisiones. Porque queremos apelar a lo mejor del ser humano, y entre lo mejor está la capacidad de pedir y de otorgar perdón."

En ese instante volvió a sonar la puerta. Farfi fue el único en sobresaltarse.

El Tacho abrió. El ferretero Oldenburg dio un paso dentro del bar, preguntó algo al Tacho en voz baja y recibió una respuesta igual de queda.

Dirigibus se puso de pie, liberando la silla que estaba junto al intendente.

Oldenburg respiró hondo, se sentó en el lugar que le cedían e inclinó la cabeza para decir:

"Este chico Joaquín vino a verme, ese día. El día antes. Me compró todas las sogas que pensaba usar en el cañadón. Fue muy claro y específico, sabía lo que quería, lo tenía anotadito. Por supuesto le pregunté qué pensaba hacer, vos sabés cómo soy, ¡yo hablo con todo el mundo! Cuando me le contó, estuve a punto de decirle. Pero me acordé de Emma, que fue compañera de mi hija y seguía siendo una de sus amigas íntimas. Y por un momento pensé en Granola, y en lo que yo haría en su lugar si un *hippie* de estos viniese a hacerse el simpático con mi hija. Así que me callé la boca. Y lo dejé ir. Decime, Farfi, vos que me conocés bien: soy un hijo de puta, ¿no es cierto? Yo me dije, ya va a haber alguien que lo frene al chico, alguien más, y me quedé *mozzarella*. ¿Cómo pude ser tan animal? Llevo años con esta piedra en el pecho. Y desde que aparecieron los cuerpos, ¡los dos cuerpos!, no puedo vivir. Pienso todo el tiempo, *si mi hija se entera de lo que le hice a Emma me da vuelta la cara y no me habla nunca más.* Soy un hijo de puta, ¿no creés? ¡No tengo perdón de Dios!"

Oldenburg empezó a llorar. Era un espectáculo horrible, se había puesto rojo como un tomate y se tiraba de los pelos y lloraba haciendo *ju ju ju.* El Tacho se apuró a poner la púa al principio de *Sketches of Spain*, perdido entre la música el llanto sonaba menos obsceno.

Farfi no sabía bien qué hacer, nunca había visto así a su amigo. Le envió a Dirigibus una mirada de auxilio, pero todo lo que el jurisconsulto hizo fue sonreírle de manera empática y después puso la mantilla sobre los hombros de la señora Granola, a quien se había ofrecido a acompañar en el regreso a casa.

El Tacho volvió a la mesa para servir dos whiskies bien cargados.

Farfi ya no hizo nada para rechazar el convite, necesitaba algo fuerte, su misma encarnación de semana laboral, tan sensata, le sugería la conveniencia de discontinuar la medicación, hay veces en que la vida hace de las suyas sin reparar en la diferencia entre martes y sábado, y en esas ocasiones lo peor que uno puede hacer, lo más devastador, es privarse de la oportunidad de sentir.

XCVI. Algo resucita, pero sin lograr impresionar al público

Esa noche Teo se despertó sobresaltado. Su primer impulso fue el de aferrar la mano de Pat, quería estrujarla para que dejase de gritar. Extendió su brazo de grúa mecánica y no tocó más que el vacío. Pat no estaba allí, Pat seguía lejos, Pat dormía un sueño narcótico a muchos kilómetros de su cama. Entonces Teo comprendió que aunque Pat no estaba, las voces seguían sonando.

Teo oía voces humanas.

Quiso recurrir a la pistola de Pat, convertirse de una vez por todas en Johnny Ringo, pero la había desarmado para que Miranda no corriese peligro y ahora no recordaba dónde había metido el cargador; estaba demasiado nervioso. Si el padre de Miranda los había encontrado, si había irrumpido en la casa para llevársela... Teo se vio atenazado por su miedo de siempre (*Teo teme*), un miedo paradójico: el de ser un gigante que no daba la altura. Se había jurado proteger a Miranda, ¿pero podría cumplirlo? Lo único de que disponía para interponer entre la niña y los secuestradores era la barrera de su cuerpo. ¡Necesitaba transportar esa mole antes de que fuese tarde!

Cuando salió al pasillo se le hizo evidente que las voces venían desde la habitación de Miranda. Era un cuchicheo. Al aproximarse a la puerta oyó algo más. Un ritmo. Las voces susurraban siguiendo un ritmo definido.

Teo oía música.

Abrió la puerta. Miranda seguía durmiendo como si nada.

Apoyó su oreja contra la puerta del armario. La música venía de allí adentro.

A primera vista no encontró nada fuera de lugar, más allá del amasijo de ropas que Miranda producía cada vez que buscaba algo. Pero pudo identificar la canción, un viejo tema de los Sex Pistols cuyas palabras entendía aunque sonasen en inglés.

Apuesto a que creíste que habías resuelto el problema.
Pero el problema eres tú.

Teo investigó debajo de los montones de ropa. La búsqueda fue fácil, como en los juegos en que una voz nos conduce, *frío, tibio, ¡caliente!*, sólo que ahora la música oficiaba de guía, sonando más fuerte a medida que se aproximaba.

¡La Spica funcionaba otra vez! Allí estaba, propalando la canción de los Pistols con toda la fuerza que le permitía su parlantito.

Tienes un problema.
El problema eres tú.
Problema.
¿Qué vas a hacer?

Durante un instante imaginó que la radio lo interpelaba de manera personal, que Johnny Rotten vencía a Johnny Ringo en el duelo, armado tan sólo con su voz de cuervo. Quiso bajar el volumen, pero tuvo miedo de que se apagase con el contacto de sus dedos. Todo lo que deseaba era comunicarle a Miranda la buena nueva: ¡su radio favorita había resucitado!

Cuando logró despertarla y la cargó hasta el armario, la canción de los Pistols había terminado. Ahora se oía una música más tranquila, casi encantadora, una canción de Elvis Costello que se llamaba *Radio Sweetheart:*

Play one more for my radio sweetheart
Hide your love, hide your love
Though we are so far apart
You gotta hide your love
'Cause that's the way the whole thing started
I wish we had never parted. [29]

Lo primero que hizo Miranda cuando echó mano a la radio fue apagarla. Después la volvió a meter en el hueco del que la había sacado, más profundo si era posible, y le dijo al gigante que tenía hambre: ¿sería demasiado pedir que le preparase una tostada?

[29] *Toca otra más para mi enamorada de la radio./ Esconde tu amor, esconde tu amor./ Aunque estemos tan lejos./ Tienes que esconder tu amor./ Porque es así como empezó todo el asunto./ Desearía que nunca nos hubiésemos separado.*

"Pensé que te ibas a poner contenta", dijo Teo mientras encendía la hornalla.

Miranda no dijo nada, se limitó a dar un sorbo a su vaso de leche.

Durante un instante Teo creyó estar hablando con Pat, a quien había que sacarle las palabras con tenazas.

"¿No era esa la emisora que tanto te gustaba?"

Miranda se limitó a asentir.

"¿Y por qué la apagaste, entonces?"

"Porque son las cuatro de la mañana."

Estaba visto, la habilidad de las Finnegan para hacerlo sentir idiota se propagaba por vía genética. Para peor se quemó un dedo al poner la tostadora encima del fuego.

Teo sentía necesidad de decirle más, pero no sabía cómo. Le resultaba difícil explicar a una niña de casi siete años lo que apenas podía decirse a sí mismo al filo de los treinta.

"No es bueno guardarse adentro lo que a uno le pasa. Hay que decir las cosas, sacarlas afuera para que se ventilen. Si uno se lo guarda todo, termina haciéndose daño. Te hace sentir pesado, te arruina adentro", dijo, espantado por su propia torpeza. Si tan sólo hubiese oído las palabras correctas alguna vez, si alguien hubiese educado su corazón además de su intelecto... ¡Toda la educación sentimental que había recibido se la debía a los libros! Pero los libros no responden los problemas de forma literal, son como oráculos, expresan un misterio que el lector debe descifrar en la clave de su propia vida. Teo sintió el impulso de salir corriendo para revisar los libros que guardaba debajo de la cama. En ese momento necesitaba una pista de forma desesperada. Sin embargo juntó coraje para decir: "Yo sé que no soy tu mamá, y que tampoco soy tu papá. Pero bueno, acá estoy. Si lo preferís hablá con Salo, yo no tengo problemas, o hasta con la señora Pachelbel, ¡mirá lo que te digo! Pero hablá con alguien, enanita. Por favor. ¡Si no le contás a alguien lo que te está pasando, te vas a enfermar!"

"Se quema", dijo Miranda.

Teo rescató la tostada y decidió callarse. Se sentía impotente.

"Comé rápido y vamos a dormir."

"O-*key*."

Se sentó enfrente suyo para verla comer. En las manos de Miranda, la tostada parecía grande como un plato.

"La semana que viene voy a tener algunos días complicados, por lo menos al mediodía", dijo Teo. "Se me ocurrió que te puede llevar el micro escolar."

"No no no no no no no no no", dijo Miranda muy seria, soltando la tostada encima de la mesa como quien se deshace de una papa caliente. "No no no no no no no no." Parecía dispuesta a batir el récord de Pat en una sola noche.

"¿Por qué no?"

"No me gusta el señor Torrejas. ¡Me pone nerviosa!"

"¿Y quién coño es el señor Torrejas?"

"El señor que maneja el micro."

"¿Maneja tan mal?"

"Yo no voy con él ni loca. *No way*. Prefiero caminar."

"No me gusta que vayas sola."

"¡Mejor sola que con Torrejas!"

"¿Estás hablando de vos o de un plato de comida?", preguntó Teo, confundido.

"Me mira con cara rara desde que Pat lo despidió."

"¿Cómo que lo despidió? ¿Cuándo? ¡...No entiendo!"

"¡Torrejas le llevaba los dulces a la señora Pachelbel hasta que apareciste vos con tu camioneta!"

"Ah. Ya veo. Okey, quedate tranquila que no te voy a obligar."

Sorprendida por la celeridad de su triunfo (obtener concesiones de Pat solía ser un trámite más largo y ripioso), Miranda se fue de lengua.

"Ese señor no puede manejar", dijo entonces con aplomo. "¡Ese señor no debería llevar a los chicos al colegio!"

"¿Y vos cómo sabés?", preguntó Teo, que empezaba a sospechar la existencia de un motivo oculto.

Miranda se encogió de hombros. Como Teo seguía clavándole los ojos, se metió la tostada entera adentro de la boca. Imaginaba que si comía con la avidez del gigante, iba a quedar impedida de pronunciar palabra alguna.

Pero Teo estaba dispuesto a llegar a la verdad. El gigante también se había entrenado con Pat en materia de argumentaciones, por lo que estaba preparado para durar quince rounds y aun más, si era preciso. Preguntó:

"¿Qué canción pasaban por la radio cuando conociste a Torrejas?"

Acorralada, Miranda tragó como pudo y dijo:
"Death on Two Legs!"
Lo cual significa *Muerte en dos piernas.*

XCVII. Refiere la historia de Torrejas, el hombre que creía en el tiempo (aun cuando el tiempo no creía en él)

El señor Torrejas era un renacentista de la incompetencia, porque en el curso de la vida había sobresalido en todas sus ramas.

Fracasó en los estudios, que nunca terminó. Cuando el tema salía a colación decía estar en contra del sistema de calificaciones, que no había podido evaluar con precisión el nivel de sus conocimientos. (La culpa no era suya, sino del sistema.)

Se casó y se separó y se volvió a juntar otras tres veces. Torrejas descreía de la institución matrimonial porque le parecía un instrumento primitivo, y por ende incapaz de contener la complejidad de los sentimientos y apetitos de un ser humano adulto. (La culpa no era suya, sino del sistema.)

Torrejas tenía ocho hijos repartidos entre cuatro madres. Como se consideraba católico practicante se negaba a usar métodos anticonceptivos; por ese motivo estaba resignado a que en cualquier momento le cayese del Cielo un noveno vástago. (La culpa no era suya, sino del sistema.)

Sin embargo no veía contradicción entre su fe de misa dominical y el hecho de ir por su cuarta mujer, lo cual sugiere que no había leído la letra chica del contrato con la Iglesia —y que por ende era incompetente hasta como católico.

Ya había fundido negocios, afrontado juicios y desalojos. La Justicia lo despojó de varias de sus paternidades, pero no se mosqueó porque conservaba suficientes. Se había peleado con sus padres y con sus hermanos, que no le dirigían la palabra aun cuando se lo cruzaban en el acotado marco de Santa Brígida. (Este distanciamiento se debía al naufragio de sus negocios, que se habían llevado a pique plata ajena.)

Como consecuencia de un accidente automovilístico había sufrido una rotura del diafragma que nunca terminó de sanar, produciéndole eructos de manera constante; así se volvió incompetente en materia de buenos modales. Todo lo cual contribuía a convencerlo de que el sistema estaba en contra suya, y lo justificaba a la hora de manifestarse resentido y de alimentar pensamientos paranoicos.

Pero en los últimos cinco años, desde que concibió el recurso del transporte escolar, había obtenido algo parecido a la felicidad. No porque le gustase conducir, ni porque disfrutase de la presencia de los niños (que le destrozaban el vehículo, sugiriéndole pensamientos pachelbelescos), sino porque al ofrecer el servicio descubrió una cosa para la que no resultaba incompetente: el señor Torrejas era muy puntual.

Llegar a tiempo le producía placer. El ómnibus naranja cruzaba la tranquera de la escuela siempre a la misma hora: cinco minutos antes de las ocho por las mañanas, y cinco antes de las cinco por las tardes, con precisión que hubiese calificado de suiza de no haber sido ignorante en materia de aportes helvéticos a la cultura universal.

El problema radicaba en que semejante placer dependía de demasiados imponderables. A veces había nieve en los caminos, cuando caía de manera excepcional durante el ciclo escolar, o barro producido por la lluvia. Esto complicaba la tarea de Torrejas al volante. Pero el peor obstáculo lo constituían los mismos niños, o mejor dicho sus madres. No había forma de calcular cuánto tardarían en responder al bocinazo con que Torrejas anunciaba su llegada. Siempre se topaba con algún niño que todavía estaba desayunando, o bien con madres planchando guardapolvos a último minuto, o completando la tarea que no había sido hecha cuando correspondía.

Esto forzaba a Torrejas a compensar el tiempo perdido. Lo cual implica que aceleraba por demás, convirtiendo al vehículo en una coctelera que no recurría a los frenos ni en curvas ni en pozos ni en cunetas. Es cierto que a las ocho menos cinco Torrejas ya había llegado a destino, pero a menudo los niños del turno mañana no descendían del ómnibus de inmediato, ya que debían levantarse del suelo y recoger las pertenencias que habían desparramado durante la carrera.

La puntualidad era un orgullo para Torrejas. El tiempo era todo lo que le hubiese gustado ser: limpio, preciso, eficiente e intocado por los caprichos del mundo.

Cierta tarde el empleado de Oldenburg tuvo la mala idea de hablarle del concepto de la relatividad. Al oír que el tiempo no era absoluto, y que cada ser lo vive de acuerdo a su propio reloj interno,

Torrejas montó en cólera. ¿Cómo se atrevía ese vil dependiente a cuestionar la única certeza de su vida? Decir que había tantos tiempos como seres era una blasfemia. Sólo existía un tiempo en este mundo. El colectivero lo demostraba día tras día, al sincronizar los destinos de tantos niños para que llegasen con puntualidad a la escuela: ¡sólo existía el tiempo Torrejas!

Su rabieta seguía viva al otro día, cuando buscó a Oldenburg para pedirle que echase al empleado que le había faltado el respeto. El ferretero prometió encargarse del asunto, aunque por dentro sabía que no despediría a nadie. Como sus hijos ya habían superado la edad escolar, la ira del colectivero lo tenía sin cuidado. Oldenburg estaba tentado de hacerle notar que su enojo no hacía más que darle la razón a la teoría: al revivir la rabieta mientras la contaba, Torrejas demostraba que su propio reloj no había avanzado mucho desde que el empleado mencionó al profesor Einstein.

En casos como el de Torrejas, es difícil distinguir si el mundo es en verdad esa red de conspiraciones que opera en su contra, o si son las características paranoides del sujeto las que causan el accidente que las justifica *ex post facto*. Lo cierto es que el accidente está por sucederle. Si lo supiese de antemano Torrejas se sentiría vindicado en sus sospechas. Pero una vez que le ocurra ya no tendrá oportunidades de cantar victoria, porque para entonces su reloj se habrá roto, dejando de funcionar de una vez y para siempre.

XCVIII. Donde se insinúa una solución parcial, pero solución al fin, al problema del destino de Miranda

El doctor Dirigibus le dejó el mensaje en la dulcería, unas pocas palabras comprimidas en el reverso de una de sus tarjetas. *Bar del Tacho, mañana jueves, 16 hs. ¡Importante!*

Teo llegó primero a la cita. Se había sentado apenas sobre uno de los taburetes que lo enfrentaban a la barra (eran de hierro, el gigante siempre temía reventar las sillas) cuando Dirigibus atravesó el umbral y desplegó los brazos al grito de:

"¡Ya tengo la solución!"

En esa pose se parecía más a un pavo real que a un avestruz.

"La idea es brillante. Un fernet con soda. Hice averiguaciones. Más fernet que soda. Se puede hacer todo de manera legal. Echame dos hielitos. ¡Todo lo que resta es tu aprobación!", dijo mientras se encaramaba al taburete contiguo.

Aunque todavía contaban con la aparición de los abuelos maternos de Miranda, Dirigibus había explorado qué opciones se les presentaban en caso de no dar con ellos. Todos eran conscientes de que el tiempo jugaba en su contra. Farfi no había logrado descubrir quién era el padre de la niña, sin embargo las resistencias que encontró durante su investigación no dejaban dudas: debía tratarse de un oficial de rango superior, en virtud del esfuerzo que la Armada hacía por preservar su anonimato. Fuese quien fuese, seguía buscando a Miranda cada día. ¡Tenían que prepararse para lo peor!

El jurisconsulto quiso saber cómo seguía Pat. Su estado era parte clave de la solución que guardaba *in pectore.*

Teo le dijo que Pat seguía mejorando, dentro de los parámetros establecidos por su mal. Todavía creía tener quince años, todavía confundía a Teo con el Bendito Bran.

El cambio más rotundo en su estado lo había signado la irrupción de Miranda. Uno de aquellos sábados estaban sentados donde siempre, sobre el banco de piedra del parque, cuando Patty soltó una exclamación de asombro y le preguntó a "Bran" si había visto lo que ella. Teo miró en derredor y no vio nada que no fuese el paisaje al que ya se había habituado: los árboles, las internas que los observaban con la boca abierta, los pabellones como telón de fondo. Pero aunque no vio nada raro, Teo oyó algo que reclamó su atención. Voces femeninas llamando a un nombre conocido.

"Era Puck. Te juro, me estaba mirando desde aquel árbol", dijo Patty, tocándose las cicatrices que rodeaban su boca. "¡Era Robin Goodfellow en persona!"

Los gritos pelados seguían sonando a la distancia, reverberando con el eco de los pabellones. Las enfermeras buscaban a Miranda por todas partes.

La niña se negó a asomarse hasta que Teo la convocó también.

Al oír la voz del gigante Miranda supuso que su intromisión había sido perdonada y enseñó su carita pecosa, asomando apenas por detrás de una lenga. Pero cuando vio la mirada oscura de Teo comprendió que había juzgado mal y volvió a esconderse.

"¿Viste, viste? ¡Ahí estaba!", dijo Patty, transfigurada.

Las enfermeras llegaron entonces a ese rincón del parque. Teo consiguió distraer a Patty para que no registrase el instante en que capturaban a la niña y la llevaban de regreso a la sala de espera. Pero Patty no podía hablar de otra cosa. Al otro día se pasó la visita echando vistazos hacia los árboles, en espera de una nueva aparición de la criatura a quien confundía con el personaje de *Sueño de una noche de verano*.

Teo informó al psiquiatra del incidente. El hombre preguntó si Pat había dado algún signo de reconocer a la niña. El gigante dijo que la había confundido con un personaje mítico, de la misma forma en que solía creer que él era el Bendito Bran. El psiquiatra dijo que se trataba de una reacción predecible, en el marco de las fantasías que Pat alimentaba en su condición. Pero era obvio que estaba contrariado. Teo imaginó que el médico había contado con que Pat reconocería a su hija cuando se produjese el primer encuentro. Eso no había ocurrido. Y todos habían registrado esa negativa. Hasta Miranda.

"Pat no sabe quién soy, ¿no es cierto?", preguntó durante el viaje de regreso.

"A mí tampoco me reconoce", dijo Teo, sabiendo que eso no era ningún consuelo.

"Es lógico. Si cree que tiene quince no me va a reconocer, porque a mí me tuvo mucho después."

"Bien pensado. ¿Oíste cómo te llamó?"

"Claro. ¡Me llamó Puck! A Puck también le dicen Robin Goodfellow."

"Es el personaje de la obra de Shakesperare, ¿no es cierto?"

"Right. Pero Shakespeare lo sacó de las leyendas. Puck era un *hobgoblin*, un espíritu del bosque. Los *hobgoblins* son graciosos, hacen bromas pesadas. Pero siempre te ayudan, si se lo pedís. ¡Y cuando se enojan, agarrate!"

"¿Cómo podés saber esas cosas? Sos un monstruo, ¿lo sabías?"

"Yo no. El monstruo es Pat."

Se quedaron callados durante un instante. Compartían la sensación de haber dicho bastante más de lo que querían significar.

Esa noche Miranda se lavó los dientes mientras Teo enjuagaba los platos. Después se metió en la cama y se quedó hojeando *David Copperfield.* Le gustaba que el gigante leyese en voz alta, aun cuando ella ya podía hacerlo por sí sola. Se había dado cuenta de que de esa forma la novela sí funcionaba, porque Teo tenía la misma voz que ella imaginaba para el desventurado Copperfield; el gigante tampoco parecía muy convencido de ser el héroe de su propia historia.

Pero esa noche no terminó con la lectura. En vez de apagar la luz Teo le dijo que quería hablar con ella. La arropó y empezó a explicarle la situación.

Estaba demostrado que su papá existía, que no había muerto en el accidente que Pat había contado tantas veces. Y por eso era lógico pensar que en caso de que diese con ella, su intención sería la de llevársela. La ley fallaría en su favor, dado que Pat estaba confinada en un hospital y no podía hacerse cargo de nadie, al menos por un tiempo.

"Pero estás vos", dijo Miranda.

"Ante la ley yo no soy nadie", dijo Teo. "No hay ningún documento que nos una, como une a padres e hijos, a esposos y esposas. Yo soy el novio de tu mamá, nomás... o lo era, al menos... y gracias."

Teo trataba de presentarle el costado de la cuestión que nunca había considerado mientras Pat la protegía.

"A lo mejor no estaría tan mal que conocieses a tu padre. Capaz que tenés abuelos, y tíos, y primos..."

"Yo me quiero quedar acá."

"Eso decís ahora. Pero es bueno que consideres todas las posibilidades. Los padres de Pat también van a aparecer en algún momento. ¿Te acordás de ellos?"

"No los vi nunca. *Never never!*"

Miranda se cruzó de brazos, enfurruñada.

Teo sonrió. Si Pat hubiese estado allí habría alzado a su niña, llevándola en andas como a una campeona, y después lo habría echado de la cabaña… o algo peor. Jamás le perdonaría lo que estaba haciendo. ¿Se perdonaría él mismo? ¿Estaba tratando de ayudar a Miranda, tal como pretendía, o tan sólo consagrándose como el peor de los traidores?

"¡Yo! ¡Quiero! ¡Estar! ¡Con vos!", dijo Miranda, y le tiró los bracitos al cuello.

"Yo también", dijo Teo completando el abrazo.

Miranda lo abrazó más fuerte. Sabía que el gigante no mentía.

"Vos sos mi familia, ahora", dijo la niña. "¡Esta es nuestra casa!"

Por eso Teo no dudó la tarde de aquel jueves, cuando Dirigibus lo acorraló en el bar del Tacho para proponerle su solución milagrosa.

"Es cierto que hay que tomar recaudos, y hacer diligencias, y organizarse, pero estoy convencido de que podemos salirnos con la nuestra", dijo el jurisconsulto, y se pasó la lengua para quitarse la espuma del fernet que bordaba sus labios. "La decisión es tuya. No quise conversar con nadie antes de asegurarme de que querías… ya se sabe, una decisión tan… la responsabilidad que entraña, la carga… todos entenderíamos si declinases…"

"Claro que quiero. Pero tengo que preguntarle a ella, primero. Si ella quiere… delo por hecho. Sí señor", dijo Teo elevando su copa. "¡Y que sea lo antes posible!"

"Por las sagradas instituciones", dijo el doctor Dirigibus.

"Miscentur tristitia laetis", concluyó Teo citando a Ovidio.

Con lo que quería decir: *Las cosas tristes se mezclan con las alegres.*

XCIX. Empieza con una nota preocupante, pero al fin conduce a una sorpresa que pone feliz a Miranda

Aquel lunes Miranda tardó en responder a los gritos con que Teo la despertaba. Al cuarto trompetazo logró arrastrarse escaleras abajo y se sentó frente al desayuno —yogur, jugo de naranja, tostadas con mermelada *made by Pachelbel*— que apenas probaría.

"Me duele la cabeza", fue lo primero que dijo.

Cuando Teo la miró, descubrió que estaba roja como un tomate.

"A lo mejor te vino una de esas enfermedades eruptivas", dijo Teo, que no tenía gran noción del asunto.

"¡Transpiré como loca!"

Teo le apoyó una manaza sobre la frente. No estaba caliente, pero sí pegajosa.

"Cuando me desperté estaba pegada a las sábanas", dijo Miranda.

"Terminá el jugo, date una ducha y vestite rápido. ¡Nos vamos al médico!"

"Si Pat se entera..."

"No se va a enterar."

"¿Y si Puck se lo cuenta?"

"Puck no va a asomar ni siquiera la nariz en el bosque, porque si llega a aparecer Oberón le arranca la cabeza. ¡Palabra de gigante!"

Al salir de la ducha Miranda había recobrado su color natural. A Teo le pareció hasta más pálida que de costumbre. Durante un instante dudó en visitar al médico, era obvio que Miranda no tenía ninguna enfermedad eruptiva, pero algo en su talante, y en lo tentativo de sus movimientos, le confirmó que había tomado la decisión correcta. La niña parecía débil: caminaba con languidez.

El médico no le encontró nada raro. No había fiebre ni inflamación alguna. Pero le preguntó si comía bien y pidió permiso a Teo para tomarle una muestra de sangre, no descartaba que le faltase hierro.

Miranda soportó el pinchazo sin quejarse, ni recurrir a sus poderes para doblar la aguja.

Al mediodía comió con ganas y pidió ir a la escuela.

Apenas el gigante pisó el negocio de la señora Pachelbel, la mujer le preguntó por la salud de Miranda con miedo en el rostro. Teo le dijo que estaba bien, y le preguntó cómo se había enterado del episodio de la mañana. La señora Pachelbel dijo que Vera la había llamado. Teo se sintió todavía más confundido: ¿cómo sabía Vera, si no la habían visto? La señora Pachelbel se encogió de hombros. Pero dijo que Vera había pedido que lo retuviese allí: estaba en camino hacia la dulcería, viajaba en la chata junto con David.

Llegaron veinte minutos después. Vera llevaba un bulto entre los brazos, como quien protege a un bebé recién nacido. Preguntó por Miranda a borbotones, Teo explicó el dictamen del médico y dijo que la niña estaba bien, había ido a la escuela por su propia decisión. Pero Vera todavía no parecía convencida. Al visitar la cabaña por la tarde para ordenarla un poco, había querido hacer la cama de Miranda y se había llevado el susto de su vida.

El bulto que cargaba en los brazos era la sábana de Miranda. Vera quiso explicar lo que había visto, pero por una vez en la vida comprendió que existía algo más elocuente que las palabras y se limitó a desplegar la tela delante de Teo y de la señora Pachelbel.

Había manchas sobre la sábana. Eran de color rosado, casi rojo en algunos tramos.

A simple vista Teo no comprendió. Entonces Vera dio tres pasos hacia atrás, para que el gigante pudiese apreciar mejor el conjunto. Y así las manchas cobraron sentido dentro de su cabeza.

Tenían la forma del cuerpo de Miranda. Piernas y pies. Manos. Cabeza.

El camisón y la bombacha, que Vera recogió del piso del baño, también estaban manchados por dentro.

Llamaron a la escuela de inmediato. Miranda seguía en clase, no había manifestado molestia ni queja alguna.

Teo corrió de todas formas, para mostrarle al médico la prueba de la sábana.

El hombre confirmó que se trataba de sangre.

Vera (porque ella acompañó a Teo al hospital, como David y la señora Pachelbel, que decidió cerrar el negocio) le preguntó si no podía tratarse de una primera y prematura menstruación. El médico dijo que no había realizado una inspección detallada, pero que había hecho tacto hasta en su bajo vientre y no había percibido la inflamación de rigor. Además la pérdida de sangre por esa vía no podía haber sido tan grande como para ocupar la extensión del cuerpo; el mismo razonamiento servía para descartar la ocurrencia de una hemorragia nasal.

Cuando Miranda salió de la escuela de la mano de Erica y de Salo y vio la comitiva que la esperaba (estaban todos los que habían ido al hospital, y también el señor Dirigibus), sintió miedo. En su ansiedad, ninguno de los adultos previó que Miranda podía creer que habían ido a anunciarle algo respecto de su madre, una noticia que quizás no fuese buena. Aunque trataron de compensarla con mimos, tuvo de todas formas un acceso de llanto y vomitó un poco en el camino hacia el pueblo.

El médico volvió a revisarla y le presentó a una doctora, arguyendo que la mujer iba a hacerle un análisis más exhaustivo.

"No me vino la regla", dijo Miranda, pescando al vuelo la intención. "¿Qué se creen? ¡Yo soy chiquita, todavía!"

Teo y compañía se echaron a reír. Empezaban a tranquilizarse.

Pero no se fueron del hospital hasta que los médicos juraron en nombre de Hipócrates y de todos los galenos eminentes que la niña estaba bien. Aun así Teo reclamó una lista de teléfonos para poder ubicarlos con facilidad, y formuló la promesa de que la haría ver de inmediato ante cualquier reacción fuera de lo normal. Los médicos también se sentían frustrados, les habría encantado encontrar una explicación para la sangría.

Vera se llevó a la niña hasta la noche y Teo retomó sus tareas. Pero ni siquiera el ajetreo disminuyó su inquietud, que sólo aumentó con la oscuridad.

Siguiendo un impulso fue a visitar al padre Collins. Lo encontró en la cabina de proyección del Auditorio San Ricardo, estaba en el último rollo de una versión de *El conde de Montecristo* protagonizada por Richard Chamberlain.

Cuando le mostró la sábana, el cura se quedó mudo.

Pidió detalles sobre el episodio. Teo empezó el relato por las dificultades de Miranda para despertar. Cuando quiso darse cuenta ya se había metido a contar otras cosas, proporcionando información que Pat habría considerado inconveniente: le dijo al cura de las convulsiones, y de los dolores de cabeza, y de las visiones tan parecidas a las de Hildegarda de Bingen... Dirigibus tenía razón, había algo en el padre Collins que invitaba a confiar aun por encima de los dictados de la prudencia.

"He sabido de muchas cosas raras en mi vida", dijo al fin el cura, mirando a través del rectángulo que comunicaba con la sala. Villefort, Danglars y Mondego recibían su merecido uno tras otro en la pantalla, pero todavía faltaba el desenlace. "Conocí a un chico que tenía membranas entre los dedos, como un pato. Escondía sus manos todo el tiempo, sin embargo yo me acuerdo muy bien de esas membranas, eran delicadas, de una belleza rara... Una vez me llevaron a ver a un cordero que hablaba con sus balidos, ¡le juro!, repetía la misma palabra una y otra vez, como para que no cupiese duda de que pronunciaba con claridad, decía *confiteor, confiteor, confiteor:* me confieso. El pobre bicho murió poco después, pero me consta que hay gente que conserva grabaciones... Sé de una mujer cuya saliva curaba afecciones cutáneas, porque ella curó la psoriasis de mis codos, que nunca volvió a aparecer... A causa de ese mal yo frecuentaba a un médico de Buenos Aires. Este hombre me contó de un paciente suyo que sufría erupciones en su piel en forma de palabras y hasta de frases. La mayoría de esas palabras estaban escritas en idiomas que el paciente desconocía: modernos, como el francés, y antiguos como el arameo. Una vez coincidí con este hombre en la sala de espera. Me contó que un millonario le había ofrecido dinero. Este tipo le pagó para asegurarse el derecho a compilar las palabras que aparecían sobre su cuerpo. A veces me pregunto qué habrá sido de aquel millonario, si habrá enhebrado algún mensaje coherente o si tan sólo habrá llegado a las puertas del misterio."

El padre Collins se quitó los anteojos para masajear sus lagrimales. Sin las gafas se parecía al seminarista perplejo que alguna vez había sido. A su lado, el proyector ronroneaba como un gato satisfecho.

"Pero nunca había visto nada como esto", dijo el cura al cabo de un instante, volviendo los anteojos a su ubicación habitual. Después se aproximó a Teo, que se dejó arrebatar la sábana de las manos. "El único caso parecido que conozco es el de un hombre que sufrió gran angustia, ¡una angustia de muerte!, cuando pasaba la noche en los jardines de Getsemaní."

Teo comprendió la alusión, pero no dijo nada. Desde la sala del auditorio les llegaba un concierto para espadas y orquesta.

"La sola idea de que un chico atraviese un trance similar es inquietante", dijo el cura. "Ninguna criatura sobre este planeta debería sufrir así. ¿Es tan profundo el dolor que Miranda siente, es tan desesperada su circunstancia?"

Teo contempló la sábana que el sacerdote desplegaba. Una de las manchas reproducía el delicado perfil de Miranda con la perfección de una fotografía. El gigante pensó en el padre de la niña, un ancla que la mantenía encallada en el pasado; en la condición presente de su madre, un barco que hacía agua a causa de mil heridas; y en el futuro que se insinuaba como tormenta, por lo que quiso contestar al cura con una afirmación. Pero todo lo que produjo fue una suerte de suspiro al revés, una bocanada de aire aspirada y tragada con ruido que por fortuna el cura, entrenado por el Sever, interpretó con corrección.

"En ese caso", dijo Collins, "no es mucho lo que puedo hacer por ustedes, más allá de comprometerme a rezar y ponerme a su disposición. Todo lo que puedo decirle es lo que pienso cada vez que releo el pasaje en que Cristo vela en Getsemaní. Siempre me digo: qué solo estaba este hombre cuando sudaba sangre. Reclamaba compañía y nadie acudía a su lado. Me tranquiliza saber que ese no es el caso de Miranda. La niña tiene suerte, dentro de todo. Porque aun en la hora de su angustia cuenta con usted."

El gigante se despidió, para que Collins llevase a fruición la venganza de Montecristo. Todo lo que deseaba era reencontrarse cuanto antes con la niña para regresar a la cabaña, lejos del escrutinio del mundo.

Compró cosas para malcriarla (Coca-Cola, milanesas a la napolitana, helado de banana split) y llevó a cabo todas las estupideces que se le ocurrieron para hacerla reír. Volvió a golpearse la cabeza al subir la escalera, inventó groserías que lo habrían hecho sonrojarse delante de un adulto.

"Quiero pedirte un favor. Traeme tu radio. La Spica", dijo al fin de la cena, mientras le servía una montaña de helado.

"No tengo ganas de música", dijo Miranda, sospechando algo raro.

"Sé buena. Vos haceme ese favor y yo te cuento un secreto."

Miranda bufó, pero no hizo amago de resistirse. Los secretos tienen un atractivo al que pocos pueden oponerse.

Cuando Miranda bajó Teo ya estaba afuera, sentado en el umbral de la cabaña con el pote de helado en la mano y una cuchara de sopa. Era una noche prístina, con una miríada de estrellas por todo lo alto, como sólo se ve en los sitios que están lejos del resplandor de una gran ciudad.

"Prendela, dale."

Miranda encendió la radio. La música brotó de inmediato. Era una canción de Joni Mitchell, *The Circle Game.*

"¿Entendés la letra?", preguntó el gigante.

"Claro. *Y así los años giran y ahora el chico tiene veinte*", dijo Miranda, traduciendo los versos apenas Mitchell los cantaba. "*Aunque sus sueños perdieron algo de grandeza al hacerse realidad / Habrá sueños nuevos, quizás mejores sueños y en cantidad. / Antes de que el año que está girando termine.* ¿Qué quiere decir?"

"¿No la entendés? Para mí está clarísima. Tenías razón respecto de las canciones. ¡Ni que la hubiese mandado a hacer!"

"¿Por qué? ¡Yo no la entiendo!"

"¡La canción sabe el secreto!"

Teo se puso a canturrearla, como si eso zanjase la cuestión.

"¡Pibito, me estás poniendo nerviosa!"

"O-*key.* Vení, sentate acá."

"¡No me quiero sentar!"

"Es que no quiero que te caigas de culo."

"¡Pibito...!"

"Tu mamá y yo nos vamos a casar."

c. Contiene la crónica de un casamiento harto peculiar

El domingo 5 de mayo de 1985, *Anno Domini*, fue un día ajetreado en todo el orbe. El escenario estaba listo para la efusión: el planeta cumplió con su parte al girar sobre su eje, las mareas bailaron su danza y el sol respetó el calendario, calentando a muchos y obligando a otros tantos a zambullirse en un mar de frazadas.

Nadie en su sano juicio diría que este 5 de mayo fue tan memorable como, por ejemplo, aquel de 1821 en que Napoleón dio el último suspiro en Santa Helena; o aquel 5 de mayo de 1925 en que el maestro de biología John T. Scopes fue arrestado en Tennessee por atreverse a enseñar la evolución de las especies. Pero aunque muchos sostienen que las mejores páginas de la comedia humana ya han sido escritas, aquel 5 de mayo de 1985 la Historia ignoró el mandato que nos compele a ser reverentes e imitar lo ya hecho, y aportó sus propias grageas al anecdotario del género.

Ese día había siete astronautas flotando a bordo de la nave Challenger, desde una altura que permitía confundir la Tierra con un lugar plácido y silencioso. Ese día Ronald Reagan visitaba Alemania y homenajeaba a las víctimas del Holocausto llevando flores al cementerio de Bitburg, lleno de tumbas de nazis de la SS. Ese día la Coca-Cola Company se aprestaba a lanzar al mercado mundial lo que llamaba "su nueva fórmula", uno de los más grandes errores de juicio en que haya incurrido nunca una empresa de semejantes dimensiones. (Para fortuna de Miranda y de los millones de bebedores de Coca-Cola, la compañía se retractaría y volvería a lanzar su sabor "clásico".) Y en las islas del noroeste europeo todavía estaba fresco el recuerdo del May Day, o Beltane, o Beltine, o Beltaine, como llamaban los celtas al festival que celebraba el optimismo de la primavera. Durante Beltane los celtas encendían hogueras y bailaban de cara al sol, a quien le consagraban el ganado; era un ritual de fertilidad.

Mientras todo esto ocurría tuvo lugar una modesta ceremonia. Hubo miles de casamientos aquel domingo, pero ninguno en un sitio más insólito. Teodoro Labat Barreiros y Patricia Picón Finnegan contrajeron enlace en el Instituto Neuropsiquiátrico Belvedere, bajo la mirada de autoridades civiles y médicas, pupilas de la institución, amigos y pariente. (Porque había tan sólo uno, esto es Miranda.)

Los esponsales se celebraron en el parque del instituto, o bien en el bosque, como la novia prefería denominarlo. Pat entró del brazo del doctor Dirigibus. Vestía el traje que la señora Pachelbel usó en su propio casamiento y por segunda vez durante el Sever. Todavía lucía como nuevo, gracias a la calidad de telas y confección y a los cuidados que la señora Pachelbel le prodigó a través de los años; un par de puntadas bastaron para ceñirlo a la cintura de Pat, más ligera que nunca.

La melodía que recibió a la novia fue interpretada por un ensamble, integrado por las alumnas del Taller de Terapia Musical del Instituto Belvedere en guitarra, flauta y tres violines. Pudiendo haber escogido entre miles de partituras, la maestra preparó al grupo para que tocase el *Canon* de Johann Pachelbel, que les encantaba porque era simple, pegadizo y podía ser ejecutado *ad infinitum.*

"Están tocando nuestra canción", susurró Dirigibus a la señora Pachelbel apenas se acomodó a su lado. Ella sonrió, convencida de que el detalle había sido orquestado por su cortejante. Puro Cava, que atendía a la ceremonia ubicado del otro lado de la señora Pachelbel, no entendió la broma. Su formación musical se limitaba a los tangos y los boleros. Sintió, pues, el aguijón de los celos, pero la sonrisa de su amada lo distrajo al fin. ¡La había visto asomar tan pocas veces! A partir de entonces sólo experimentó regocijo: la música disolvió sus resquemores, reduciéndolos a polvo en el viento.

Teo esperaba a Pat al pie del altar, que había sido armado con un tablón encima de dos caballetes: allí la recibió junto con el padre Collins. El novio vestía un traje negro que el sastre del doctor Dirigibus confeccionó en tiempo récord, con gran gasto de tela. (Las cabras que cedieron su pelo no eran de Cachemira sino del sur argentino, lo cual colaboró para que la prenda no trepase a un precio prohibitivo.) Pero el traje no era lo único que asemejaba a Teo al jurisconsulto. Los nervios lo hacían transpirar tanto que se pasó la primera parte de la ceremonia secándose el sudor con un pañuelo que, por fortuna, había tenido el gusto de elegir blanco.

Mientras esperaba la aparición de su amada, Teo rememoró el accidentado trámite que había vivido para llegar a esa instancia.

Una vez que Dirigibus le explicó que el matrimonio aseguraría el destino de Miranda, Teo entendió que ese compromiso era todo lo que había soñado; por supuesto, con excepción de un par de detalles en los que hubiese preferido no detenerse pero que debía enfrentar. Aunque comprendía que ese matrimonio funcionaría como panacea, no se le escapaba la dificultad de explicárselo a su socia potencial en la aventura. Casarse con Pat dependía, ¡nada más y nada menos!, de su habilidad para convencer a una mujer que creía tener quince años de la conveniencia de desposar a un gigante de fábula.

Víctima de sus propias dudas, que lo sometían a marchas y contramarchas, Teo llegó aquel día al Belvedere un poco más tarde de lo acostumbrado. Una de los enfermeras lo esperaba en la escalinata de entrada. Le dijo que Patty se estaba poniendo muy nerviosa. Teo apretó el paso (tratándose de un gigante, apretarlo significaba ponerse a un tris de volar) e ingresó al parque con sus flores como ariete.

Al verlo llegar, los ojos de Patty se llenaron de lágrimas. Teo le ofreció las flores, pero ella empezó a pegarle puñetazos.

"¿Dónde estabas? ¡Pensé que te habían cortado la cabeza!", protestó Pat, las lágrimas saltando de sus ojos como langostas.

"Se me hizo tarde. ¡Por favor, perdoname!", dijo Teo.

Y le presentó el maltrecho ramo.

Pat registró al fin la existencia de las flores, pero las miró con sospecha.

"Vos sabés que vengo siempre. Teneme un poco de fe", dijo Teo. "¡Una demora la tiene cualquiera!"

"Vos no sos cualquiera. ¡Vos sos Bran!", dijo Patty.

"¿Y qué? ¡Los gigantes también tenemos derecho a ser impuntuales, aunque más no sea de tanto en tanto!"

Patty le arrebató las flores de un manotazo. Le parecieron hermosas.

Una vez calmadas las aguas, Teo se aclaró la garganta y arrancó con el discurso que había repasado una y mil veces durante el camino desde Santa Brígida.

Empezó pidiéndole que lo llamase Teo, ya que ese era el nombre bajo el que disimulaba su verdadera identidad: nadie más que ella debía saber que en realidad era Bran. Como era de esperarse, Patty se sintió honrada por la confianza. "Teo" le dijo entonces que llevaba siglos viviendo en soledad, y que ya no quería seguir así. Había visto demasiadas muertes, había sido testigo de infinitos dolores. Pero su vida había cambiado al conocerla. Desde ese momento se pasaba la semana entera esperando el tiempo de regresar a su lado. En su nombre se sentía capaz de ser fiel a la parte mejor de su naturaleza. Y nada lo ilusionaba más que la idea de seguir viéndola durante el resto de su vida. Si ella lo aceptaba, él estaba dispuesto a tomarla en matrimonio.

Teo concluyó su alocución para ser recibido por un incómodo silencio. Ante todo, Patty parecía desconcertada. El gigante empezó a sentir pánico, que en esa circunstancia era la emoción más sensata.

"Pero yo soy un poco chica para casarme. ¡En todos los sentidos!", dijo Patty.

"Mi madre tenía tu misma edad cuando me tuvo."

"¡...vos sos un gigante y yo una mujer normal!"

"Mi madre también era normal. ¡Yo soy gigante por parte de padre!"

Patty empezó a tocarse las cicatrices de la boca, el gesto que reemplazaba a los cigarrillos cuando se sentía nerviosa. Desde la crisis no había vuelto a fumar. Uno de los pocos datos del pasado con que Teo contaba era el que explicaba la abstinencia de Pat: ella había prendido el vicio a los dieciocho, lo que significaba que en estos nuevos quince años había recuperado su virginidad pulmonar.

"Si vos no sentís lo mismo, yo lo entiendo", dijo entonces Teo, reculando. "Se me había ocurrido, nomás, porque pensé... olvidate, hacé de cuenta de que..."

"Cuando estoy con vos me siento segura", dijo Pat.

No era la declaración de amor que Teo había soñado, pero al menos se trataba un comienzo promisorio.

"No sé por qué", prosiguió Patty, "pero cuando estamos juntos me da la sensación de que siempre lo estuvimos. ¿Cómo puede uno sentir algo semejante, cuando le consta que acaba de conocer al otro? Es algo desquiciado", dijo, rascándose una de las cicatrices. Era obvio que aproximarse a la noción de la locura la angustiaba.

"No tiene nada de desquiciado. ¡Al contrario! El tiempo fluye en ambas direcciones, hacia atrás y hacia delante a la vez", dijo Teo. "Física pura. Nosotros lo registramos en una única dirección. Pero eso no significa que una parte de nuestro ser no intuya la verdadera naturaleza del tiempo, y entienda que nuestro futuro ya sucedió... y que los dos formamos parte del futuro del otro."

"Bran querido: ¿qué estuviste fumando?", preguntó Patty.

Teo le acarició las manos. Era la primera vez en mucho tiempo. Ella lo dejó hacer, sometiéndose al contacto. Cerró los ojos. El gigante tenía razón, su piel le estaba hablando el idioma del futuro.

"Si nos casamos vamos a estar juntos para siempre, aun cuando nuestros cuerpos estén separados", dijo Teo. "Podríamos hacerlo acá mismo. Sería una ceremonia preciosa. ¡Si lo invitamos con tiempo, yo creo que Puck se animaría a venir!"

Entonces ella dijo que sí y Teo se arrodilló delante suyo y le colocó el anillo.

Al ver la escena, las internas se pusieron a gritar de la emoción. Se abrazaban y besaban y reían y gritaban un poco más. Las enfermeras acudieron prontas, pensando que se trataba de un nuevo brote, y así se convirtieron en las primeras en saludar a los novios.

CI. Contiene el resto de la crónica del mencionado casamiento

El padre Collins tenía instrucciones de ofrecer una ceremonia breve, dado que la capacidad de concentración de las internas (y de Pat misma, cosa que nadie consideró necesario subrayar) era más bien escasa. La directora del Belvedere, una psiquiatra llamada Elsa Volpi, se lo había puesto en negro sobre blanco: era preferible llegar pronto a buen puerto antes que ser atrapado por una tormenta en mar abierto.

El cura escogió para su homilía un pasaje de Lucas, a partir del décimo versículo del capítulo tercero. *Y la gente le preguntaba: "¿Qué debemos hacer?"* El cura dijo que la respuesta de Jesús no importaba en sí misma, había muchos que tenían respuestas interesantes que ofrecer: Buda, y el Dios de la Torá, y el profeta Mahoma y los filósofos griegos y tantos otros que habían aportado su iluminación a este tránsito de la vida. Lo importante era que los hombres se formulasen la pregunta, porque cuando lo hiciesen la respuesta estaría esperándolos allí mismo, en su propio corazón. *Qué debemos hacer.* Todos lo sabemos, dijo Collins. En lo profundo de nuestas almas está escrito que lo bueno nunca puede ser violento, ni egoísta, ni tener relación alguna con el odio. *Qué debemos hacer.* Estamos rodeados de gente que nos necesita, que cuenta con nosotros para obtener un abrazo, un oído atento, trabajo o un trozo de pan. *Qué debemos hacer,* repitió el sacerdote, que aquel día había sido visitado por una rara elocuencia. ¡Benditos aquellos que tienen el coraje de seguir preguntándoselo!

Cuando llegó el momento de los anillos Miranda se adelantó. Estaba resplandeciente. Aunque había protestado un poco por el atuendo que Teo y la señora Pachelbel escogieron para ella (una camisa con volados, chaleco, pescadoras por encima de calzas y zapatos de punta cuadrada; le parecía poco femenino), comprendió por qué habían buscado semejante efecto apenas depositó la alianza en la mano de su madre.

"Gracias, Puck", le dijo Patty. "¡Algún día vamos a tener hijos tan lindos como vos!"

El tiempo fluye en dos direcciones, recordó Teo.

Los anillos habían sido cortesía del doctor Dirigibus. El jurisconsulto cedió las alianzas que había comprado para él y la señora Pachelbel, después de arrancarle a Teo la promesa de no revelar su origen. Por supuesto, la arandela que correspondía a Teo debió ser rota y refundida con otras piezas de oro para alcanzar el tamaño adecuado a semejante anular. Durante la ceremonia Miranda se la pasó jugando con este anillo, al que usaba como monóculo —un gesto que no se habría visto fuera de lugar en el verdadero Puck.

El beso con que sellaron su amor fue inolvidable por diversos motivos. Lo fue para Teo, porque besaba a Patty por primera vez; el candor que le ofrecieron esos labios fue un descubrimiento. Lo fue para los invitados, conscientes de que esa relación había atravesado más desiertos que un beduino: el casamiento entre Teo y Patty era una locura tan grande que sólo podía ser expresión de un genuino amor. Pero el frenesí que el contacto entre los labios produjo en las internas del Belvedere fue mayúsculo. Se lanzaron a gritar y a dar vivas, se abrazaron y empezaron a repartir besos entre todos los presentes como quien distribuye flores, estampitas o el saludo de los buenos días.

Ningún sabio ha explicado con fundamento por qué las desquiciadas son tan sensibles al romance, pero así es en efecto: la mayor parte de ellas ansía, respira y transpira amor. ¿A quién puede extrañar, pues, que el señor Puro Cava hiciese estragos entre las cortesanas con su aspecto de galán de matiné? No dejaron de revolotearle durante toda la fiesta: le chistaban, le hacían ojitos, se aproximaban para oler su perfume (Old Spice, por supuesto) con pretendido disimulo. Para su desmayo, algunas ni siquiera se contentaban con el coqueteo. Aquella a quien conocían como la Toti no tenía empacho en preguntarle cada dos minutos si quería coger.

Apenas el padre Collins dio por consagrada la unión, Puro Cava se aproximó al altar con su libro de actas. Había obtenido permiso para anotar el matrimonio, dado que los contrayentes fijaron domicilio en Santa Brígida. Teo y Pat firmaron los documentos, dándole al lazo legalidad civil; ella firmó como Patricia Picón, con volátiles trazos que expresaban su adolescencia.

Concluida la ceremonia los esperaba un festejo. Los Farfi aportaron la comida y la bebida, cortesía del negocio familiar así como el arroz con que se regó a los novios apenas se dispusieron a saludar. Los que tiraban puñados a mansalva eran Miranda y Salo y también las internas, que arrojaban con una mano y se guardaban con la otra hasta rebalsar sus bolsillos. Cuando una de las enfermeras cuestionó a la Toti por el gesto, ella explicó que guardaba para su propio casamiento y se fue otra vez detrás de Puro Cava.

Para alivio del servidor público, al poco rato la Toti abandonó la cacería para dedicarse a Farfi. El intendente se convirtió entonces en el objeto de sus afectos, no paraba de proponerle excursiones a los pastizales. Ni siquiera le importaba que estuviese del brazo de su esposa: como era domingo, y por ende no había controlado su lengua ni sus tics nerviosos, la Toti estaba convencida de que Farfi era uno de los suyos.

Los Caleufú contribuyeron con las flores que adornaban el altar. Vera estaba emocionada de verdad. Apenas terminada la ceremonia se acercó a saludar a la novia, a quien no veía desde hacía meses. David tuvo que rescatar a Pat de su abrazo, que amenazaba prolongarse para siempre. Cuando su marido la apartó, Vera se puso a llorar de forma desconsolada.

"Ya se largó la lloradera... ¡Parece Kushe!", dijo Salo, avergonzado por el exabrupto.

"¿Quién es Kushe?", preguntó Miranda.

"Kushe es la esposa de Dios para los mapuches. Ella creó los lagos, una vez que se echó a llorar. ¡Igualita a mi madre!"

Después de haberse llenado el buche, las integrantes del ensamble musical volvieron a su tarea, para encanto de muchos y exasperación de algunos otros.

"Podrían cambiar de música", dijo el señor Puro Cava. La doctora Volpi oyó el comentario y le aclaró que el *Canon* era la única pieza que habían aprendido a tocar hasta el momento. Así que la música del viejo Pachelbel siguió sonando, hasta que sirvieron el postre y las intérpretes cambiaron guitarra, flauta y violines por ensalada de fruta —que estaba deliciosa, como siempre que el señor Tiliche proveía la materia prima.

Dirigibus seguía repartiendo suspiros como si fuese dueño de una fábrica. Estaba conmovido por la proeza con la que había colaborado, esa ceremonia que tanto se parecía a la que había soñado protagonizar con su amada Pachelbel. Y también suspiraba, a qué negarlo, por la sobriedad a que lo condenaba la prohibición de introducir bebidas alcohólicas en el neuropsiquiátrico.

Poco después del mediodía Patty empezó a mostrar señales de agotamiento. ¡Le habían presentado a tanta gente! Al principio hizo un esfuerzo para retener apellidos y señas de todos y de cada uno, pero al final se despreocupó: si el Bendito Bran decía la verdad, el tiempo seguiría fluyendo de adelante hacia atrás hasta que el futuro la alcanzase; y en ese futuro recordaría todos los nombres.

Se sacaron fotos en el banco de piedra (solos, con Miranda, con Miranda y Salo, y con todas las combinaciones posibles de invitados y pupilas) hasta que la medicación hizo efecto y Patty se durmió en brazos de Teo. Como cortesía, la doctora Volpi permitió a Teo que llevase a la novia hasta su cama.

Después el gigante se apartó para que Vera y la señora Pachelbel despojasen a Patty del vestido blanco y la metiesen entre las sábanas. Una vez embutida en la cama, Teo pidió que los dejasen a solas.

Aprovechó esa intimidad, la única con que contarían por el momento, para besarla hasta que su barba le irritó la piel. Patty ni se inmutó, se había hundido en el más profundo de los sueños. El maquillaje *naif* que le habían aplicado la hacía ver más joven. La penumbra de la sala vacía también contribuía a borrar las marcas del tiempo. ¿O debía atribuirse este rejuvenecimiento a la enfermedad: la mente persuadiendo al cuerpo de haber leído mal el calendario, y solicitando la devolución de su lozanía?

Teo pensó: cuánto más fácil es amarla de esta forma, cuando está dormida y no ofrece resistencias, cuando no muestra los dientes. Y aun así ya la estaba extrañando, sentía el deseo de que despertase, quería zarandearla para ver sus ojos, para oírla protestar como Pat o delirar como Patty, daba igual, porque amaba a la una y a la otra y las necesitaba a ambas y por eso esperaría cuanto fuese necesario hasta que Patty y Pat aprendiesen a convivir, hasta que los dos ríos del tiempo se encontrasen a mitad de camino.

Entonces le dijo, aun cuando sabía que ella no podía oírlo:

"Debo estar loco yo también para amarte así, loca y todo."

Después besó por última vez sus labios, que olían a fruta.

Y ese fue el fin de la fiesta.

CII. Tarde pero seguro, Miranda nace

Es posible que el acto más trascendente de aquella jornada haya transcurrido en silencio, e inadvertido por la mayoría, a los pocos minutos de iniciada la fiesta. Mientras muchos bailaban el *Canon* (una vez que comprendieron que no escucharían otra página, los invitados se resignaron a danzar la música de Pachelbel con gran variedad de estilos), Teo se apartó a un rincón para poner su firma en un segundo juego de documentos que le proporcionó Puro Cava. Así, tan sólo una hora después de haberse consagrado esposo de Patricia Picón, Teo procedió a anotar el nacimiento de su primera hija, inscripta en los libros del Registro Civil como Miranda Labat Finnegan con fecha mayo 5 de 1985.

La investigación iniciada algún tiempo atrás por Puro Cava había dado el resultado que todos imaginaban: Pat nunca había inscripto a su hija como nacida, y por ende la niña no tenía entidad legal, ni siquiera como Miranda Picón o Miranda Picón Finnegan. ¡No había un solo documento que diera fe de su existencia! En otras circunstancias eso habría sido un contratiempo, pero en su condición actual se trataba de una oportunidad inmejorable para asegurarle un futuro al sol.

Aunque Farfi le sugirió que perdiese el apellido irlandés en el trámite, Teo quiso ser justo y consultó a la niña. Tal como suponía, Miranda se resistió a deshacerse del nombre. Teo entendía que el apelativo podía orientar al padre sanguíneo en su búsqueda, pero al mismo tiempo rechazaba la idea de deshonrar una herencia tan esencial.

El motivo de más peso para conservar el apellido Finnegan fue sin embargo uno que eligió callar, por pudor pero ante todo por instinto de preservación. Bastantes problemas tendría si alguna vez Pat se recuperaba para descubrirse casada. Si en ese momento entendía además que "Teo" había registrado a Miranda como una Labat a secas, la cabeza del gigante iría a parar a la Torre Blanca por segunda vez en la historia.

Teo tampoco había olvidado que Miranda merecía compensación a cambio de la nueva fecha de nacimiento. A pesar de que todos le explicaron que con el tiempo agradecería tener seis años menos, Miranda se resistía a la idea de ser otra vez un bebé. Pero la consolaba el hecho de que parecería más grande de lo que atestiguaban los documentos, lo cual daría verosimilitud a su condición de hija de un gigante.

CIII. Donde la señora Pachelbel pinta un cuadro que rompe los tabúes

Esa noche Miranda se quedó a dormir en lo de Salo. Farfi, Dirigibus y el resto de la cofradía masculina habían preparado para Teo lo que denominaron "la primer despedida de soltero del mundo a realizarse después del casamiento", lo cual significaba que el gigante estaría de pie hasta la madrugada, construyéndose una borrachera monumental. Teo había decidido honrar a sus anfitriones prestándoles toda su colaboración. Cuando regresase a la cabaña, prefería hacerlo en un estado tan calamitoso que le impidiese reparar en el hecho de que, casado y todo, su cama seguía estando vacía de Pat.

La señora Pachelbel despidió al contingente de machos cabríos y se encerró en su estudio. Durante un instante creyó que tendría valor para reproducir sobre la tela algunas de las escenas vividas durante el día. El casamiento había sido pródigo en imágenes memorables. La orquesta de las locas. El gigante vestido de traje. Miranda convertida en Puck. ¡La convivencia pacífica entre Dirigibus y Puro Cava, aun con ella sentada entre los dos! Y Pat convirtiéndose en un espejo humano, como el disfraz de aquella mujer durante el Sever: cuando Patty le daba la espalda la señora Pachelbel creía estar viéndose a sí misma, era ella tal como había sido tiempo atrás, en el momento de casarse con un hombre que nunca tuvo la dimensión de Teo, ella se casó con uno que era pequeño por fuera y por dentro, un hombre débil que nunca estuvo allí y que se extinguió con un soplo, triunfando en su cometido de pasar por la existencia sin dejar casi huellas.

Enseguida empezó a inventar excusas para alejarse de la escena del casamiento. Tendría que pintar el parque de fondo y ella no sabía pintar plantas ni árboles, lo suyo eran los paisajes urbanos, sería mejor concentrarse en lo que sí sabía hacer, pintar algo sólido, pintar superficies que pareciesen resistentes aunque fuesen tan sólo una ilusión, por más arte que empleara no lograría transformar ese objeto en algo distinto a lo que era en esencia, tela, agua, aceites y pintura: el paradigma de la levedad.

Casi sin darse cuenta se lanzó a pintar algo que conocía bien, el frente de la dulcería y las ventanas de su casa en el piso superior. Cuando entendió lo que estaba haciendo se sintió satisfecha y renovó sus bríos, Miranda se pondría contenta, ¡al fin pintaba una imagen de Santa Brígida!

Presa del mismo impulso, dejó que el pincel diese forma a un rostro que asomaba por la ventana. Como lo hacía sin pensar, supuso que se trataría de un autorretrato: ¿quién si no ella podía estar acodada en la ventana del dormitorio?

Poco después descubrió que el rostro no le pertenecía, había pintado al señor Puro Cava, el hombre tenía la costumbre de asomarse después de haber hecho el amor aun antes de vestirse del todo, quizás por eso lo había pintado sin su tradicional pañuelo. Una noche se lo olvidó, la señora Pachelbel se llevó la prenda al estudio y allí Miranda la descubrió. La niña era demasiado lista, se había dado cuenta que era un pañuelo de hombre aunque no quiso preguntar, tan educada ella.

La señora Pachelbel tomó distancia para contemplar su obra. Seguía pareciéndole vacía. Cambió de pincel y atacó el rectángulo de la otra ventana, la ventana del estudio. Aunque su mano funcionaba sola y de acuerdo a sus propias razones, la mujer terminó comprendiendo por qué había escogido el más delgado de sus pinceles: la mata enrulada de Dirigibus requería un trazo fino. Pero el verdadero desafío vendría después, a la hora de reproducir el brillo del farol sobre la calva. Dirigibus no miraba la calle, estaba de tres cuartos perfil con la boca entreabierta, como si le dijese algo al hombre que estaba en el dormitorio, no debía ser nada malo dado que las comisuras de sus labios se curvaban en una sonrisa y el señor Puro Cava conservaba su mirada pícara.

Dio dos pasos hacia atrás y observó el cuadro, mientras recuperaba el aliento.

Le gustó. Era un buen trabajo, la calva brillaba de forma que no alteraba el equilibrio de la composición, el cuadro había quedado balanceado, tenía todo lo que tenía que tener. Estaba lleno. Estaba completo.

CIV. Donde el avestruz saca la cabeza del hoyo, para ya no volver a esconderla

Aun en el marco generoso del salón de actos, la gente que acudió a rendir sus respetos a Emma y a Joaquín fue demasiada para el lugar. Por fortuna los féretros que atesoraban sus huesos flacos habían sido dispuestos encima del escenario, que desbordaba de flores. La señora Granola pensó que Emma las habría identificado a todas, una por una, a pesar de lo que a ella se le aparecía como una masa indiscriminada de fragancias.

Apenas llegaba, la gente saludaba a la señora Granola, después expresaba su pésame ante los Morán (que estaban acompañados por sus hijas, las hermanas de Joaquín) y permanecía unos segundos en silencio delante de los restos. Algunos rezaban cabizbajos, ayudados por la media luz que nimbaba los ataúdes. Otros contemplaban las fotos de los jóvenes, que sonreían desde el fondo del escenario. Sus retratos eran una imagen de juventud eterna, puesto que nadie volvería a recordarlos de otra forma; nunca una arruga cuartearía sus rostros.

El problema era que después de cumplida esta formalidad, nadie quería salir del recinto, lo cual dificultaba cada vez más la entrada de otra gente. Los visitantes tardíos se amontonaron en la plaza, en espera de su turno.

Todos habían recibido con agrado la decisión de los Morán de velar allí a Joaquín. Fue la única vez que su madre abrió la boca para expresar un deseo, sin pasar por la criba de su marido. Al principio se temió lo peor, porque la mujer recibió muy mal la confesión de la señora Granola y se encerró en un baño para llorar. Pero recapacitó, porque terminó diciendo que conocía a su hijo y sabía que Joaquín elegiría, si pudiese, quedarse para siempre al pie de la montaña. Después le preguntó a la señora Granola si creía que Emma y Joaquín se habían amado.

"Nunca vi más feliz a Emma que en sus últimos días", dijo la mujer.

La madre de Joaquín sugirió entonces que los enterrasen juntos.

El intendente Farfi y su familia se presentaron en el velatorio poco después de la caída del sol. A esa hora ya se habían congregado también Dirigibus y Puro Cava y la señora Pachelbel, aunque cada uno por su lado. Y Teo y Miranda, que no había aceptado quedarse en lo de Salo. (Desde que se había convertido en su padre legal, estaba más pegota que nunca con el gigante.) Y la directora Olga Posadas y las maestras y el padre Collins, boyando en el mar de gente.

A eso de las ocho y media Farfi consultó con los deudos. Como los halló dispuestos, indicó a su gente que diese inicio al acto formal.

De pie delante de un micrófono, el locutor dio las buenas noches y leyó un texto que explicitaba el deseo de la Municipalidad de Santa Brígida de honrar a dos de sus hijos, Emma Granola y Joaquín Morán. El silencio que el público hizo entonces en el salón se extendió a la calle, donde las palabras del acto se oían a través de las bocinas que solían usarse para el Sever.

El intendente fue parco en su intervención. Manifestó sus respetos a los dolientes, transmitiendo su alegría por el deseo de los Morán de permitirles conservar a Joaquín en aquella tierra, y enseguida presentó al doctor Dirigibus, quien, en su calidad de presidente del Comité de Asuntos Urbanos, secretario de la Secretaría de Desarrollo Vitivinícola y vocal de la Junta de Exposiciones y Eventos al Aire Libre (entre otros cargos), iba a pronunciar unas palabras en nombre del municipio y del pueblo todo.

El pobre Dirigibus era un manojo de nervios. Explayarse delante de las partes en una reunión de conciliación, o en presencia de un juez a quien ya se conoce, no le movía uno solo de sus enrulados cabellos; pero la noción de dirigirse a centenares de personas que lo estudiaban con ojos oscuros e inexpresivos era algo que lo hacía temblar. Si hubiesen estrujado su ropa en aquel instante, habría chorreado sudor como para llenar una olla. Lo único que evitaba que los lamparones de transpiración revelasen su estado era el traje negro, que por suerte el luto prescribía; pero aun así la vestimenta se le había convertido en un trapo.

Se colocó gafas y recurrió a las hojas en que había garabateado su discurso, arrugadas como el fondillo de su pantalón. Las letras se disolvían delante de sus ojos, sumándose al incógnito que percibía en las miradas. Un trago no le habría sentado mal, su garganta estaba seca como un huevo horneado, pero dada la ocasión le pareció impropio ofrecer su reino a cambio de una copa. Agarró el micrófono como quien busca apoyo para que el mundo no lo mueva, y encomendándose a lo Alto se lanzó a hablar.

"Caín ya había matado a su hermano cuando Dios se le apareció", dijo, citando más de memoria que a consecuencia de la lectura. "Viendo que Dios se turbaba ante la desaparición de Abel, a quien insistía en buscar, Caín le preguntó: '*¿Acaso soy yo el guardián de mi hermano?*' En aquel momento Dios comprendió que Abel había muerto. Aun sin ver el cadáver entendió que ya no estaba entre los vivos: lo sentía en el alma. Por eso le dijo a Caín: '*La sangre de tu hermano me llama desde la tierra*'. Cualquiera de nosotros habría preguntado entonces qué ocurrió, cómo murió Abel, porque podía haberse golpeado contra una piedra, o haber sido víctima de una fiera salvaje. Pero Dios prescindió de esas respuestas, las causas materiales del fin de Abel lo tenían sin cuidado. Porque ya sabía lo que necesitaba saber: que Abel había muerto antes de tiempo. Es por eso que maldice a Caín y lo destierra. No por haber matado a Abel, cosa que no le consta y que el asesino nunca confiesa, sino por una falta previa, un crimen que Caín había cometido antes de asestar el golpe fatal: había descuidado a su hermano. Si Caín hubiese cumplido con lo que Dios esperaba de su parte, Abel no habría muerto antes de su hora, ni asesinado ni de ninguna otra manera. No habría sucumbido a la enfermedad, porque Caín lo habría curado. No habría sido víctima de las fieras, porque Caín lo habría protegido. Y porque Caín habría vigilado sus pasos, no habría caído nunca al vacío."

"Se preguntarán por qué hablo de una historia tan vieja en esta circunstancia", dijo el jurisconsulto, todavía batallando contra su propia escritura. Se ajustó las gafas sobre el puente de la nariz, pero la transpiración volvió a deslizárselas hacia delante; seguiría adivinando el texto en lugar de leerlo. "Es muy simple. Me acuerdo de Abel cada vez que algo malo le ocurre a alguien joven. Porque entonces pienso que esa muerte podría haber sido evitada. Y entiendo que si ocurrió es porque alguien no hizo lo que debía para prevenirla. Alguien como ustedes. Alguien como yo. Y al instante siento que el universo entero me acusa por lo que no hice, y me pongo a la defensiva y reacciono al igual que Caín: '¿Acaso soy yo el guardián de mi hermano?' ¿Es que me cabe alguna responsabilidad sobre el destino de los otros? ¿No se supone que mi única responsabilidad debería ser yo mismo, y a lo sumo mi familia? ¿Cómo puedo cuidar a otros sin descuidarme, sin descuidar a los míos? El mismo frenesí de mi reacción termina delatándome. Comprendo que yo también soy Caín, que yo también soy Pilatos. Y me pregunto si es eso lo que quiero ser, alguien tan tonto como para creer que bastan agua, jabón y una jofaina para desentenderse del destino de los otros."

Dirigibus trató de pasar a la segunda página pero no pudo desprenderse de la primera, que se había pegado a sus dedos húmedos. Sacudió la mano para quitársela, ya que los dedos de su otra mano estaban pegados a las hojas restantes. En segundos comprendió la futilidad de la pelea. Exhaló un suspiro que se oyó hasta en la plaza, hizo un bollo con los papeles y se los guardó en el bolsillo. El público, advirtió, lo observaba expectante por encima del marco de las gafas.

Durante un momento sintió miedo. ¿Lograría llevar a buen puerto su argumento, o volvería a pasarle lo que había ocurrido tantas veces en los últimos tiempos: que su mejor criterio lo abandonaba en la hora de la definición, perjudicando la causa que había querido defender?

Su mirada descubrió a la señora Pachelbel, que le transmitió coraje con una sonrisa. Quiso la suerte que sus ojos encontrasen también a Puro Cava, ubicado varios metros más allá. Al comprender que Dirigibus lo veía, Puro Cava liberó su brazo de los apretujones y alzó un puño que le enseñó; era un gesto que le comunicaba fuerza en la circunstancia *ad portas.*

"Soy un hombre viejo, como está a la vista", dijo al fin Dirigibus. "Ya llegué al borde de la cañada: no tengo por delante otra cosa que el abismo. ¡Ni siquiera me quedan monedas con las que pedir más deseos! La edad es así, nos quita tantas cosas... Pero también se lleva cosas malas, es justo decirlo. La capacidad de mentirnos a nosotros mismos, por ejemplo. A esta altura de mi vida no me queda energía para fingir que bebo con moderación, o que la dignidad me visita con más frecuencia que el ridículo. Ahora, cada vez que me miro al espejo no puedo hacer más que reírme: ¡el tiempo es un gran caricaturista! Claro, cuando era joven todo era distinto. Yo estaba convencido de que no existía nada más importante que mi persona, argumento que defendía con ardor, recurriendo a las más variadas fuentes del saber, *ex lege*. Yo lo merecía todo de esta vida, y a la vez no le debía nada a nadie. ¡Sólo era magnánimo para recibir! Pero el tiempo me enseñó otra cosa, con paciencia de monje. Y créanme al respecto, aunque más no sea porque ya no tengo nada que perder. Lo que aprendí es que yo solo no sirvo para nada, ningún yo sirve a solas. Separadas de sus tejidos, las células son útiles para los análisis patológicos y nada más."

"Yo creo con toda mi alma que estamos llamados a ser guardianes de nuestros hermanos", dijo Dirigibus. "Y no lo digo porque acepte a ciegas la autoridad de la Biblia. Nunca fui un hombre de religiosidad convencional, como puede atestiguar el padre Collins. ¡No ha dejado de rascarse la cabeza desde que me metí con Caín y Abel!"

En efecto, el padre Collins se rascaba en aquel instante, lo cual motivó algunas risas entre la concurrencia.

"Creo, en todo caso, que la Biblia es tan sólo una de las fuentes de sabiduría que establece esa verdad. La mayor parte de las religiones y de los textos sagrados dice lo mismo a su manera. Pero los tratados de ética también lo sustentan. Y la ciencia tiene una explicación práctica para el asunto." Dirigibus levantó ambas manos, las abrió y entrelazó sus dedos, armando una trama. "El fenómeno de la vida funciona como una red, tejida con millones de hebras que no pueden dejar de influirse unas a otras, y en último término de depender las unas de las otras. Si no protegemos la vida en todas sus formas, la vida terminará desprotegiéndonos. Esto figura en el contrato tácito que firmó con nosotros. Y no en letra chica o escondido entre cláusulas remotas, sino en su artículo primero: la vida se nos brinda entera, y todo lo que reclama a cambio es que la respetemos. Cada vez que permitimos que una vida se marchite antes de tiempo, estamos faltando a este contrato. Y el juzgado al que la vida apela no es como los juzgados que conocemos. Este no admite demoras, ni sobornos, ni excepciones."

Dirigibus se alejó un paso del micrófono y dio la espalda a la gente. Al principio pensaron que se había quebrado y ya no podía seguir, porque además le vieron recurrir a uno de sus pañuelos. Pero enseguida comprendieron que miraba el escenario. El locutor cambió de lugar el micrófono, justo a tiempo para que registrase lo que el jurisconsulto decía después de haber secado el sudor de su frente.

"Querida Emma, querido Joaquín: estamos acá para decirles cuánto lo sentimos", se lo oyó pronunciar. "Les pedimos perdón en nombre de todos los habitantes de Santa Brígida por haber desobedecido el mandato: ¡no fuimos guardianes de nuestros hermanos! Aunque la vida insiste en enseñarnos las maravillas de la creación conjunta y del cuidado recíproco, todavía nos cuesta aprender: somos sus discípulos más necios. Querida Emma, querido Joaquín: si les hubiésemos tendido la mano a tiempo, si los hubiésemos cuidado como hermanos, todavía estarían aquí. Pero no lo están y su ausencia nos condena. Se rompió un hilo precioso. La red de la vida se volvió más débil, más precaria. Quiero decirles que estamos empezando a comprender el error que cometimos, a intuir la magnitud de nuestra responsabilidad. Y que esperamos que esta comprensión nos impida cometer errores similares en el futuro. Querida Emma, querido Joaquín: ojalá encuentren la manera de perdonarnos."

En el silencio que sucedió a esta oración, Miranda sucumbió a un impulso y besó la coronilla de Teo. Lo hizo con tanta delicadeza que el gigante ni siquiera lo advirtió.

Dirigibus sacó entonces una flor de su bolsillo y la depositó al pie del escenario. Era una *fischia* de pétalos liláceos.

Después sacudió la cabeza, ya resignado, y volvió a dirigirse a los presentes.

"Tenía tantas cosas para decirles..." Dirigibus sacó el bollo del discurso de su bolsillo y lo observó con filosofía; parecía un Horacio llegado a viejo, contemplando la calavera de Hamlet. "Quería decirles que aprendí que mata quien golpea, quien acuchilla y quien dispara, pero también mata el que retacea su amor y su cuidado. Quería decirles que aprendí que repudiar a los violentos es loable pero no suficiente, porque también necesitamos repudiar a los apáticos... Este es el siglo del genocidio nazi, el siglo de Hiroshima. Esos horrores fueron perpetrados por criminales pero ante todo por millones de cómplices silenciosos. Si nuestro tiempo tiene el color de un pecado, sin duda alguna es el color de la omisión. *Culpa in omittendo!* A veces me pregunto si la batalla que perdimos al desaparecer Emma y Joaquín no habrá facilitado la desaparición de Los Seis, aquellos chicos de los que nunca volvimos a saber; si el mundo que creamos al dejar que Emma y Joaquín se fuesen no habrá facilitado la desaparición del hijo mayor de los

Farrace, de Magdalena Gomara, de Sebastián Irusta, los otros chicos de este pueblo que se perdieron en la noche de los tiempos. ¿Será que rompimos algo sagrado al permitir la tragedia del cañadón, algo que todavía no sabemos cómo reparar?"

"En estos días no dejo de preguntarme cómo habrán sido los minutos finales de Emma y de Joaquín. Será que no tengo otra forma de acompañarlos en el trance, ya que no puedo volver atrás y deshacer lo hecho. Utilizo la imaginación porque no me queda otro recurso. Imagino para entender, para encontrar la manera de seguir adelante. Algunos de los elementos que uso cuando recreo ese momento tienen base científica: que Joaquín cayó al vacío después que Emma, por ejemplo. Otros son pura fantasía, el modo que encuentro para llenar los agujeros de lo que ignoro. ¿Puedo pedirles este favor antes de concluir? Sean tolerantes con este viejo. Cierren los ojos e imaginen conmigo."

Aunque sin saber muy bien a qué apuntaba Dirigibus, la gente obedeció. En el salón, en la calle y en la plaza, todos cerraron los ojos y bajaron la cabeza.

"Imagino a Joaquín saliendo de la pensión muy temprano, cuando todavía no aclaró del todo", dijo la voz del jurisconsulto; parecía flotar en el aire. "No le ha dicho a Emma lo que piensa hacer, Joaquín busca una flor extraña con la que enamorarla, le han dicho que existe una llamada *fischia* que tiene un aroma único, hay *fischias* en la zona del cañadón, Joaquín lleva sogas por las dudas, en caso de que tenga que bajar. Está decidido a bajar sólo de ser necesario, no se ha procurado compañero alguno porque el motivo de su excursión lo llena de vergüenza. Ya ha percibido que lo miran raro en el pueblo, ¿qué ocurriría si confesase que busca una flor?"

"Lo que Joaquín no sabe es que Emma lo sigue. Ha salido detrás suyo en la última penumbra de la noche, atenta al sonido de sus pasos sobre la tierra, caminando en la senda de su perfume. Así van hacia el oeste, hacia la boca del cañadón. Joaquín llega al bosque y siente miedo, está cubierto de niebla. Decide esperar a que la nube se disipe, se sienta al pie de un árbol y cierra los ojos. Lo despertará el contacto de unos dedos sobre la cara: es Emma, que le sonríe primero y después lo besa. Entre encantado y confundido, Joaquín le pregunta qué hace allí. Ella le dice que quería verlo a solas, lejos del ojo vigilante de su padre, y le pide que la perdone por su atrevimiento. Joaquín le dice que la perdonará, pero sólo si es que sigue besándolo."

"Después de abrazarse durante un rato Joaquín recuerda que fue hasta allí en busca de *fischias*, se le ocurre que serían el regalo ideal para sellar la ocasión, sabe cuánto valoraría Emma el exótico perfume. En su optimismo considera que la niebla se ha abierto un poco, quizás pueda explorar por ahí. Le dice a Emma que lo espere un instante y que no se mueva, puede ser peligroso. Joaquín se aparta entonces para buscar aquello que Emma percibe de inmediato, al segundo de quedarse sola: el perfume de las *fischias* lo inunda todo, es fuertísimo, Emma nunca había olido flores frescas porque no había visitado el cañadón, sus padres no la llevaron jamás, nadie lleva a un ciego al borde de un abismo. Emma piensa en conseguirse una flor, le han dicho que son muy bonitas y ella está de acuerdo, nada que produzca un perfume semejante puede ser feo. Se aparta del árbol, camina, se deja llevar por sus narices, no tiene forma de adivinar que el perfume de las *fischias* viene de abajo, del fondo del cañadón, donde crecen por millares. Y en su busca de algo bello e inusual, da el paso hacia el abismo."

"Joaquín oye el grito. Comprende que a Emma le pasó algo y la llama, ella no responde. La busca en vano aun cuando la sensatez indica que debería quedarse quieto, la niebla sigue ahí, todavía no se ve nada, Joaquín sabe que hay un abismo por alguna parte. Podría regresar al pueblo a pedir ayuda pero no quiere abandonar a Emma, Joaquín no es así, es un buen chico, ha sido educado con amor y se siente responsable, Joaquín entiende que el hombre está llamado a ser guardián de su hermano, se lo dice su sangre, se lo dicen sus huesos, todo esto que cuento no dura más que un segundo pero en ese lapso Joaquín no duda, entre preservarse y salvar prefiere salvar y entonces da el paso."

En ese punto Miranda, que había cerrado los ojos como todos los demás, decidió espiar. Levantó un párpado apenas, disimulando. Vio centenares de cabezas gachas, coronando cuerpos quietos como estatuas. Y vio también que los únicos que conservaban los ojos abiertos, más allá de la excepción de su propia persona, eran Emma y Joaquín desde las fotos que presidían el escenario.

El suspiro de Dirigibus resultó amplificado por todas las bocinas. Un instante después el jurisconsulto levantó la cabeza, abrió los ojos y dijo:

"Nuestro corazón está hoy con Emma, la que perseguía el perfume de lo maravilloso. Y con Joaquín, que no dudó en arriesgarse para salvar a otro. Basta que miremos alrededor para que comprendamos cuánto se ha degradado el mundo en su ausencia; y cuán catastróficos son los efectos de su pérdida."

CV. Puro Cava explica por qué cree que en el fondo, todos los hombres son medio egipcios

El entierro también fue multitudinario. Inspirado por las palabras de Dirigibus, el padre Collins leyó para el responso la Parábola del Sembrador, remarcando cuán diverso es el destino de las semillas que caen en tierra fértil de aquel de las que caen sobre roca.

La gente se desconcentró con lentitud. Hacía frío pero la mañana era diáfana. En esa claridad el paisaje reclamaba contemplación: caminaban sobre una banda cobriza, el decorado de las hojas secas; al fondo estaba la banda verde de las hojas perennes; por encima la banda blanca de las montañas, y más allá el cielo.

La madre de Joaquín pidió a la señora Granola que dejase alguna flor en la tumba de su hijo, cada vez que fuese a visitar a Emma. La señora Granola la abrazó y le dijo que no se preocupase: ya no conseguía pensar en Emma sin pensar a la vez en Joaquín.

Dirigibus declinó las ofertas para regresar al pueblo en auto. El cansancio de sus huesos había dejado paso a una extraña languidez, propicia para las caminatas. Por supuesto, el hecho de que la señora Pachelbel hubiese anticipado su intención de caminar también era aliciente para la iniciativa del jurisconsulto.

Habían emprendido apenas el camino cuando llegaron a espaldas de Puro Cava, que andaba con lentitud de caracol. Tenía la cabeza hundida y las manos entrelazadas a la espalda, como quien se concentra en profunda meditación.

Dirigibus no dudó en acoplarse a su lenta marcha. Caminar despacio era lo más recomendable para los pies de la señora Pachelbel, que por primera vez en años calzaba zapatos negros en vez de los infaltables borceguíes.

"Muy interesante tu discurso de anoche. Me dejó pensando", dijo Puro Cava.

"Pensar es un buen ejercicio", respondió Dirigibus. "A medida que uno envejece, el único gimnasio al que todavía lo dejan entrar es el de aquí arriba", dijo, señalando su propia cabeza.

"Pensaba en la extensión del término *hermano.*"

"¿Extensión? ¿Cómo en kilómetros?", preguntó el jurisconsulto.

"Después de oírte en el velatorio, mucha gente argumentaba que Dios maldijo a Caín porque había matado a su hermano de sangre. Todos sabemos que matar a un hermano está muy mal, lo mismo que matar a un padre o a un hijo."

"¡Crimen agravado por vínculo!"

"A lo que yo respondí, y corregime si me equivoco: que según el relato bíblico, en ese momento la humanidad estaba compuesta tan sólo por papá Adán y mamá Eva, y sus hijos Caín y Abel."

"Es correcto."

"Y que en esa circunstancia Caín no podía tener duda del significado de las palabras *padre* y *madre.*"

"¡Aunque Adán y Eva no pudiesen decir lo mismo!", apuntó Dirigibus.

"Pero el pobre Caín no tenía forma de entender la palabra *hermano* con precisión. Para Caín, *hermano* era todo aquel que no era ni su padre ni su madre, ni él mismo."

"Muy sutil, lo tuyo."

"De haber existido alguien de edad parecida y padres distintos, esto es un *no-hermano,* Caín podría haber comprendido la diferencia entre hermandad sanguínea y pertenencia a la misma especie."

"Así es."

"Lo cual equivale a decir que en el momento de matar, Caín no podía hacer esa distinción. O sea que al recibir la maldición divina debió haber comprendido que lo que estaba mal era descuidar a su hermano-en-sentido-amplio. Esto es, que lo que estaba mal era descuidar a *todo aquel que no era su padre, ni su madre, ni él mismo.*"

"En ese sentido, *hermano* sería un término extenso: tenés razón."

"Mediría quinientos diez millones de kilómetros cuadrados, para ser exactos."

"¿Y esa cifra de dónde sale?"

"Es la superficie de la Tierra. El día en que nos instalemos en otros mundos, la extensión del término *hermano* deberá ser corregida, por supuesto."

Respondieron con saludos a los bocinazos de David Caleufú, que pasaba a su lado al volante de la chata. David se había retrasado por culpa de Vera, que se había negado a partir hasta que saludó al último de los asistentes al entierro. El destartalado vehículo estaba lleno de gente. David transportaba a buena parte de los Quitrileo, los Painemal y los Weke, que respondieron con más saludos a los saludos de Dirigibus y compañía y después se perdieron en una nube de polvo.

"Muy bonitos zapatos", dijo Puro Cava una vez que estuvo en condiciones de volver a ver. Había notado que la señora Pachelbel se los miraba durante el caminar.

Pero la conversación sobre los zapatos no prosperó. Puede que no lo hubiese hecho de ninguna forma, aquella mañana la señora Pachelbel estaba sumida en sus propios pensamientos y no parecía dispuesta a salir, al menos no todavía; lo cierto es que Dirigibus se había quedado entrampado por la conversación previa, y no pudo evitar colar un bocadillo que ignoraba el tópico de los zapatos a pesar de que, como las mujeres bien saben, figura entre los más dignos de ser abordados en cualquier tertulia.

"No deberías olvidar que, *stricto sensu*, la definición amplia de hermano incluye a padres y madres", dijo Dirigibus a Puro Cava. "¡Ellos también son nuestros hermanos!"

"Con razón Caín estaba confundido."

"Las familias son una cosa rara."

"¿Nunca pensaste que es posible que todos seamos medio egipcios?"

"Explicate", pidió Dirigibus.

"¿Te acordás de los faraones?"

"Soy viejo, pero no tanto."

"Quiero decir, si recordás lo que nos enseñaron sobre esa época."

"Pero claro, hombre. Ra, Horus, Isis. ¡Keops, Kefrén y Micerino!"

"¿Y lo que contaban sobre el fin de su imperio? ¿Que los miembros de las familias reales empezaron a casarse entre ellos, y a producir hijos que, por así decir, venían sin bolitas adentro de la maraca?"

"Es una de las consecuencias de la endogamia."

"La Biblia dice algo parecido. Para multiplicarse como Dios quería, Adán y sus muchachos cerraron los ojos e hicieron de tripas corazón. La necesidad de emparejarse debe haber mezclado a hermanos con hermanas, a hijos con madres y a padres con hijas: una cosa de locos, ¡un verdadero cambalache! Ese refrán de que todas las familias tienen algo que ocultar viene de ahí, seguro."

"La versión antropológica de nuestros orígenes no es muy distinta. Aun cuando no provengamos de una pareja única como Adán y

Eva, está claro que los humanos originales descendemos de un grupo reducido de especímenes, todos morochos y oriundos de África."

"Y Egipto está en África, ¿o miento?"

"Imagino que una vez multiplicado su número la gente se habrá vuelto más selectiva. ¡La definición del tabú siempre es posterior al acto!"

"Mirá lo de Lamec, por ejemplo. Lamec tenía dos esposas, Adá y Sillá."

"¿Quién era Lamec?"

"El hijo de Metusael."

"¿Y quién era Metusael?"

"El hijo de Mehuyael, que era hijo de Irad."

"Y quién era Irad?"

"El hijo de Enoc, hijo a su vez de Caín y de una mujer desconocida. Si me apurás, te digo que esa mujer era la misma Eva, o a lo sumo una hermana sanguínea de Caín."

"¿Y cómo es que sabés todo esto?"

"Después de tanto inscribir matrimonios y nacimientos, mi cabeza es un árbol genealógico."

"Así que Lamec, entonces."

"Dos esposas, Adá y Sillá."

"Y Dios no decía nada."

"Ni mu."

"¿En serio no protestó?"

"Ni pío, dijo."

"Pero mandó el diluvio."

"Eso fue después, en la época de Noé. El viejo Noé era hijo de otro Lamec distinto. Se ve que en ese tiempo andaban escasos de mujeres y de nombres también. Ahora hay miles de nombres, pero todas las madres quieren llamar a sus hijos Jonathan y Alan y Jennifer. ¿Entendés ahora a qué me refiero? ¡Hay días en que pienso que somos todos egipcios!"

Y así siguieron, deshojando genealogías bajo el sol del invierno y atando a Set con Enós y a Enós con Cainán y a Yared con Enoc, mientras transitaban sin apuros un camino que de repente, independizado de los sitios a que conducía, se había convertido en un lugar disfrutable en sí mismo.

Al principio la señora Pachelbel siguió la conversación aun cuando marchaba en silencio, contemplando sus pies. Por sí solos los árboles genealógicos la tenían sin cuidado, pero las historias de familia la atrapaban como a cualquiera, ¡las familias son el nudo de todos los melodramas! Puro Cava demostró en la ocasión un conocimiento enciclopédico sobre las familias bíblicas que sólo superaba su saber sobre Santa Brígida. La madeja de parentescos en el pueblo era tan intrincada que no tenía mucho que envidiar al viejo libro, y menos aun en la lengua disléxica de Puro Cava, que convertía a Tejar en Jafet y a los Gomara en Aramog y a los Nabra en Abraham, cargando a estas familias con una gravedad talmúdica en la que nunca se hubiesen reconocido.

Pero con el correr de los minutos la señora Pachelbel se desentendió de la conversación. ¿Cuántas genealogías puede uno registrar, antes de bajar la persiana y concluir que todas las familias se parecen? Y así, casi sin darse cuenta, empezó a cantar.

Tarareaba melodías por lo bajo: pasajes de Schumann, de Berlioz, de Scarlatti, apenas insinuados por su voz pequeña y delicada, que contrastaba con la fuerza que transmitía su apariencia y al hacerlo sonaba todavía mejor; la belleza aumenta su efecto cuando procede por contraste.

Dirigibus y Puro Cava no repararon en la música, enfrascados como estaban en sus chismes de sangre. Si hubiesen registrado el fenómeno se habrían asustado: podían asimilar la idea de una señora Pachelbel con zapatos, pero una Pachelbel que además cantaba hubiese sido demasiado. Así fue que cerraron sus oídos a Schumann, a Berlioz y a Scarlatti y se limitaron a caminar mientras seguían explorando la infinita extrañeza de los lazos humanos y compartían el licor que el jurisconsulto había llevado en una petaca, decidido a no repetir la sequía del velorio.

Cuando quisieron darse cuenta ya habían llegado a la dulcería.

La señora Pachelbel abrió la puerta y se quitó los zapatos. En cualquier otra persona este acto habría revelado tan sólo cansancio, y además dolor; y en circunstancias parecidas la misma Pachelbel también se habría visto cansada y adolorida. Pero esta vez hubo algo distinto, algo leve y a la vez ceremonioso, como el apronte para un juego.

"¿Puedo infitarlos a tomar un té?", preguntó con una sonrisa.

Los dos hombres se miraron. No estaban seguros de la conveniencia de aceptar la invitación. Que hubiesen compartido el camino no significaba que pudiesen compartir un espacio que, hasta no hacía tanto atrás, cada uno de ellos había creído conquistado por sus méritos individuales.

"Un té", dijo Puro Cava por decir algo.

"Un té", dijo Dirigibus por las dudas.

"El té es una infusión noble", dijo Puro Cava.

"Confucio bebía té."

"Churchill bebía té."

"Es usted muy gentil", dijo el jurisconsulto, esta vez a Pachelbel. "¡Pero no querría molestarla!"

"Un té y nos vamos", propuso Puro Cava.

"¿Ahora hablás por los dos?", preguntó Dirigibus.

"Si vos querés irte..."

"Los dos o ninguno", dijo la señora Pachelbel.

Durante un instante los hombres se quedaron sin palabras, contemplando a la mujer descalza.

"Perdón, ¿cómo dijo?", preguntó al fin Puro Cava.

"Los dos o ninguno", repitió la mujer, recordando la pintura fresca de cierto cuadro.

Puro Cava metió un dedo como gancho entre el cuello y su pañuelo, se estaba sofocando, era evidente que la caminata lo había hecho entrar en calor al igual que a Dirigibus, por lo visto, que en ese momento secaba el sudor de su frente.

La mujer seguía en el umbral, zapatos en mano, esperando una respuesta. La sonrisa que pintaban sus labios indicaba que estaba disfrutando de la situación.

Fue Puro Cava el primero en encogerse de hombros y en decir a su compañero:

"El té es una gran idea."

"Inmejorable", precisó Dirigibus.

"¿Lo probaste con miel?"

"¿Lo probaste con coñac?"

"Gandhi tomaba té."

"¡Cromwell tomaba té!"

Puro Cava amagó moverse, pero un pensamiento de último minuto lo atornilló al lugar.

"¿Tomaban té los egipcios?", preguntó a Dirigibus.

"¿Fan a entgar o no?", preguntó Pachelbel, sucumbiendo a la impaciencia.

"Después de usted", dijo Puro Cava a la señora.

"Después de vos", dijo Dirigibus a Puro Cava.

La mujer se apartó para permitir el paso de sus invitados.

Habían empezado a subir la escalera rumbo al living de la señora Pachelbel, cuando Dirigibus recordó una frase de Horacio:

"Dulce est desipere in loco", dijo para sí.[30]

"Y no me hagas hablar de los romanos", dijo Puro Cava. "¡Esos sí que eran degenerados!"

La señora Pachelbel se aseguró que el cartel de la dulcería exhibiese hacia la calle la palabra *cerrado.* Después volvió la puerta a su marco y cerró con dos vueltas de llave.

[30] *Es agradable ser tontos en el momento oportuno.* (Horacio, *Odas*.)

CVI. Empieza con una mala noticia y termina con otra peor

Cuando en el Belvedere le pidieron un número telefónico de referencia, Teo proporcionó el de la señora Pachelbel. En la cabaña no tenían teléfono, los servicios de la compañía no se aventuraban tan lejos de Santa Brígida. Como Teo visitaba la dulcería a diario (desde su regreso a Santa Brígida se había encargado de la distribución de los dulces en los pueblos vecinos), consideró que la señora Pachelbel sería el enlace más práctico: ante cualquier necesidad, ella tomaría nota y se lo comunicaría apenas llegase al negocio.

La bondad de su razonamiento quedó demostrada la mañana en que sonaron golpes sobre la puerta de la cabaña. ¡Era tan temprano! Teo todavía remoloneaba en la cama, bajó sin siquiera terminar de vestirse. Le sorprendió descubrir que el autor de golpes tan perentorios era la señora Pachelbel. Hasta ese instante Teo había estado convencido de que la mujer ni siquiera sabía cómo llegar allí.

Su sorpresa aumentó cuando vio que Dirigibus y el señor Puro Cava la habían acompañado en su excursión. A esa altura le constaba que el trío protagonizaba un romance *sui generis* (que por cierto lo alegraba, Teo era un hombre sin prejuicios, de otra forma ¿cómo habría aceptado casarse en un neuropsiquiátrico?), pero sabía que todavía guardaban las formas, cuidándose de exhibirse juntos a no ser que se encontrasen de manera fortuita en algún lugar, en cuyo caso se saludaban como viejos amigos. Sin embargo ahí estaban, golpeando a su puerta, una cruda mañana de invierno que no llevaba mucho de amanecida. La expresión de sus rostros no auguraba nada bueno.

"Llamagon del instituto", dijo la señora Pachelbel apenas lo vio asomar con el torso descubierto. Los rasgos de la mujer estaban deformados por la angustia.

Teo ni siquiera se atrevió a preguntar. El frío atacaba su piel a dentelladas. (*Teo temía tanto.*)

Dirigibus lo sacó del marco de la puerta, donde parecía haberse quedado encajado; no quería que la conversación despertase a

Miranda. Fue entre los árboles, pues, que el jurisconsulto comunicó a Teo la triste noticia.

Sin embargo Miranda estaba despierta, la despabilaron los golpes. A pesar de la urgencia con que sonaban se había quedado en su habitación, como Pat le había enseñado: los únicos que pueden abrir la puerta son los grandes, rezaba el *dictum*. Por eso vio desde la ventanita de su habitación que el doctor Dirigibus hablaba con Teo, y vio con claridad el momento en que el gigante caía de rodillas, y se sorprendió ante la torpeza con que las visitas intentaban ayudarlo a levantarse; estaba claro que no sabían cómo lidiar con él, ahora que se había vuelto tan pequeño.

Lo que Dirigibus dijo a Teo fue que Pat había tratado de suicidarse.

Nadie se dio cuenta a tiempo. Las enfermeras estaban acostumbradas a que Pat visitase el parque en sus ratos libres; imaginaban que revivía la ceremonia de su casamiento, que por cierto había sido encantadora. Así que la dejaron salir a pesar del frío (habían intentado detenerla una vez, lo que le provocó una rabieta; de allí en más decidieron no interferir, por lo menos hasta que el frío se volviese imposible), y vieron que se sentaba al pie de un árbol y se olvidaron de ella.

Teo quiso saber cómo lo había hecho. La señora Pachelbel no pudo dar detalles: todo lo que habían dicho por teléfono era que se había cortado las venas, y que por fortuna la descubrieron antes de que terminase de desangrarse.

Dirigibus presionó al gigante para que no condujese hasta Bariloche, estaba demasiado alterado. Pero Teo se negó a considerar otras opciones. Prefería hacerse cargo del volante, necesitaba entretenerse de alguna forma, si se quedaba cruzado de brazos durante el trayecto iba a enloquecer. Al fin aceptó que Dirigibus lo acompañase como copiloto. El jurisconsulto se despidió de la señora Pachelbel y de Puro Cava con el ánimo de quien emprende el último viaje.

"Tu mamá está enfegma", fue toda la explicación que Miranda obtuvo cuando preguntó por la causa del revuelo. La señora Pachelbel mentía, eso era obvio: hablaba con la misma música que empleaba cuando despotricaba contra los otros niños. Pero Miranda decidió no insistir. Pat le había enseñado que cuando los adultos no lo dicen todo, es porque tienen buenos motivos para ello.

De todas maneras le preguntó a Teo por qué no la llevaba con él.

"Esta vez no", dijo el gigante. Los ojos se le habían puesto chiquitos, rojos e inertes, como las cuentas con que miran los muñecos de peluche.

"Yo también quiero verla", protestó Miranda.

"La próxima, te lo prometo."

"¿Y si en el fin de semana me enfermo yo?"

"Si es necesario, la traigo hasta acá. Te lo juro por Dios."

Pat estaba en la sala de terapia intensiva del hospital, todavía inconsciente. Se veía tan pálida que hasta sus pecas habían desaparecido; era difícil determinar dónde terminaba su piel y dónde comenzaban las blancas sábanas. A pesar de las vendas que envolvían sus muñecas, se podía apreciar parte de la barbarie que había desatado sobre su carne. La enfermera que supervisaba la sala les contó que se había pinchado y desgarrado con el metal de una hebilla para el pelo. Todo indicaba que había sido un proceso largo y trabajoso. Pat debió haber roto la parte plástica de la hebilla y desmontado el metal, que después dobló una y mil veces hasta lograr partirlo; era posible que lo hubiese mordido también, si había que guiarse por las cortaduras y pinchazos que tenía en labios y encías. Las costras flamantes sobre la boca eran el único toque de color en todo el rostro.

Una vez fabricado el aguijón de metal, y a sabiendas de que el instrumento carecía de todo filo, se aplicó a picarse el antebrazo con frenesí. Pinchaba y pinchaba, en busca del chorro de sangre: rompía la carne con cada estiletazo, desgarraba la piel al retirar la púa. El daño en el antebrazo izquierdo era mucho mayor: cuando quiso dedicarse al otro antebrazo, la mano del lado herido ya no le respondía bien. Por eso el miembro derecho exhibía marcas de dientes. Pat había tratado de completar el trabajo de la única forma que podía.

Dirigibus pensó en los lobos que cortan su propia pata a mordiscones, con tal de librarse de una trampa; pero no tuvo ánimo para decirlo en voz alta. Después de efectuar las consultas médicas del caso (Pat estaba fuera de peligro aunque en extremo débil, permanecería en terapia intensiva unos días más), el jurisconsulto se apartó para permitirle a Teo un instante de intimidad con su esposa. Fueron unos pocos minutos. Lo que urgía al gigante en esa instancia era visitar el Belvedere en busca de respuestas.

Los atendieron de inmediato. Ni siquiera les pidieron que firmasen el registro de visitas, lo que sin dudas era un acontecimiento.

La doctora Volpi se deshizo en disculpas. Habían sido los primeros en sorprenderse por lo ocurrido, Patty estaba tan tranquila desde el casamiento, el término clínico era *estable*. Todavía seguía creyéndose de quince pero mostraba avances, ya no hablaba del Bendito Bran sino de *Teo, mi marido*. Le habían dejado conservar la hebilla que usó durante la boda porque creyeron que le hacía bien tenerla, la ayudaba a recordar un momento feliz. Desde ese domingo de fiesta Patty hacía planes para el futuro e insistía, algún día tendrían niños hermosos y llenos de pecas, ella soñaba con una nena.

Teo quiso saber si había pasado algo fuera de lo común en el neuropsiquiátrico, necesitaba explicarse el porqué de la agresión. La doctora Volpi dijo haberse preguntado lo mismo sin obtener respuestas, la vida en el Belvedere había respetado su ritmo habitual, ni siquiera se registraron episodios psicóticos memorables en aquellas jornadas. Teo debía comprender, esas enfermedades eran así, un día están arriba y el otro abajo, la química hace maravillas pero no magia, tendrían más cuidado de allí en más.

El gigante se prometió que no volvería a llevar a Pat allí, pero no dijo nada. Todo lo que deseaba era que la doctora Volpi dejase de balbucear para salir de su despacho de una buena vez y hablar con alguien que le contase la verdad.

Estaban a punto de salir del instituto cuando Teo dijo a Dirigibus que quería ver el lugar del hecho.

Las semanas transcurridas desde el casamiento le habían cambiado la cara al parque. El frío y el viento habían dado cuenta del follaje. Sin el disfraz verde, era más fácil ver la alambrada de púas que rodeaba el jardín. Teo pensó que por primera vez parecía lo que era: el único rincón vivo en medio de un campo de concentración.

Empezó a buscar árbol por árbol. No tardó mucho en dar con el indicado. Pat se había agarrado del tronco cuando pretendieron llevársela, luchando aun cuando estaba debilitada por la pérdida de sangre; la corteza había absorbido el líquido, sólo se libraría de sus manchas color ocre con el tiempo o con el hacha.

Desde ese sitio se veía el jardincito donde se habían casado. Teo hizo un esfuerzo, pero sin éxito: no lograba identificar ese parche de gramilla quemada con el lugar donde había sido tan feliz.

"Estaba tan contenta", dijo una voz. Era una de las enfermeras que Teo sobornaba con regularidad. No paraba de estrujarse las manos, parecía a punto de echarse a llorar. "Todos los días me preguntaba por usted. '*¿Cuándo llega el sábado? ¿Cúando viene mi marido?*' También preguntaba por la nena, ¿cómo es el nombre que le puso?"

"Puck."

"Eso. Estaba tan bien, pobrecita..."

"Lléveme a ver su cama, su lugar."

"¿Para qué?", preguntó la mujer, ahora inquieta.

"Quiero ver si cambió algo."

"No cambió nada, palabra."

"Alguna explicación tiene que haber."

"Seguro. Pero no está ahí, créame."

"¿Dónde está, entonces?"

La enfermera suspiró.

"Preguntelé a la señora Volpi", dijo.

Teo metió la mano en el bolsillo y sacó algo de dinero.

"No", dijo la mujer, "¡no lo puedo aceptar!"

"¿Desde cuándo?", preguntó Teo, desconfiando aun más.

"Permítame presentarme. Soy el doctor Dirigibus", terció el jurisconsulto, entregándole una de sus tarjetas. "Estoy aquí representando al señor Labat, que me instruyó para que entable demanda criminal contra el Instituto Belvedere, la doctora Volpi y todos los implicados en el hecho. Si tiene algo que decir sería mejor que lo dijese ahora, antes de que se la incluya en la lista de los acusados."

La enfermera se puso lívida. Miraba la tarjeta de uno y otro lado, como si buscase un mensaje secreto que le revelase qué debía hacer.

"No sea así, don", dijo la mujer. "¡Al final va a lograr que me echen!"

"Si la señora de Labat fallece", dijo Dirigibus, apretando un brazo de Teo para sugerirle que le siguiese la corriente, "la carátula del caso cambiaría de abandono de persona a homicidio. Así que elija usted: ¿qué prefiere, ser desocupada o estar presa?"

"¡Le juro que no pasó nada!", dijo la mujer. Ya estaba por completo arrepentida de haberse acercado a expresar su pesar. "¡Nadie le puso un dedo encima, palabra! ¡Si yo estuve vigilando todo el tiempo! ¡El hombre ni siquiera la tocó, nomás le hablaba!"

Cuando Teo irrumpió en el despacho de la doctora Volpi la mujer se quedó dura, como si la Parca misma hubiese traspuesto el umbral. Era obvio que Teo estaba furioso, sus manos se abrían y cerraban como si practicase antes de agarrarla por el cuello.

"¿Desde cuándo se permiten visitas a mitad de semana? ¿Quién era el tipo que vino a ver a mi mujer? ¡Contestame, hija de puta!", bramó Teo. Sus gritos debían oírse hasta en el otro extremo del instituto.

La doctora Volpi no atinó a decir nada. Estaba muerta de miedo, ¡el gigante era capaz de destrozarla!

Teo descargó ambos puños sobre el escritorio. Al hacerlo el teléfono saltó por los aires, descolgándose.

"Si no me lo decís ya mismo", dijo Teo bajando la voz (el efecto era todavía más perturbador), "te juro que te mato."

Dirigibus aprovechó que el teléfono estaba descolgado para agarrar el tubo y marcar un número.

"Voy a hablar ya mismo con el juzgado", dijo, tan interesado en presionar a la mujer como en evitar que Teo cumpliese con su palabra. "Aquí se ha cometido una irregularidad muy grande, y yo creo que la ley tiene que tomar cartas."

Teo se inclinó entonces por encima del escritorio. La psiquiatra habría reculado más, pero la pared se lo impedía.

"Decime, turra, ¿quién era el tipo, para que le hayas permitido que se pase tus reglas por el culo? Era un milico, ¿no es cierto? ¿Te gustan los milicos?", dijo, dedicándole una sonrisa siniestra que enseñaba los dientes en medio de la barba. (Parecía un lobo.) "Los milicos te pueden, ¿no es cierto?"

"Me... me dan miedo", atinó a decir la mujer.

"¿Más que yo?"

La mujer dijo que no con la cabeza, aunque más no fuese por las dudas.

En ese instante arribó la secretaria de la doctora Volpi, que había corrido en busca de ayuda. La acompañaban uno de los enfermeros y el viejito de la seguridad, que estaba armado; pero ninguno de los dos parecía rival para la furia de Teo.

Al verlos, Teo empujó el escritorio, aprisionando a la doctora Volpi contra la pared.

"¡Si se mueven, la parto al medio!", gritó. Y empujó el mueble un poco más, para que el alarido de la doctora les confirmase la seriedad de sus intenciones.

Dirigibus transpiraba como loco, un muñeco de cera en *tour* por el Infierno. Pero aun en medio del pandemónium tuvo una inspiración salvadora.

"Tráigame el registro de visitas", pidió a la secretaria. "¡Antes de que sea demasiado tarde!"

Teo empujaba el escritorio tan sólo con las piernas. Usó una de sus manos para fijar la cabeza de la doctora contra la pared, y convirtió la otra en un puño.

"No pude decirle que no", balbuceó la mujer. "A esa gente no... no se le dice que no."

"Decime cómo se llama. Cómo es. Si es joven o no. ¿Es rubio? ¿Qué le hizo? ¿Qué le dijo, para que Pat se lastimase de esa manera? ¡Cómo le permitiste!"

Teo no advertía que estaba formulando demasiadas preguntas a la vez.

Dirigibus gritó su nombre tres veces antes de que Teo se diese cuenta de que le estaba hablando a él. Le enseñaba un cuaderno abierto en un punto preciso.

"Acá está", dijo el jurisconsulto. Trataba de sonreírle, pero era evidente que estaba todavía más nervioso que antes. "Es él. ¡Acá está!", dijo, señalando un nombre con la punta del dedo índice.

Teo le arrebató el cuaderno. La secretaria aprovechó la distracción para avanzar hacia el escritorio. La doctora Volpi se había echado a llorar.

El gigante leyó el nombre. Lo conocía. Era un nombre que podía asociar a una cara. Había visto esos ojos crueles en los diarios y también en televisión. Los medios le habían endilgado infinidad de crímenes durante la dictadura. Su infamia era tanta que hasta le había valido un sobrenombre que apenas le hacía justicia: el Ángel Caído.

"Es...", dijo Teo, incapaz de ir más allá.

"El padre de Miranda, me temo."

CVII. Al término de un largo viaje, un encuentro con la verdad

La mujer pegó un grito desde adentro, reclamando paciencia. De fondo se oía la clase de chillidos que sueltan los niños cuando algo los deleita. Al fin sonaron pasos, aproximándose. La puerta ni siquiera estaba cerrada con llave.

"¿Se acuerda de mí?", preguntó Teo apenas la mujer asomó en el umbral.

Después de la sorpresa inicial (nadie está preparado para una visita del tamaño de King-Kong), la dueña de casa sonrió.

"Claro que me acuerdo", dijo. "Usted no es fácil de olvidar. ¡Me acuerdo de los dos, aquella mañana, en la puerta del hospital!", agregó, incluyendo a Miranda.

"Me va a perdonar, pero no retuve su nombre", dijo Teo. "¡Fue un milagro que me acordase de la puerta de su casa!"

"Me llamo Mariela. Y por favor ya no me trates de usted, que me hacés sentir vieja." La ausencia de Pat la intrigaba, pero quizás la puerta no fuese el mejor sitio para formular la pregunta incómoda. "Pasen, por favor."

Miranda gravitó enseguida hacia los niños. La mujer tenía varones de tres y cuatro años, en plena edad del descubrimiento: eran dínamos, no podían detenerse, giraban y gritaban y tocaban y saltaban y se comunicaban entre sí por un lenguaje que era en ocasiones gutural, a veces gestual y casi siempre telepático. Lo sorprendente era que entre sus pocas palabras hubiese tantas en francés: *ici, crayon, méchant.* Miranda aceptó un vaso de jugo y empezó a seguirlos, adoptando de forma instintiva el rol de madre. Los dejaba hacer, interviniendo tan sólo cuando se ponían en peligro, y aceptaba que de tanto en tanto le formulasen preguntas en dos idiomas. Pronto la integrarían a sus juegos. El papel de chaperón no la molestaba; además el gigante le había pedido que lo dejase hablar a solas con la mujer.

Mariela le dijo a Teo que la esperase en el comedor. Volvió al minuto con la jarra del jugo y una hielera. A pesar del otoño en Villa

Ángela se registraban 27 grados de temperatura que el circuito de la ciudad, recalentado de forma permanente, elevaba a 30.

Teo le contó lo que había ocurrido con Pat. Hizo además un breve *racconto* de la historia en común, que tenía la utilidad de explicar por qué no conocía a los padres de Patricia (en la conversación con Mariela, Pat devino Patricia casi de inmediato), y tampoco a amigos ni demás parientes.

"Sos mi único nexo entre Patricia y su pasado", dijo Teo.

Mariela echó un vistazo al patio. Los niños investigaban la rejilla, como si fuese la puerta de entrada a un mundo misterioso. El mayor hurgaba entre las barras del metal con un palito, el esqueleto de un helado de agua que había pasado a mejor vida. Miranda estaba un paso más atrás, asegurándose de que hiciesen nada indebido.

"Si lo que te interesa es el pasado de Patricia, tenés un nexo mucho más importante que yo", dijo Mariela.

"¿Tenés idea de quién es el padre de Miranda?"

"Claro que sí", dijo la mujer, y después volvió la vista a Teo. La expresión de horror que leyó en sus ojos la convenció de que el gigante también sabía. "Tengo una idea bastante aproximada, por desgracia."

"Estás segura de que Patricia es... Pat, *mi* Pat, ¿no es así? Digo, la viste apenas unos segundos después de muchos años, y a lo mejor..."

"Patricia Picón. En aquel momento estudiaba medicina. Hablaba inglés a la perfección, se le notaba por la forma de pronunciar hasta las palabras más tontas, uno lee *blackboard* y dice *blacbor* pero ella no, ella decía..."

"Sí. Esa es Pat, sin dudas. Patricia."

Teo le preguntó dónde la había conocido. De allí en más Mariela habló sin parar. El gigante la interrumpió tan sólo para solicitar alguna precisión. El resto del tiempo se limitó a escuchar, sentado en una silla demasiado pequeña, mientras dibujaba con su dedo el contorno de las hojas que adornaban el mantel de hule.

Mariela conoció a Pat en un campo de concentración de la Armada. Cuando Mariela llegó, Pat ya estaba allí: la habían secuestrado dos semanas antes. Pat confortó a Mariela durante los días que se dedicaron a torturarla, porque ella había pasado por el mismo trámite y sabía de la importancia del consuelo. Su voz la alcanzó en la soledad del cubículo donde la habían arrojado, un agujero al que la venda mugrosa que le impedían quitarse volvía aun más oscuro. Pat susurraba desde el otro lado de la pared, le dijo que tenía que ser fuerte porque todo pasa, hasta el dolor, nada duele para siempre, ¿o acaso no estaba ella allí, vivo testimonio de que uno podía sobrevivir a la picana, a la sed y a los golpes? El dolor era tan sólo la respuesta del sistema nervioso a un estímulo externo, un aviso de alarma que uno podía anular: cuando un timbre suena durante demasiado tiempo uno deja de oírlo, lo ignora, como si no existiese en realidad. Lo importante era tener paciencia hasta que llegase el después, el no-dolor, ese bienestar al que uno siempre ignora porque lo da por sentado hasta que de repente pum, lo pierde y empieza a extrañarlo como loco, el no-dolor se había vuelto tan exótico e improbable como el Paraíso, el Paraíso no era un sitio sofisticado con nubes y angelitos, el Paraíso era tan simple como el no-dolor.

Con el correr de los días Mariela se animó a espiar por debajo de las vendas. Así comprendió que estaban encerradas entre mamparas de madera que el lobo de la fábula habría volteado con tan sólo soplar, nichos armados con precariedad dentro de un salón pelado, una prisión simbólica, no importaba que los muros no fuesen de ladrillo porque lo que estaba cautivo era algo que tenía menos posibilidades de escapar que sus cuerpos, sus almas estaban presas, atrapadas entre maderitas, una obra conceptual en tres dimensiones, un entrecruzarse de planos, una instalación artística sobre el miedo a la libertad.

Descubrió que ella también podía susurrar. Enseguida aprendió que la voz de su consuelo se llamaba Patricia Picón, que tenía veintidós años y que era soltera y muy feliz de serlo. Estudiaba medicina en la Universidad de Buenos Aires, por eso hablaba el lenguaje del cuerpo con tanta fluidez, sabía de su mecánica, de los umbrales del dolor, de su capacidad para soportar y para regenerarse. El cuerpo es de goma, decía Patricia, lo roto se suelda, lo cortado se cierra, lo morado se reabsorbe, podemos tolerar descargas eléctricas y no sufrir más que quemaduras superficiales, hasta los órganos más delicados vienen preparados de fábrica para las emergencias, cuando parte del cerebro se inutiliza hay otra parte que asume sus funciones, el circuito cambia pero todo se reconecta.

"¿Y el corazón?", dijo Mariela que le preguntaba a Patricia, porque había oído que si la electricidad era excesiva podía producir un paro.

El corazón es el más fuerte de todos nuestros músculos, dijo Mariela que Patricia decía, es el motor de un Mercedes Benz, nacido para correr, para durar, una obra de arte, podemos estrellarnos y mutilarnos y aun así bombea, si el corazón fuese una mano y te apretase pulverizaría tus huesos, así de fuerte es, diseñado para soportar el dolor, para durar más que la dedicación de los torturadores, para sobrevivir a la más larga de las dictaduras, el corazón es el mejor de nuestros recursos, ellos tienen armas y tienen picanas y tienen dinero y tienen apoyo nacional e internacional pero nosotros tenemos corazón y al final del día eso es lo que cuenta, lo que nos torna invulnerables.

Mariela no podía decir cuántos días habían compartido en cubículos vecinos, entre la tortura y la inconsciencia y la fiebre era difícil conservar la medida del tiempo. Lo que sí sabía era que Patricia siempre había estado allí, cada vez que volvía en sí descubría que Patricia le estaba hablando, a veces le hablaba del dolor y de lo que debían hacer para superarlo pero a menudo le hablaba de cualquier otra cosa, del ciruelo seco que había en el jardín de su abuela, de los canelones de carne picada que le preparaba su madrina, de una telenovela que se llamaba *El amor tiene cara de mujer*, de la colección de muñecas de porcelana que su madre conservaba, hasta que Mariela reaccionaba y le preguntaba de qué hablás, qué mierda hacés y Patricia le respondía *heart exercises*, ejercicios del corazón, al fin y al cabo era un músculo como cualquier otro y necesitaba mantenerse en forma. ¡Ahí adentro no había espacio para ningún otro tipo de gimnasia!

Cuando se llevaron a Patricia y ya no volvió a verla se desesperó, pensó que la habían matado, pobrecita, no era justo, en cualquier momento la matarían a ella también. En el silencio que producía la ausencia de Patricia, todo lo que Mariela oía era el ir y venir de vehículos en la superficie y los gritos que le llegaban desde las salas de tortura por encima del sonido de la radio, los tipos ponían la radio a todo volumen para disimular, Mariela decía que nunca más pudo escuchar la radio, me pone nerviosa, son voces sin cabeza, siempre ocultan algo.

Ella juraba que había estado a punto de volverse loca, pero a los dos días metieron a otra mujer en el cubículo de al lado y Mariela empezó a decirle que tenía que ser fuerte porque todo pasa, hasta el dolor, ¡nada duele para siempre!, y le dijo que estábamos construidos para resistir y le propuso ejercicios del corazón, los hacían a toda hora, todos los días, hablaban de sus familias, de hombres, de música, eso las mantuvo a flote.

Una vez la mujer de al lado dijo algo en un inglés espantoso. Mariela le preguntó qué le pasaba y la mujer dijo que estaba leyendo algo escrito en las paredes del cubículo, una frase que no había descubierto hasta que empezó a levantarse la venda. Mariela le pidió que se la leyese otra vez, y después una vez más hasta que la música se le metió en la cabeza, debía ser cosa de Patricia. La mujer parecía maravillada por la delicadeza de los trazos, se pasaron horas dilucidando cómo habría hecho para escribirlos (un pincel es en esencia un rejunte de pelos, y pelos les sobraban incluso allí adentro) y con qué. (La tinta es un líquido coloreado, como la sangre que también tenían de sobra.)

En ese punto Mariela se levantó y fue en busca de un libro. Cuando lo apoyó sobre el mantel se abrió solo en la página indicada, ya estaba marcado de tanto recurrir al mismo pasaje. Teo leyó la estrofa que Mariela había subrayado con un bolígrafo:

Come away, O human child!
To the waters and the wild
With a faery, hand in hand,
For the world's more full of weeping than you can understand. [31]

El nombre del poema era *The Stolen Child, El niño robado.*

Mariela dijo que con el paso de las semanas le asignaron tareas a buena parte de los secuestrados. A algunos los forzaban a escribir a máquina, de otros pretendían que los asistiesen en tareas de inteligencia. Ella tuvo la fortuna de que la eligiesen para un trabajo que no comprometía su alma: le tocó la limpieza de su misma cuadra, para lo cual le daban trapos, un cepillo y un balde con agua jabonosa. Fue así que vio con sus propios ojos la inscripción del poema en el cubículo vecino, que por supuesto evitó borrar.

A los dos meses agrandaron su área de influencia, encargándole el aseo de otros sectores. Con inmensa alegría descubrió que Patricia no había muerto.

---

[31] *Apártate, ¡oh niño humano! / A las aguas y a la selva / Con un hada, mano en mano, / Porque el mundo está más lleno de lágrimas de lo que puedes comprender.*

CVIII. Donde se refieren cosas demasiado terribles para formar parte de un título

La habían encerrado en una celda privada. Era un hueco de dos por dos, pero equivalía al Taj Mahal cuando se lo comparaba con los cubículos originales; las paredes eran de material. Además le habían dado un catre de campaña, Patricia ya no tenía que dormir en el suelo helado como todos los demás. Era evidente que le habían concedido privilegios, Mariela vio que había además un libro de poemas y un vaso de plástico con flores secas y hasta un tachito de basura. Pero no quiso hacer preguntas. En esas circunstancias cada uno hace lo que puede, llega hasta donde su alma se lo permite y no da un paso más. Ella no era quien para cuestionar lo que Patricia había pagado para sobrevivir.

El primer día le abrieron la puerta de la celda y la invitaron a entrar. Mariela cargó el agua y los trastos, obedeciendo sin chistar, pero se sorprendió cuando descubrió que la celda estaba ocupada: adentro había una mujer joven, preciosa, de ojos claros y pelo muy corto, sentada en un ángulo de la habitación. Llevaba puesto un vestido estampado, simple pero limpio, y parecía tan sorprendida como ella. Mariela quiso consultar al carcelero, seguro que se trataba de un error, sin embargo el hombre ya había cerrado la puerta a sus espaldas. Era obvio que esperaban que limpiase con la chica adentro, aun cuando por lo general la mandaban a trabajar cuando los internos salían para ser interrogados, para ir al baño o para ya no volver.

Se reconocieron al cruzar las primeras palabras, porque hasta entonces sólo habían sido voces la una para la otra. El abrazo fue prolongado. Era la primera vez que podían tocar a alguien que no fuese sus carceleros, en el campo de concentración los secuestrados tenían prohibido todo tipo de contacto, para eso llevaban las vendas sobre los ojos, ni siquiera debían verse. Mariela elogió lo linda que era y Patricia se puso colorada, dijo que antes tenía el pelo más largo pero que se lo habían cortado cuando la llevaron a la celda, no querían que se agarrase piojos, los bichos son contagiosos.

Cotorrearon todo el tiempo en voz baja, incluso mientras Mariela pasaba el lampazo. Cuando fue evidente que había reparado en el libro y en las flores, Patricia se apresuró a decirle que todavía no sabía por qué la habían llevado allí. Más allá del cambio de escenario y del corte de pelo, Patricia había seguido sometida a su rutina de prisionera, tan sólo interrumpida por las excursiones a las duchas (Mariela se lo hizo notar, las duchas también eran una innovación) y por las visitas del oficial rubio.

"¿Qué oficial?", preguntó Mariela.

"Un chico", dijo Patricia. Enseguida se corrigió, *un tipo,* dijo, la mirada severa de Mariela le recordó que no había chicos entre los marinos, a lo sumo eran tipos aunque ni siquiera fuesen gente: hijos de puta, más bien, secuestradores, torturadores, violadores y asesinos, pero nunca *chicos*. "Al menos creo que es un oficial, por el porte, por la educación, pero en realidad está siempre vestido de civil."

Iba a verla por lo menos dos veces a la semana. Cuando la mandaban a ducharse entendía que estaba por llegar. Lo encerraban con ella, del mismo modo que Mariela estaba encerrada en ese momento, pero el oficial no limpiaba, claro.

"Lo único que hace es hablar", dijo Patricia.

"¿De qué habla?"

"Pavadas. Del clima, de su familia, de fútbol... Al principio creí que estaba haciéndome el entre, tratando de ablandarme, alguna táctica psicológica rara, y yo no decía nada. Pero siguió viniendo, y hablando de tonterías, y jamás hizo pregunta alguna que no fuese qué perfume me gusta, cuál es mi flor favorita, si me gusta leer o prefiero la música... Al final le di un poco de charla, ¡extrañaba las conversaciones que vos y yo teníamos!, total no es un delito hablar de libros, ¿no te parece?"

Mariela terminó la faena y le dijo que se cuidase. Lo del tipo ese, el *chico,* no le gustaba nada.

Patricia le recomendó que no dejase de hacer *heart exercises*, ejercicios del corazón, no fuese cosa que se le pusiese duro como piedra. Y antes de que saliera le dijo que quería hacerle un regalo. Levantó el colchón del catre y le dio una toallita íntima que tenía allí escondida.

"Llevala, tengo más", dijo.

"Ni loca", dijo Mariela, que de todos modos sucumbió a la tentación de olerla; era la primera fragancia floral que experimentaba en muchas semanas. Sintió que le estallaba la cabeza, se había habituado a oler tan sólo humedad y miedo y excrementos. "Si alguien me descubre, capaz que la ligo. ¡Yo no tengo tachito de basura, nena!"

Patricia comprendió que Mariela estaba en lo cierto y le regaló a cambio una flor seca. Aun marchita, tener entre los dedos esa cápsula de color era como haberse adueñado de una joya.

Se despidieron con un beso. Después Mariela golpeó la puerta.

Le abrieron de inmediato. Apenas salió, el carcelero revisó la bolsa de la basura que Mariela arrastraba. Pareció una inspección de rutina, de inmediato el hombre le pidió que se moviese, había mucho que hacer, eso no era un hotel.

Siguió viendo a Patricia con regularidad. Ella le fue confesando más cosas cada vez, que el *chico* era rubio, que tenía ojos claros, que la trataba con cortesía y que seguía sin preguntarle nada raro ni presionarla de forma evidente. Una vez Mariela le dijo: cómo sigue ese papito, y Patricia se puso colorada como aquella vez que le había dicho que era linda, sólo que ahora se enojó, le dijo que no bromeara, el tipo era un milico, andá a saber cuánta gente se cargó ya el oficialito a pesar de su cara de ángel.

Cada vez que Mariela salía de la celda el carcelero revisaba la bolsa de basura. Una vez le pareció que el tipo había encontrado algo raro pero no, era tan sólo la toallita íntima de Patricia, manchada de sangre.

A los pocos días Mariela despertó en medio de la noche. Creyó haber oído un grito, pero le pareció improbable. Esos hijos de puta torturaban en horario de oficina, la noche la dedicaban a otras cosas como todo el mundo. Además ya no podía oír nada, debía haber sido una pesadilla.

Cuando la enviaron otra vez a limpiar la celda, descubrió que Patricia tenía un ojo negro. Cerró la puerta, dejó caer balde y cepillos y le preguntó qué le había pasado. Al instante comprendió que había cometido un error, Patricia reventó en llanto y empezó a gritar, no podía parar, tuvo que taparle la boca con ambas manos e insultarla y sacudir su cabeza, tenía que callarse, si seguía gritando las iban a ir a buscar, las cagarían a golpes y andá a saber qué más, ahí no había permiso para tener ataques, había que cerrar el pico porque si una lloraba iban a llorar todas y ya no podrían parar, *the world's more full of weeping than you can understand*, tenía que ser fuerte, todo pasa, hasta el dolor.

Patricia se calmó al fin y pudo explicar lo ocurrido con frases entrecortadas. El cara de ángel había aparecido en su celda en plena noche, al principïo la trató como siempre pero después le tiró un beso, ella apartó su cara y el tipo se enojó, la trató de cualquiera y se le echó encima y se la quiso coger pero ella gritó (esos fueron los gritos que Mariela había oído) y él la hizo callar de una trompada.

"Podría haber sido peor", susurró Mariela mientras la abrazaba.

Patricia sacudió la cabeza, insinuando que no. Después se levantó el vestido y le enseñó la braga medio desgarrada.

"Yo no me acuerdo", dijo. "Pero igual me duele todo."

Al otro día el oficial volvió a visitarla, a plena luz del sol. Esta vez vestía uniforme. La sorprendió al caer de rodillas, solicitaba su perdón, tenía que comprenderlo, se había enamorado de ella apenas la vio, quería ayudarla para que pasara el tiempo de la mejor forma posible hasta que la dejaran salir, ¿o acaso no le había conseguido la celda privada, no le había regalado el libro que tanto le gustaba? Cuando la liberasen se casarían, pensaba esperar hasta entonces para proponérselo con la formalidad del caso, ese lugar no era bueno para hablar de matrimonio.

"Me imagino que no le habrás creído", dijo Mariela.

"Claro que no", dijo Patricia. Pero la nube de la duda flotaba en sus ojos.

El cara de ángel regresó aquella noche. La buscó otra vez, Patricia volvió a resistirse y recibió más golpes que antes. Como Patricia ya no gritaba, sólo le decía que no y que no y que no, el oficial se enfurecía más. Siguió pegándole aun cuando ya estaba inconsciente.

Mariela la encontró atada al catre y llena de magulladuras, no podía ni hablar, su boca estaba hinchada. Su impulso fue desatarla, al menos durante el tiempo que permaneciese allí adentro fingiendo que limpiaba; pero la habían sujetado con unos nudos especiales y Mariela tenía miedo de no poder repetirlos, me cago en los boy scouts, fui tanto tiempo a la patrulla porque me gustaba un chico de la parroquia y no aprendí ni un puto nudo, decía Mariela con lágrimas en los ojos. Así que se limitó a acariciarla y a peinarla y le dio el agua que quedaba en el vaso de las flores.

Aun sabiendo que se trataba de una imprudencia, Mariela empezó a hacer preguntas. Habló con las mujeres de los cubículos vecinos, habló con el oficial que les servía la comida y con el que le entregaba los artículos de limpieza. La mayoría de ellos no sabía nada. Pero una de las secuestradas lo reconoció, le dijo que el cara de ángel no se llamaba con el nombre que le había dado a Patricia sino de otra manera, ese era el nombre que empleaba cuando se hacía pasar por civil, en los operativos de inteligencia: el tipo no tenía problemas en interpretar a un profesor de escuela secundaria, a un abogado o al pariente de un secuestrado, por su culpa se habían llevado a estudiantes de trece años, a inmigrantes que querían hacer valer sus derechos, a madres que reclamaban por sus hijos. Esta mujer le dijo el verdadero nombre del oficial, que Mariela no reconoció, y le dijo además cómo lo llamaban en la Armada: el Ángel Caído, parece que el tipo tenía aspecto seráfico, tan rubiecito, tan educado, tan entrador.

De allí en más las averiguaciones se le facilitaron. Todo el mundo había oído hablar del Ángel Caído. Era un teniente a quien se le auguraba futuro, porque tenía una formación que le permitía aspirar al mayor escalafón y porque al mismo tiempo carecía de escrúpulos, era capaz de cualquier cosa con tal de llevar a buen puerto una misión. Le contaron mil historias, a cual más espeluznante. La que se le quedó grabada fue la del herrero que había perdido las piernas en un accidente.

Como parte del interrogatorio, el Ángel Caído vendó los ojos y ató las manos del herrero y fingió que lo llevaba hasta lo alto de un edificio. Le dijo que se trataba de su última oportunidad, lo había montado sobre un taburete en el borde de la cornisa y si no confesaba lo empujaría al abismo. El herrero repitió lo que ya había dicho infinidad de veces durante la tortura, que nada de lo que sabía tendría utilidad para su captor. Furioso ante la negativa, el Ángel Caído replicó que esperaba que hubiese tenido una vida completa y fructífera, porque todo pasaría delante de sus ojos en el minuto que lo separaba del suelo; le vaticinó que gritaría en el aire por cada uno de sus fracasos, por cada una de sus claudicaciones, pidiendo por una nueva oportunidad que ya no llegaría. Después pateó el taburete y vio cómo el herrero caía en silencio, estampándose contra el suelo que nunca había dejado de estar a medio metro de distancia.

Cuando el Ángel Caído y sus subordinados dejaron de reírse, comprendieron que el herrero había muerto. Su corazón se había detenido durante el breve vuelo. El Ángel Caído enloqueció, mandó colgar el cuerpo de un gancho, al menos así serviría de algo, les informaría a los torturados sobre su destino ineluctable; pero con el correr de los días hizo lugar a las quejas de su propia gente, que ya no soportaba el olor de la descomposición: el cuerpo desprovisto de piernas también los inquietaba a ellos.

El Ángel Caído siguió visitando a Patricia todas las noches. El ritual se repetía desde el atardecer, el carcelero la llevaba hasta las duchas, después la ataba a la cama y hacía mutis por el foro. A su llegada el Ángel ni siquiera se molestaba en parecer simpático, iba directo al punto, se tendía encima suyo y se concentraba para no registrar los *no, no, no* que Patricia repetía como cantinela, seguía empujando hasta que al fin eyaculaba, se subía los pantalones y salía sin siquiera decir adiós.

A la semana se esfumó. Ya no la visitaba ni de día ni de noche.

Patricia vivía cada atardecer como una condena.

"Era mejor cuando estaba segura de que venía", le dijo a Mariela, que fregaba y fregaba. "Yo estaba preparada para resistir, me ponía la coraza y aguantaba. Pero ahora que no viene siento más angustia que antes. Porque su ausencia me devolvió la esperanza, y ahora que temo que vuelva me mata el miedo de perderla. ¡Nunca imaginé que la esperanza podía ser agobiante!"

Una semana después llegó un tipo que le tomó una muestra de sangre.

Mariela le dijo que a ella no le habían sacado nada, y que tampoco a sus vecinas de cubículo. Pero especuló que debía tratarse de una medida de seguridad, no estaba de más un poco de precaución después de tanto maltrato.

En el fondo Mariela sospechaba otra cosa. Pensaba en las toallitas, en el control del carcelero, en la asiduidad de las visitas sexuales, en el tiempo transcurrido entre la última violación y la extracción de la sangre; las fichas sueltas no decían nada por sí solas, pero cuando se las juntaba sobre el tablero insinuaban una forma inquietante.

Pudo averiguar que el Ángel Caído era casado, llevaba siete años viviendo con una chica de buena familia, un apellido de abolengo que Mariela olvidó enseguida.

Las matemáticas se lo decían con claridad. Siete años de casado y ni un solo hijo.

Con el tiempo se hizo evidente que la práctica de quedarse con niños ajenos, ya fuese secuestrados o nacidos en cautiverio, se había extendido a todas las fuerzas. Pero el Ángel Caído no quiso ser uno más. Quizás porque alimentaba un prejuicio respecto de los niños adoptados, esas cosas de la sangre, si no hay sangre compartida no hay verdadera filiación, no hay familia. (Un prejuicio que Teo no sentía en lo más mínimo.) Quizás porque necesitaba probarse, y probar delante de los demás, que la esterilidad de su matrimonio no se debía a él, la semilla del Ángel Caído era buena, todo lo que necesitaba para producir vida era un terreno fértil, una chica linda, blanquita, que no arruinase los genes angélicos con una cepa demasiado divergente.

Los temores de Mariela se confirmaron pronto. Un día encontró flores frescas en la celda y una bandeja que hablaba de un almuerzo de extraña abundancia. Se lo preguntó a quemarropa, estás embarazada, así sin signos de interrogación porque Mariela ya intuía la respuesta. Patricia le dijo que sí, y le dijo algo más. El Ángel Caído había vuelto.

El tipo había hecho la parodia del enamorado, le llevó flores y le dijo que lo había convertido en el hombre más feliz del mundo, siempre había soñado con tener un hijo, ahora la iba a cuidar más que nunca, tenía que comer por dos, tenía que descansar, cuando el hijo llegase se casarían de una vez y vivirían juntos en un departamento como la gente, lejos de toda esa mugre.

Mariela no se animó a cuestionar esas promesas. Patricia se veía bien, sonreía como si la hubiesen contratado para promocionar un dentífrico, no dejaba de sonrojarse. Si la esperanza que anidaba en su vientre le daba ánimos nuevos, ¿quién era ella para estropeárselos? ¿Qué sentido tenía decirle quién era el Ángel Caído y qué pretendía, cuando no existía posibilidad alguna de modificar la realidad?

"Ya sé que es una locura", dijo entonces Patricia, como si le leyese la mente. "No le creí nada ni se lo creo ahora, no quiero casarme con él, ¡ni siquiera soporto la idea de que me toque! Para mí es un demonio, el tipo está enfermo, primero me corteja, después me viola como si fuese un pedazo de carne, después me trae flores... ¡No tiene registro de las barbaridades que hace, es un inimputable! ¿Vos te creés que yo alimento la idea de un futuro con él? La sola idea me produce náuseas. Y al mismo tiempo siento... alegría. ¿Será consecuencia del desarreglo hormonal? ¿O será que me alegra la certeza de que voy a vivir otros siete, ocho meses, gracias a... lo que llevo acá, dentro del vientre? ¿Puede alguien sentir una alegría tan egoísta, tan desesperada? ¡A veces tengo miedo de volverme loca!"

Mariela la consoló, le dijo que viviese un día a la vez, que por ahora aprovechase la circunstancia y comiese bien y se pusiese fuerte, que después verían.

No hubo ningún después para ellas. Los carceleros cambiaron a Mariela de sala y la despojaron de sus tareas; entonces comprendió a qué se refería Patricia cuando decía que no hay nada peor que alimentar la esperanza para volver a perderla.

Lo poco que supo de Patricia de allí en más se debió a los oficios de la mujer que ahora limpiaba en su lugar. El embarazo progresó sin contratiempos. Patricia estaba hecha un sol, por lo gorda pero también por lo luminosa. Le mandaba besos y le decía que no dejase de hacer ejercicios del corazón, el chisme circuló, sus compañeros de cautiverio empezaron a creer que Mariela tenía problemas cardíacos, un día apareció un médico de la Armada para revisarla. A veces pensaba que esa enfermedad imaginaria le había salvado la vida, que Patricia había estado en lo cierto, el corazón la había vuelto invulnerable. Pero entonces pensaba en la chica embarazada, en la felicidad que no lograba explicarse, y se preguntaba si Patricia no habría hecho demasiados *heart exercises* para su propio bien.

Ante las primeras señales del parto se la llevaron de allí. Mariela no supo más de ella. Pensó lo obvio: que el Ángel Caído se había quedado con el chico y que Patricia había sido asesinada, como le ocurrió a tantas otras que dieron a luz en cautiverio.

Meses después llegó hasta sus oídos una historia apócrifa (en la que jamás había vuelto a pensar, qué curioso, pero que ahora había recordado, en presencia de Miranda), sobre una prisonera embarazada que había roto bolsa de manera prematura. Como el hecho ocurrió a medianoche, la habían subido a uno de los patrulleros con la intención de trasladarla a un hospital. Pero el parto tuvo lugar a mitad de camino, en plena ruta. La prisionera dio a luz sobre la banquina. Después le pidió un trapo al soldado que la asistía, que usó para anudar el cordón umbilical ya que carecían de objeto alguno para cortarlo; el otro militar, que hacía las veces de chofer, se había alejado de la ruta, descompuesto por el espectáculo de la sangre.

Lo excepcional de esta historia no era la sordidez del escenario, moneda corriente de aquellos años, sino su resolución: conmovido por el alumbramiento, el soldado habría desertado después de permitir que la mujer escapase con su criatura. Mariela desconfió del cuento porque no conocía nada parecido a la piedad en sus captores, el leñador que libera a su víctima era algo que sólo ocurría en *Blancanieves y los siete enanos*, acá los leñadores sabían que un gesto semejante les costaría la vida. Además, en el país del miedo, ¿quién se habría animado a darle asilo a una mujer semidesnuda y sangrante, abrazada a un bebé al que todavía la unía su cordón? Tal como le había sido referida, la historia se parecía demasiado a un milagro, a esas conversiones privativas de los Evangelios; y fue por eso que jamás la asoció con Patricia.

Con el tiempo Mariela fue liberada, se casó en Francia con un chaqueño que también estaba exiliado y llegaron los dos niños. Cuando el régimen cayó quisieron volver pero no a Buenos Aires, para Mariela esa ciudad era una versión magnificada del cementerio de la Chacarita, veía muerte por todas partes. Villa Ángela fue una opción lógica, que al menos ponía feliz a su marido. Su sorpresa fue enorme cuando se encontró con Patricia en la puerta del hospital, de la mano de una niña, ¡y escoltada por un gigante!

El silencio se apoderó del comedor de la casa. Después de haber estado mirando el mantel de hule durante tanto tiempo, Teo empezó a verlo: ahí estaban las hojas de la parra, y las uvas negras, y la filigrana de los sarmientos, un diseño repetido a lo largo de toda la mesa. Después levantó la vista y miró alrededor, los muebles eran sencillos, los cuadros eran todos robados de una enciclopedia en fascículos sobre los impresionistas, Manet, Monet, Van Gogh, el resto eran fotos familiares, el casamiento, los dos niños de bebés, el telón de fondo de París. Con la cabeza todavía embarullada por el relato de Mariela, Teo no lograba discernir qué era más irreal: si la historia de crueldades dignas de Barba Azul, o la calma chicha de ese living de clase media venida a menos.

En el patio Miranda cantaba ante un público extático. Era una melodía que Pat le había enseñado, una canción en inglés que hablaba de una sirena. La sirena se enamoraba de un joven y decidía llevárselo a sus dominios. En su rapto egoísta, olvidaba que el joven no podía respirar bajo el agua y lo perdía para siempre. Los niños no entendían palabra de lo que Miranda cantaba, pero aun así el hechizo funcionaba igual: se habían sentado a sus pies con las piernas cruzadas, no movían ni un solo pelo de sus flequillos.

"Debe ser verdad eso de que la música calma a las fieras", dijo Mariela, fascinada. "Es ella, ¿no es cierto? Se parece mucho a... *él*. ¡Y sin embargo es tan distinta!"

"Miranda es un sol. Tiene un alma que iluminaría el universo entero."

"Que Dios la ilumine a ella, en ese caso. Es lo menos que puede hacer ese viejo de mierda", dijo Mariela. "Y que te dé una mano a vos también, de paso. Porque si tu intención es protegerla de su padre y de todo lo que representa, vas a necesitar poderes celestiales."

CIX. Sobre las tribulaciones de Teo durante el viaje de regreso, y sobre el sentido de un poema

Apenas emprendieron el regreso empezó la lluvia de insectos. Se estrellaban contra el parabrisas como kamikazes, *pac pac pac*, estallaban con un ritmo irregular, parecido al de (*pac*) los números primos, uno no sabe dónde van a aparecer pero (*pac*) sabe con certeza que aparecerán, los números primos tienen (*pac pac*) su propia lógica aunque nadie haya logrado descifrarla todavía, cuando (*pac*) se traslada la secuencia de esos números a la notación músical lo que suena es ruido blanco, la música del caos, existe una armonía secreta dentro de ese ruido, una (*pac*) armonía que los oídos convencionales no saben oír, los matemáticos se entrenan para oírla, Riemann lo logró en parte, por algo lo llamaban el Wagner del mundo matemático, todavía no apreciamos la armonía pero sabemos que está, eso es bastante, algún día aparecerá el par de orejas indicadas y (*pac*) entonces (*pac*) entenderemos qué quería decirnos el universo todo este tiempo, porque tenemos los números, tenemos la secuencia, tenemos la música, ¡tenemos todo lo que necesitamos!, pero aun así no lo entendemos.

Cerraron las ventanillas a pesar del calor, los bichos que erraban al parabrisas se metían adentro y Miranda se asustaba. Había mosquitas pero también libélulas y algunas langostas de aspecto coriáceo que viajaban desde el inicio de los tiempos: al gigante le dio trabajo matarlas, resistían sus mamporros como si fuesen de hierro. Para peor el limpiaparabrisas no barría a los insectos, sólo desparramaba la baba verde. Teo no tuvo más remedio que detener la marcha, se envolvió la cabeza con una camisa y salió a enfrentar el chubasco, limpiando el vidrio con un trapo empapado en agua mineral.

"¿Cuánto falta?", preguntaba Miranda a cada rato.

Estaba muerta de calor. Ni siquiera le quedaba el alivio del agua, que el gigante había gastado sobre el parabrisas.

Teo condujo cientos de kilómetros sin pronunciar más palabras que las necesarias. Ni siquiera oyó cuando Miranda le decía que ya no había más bichos, que podían bajar las ventanillas y respirar otra vez: su cabeza se había ido muy lejos.

Estaba empeñado en sentirse satisfecho, el viaje había valido la pena, al final había logrado su objetivo, ya sabía todo lo que había que saber sobre Pat, tenía los números y tenía la secuencia, podía oír la música. Deseaba llegar a Bariloche para enfrentarla y decirle ya lo sé, sé todo lo que me ocultabas, ¡soy un gran detective! Ahora sé por qué mentías sobre el padre de Miranda, por qué la cuidabas con tanta obsesión y por qué saltabas de pueblo en pueblo. Ahora sé por qué escapabas del mar y de las fronteras. Ahora sé por qué te enterrabas en la cocina, aun cuando no tenés un pelo de ama de casa. Ahora sé por qué te dabas tanta maña con los primeros auxilios. Ahora sé por qué detestás la radio. Ahora sé por qué no querés comprar un televisor, no querés que te muestre al Ángel Caído, su carota asomando en el living. Ahora sé por qué te cosiste la boca. Y hasta sé por qué quisiste matarte. Cuando apareció en el loquero sentiste miedo de decírselo, miedo de que te torturase otra vez y esta vez sucumbir, miedo de entregarle a la nena porque ya no tenés más fuerzas para escapar, estás cansada, vos misma me lo dijiste, no doy más, Teo, te juro que no doy más. Yo lo sé todo ahora, tengo los números y tengo la secuencia y tengo la música pero aun así no estoy más cerca de entender, estoy más lejos todavía, a miles de kilómetros, en medio de la nada.

"¿Cuánto falta?", insistía Miranda.

"Mucho. Hay que aguantar."

Durante el relato de Mariela los recuerdos de su propia vida lo habían visitado sin pedir permiso, formas breves y fulminantes, langostas sobre el parabrisas de su mente. La superposición de ambas historias le había revuelto el estómago. Mientras Pat era torturada y violada y se convertía en madre sin desearlo, él había llevado adelante la más anodina de las vidas. Se preguntó cuántas veces se habría aproximado en colectivo al sótano en que estaba encerrada, mientras silbaba una canción de Jethro Tull o usaba la calculadora científica o pensaba en alguna chica tan convencional como él.

Teo deseaba creer que su historia y la de Pat eran paralelas, al punto de haber transcurrido en dos universos que aunque simultáneos, no podían ser más diferentes. Pat había vivido en un universo donde los cuerpos se trenzaban en batalla interminable, hasta matar o morir; un mundo que sólo podía estar regido por una deidad embrutecida por la sangre. En cambio Teo vivía en un universo que existía en el interior de su mente, donde se había exiliado. (Había viajado a otro sitio sin moverse de su lugar, como la señora Pachelbel.) El suyo era un lugar de formas duraderas, regido por un Gran Dios a quien sólo le interesaban las matemáticas y de quien Riemann era profeta. En aquel entonces se había imaginado como un lobo estepario, viviendo al margen de la realidad: incontaminado. Ahora no podía evitar la sospecha de que ambos universos no habían sido independientes el uno del otro, ni sus líneas paralelas; se habían complementado, más bien, como los trazos que delimitan una figura geométrica. Cualquier cambio de una de las líneas hubiese supuesto cambio en la otra. Pero Teo se negó a producir cambio alguno dentro de su universo, declinó la oportunidad de modificar su línea. En consecuencia, había condenado al universo de Pat a seguir su derrotero inalterado.

¿Puede alguien atravesar el infierno sin quemarse? Teo había creído salir indemne de la experiencia de la dictadura, como aquel que despierta de un mal sueño: nada que no pudiese ser lavado con un poco de agua fría. Poco después ocurrió la explosión y sus hombres murieron pero Teo no quiso vincular ambas experiencias, prefirió jugar al tonto y hacer de cuenta que un número no tenía nada que ver con el otro, sin embargo la secuencia lo delataba, *29 – 31 – 37 – 41 – 43 – 47 – 53*, en el fondo Teo sabía que los números estaban relacionados aunque no terminase de explicarse cómo. La aparición del número siguiente había sido tan sólo cuestión de tiempo, Teo había sabido que el próximo *pac* sobre el parabrisas iba a llegar y al fin llegó, ahora estaba casado con una loca y figuraba en los registros como padre de una niña que no era suya, qué responsabilidad, *crap shit fuck* como diría Miranda. Hubiese querido fingirse sorprendido pero no podía estarlo, la lógica de la secuencia lo acorralaba.

Por eso ahora que se enfrentaba a la evidencia sentía miedo, nada le preocupaba más que el próximo *pac* sobre el parabrisas, la secuencia se lo anticipaba, urgía llegar a Bariloche para decirle a Pat que había tenido razón al no confiar en él, Teo era el gigante que no estaba a la altura, esto es demasiado para mí, la nena es divina pero esta historia es *too much*, a lo mejor hubiese podido lidiar con una nena común y corriente pero Miranda es otra cosa, Miranda es el tesoro que el Ángel Caído busca, la secuencia me dice que no es cierto que atravesé el infierno, al contrario, sigo acá, estoy en el dormitorio de Satán y acabo de robarme su tridente, este lugar está lleno de sus sicarios, el Ángel Caído va a descubrir que tengo su tesoro, necesito asegurarme de que el próximo *pac* no sea mi último *pac*.

Tardó en comprender que ese crujido que había empezado a molestarlo era el del volante bajo sus dedos: estaba perdiendo la batalla, el miedo se apoderaba de su alma y al no hallar resistencia lo empujaba al abismo del pánico. En ese estado de indefensión dejó de sentir como suyo el dolor de Pat y empezó a verla como el enemigo, enseguida tuvo ganas de agredirla, la culpaba de todo, quería decirle hija de puta, vos me secuestraste a mí, me metiste en el brete, sabías que si me decías la verdad me iba a ir a la mierda, cualquier tipo con dos dedos de frente lo habría hecho, ya sé lo que vas a argumentar, vas a decir que trataste de avisarme, mirá que yo traigo problemas, dijiste, mirá que yo soy una *banshee* y sólo auguro desgracias, pero cuando me lo dijiste estabas en bolas y los tipos no razonamos con mujeres desnudas.

Su cabeza funcionaba a una velocidad frenética, Teo ya había llegado a Bariloche aun cuando la camioneta no, en el escenario de su mente se animaba a zarandear a Pat con su cuerpo de bestia aunque ella estuviese débil e indefensa, ya sé que nunca hablaste de casarte, le decía, ni siquiera sugeriste que adoptase a Miranda, esa culpa es toda mía, el Síndrome del Caballero Andante, eras una dama en apuros y yo creí que podía salvarte pero no puedo, Pat, una cosa son los héroes de mis libros y otra cosa soy yo, ni siquiera estoy seguro de poder salvarme a mí mismo, la secuencia me está jugando en contra, necesito alterarla y no sé cómo, en realidad sí lo sé, el lobo me lo dijo pero yo no me animo, la divisa que llevo en mi escudo dice *Teo teme*, ¿o todavía no te diste cuenta? Vos me ves inmenso pero yo me siento insignificante, soy nada, no puedo vadear el río, no soy San Cristóbal, soy el escorpión que se ahoga junto con la rana, no pude salvarte a vos y no creo que pueda salvar a Miranda, yo también transpiro sangre, le tengo miedo al próximo *pac*, yo no quiero sufrir, yo no quiero morir, ni ahora ni nunca.

"¿Cuánto falta?", dijo Miranda una vez más.

Al caer el sol descubrieron que había un grillo adentro de la camioneta. Empezó a sonar a todo volumen, como si celebrase la supervivencia al sacrificio ritual contra el parabrisas. Teo le pidió a Miranda que lo buscase, pero la niña no parecía muy dispuesta a toparse con el bicho.

"¿Querés que lo saque?", preguntó Teo.

"¿Los grillos pican?"

"No. Cantan y nada más."

"Entonces dejalo, pobrecito."

Teo se metió en el primer pueblo que les salió al paso. Eligió un hotel que tenía televisión en las habitaciones, a Miranda le gustaba mirar la tele desde la cama, cualquier cosa, hasta los noticieros y los predicadores de la madrugada.

Después de cenar caminaron un poco. El mundo exterior seguía su marcha, ajeno al drama que los había arrojado a los caminos. Teo observaba a la gente desde afuera, como si habitasen un universo distinto del suyo. Sentía que al aferrarse a sus vidas convencionales, esa gente se negaba a incidir sobre su universo; que al conservar sus líneas inalteradas lo condenaban a permanecer igual. Miranda, en cambio, hallaba deliciosa a la gente. Contemplaba hasta sus más mínimos gestos, que le parecían cargados de sentido. Ella descubría belleza hasta en la forma en que el camarero agarraba la cuchara para servir sus fideos, o en la técnica que empleaban los chicos para pegar afiches en la calle; donde Teo sólo veía el gesto mecánico, Miranda reparaba en el toque personal que convertía a ese acto en uno que no se parecía a ningún otro.

Teo se preguntó cómo reaccionaría si supiese que estaba considerando dejarla.

El gigante podía comprender y aceptar lo que le había ocurrido a Pat: era una mujer que había hecho uso de su libertad y había sido arrollada por el tren de la Historia, la secuencia de sus números era clara al respecto. También comprendía y aceptaba lo que le había ocurrido a él mismo: era un hombre que había hecho mal uso de su libertad, no había prestado la debida atención a la secuencia de su vida, ¡no había pensado!, y ahora estaba pagando las consecuencias. ¿Pero cómo comprender y aceptar lo que le ocurría a Miranda? Aquí la secuencia de números se le escapaba, disolviéndose en el aire; la armonía se rompía en sus oídos. ¿Qué clase de universo les había tocado en suerte, donde se castigaba a una niña inocente dándole un monstruo por padre, y para peor después se la privaba de madre: la única protección con que había contado en este mundo?

Teo no se hacía ilusiones. Sabía que era difícil que Pat se recuperase, en el hospital habían sido claros; y aunque recobrase las fuerzas su condición mental no auguraba grandes cambios, al psiquiatra le encantaba emplear la palabra *irreversible*. Además Teo era consciente de que nunca podría disimular el vacío que la ausencia de sus padres produciría en Miranda. ¡Su tamaño era enorme, pero no tanto como para tapar ese agujero! Por más que Miranda lo adorase y que la señora Pachelbel y Dirigibus funcionasen como familia, y aun cuando los padres de Pat regresasen a la Argentina y asumiesen su rol de abuelos, la niña llevaría consigo ese dolor durante el resto de su vida. Acababa de ponerse de pie y ya le habían dictado condena a trabajos forzados, una secuencia arbitraria e injusta que lo sublevaba, le daba ganas de salir a matar: ese tamaño suyo tenía que serle útil alguna vez.

Pero no había nadie a quien matar. Ninguna muerte salvaría a Miranda de su destino, ni siquiera la del Ángel Caído.

La niña se durmió enseguida en su cama de una plaza, roncaba bajito. En la televisión un pastor explicaba el funcionamiento del purgatorio.

Teo revisó su equipaje hasta que encontró lo que Mariela le había dado. Era un trozo de papel recortado con los dedos, que se había caído del libro de poemas cuando Teo se lo devolvió.

Mariela lo había recogido del suelo con delicadeza, como si se tratase de una reliquia.

"Me había olvidado de que lo tenía", confesó mientras releía el papel. "Yo le había preguntado a Patricia por los versos pintados en la pared, esos que mi nueva compañera me había leído en voz alta. Ahí me dijo que eran de un irlandés. William Butler Yeats. Me deletreó el apellido y todo porque según ella era fácil confundirse, ojo que no es Yates, es Y-e-a-t-s. Era su poeta favorito, o el de su madre, no estoy segura. Cuando al final me liberaron, una de las primeras cosas que hice fue meterme en una librería y comprar los *Poemas completos*. Los llevo conmigo desde entonces. Cada vez que veo el libro me da un vuelco el corazón porque lo asocio a mi libertad, a la alegría que sentí al regresar a la vida."

Mariela le entregó a Teo el trozo de papel. Las pinceladas eran delicadísimas y habían sido dadas con una tinta color ocre que sin dudas no era tinta. Teo leyó los versos escritos con perfecta caligrafía:

May she become a flourishing hidden tree
That all her thoughts may like the linnet be,
And have no business but dispensing round
Their magnanimities of sound.
...
If there's no hatred in a mind
Assault and battery of the wind
Can never tear the linnet from the leaf. [32]

"Pasaron los meses, el embarazo avanzó y el pelo de Patricia contribuyó otra vez con la fabricación de un pincel", había dicho Mariela. "Una tarde... fue una de las últimas veces que la vi, sólo que entonces yo no podía saberlo... me regaló este papelito. Yo estaba emocionada, pensé que nunca nadie iba a volver a regalarme nada en la vida. Y ella me dijo, *vos guardalo, algún día te vas a acordar de mí.* Yo le retruqué, no digás pavadas, vas a ver que las dos vamos a salir de acá, ya nos encontraremos afuera y hasta nos vamos a reír de todo lo que pasamos mientras tomamos mate y organizamos otra revolución, tenés que ser fuerte, hacer más ejercicios que nunca porque ahora tenés dos corazones a falta de uno, ahí adentro hay dos corazones y el más chiquito necesita crecer sano. *Por eso mismo te pido que lo guardes,* me dijo, y yo hice un rollito finito finito con el papel y me lo escondí dentro del pelo, y cuando al final me liberaron fue lo único que me llevé conmigo, además de las cicatrices. Con el libro en la mano busqué el poema y lo encontré, claro, el poema es más largo, lo ubiqué y lo subrayé", dijo Mariela, que había empezado a llorar.

Entonces se secó las lágrimas con el dorso de la mano y agarró los *Poemas,* pasaba páginas mientras sus ojos seguían comportán-

---

[32] *Que pueda ella convertirse en un floreciente árbol oculto / Que todos sus pensamientos sean como los del jilguero, / Y que no acometa más tarea que la de desparramar en todas direcciones / La magnanimidad de su sonido... Si no existe odio en una mente / El asalto y la carga del viento / No lograrán que el jilguero sea arrancado de la hoja.*

dose como regaderas. "Mirá vos, lo había olvidado por completo", dijo. "Ni siquiera me di cuenta cuando me los encontré aquella vez y entendí que la nena era suya. ¡...Acá está! Fijate cómo se llama. El poema no era para mí, ahora lo entiendo. ¡Por eso quería que lo guardara! ...Disculpame, necesito ir al baño."

Mariela le dejó el libro y se fue.

El poema de Yeats se llamaba *Una plegaria para mi hija.*

CX. Antes de llegar a casa, una parada final

Viajaron durante tres días. A medida que se acercaban a Santa Brígida, Teo disminuía la velocidad. Parecía determinado a poner a prueba la aporía que especula sobre la imposibilidad de llegar a un punto determinado: devoraba kilómetros pero el espacio entre él y su objetivo seguía siendo infinito.

Uno de los médicos le dijo por teléfono que Pat estaba inconsciente; su corazón batía con el ritmo de las alas de un colibrí. Teo ignoraba qué ocurriría con su propio corazón cuando volviese a verla (si es que volvía a verla, se corrigió), ahora que sabía de las tormentas que había atravesado hasta naufragar en esa cama. Le parecía que habían transcurrido siglos desde que pensó en Pat como la cobarde que los abandonaba. Pat no los había abandonado, se había sacrificado para no hablar. Al ensañarse con su vida, había incendiado el único puente que existía entre Miranda y el Ángel Caído.

Teo estaba convencido de que el marino vigilaba el hospital. Después de descubrir a Pat en el Belvedere resultaba lógico que hubiese establecido una guardia sobre el lugar, y en consecuencia debía haberse enterado del intento de suicidio. Teo entendía ahora que ninguna de las precauciones de Pat había sido caprichosa. El hombre seguía en contacto con el poder, tal como lo había demostrado el fax que llegó a manos de Farfi. Y a pesar de que sus crímenes eran *vox populi*, todavía no había sido juzgado ni conocía el interior de una prisión común. Debía tener gente de confianza en todas las fronteras, en puertos y aeropuertos —y en todas las ciudades.

Le recomendó a la señora Pachelbel que no volviese a visitar el hospital, y que se asegurase de que los demás se atuviesen también al consejo. No le dijo mucho por teléfono (era posible que los estuviesen oyendo, los servicios de inteligencia seguían respondiendo a la influencia de los militares), pero sí subrayó que podía ser peligroso para ellos y que no deseaba exponerlos. Por último le pidió que apenas cortase la comunicación, fuese hasta la centralita para solicitar que cambiasen su número. La mujer protestó pero

Teo fue terminante: ese teléfono era el único lazo que ligaba a Pat con alguien del mundo exterior; el Ángel Caído no podía tardar mucho en averiguarlo.

Teo pensaba dejar a Miranda en Santa Brígida, donde no le faltarían cuidados. Después cargaría sus cosas en la camioneta y se iría. Su intención era salir del país lo antes posible, el Ángel Caído acabaría enterándose de que Pat se había casado y prefería no estar a su alcance cuando lo picase la curiosidad: no quería ser la flecha que lo condujese hasta Miranda. (Tampoco quería convertirse en otra víctima del Ángel Caído; le resultaba difícil determinar cuál de sus dos motivos era más perentorio.) Siempre había soñado vivir en alguna isla del Caribe francés, una cabaña, un bote: no necesitaba otra cosa. Allí podría enseñar matemáticas, las matemáticas son iguales en todos los países, no tienen color de piel ni mudan por motivos políticos; eran la clase de fe que le gustaba propagar.

Suspendió su ensoñación para detenerse en una estación de servicio.

"¿Otra vez?", dijo Miranda. "¡Es la cuarta en el día!"

"Cuando vos te meás encima, yo paro, ¿o no? ¡Los gigantes también tenemos derechos! Dale, abrigate y bajemos. ¡No te olvides de tu gorro!"

Miranda obedeció, ya habían llegado al sur y hacía frío otra vez, pero no dejó de expresar su protesta:

"¡Yo no quiero hacer pis!"

"Tampoco te vas quedar sola acá adentro. Hagamos como siempre: yo te aviso cuando el baño de señores esté vacío y vos me esperás al lado de los lavatorios."

Pero el baño de caballeros parecía una convención de incontinentes.

En realidad Teo no tenía ganas de orinar, todo lo que había hecho era recurrir a la excusa más elemental para posponer un poco más la llegada a Santa Brígida, pero había quedado atrapado por su propia mentira. (Que al ser mentira a medias había pasado desapercibida bajo el radar de Miranda, o al menos eso parecía.) No le quedaba otro remedio que inventar una solución de compromiso.

Encerró a Miranda en la camioneta y le dijo que no le abriese a nadie.

El sitio olía a nafta y a goma recalentada incluso en el interior de los baños.

No tardó más de cinco minutos, pero cuando regresó ya no encontró a Miranda en la camioneta. Una de las ventanillas estaba abierta por completo.

Miranda caminaba rumbo al límite de la explanada de cemento. Teo la ubicó enseguida. Vestida con todas las capas de ropa que le había echado encima parecía el muñeco de Michelin. Le sorprendió su gesto: llevaba ambas manos entrelazadas a la altura de su pecho, como si estuviese rezando.

Era la hora mágica, ese breve pasaje en que la noche se demora a pesar de que el sol ya se ha escondido. Miranda se detuvo al borde del manto de cemento y se puso en cuclillas, mirando hacia el bosque que se abría más allá, detrás del pastizal había un arboleda de alerces, pinos y coihues. Se quedó así un instante, con las manos todavía entrelazadas; estaba en el filo entre dos mundos.

"¿Qué hacés?", preguntó Teo.

Miranda se asustó, el gigante la había sorprendido. Cayó de rodillas, pero aun cayendo se cuidó de no abrir las manos. Así comprendió Teo que Miranda guardaba algo dentro del hueco que formaban.

"¿Qué llevás ahí?"

"Al grillito", dijo Miranda, poniéndose de pie.

"¿Todavía está vivo?"

"Empezó a cantar apenas te fuiste."

Miranda acercó el ojo al hueco, tratando de ver al grillo.

"Pensé que te daba miedo."

"Un bicho que canta no puede ser malo."

"¿Y qué pensás hacer?"

"Lo voy a soltar acá, que hay pasto. Yo me lo quedaría, pero se va a morir de hambre en la camioneta. ¡No creo que le guste la mortadela!"

El gigante le dijo que se despidiese tranquila. Podía hacer buen uso de ese tiempo, dedicando un rato a pensar en sus propias despedidas.

Se fumaría un cigarrillo entre los árboles mientras vigilaba a la nena. ¿No resultaba paradójico que la estación de servicio estuviese repleta de carteles con la leyenda *non smoking area* y que el bosque no tuviese ni siquiera un aviso de prohibición?

Había pensado en escribirle una carta. Era la mejor solución, Miranda no tenía poderes para medir la sinceridad de la letra escrita. Le dejaría el ejemplar de *Copperfield* (allí había un huérfano que aprendía a salir adelante, con la única ayuda de su indomable espíritu y de la amabilidad de los extraños) y metería la carta entre sus páginas, sería un texto simple, le diría que la adoraba y que estaría en contacto. Si la culpa al momento de escribir le resultaba atroz, cargaría un poco las tintas y le explicaría que se iba para protegerla, ¡lo hacía para confundir a sus perseguidores!

Entonces recordó la frase que había enojado a Pat aquella primera vez. *Malefacere qui vult, numquam non causam invenit:* quien quiere hacer el mal, siempre encuentra justificación. La lanza que había arrojado regresaba, buscando su corazón.

Así cavilando llegó hasta el primer coihue. Encendió el cigarrillo, fumaba con cierta regularidad desde que Pat quedó internada, era una forma infantil de sentirla cerca. La lumbre del fósforo iluminó las marcas.

Había una serie de tajos sobre la corteza, en grupos de tres. Podían ser obra de un tenedor, de un pequeño tridente, de un rastrillo, de un avezado lanzador de cuchillos o de un perro muy cuidadoso con su *manicure*. Pero el cuerpo de Teo no dudó ni un instante y se echó a transpirar como un tuareg. Tuvo que apoyarse contra el árbol para liberar a las rodillas de parte de su carga. Un instante después se había echado a reír, no le quedaba otra, parecía una joda, estaba meado por los perros —¿o debía decir *por los lobos*?

Miró la fecha que constaba en su reloj e hizo el cálculo rápido, faltaba poco para que se cumpliese el año y medio del primer encuentro. La bestia maldita había tenido razón, los dioses jugaban con los hombres como pelotas.

"¿Te sentís bien?", preguntó Miranda, asomando a su lado.

"¿Y el grillo?"

"Ya lo solté. Se está despidiendo, ¿no lo oís?"

Teo oía el frotar de muchas alas, pero Miranda identificaba a su grillo en medio del concierto generalizado.

"¿En serio estás bien?"

"Quería darte algo", dijo Teo. Y le entregó el papel que había guardado en la billetera, junto al viejo dibujo del mandala y la lluvia de estrellas.

"¿Qué es?", preguntó Miranda.

"Algo que tu mamá escribió para vos hace mucho tiempo, cuando todavía no habías nacido."

Miranda hizo un esfuerzo para leer en la semipenumbra.

"¿Qué significa *linnet*?"

"No estoy seguro. Pero por el contexto me parece que es un pájaro."

La niña llegó enseguida al final del poema y buscó los ojos de Teo, como si esperase algo más.

"¿Te gustó?", preguntó el gigante.

"Ahá. ¿Qué quiere decir?"

"Es... ahm... una poesía, que escribió un tal Yeats, tu abuela se la enseñó a tu mamá y ahora tu mamá te la pasa a vos."

"Sí, pero, ¿qué quiere decir?"

Teo tiró el cigarrillo y se rascó la barba.

"Es como... uhm... una expresión de deseo, algo que... ergh... tu mamá sueña, o quiere para vos, cuando..."

"¿Y qué significa *magan... magnam...*?, "preguntó Miranda, luchando con la extensa palabra.

"*Magnanimidad.* Es algo... un decir como... psttt", dijo Teo y abrió ambos brazos como si pensase abarcar al mundo.

"No importa", dijo Miranda y le tendió la mano con el papelito. "Me lo explicás otro día."

Se quedaron así un instante, la niña ofreciendo el poema y el gigante negándose a guardarlo.

Algo percibió Miranda en la duda de Teo que la movió a recoger su bracito.

"...O-*key*. Me lo guardo yo, si querés", dijo, bajando la vista.

Teo se arrodilló delante suyo y agarró el papelito, pero Miranda no lo soltó.

"¿Te vas a ir?", preguntó sin mirarlo.

La niña era un detector humano de mentiras. Le resultaría imposible engañarla.

"Sí", respondió Teo. "Te voy a dejar en Santa Brígida y me voy a ir."

Miranda no dijo nada, apenas suspiró con arte propio de un Dirigibus. Se estaba conteniendo para no llorar, para no presionarlo con sus lágrimas, para permitirle la salida elegante que Teo había estado preparando durante el viaje. Miranda no discutiría, ella sabía que era una cruz que él no tenía por qué cargar, estaba seguro de que ni siquiera lo juzgaría cuando se fuera, se quedaría ahí quietita de la mano de Vera o de Dirigibus o de la señora Pachelbel, los ojos opacos buscando el suelo, aceptando el golpe con resignación. Así era ella, ¡hasta Pachelbel lo reconocía!, una nena tan considerada, el ramo de flores con que Dios había intentado recuperar nuestra gracia, menos mal que Pat estaba inconsciente, si hubiese estado despierta lo habría incendiado con la mirada, era el gigante más pequeño del mundo.

"Voy a ir a Bariloche. A ver a tu mamá", dijo entonces. "Extraño a Pat, la amo, la necesito y quiero saber cómo está. Y después voy a volver a casa y te voy a contar cómo la vi mientras me ayudás a limpiar la cabaña. ¡Debe haber una mugre de locos!"

Miranda soltó el papelito y se colgó de su cuello. El gigante le devolvió el abrazo, era como aferrarse a una almohada llena de plumas; una almohada con trenzas.

"¿No oíste lo que me dijo el lobo, allá en el circo? No te alejes de la nena, me dijo. Yo seré medio lelo como todos los gigantes, pero no soy sordo. Y si algo aprendí en este tiempo, es que cuando un lobo te dice algo, mejor que le hagas caso."

Teo sentía la carita de Miranda a la altura de su cuello, por debajo de su barba; era tibia y suave y húmeda.

"¿Sabés cómo te llamó, el lobo? *Opus unicum*", le dijo. "Eso quiere decir que sos una creación única, alguien especial. Yo creí que lo decía por tus poderes, sos un bicho raro, no se puede negar. Pero ahora creo que lo decía por otra cosa. El lobo se dio cuenta de que vos eras *unicum* para mí, con poderes o sin ellos. Porque vos me aceptaste desde el primer momento. ¡Me adoptaste! Y ahora ya está, es como vos dijiste: somos familia, en lo bueno y en lo malo. La familia es el único tesoro que te convierte en pobre cuando lo perdés. Yo no podría dejarte aunque quisiese. ¡Así que no te hagas ilusiones!"

Teo se apartó un poco, necesitaba contemplar esa carita espolvoreada por las pecas, asegurarse de que los ojos habían virado al violeta.

Le dio un par de besos y le enseñó el papel con la poesía.

"¿Querés que lo guarde yo, de verdad?"

"Mejor, así no lo pierdo. ¡Cuando sea más grande lo voy a entender mejor!"

"Tengo muchas cosas que contarte."

"Escribilas en otro papelito y, y, ¡y los guardás los dos juntos!"

"Cosas sobre tu papá y sobre tu mamá."

"Cuando crezca y me ponga alta como vos, te los pido y me los das. O me los leés, si preferís. ¡Yo sé que no me vas a mentir!"

Le dio un beso en la mejilla peluda y se dirigió a la camioneta dando saltitos.

En aquel instante Teo entendió que Miranda iba a estar bien. El mundo le había jugado sucio, le había enviado serpientes a la cuna, ¿pero quién mejor que Miranda para convertir serpientes en lazos de flores? Con el tiempo comprendería las decisiones de su madre, que había dado lo mejor de sí en la peor de las circunstancias. ¿O no la había criado mientras escapaba de los asesinos más desalmados? Si hasta había dado con Teo y con la señora Pachelbel y con Dirigibus y con los Caleufú, aun inconsciente Pat debía saber que Miranda no estaba sola ni descuidada, Pat entendía que ellos velaban por su bien, Miranda estaba con su verdadera familia y ellos la defenderían sin bajar los brazos porque Miranda era mucho más que todos ellos, Miranda era su mejor parte y debía ser preservada a cualquier precio.

Mientras la veía alejarse como saltimbanqui Teo pidió fuerzas para no meter la pata, al fin y al cabo era apenas un gigante, no un gran hombre sino un hombre de grandes dimensiones, que había dedicado demasiado tiempo a tratar de achicarse, que había elegido vivir *pequeñamente* y que se preguntaba si ya no sería tarde para estar a la altura que la vida le había marcado como propia. Por supuesto que todavía sentía miedo (*Teo teme todo el tiempo*), pero en último término uno es lo que hace con los elementos que le dieron, nada más y nada menos. La vida es una obra muy generosa, en tanto no determina sino que concede a cada uno la elección de su papel: protagonista o coro, héroe, villano o alivio cómico.

Cada individuo es la música que crea con las notas que recibió al nacer. Teo no se sentía en condiciones de ofrecer una música inolvidable, pero se animaba a cantar los bajos que sostuviesen la catedral sonora de Miranda. Solía dudar de su propio talento, sin embargo era obvio que Pat había visto algo en Teo que ni siquiera él percibía, el truco con Pat era ignorar lo que decía y creer en lo que hacía, Pat había creído en Teo, ¿o no le había confiado lo más valioso de su vida? Y era innegable que Miranda había hecho lo mismo, había confiado desde el primer momento y Dirigibus también y la señora Pachelbel se tomó su tiempo pero hocicó al fin, lo habían considerado digno de ocupar ese lugar, de estar allí, ¡de estar a la altura! ¡Si hasta el lobo le había dado su voto de fe!

Estote parati, había dicho la bestia. Esa era la clave. Estar preparado.

Si Teo hubiese estado en condiciones de experimentar el tiempo en su otra dirección, fluyendo de adelante hacia atrás (¡cerrando el círculo!), habría sabido lo que nosotros sabemos y se habría quedado tranquilo: el Ángel Caído nunca se apoderará de Miranda. Un hecho inminente, del que se da cuenta en los capítulos que siguen, lo apartará de la única pista con que contaba para llegar hasta la niña. Poco después será arrestado por primera vez a causa del secuestro del herrero. Y aunque saldrá libre enseguida, los tribunales del mundo reclamarán su prisión con tanta insistencia que no le quedará más opción que amurallarse dentro de una base naval.

Teo no puede saber nada de esto, todavía no. Como el dios *nerd* en quien cree a veces, está obligado a registrar su existencia en una sola dirección. La única forma de conjurar el futuro con que sueña es la misma que todos tenemos, convocarlo a diario con los actos de su presente, ese presente de estación de servicio, de vejiga vacía y de tanque lleno a tan pero tan pocos kilómetros de Santa Brígida.

Miranda se había detenido a pasos de la camioneta para esperarlo, quería preguntarle por enésima vez:

"¿Falta mucho para que lleguemos?"

"Falta muy, muy poquito", dijo él y despejó su barba para enseñarle una sonrisa.

Sería mejor que se apurasen, antes de que se largase la tormenta.

CXI. Donde el señor Torrejas exagera en su celo, con tristes consecuencias

La nieve los sorprendió a todos. Nadie la esperaba tan temprano. Los niños todavía tenían por delante un mes de clases. La perspectiva de que las fiestas de fin de curso se viesen complicadas por el clima no era alentadora. Pero además la nevada comenzó en la madrugada, y cayó de forma tan silente que la población se enteró recién por la mañana, al levantar las persianas para iniciar el nuevo día. El mundo era negro cuando se habían ido a acostar, y de un blanco enceguecedor al despertarse.

Cuando caía tanta nieve la señorita Posadas suspendía las clases. Lo primero que hacía era llamar al señor Torrejas, para impedir que partiese en su recorrida con el ómnibus escolar. Después activaba una cadena de comunicaciones telefónicas, instruyendo a las maestras para que informasen a las madres que no era necesario que expusiesen a los niños a semejante frío. Pero esta vez la señorita Posadas fue una de las tantas sorprendidas por la nieve, y cuando levantó el teléfono ya era demasiado tarde. El señor Torrejas se había ido de su casa cuando todavía era de noche.

A esa altura estaba a mitad de camino. ¡Ya había despertado a veintidós familias con sus bocinazos!

La mayoría de esos padres detestaba al señor Torrejas, odiaba su pésima disposición y sus eructos y la facilidad con que pisaba el acelerador a pesar de que llevaba niños y no cajas. Pero a la vez sabían que Torrejas conducía el único vehículo autorizado para llevar y traer a sus hijos, lo cual los ponía entre la espada y la pared: o iban a trabajar, y para hacerlo en tiempo y forma recurrían a los servicios de Torrejas, o llevaban a sus propios hijos a la escuela y se enfrentaban a la posibilidad del despido. Por eso arrastraron a los niños fuera de la cama, los vistieron como muñecos y depositaron en el umbral sin siquiera darles el desayuno, porque temían la ira de Torrejas y no querían que los dejase afuera de su circuito. Muchos padres descubrieron recién entonces que había nevado, pero ya no lograron abrigar a los pequeños como era debido porque Torrejas cerró la puerta y puso primera a pesar de sus protestas.

El señor Torrejas se dirigía a la casa de los Yáñez, su siguiente parada. Ya había cargado a veinte niños de entre cinco y once años (dos de las madres se negaron a enviar a sus hijos en plena nevada, ganándose el odio eterno del conductor), y todavía le faltaban otros diecisiete. Si seguía a ese ritmo llegaría tarde a clase de todos modos; eso lo ponía de pésimo humor. Se prometió tocar la bocina tan sólo una vez y esperar veinte segundos. Aquella familia que no diese señales de vida en ese lapso perdería su oportunidad, Torrejas tenía una responsabilidad que cumplir, se había comprometido a prestar un servicio puntual y estaba dispuesto a demostrar cuánto valía su palabra.

Un niño se le acercó para preguntarle si no podía encender la calefacción. Era el pequeño Marco Granola, hijo de Lucio y único nieto de la señora Granola. Torrejas adivinó lo que decía, porque el pequeño castañeteaba sus dientes. Le respondió que la calefacción ya estaba encendida, ¿o no se había dado cuenta?

"¿No se puede poner más calentito?", insistió Marco. Parecía Oliver Twist reclamando otra ración de alimentos, entre temeroso e imperativo.

La insistencia sacó a Torrejas de sus casillas. Mandó al niño a sentarse con un grito. Y en su ofuscación se pasó de largo la bifurcación del camino; debió haber virado entonces a la izquierda pero siguió adelante, la nieve había cubierto las señales de las que dependía para ubicarse.

Condujo diez minutos antes de empezar a sospechar. El grupo de casas donde vivían los Yañez no aparecía por ninguna parte. ¿Cómo podía ser posible? Si había errado el camino en el apuro, demoraría aún más de lo que había temido. Pendejo de mierda, pensó, buscando al friolento Marco en el espejo: ¡era su culpa, lo había hecho distraer!

Tardó unos minutos más en convencerse de que se había metido en el camino equivocado. Para peor se trataba de un camino angosto, necesitaba encontrar un punto especial para poder retomar, algún cruce con otra ruta o un tramo en que la trocha se ensanchase, si se aventuraba en las banquinas para dar la vuelta podía quedarse enterrado en la nieve y debería esperar auxilio, no podría hacer nada solo como estaba, esos chicos eran una manga de inútiles, malcriados y quejosos, ¡no le servirían para nada!

Torrejas aceleró más aun, buscaba ese punto que le permitiese girar en U cuanto antes. En su desconocimiento del camino, ignoraba que tenía por delante una lomada que debía tomar con prudencia para que el vehículo no resbalase sobre la senda blanca.

Surcó la lomada sin frenar. El ómnibus despegó sus neumáticos del suelo. Fueron unos milímetros apenas, pero suficientes. Al volver a tomar contacto con la tierra las ruedas patinaron como si se moviesen sobre hielo. Torrejas luchó con el volante pero el vehículo se salió igual del camino. Los niños empezaron a caerse y a gritar, el ómnibus podaba ramas y avanzaba a loca velocidad hacia lo que parecía el fondo de un pozo.

Lo último que el señor Torrejas vio en este mundo fue una pared de nieve que venía a marcha forzada rumbo a sus narices. Quiso virar, pero la dirección ya no le respondió. El ómnibus se estrelló de frente contra la base de la montaña.

Los niños se salvaron porque detestaban al señor Torrejas tanto como sus padres y tenían la tendencia a juntarse en el fondo del colectivo, tan lejos como pudiesen de ese géiser de mal humor. En el instante del impacto el parabrisas estalló, Torrejas se hundió la frente contra el centro del volante (donde estaba la bocina, que sonó un trompetazo a modo de despedida) y la nieve entró como agua a través del cristal roto. Los niños que salieron despedidos hacia adelante amortiguaron el impacto al dar contra la nieve fresca. Algunos quedaron inconscientes, otros enmudecieron del susto, otros lloraron por la misma causa. (Los llantos más agudos comunicaban la rotura de algún hueso.) Los que se recuperaron más rápido buscaron la referencia del señor Torrejas, pero el conductor ya no podía ayudar a nadie. Su cuerpo estaba semienterrado debajo la nieve, lo cual preservaba a los niños del espectáculo de esa muerte a la que (¡podía considerarse orgulloso!) el señor Torrejas había llegado antes de tiempo.

CXII. Registra el inicio de la búsqueda, y la sorprendente forma en que Teo termina involucrado en ella

La concurrencia a clases fue escasa en el turno de la mañana. La mayor parte de los que pudieron llegar lo hizo a destiempo, incluidas varias de las maestras. Ya había sonado la campana del primer recreo cuando alguien cayó en la cuenta de que el señor Torrejas y su ómnibus naranja habían brillado por su ausencia. Un rápido recuento reveló que ninguno de los niños del transporte escolar estaba en su pupitre.

Al principio el hecho pareció comprensible: si Torrejas no se había animado a salir a los caminos en esas condiciones, los chicos también se habrían quedado en sus casas. Pero a media mañana llegó uno de los niños que estaba abonado al servicio, de la mano de su padre. El hombre dijo que Torrejas había pasado temprano por su casa, y en plena nevada, por lo que en ese momento decidió que su hijo faltaría a clases. Pero al rato la nieve amainó y el hombre optó por llevar al chico a la escuela por sus propios medios.

La pregunta que las maestras formularon a la señorita Posadas planteaba una preocupación razonable: si el micro de Torrejas había iniciado su servicio y recogido a varios niños, ¿cómo era posible que no hubiese arribado nunca a destino?

Empezaron a llamar por teléfono a las casas. Las maestras hubiesen preferido no alarmar a los padres, pero no les quedaba opción si pretendían averiguar el paradero de Torrejas. A aquellos padres que perdían la calma cuando les informaban que sus chicos nunca habían llegado, les decían que lo más probable era que Torrejas hubiese encallado en la nieve; apenas supiesen dónde estaban, se lo harían saber de inmediato.

La señorita Posadas dio intervención a la Gendarmería. Las primeras patrullas recorrieron la zona aledaña a la escuela, sin éxito alguno.

A mediodía las maestras completaron el listado de los niños que se habían montado esa mañana en el vehículo y se lo entregaron a los gendarmes. La búsqueda por zonas todavía no había dado resultados, a pesar de que el color naranja convertía al ómnibus en una mancha muy visible sobre el blanco paisaje.

Poco después de las doce empezó a nevar otra vez.

Teo vio la nieve temprano por la mañana y dejó que Miranda siguiese durmiendo. Cuando al despertar la niña pidió explicaciones, el gigante le sugirió que mirase por la ventana. Pero Miranda se moría de ganas de ver a sus compañeros, de quienes no había sabido nada en tantos días de viaje. Estaba tan decidida a regresar a su vida normal, que no le dejó a Teo más remedio que colocar las cadenas y emprender el camino.

Al llegar a la escuela vieron las patrullas.

Teo estuvo a punto de poner marcha atrás y escapar. Pensaba en el Ángel Caído, imaginó que había dado con la escuela y enviado a su legión en busca de Miranda, todos los uniformados eran la misma cosa, se cuidaban las espaldas. Pero Salo, que ya había llegado, reconoció la camioneta a la distancia y corrió a saludarlos. Fue él quien les contó que el ómnibus de Torrejas se había perdido con los chicos adentro. Apenas pronunció el apellido fatídico, Teo observó a Miranda con la mezcla de asombro y de horror que el adivino Tiresias solía inspirar en los mortales.

El gigante bajó junto con Miranda, quería saber más detalles. El ánimo en el interior de la escuela era nervioso. A esa altura era inocultable que algo malo había pasado, la señora de Torrejas había llamado para decir que su marido (concubino, para ser precisos) nunca había regresado a la casa.

La señorita Teresa abrazó a Miranda, reencontrarse con la niña era una buena noticia en medio de tanta desazón. La maestra disimuló en su presencia, pero apenas Miranda se fue a jugar con Salo le confesó a Teo sus inquietudes. Lo ocurrido era tan raro, además hacía un frío de morirse. No podía dejar de pensar en sus alumnos, metidos adentro de esa lata helada y para peor con Torrejas como líder y guía.

Teo le hizo algunas preguntas. ¿Cuántos niños se habían perdido? Veinte, dijo la maestra, lo que constituía la mitad del pasaje. ¿Sabían con precisión quiénes se habían subido? Teresa dijo que ya habían armado la lista. Teo sugirió que ese listado podía ser útil para determinar la zona en que se habían perdido: debían haberse quedado en algún punto entre la casa del último niño a quien recogió y la casa de aquel que le seguía en el recorrido y a quien no llegó a buscar.

A Teresa le pareció una sugerencia sensata. Le pidió a Teo que la expusiese ante los gendarmes. Al gigante no le causó gracia, pero entendió que era su deber hacerlo. Para su fortuna se encontró con el oficial que había liderado la búsqueda del "perro salvaje" a poco de la llegada de Teo a la zona; en su presencia el gigante se sintió más confiado. Los uniformados entendieron que el razonamiento de Teo era correcto, y pidieron a las maestras que hablasen con los niños a quienes Torrejas no había pasado a buscar. Quizás fuese posible reconstruir el derrotero preciso del micro, y así circunscribir el ámbito de la búsqueda.

Antes de que se abalanzaran sobre los teléfonos Teo hizo una recomendación más. Si Torrejas era tan obsesivo como decían, resultaba probable que al llevar a los niños de regreso a sus casas siguiese un derrotero inverso al que había empleado para buscarlos, es decir, que devolviese primero al niño que había pasado a buscar en último término y así en sucesión. Los niños no recordarían quiénes estaban ya en el micro cuando los recogieron, pero sí recordarían el orden en que bajaban al regreso de la escuela para reencontrarse con la televisión y con la cocina materna.

Les llevó una hora armar la cadena que se cortaba en los Yáñez. De inmediato los gendarmes rediseñaron su búsqueda, delimitando un área con esa casa como centro. El oficial a quien Teo conocía decidió concentrar sus recursos en el tramo que iba entre esa casa y el hogar de los Guevara, que era el niño desaparecido que vivía más cerca de los Yáñez; como el gigante había subrayado, lo más lógico era que el micro se hubiese empantanado en algún punto de ese camino.

Antes de irse el oficial le dejó a Teo los números telefónicos de su comando. Si se le ocurrían más ideas, todo lo que tenía que hacer era comunicarse con la central y pedir por el sargento Oliverio: el mensaje le llegaría en cuestión de segundos.

Teo también se dispuso a partir. Le preguntó a Miranda si quería quedarse o si prefería ir con él.

"¿Adónde vas?", preguntó Miranda, sorprendida.

"Cómo adónde. A trabajar, nena. ¡De algo tenemos que vivir!"

"¿Y no vas a ayudar más?"

"¿Qué querés que haga? Ya di una mano, ahora son ellos los que tienen que..."

"Ellos no van a encontrar nada."

Lo dijo con tanta seguridad, que Teo se la quedó mirando.

"¿Y vos cómo sabés?", preguntó.

"Ya te lo dije, se lo dije mil veces a Pat y nunca me dieron bola. El señor Torrejas no tendría que haber manejado el ómnibus, *never never!*"

"Eso es asunto de él y de la persona que lo contrató. Y en todo caso, en este momento importa poco. Ahora la cuestión es encontrarlo. Después se verá, a lo mejor lo despiden, a lo mejor renuncia... ¿Venís o no?"

"Voy con vos. Pero a trabajar no. ¡Tenemos que buscar a los chicos!"

"¿Se te congeló el seso? Los están buscando los gendarmes, ¡no podemos ser una molestia!"

"¡Ellos no van a encontrar nada!", insistió Miranda.

Teo se la llevó aparte, donde ya nadie pudiese oír lo que hablaban.

"¿Qué estás tratando de decirme? Yo sé que estás tratando de que entienda algo", le dijo en un susurro.

"Pensá en los chicos", dijo Miranda imitando el soplo de su voz. "Nenitos como yo. Veinte chicos. Pensá que están encerrados adentro de ese ómnibus feo y duro, muertos de frío, sin poder salir, las puertas están trabadas, las ventanas también, están atrapados." Miranda hablaba cada vez más rápido, posesionada: era uno más de los niños perdidos. "A lo mejor alguno se lastimó, llora, tiene frío, le duele, se rompió un hueso, hay varios desmayados, pensá que nadie los ayuda, el señor Torrejas no los ayuda, ¡el señor Torrejas está muerto, *he's dead, dead!*"

Teo la sacudió un poco para sacarla del trance.

"Miranda, ¿qué decís?"

"No sé", dijo la nena, presa de la angustia. Los ojos se le habían llenado de lágrimas. Ahora era ella la que sacudía a Teo. "¡No lo sé!"

CXIII. Teo y Miranda desandan los pasos del difunto Torrejas

En el camino se cruzaron con el sargento Oliverio. Se saludaron de camioneta a camioneta. Teo le preguntó si no molestaba que él también echase un vistazo por la zona.

"Faltaba más", dijo el gendarme. "Cualquier novedad, ya sabe a qué número comunicarse."

Y siguieron su marcha lenta en direcciones opuestas, mientras la nieve engrosaba su manto sobre la tierra.

La búsqueda fue infructuosa. Revisaron palmo a palmo los caminos que iban y venían de la casa de los Yáñez, sin encontrar ni siquiera una señal. En esa circunstancia el intendente Farfi tomó cartas en es asunto y solicitó a su par de la Gendarmería que dedicase todos sus recursos al asunto: con el frío que se había desatado, cada minuto que transcurría aumentaba el peligro para los niños.

En la desesperación empezaron a considerar las hipótesis más descabelladas. Alguien se preguntó si no se trataría de un secuestro. ¿El señor Torrejas, secuestrador? Todo el mundo sabía que su trayectoria económica había sido errática, para emplear un adjetivo piadoso; pero al mismo tiempo estaba claro que con el transporte escolar le había ido bien, lo suficiente como para permitirse un buen pasar y proveer sustento a los hijos de los que todavía era responsable ante la ley. Existía la posibilidad de que otra persona hubiese concretado el secuestro en contra de su voluntad, pero en ese caso ¿por qué no se había comunicado todavía para pedir un rescate?

Aun cuando los separaban varios kilómetros, medio pueblo y toneladas de nieve, Farfi y Dirigibus por una parte y Teo por otra consideraron una opción que no se atrevían a confesar: que la desaparición de los niños estuviese relacionada con el Ángel Caído y su búsqueda de Miranda. Sonaba disparatado, esa clase de gente solía actuar entre las sombras, nunca hacían cosas que llamasen la atención hacia sus personas; preferían la impunidad de quien se mantiene invisible. ¿Pero que ocurriría si el Ángel Caído había enloquecido? Ahora que la gente conocía su rostro gracias a la televisión, ahora que le prometían juicio por sus crímenes, ¿era tan improbable que hubiese perdido la razón? La única tranquilidad de Dirigibus era que Miranda no figuraba en la lista del ómnibus. Además la señora Pachelbel había llamado a la escuela, le habían dicho que Miranda se había ido de allí de la mano de Teo; por el momento no tenían de qué preocuparse.

La conexión entre Miranda y la desaparición del ómnibus no se esfumó tan rápido de la mente de Teo. Seguía presente en su alma mientras patrullaba la zona a paso de hombre. Quería encontrar a esos chicos porque era imperativo, y también porque Miranda experimentaba una conexión con esas criaturas y Teo había aprendido a confiar en la intuición de la niña por enloquecida que pareciese. Pero además había otro motivo que lo impulsaba a participar. Existiendo aunque más no fuese una remota sospecha de una relación entre el Ángel Caído y la desaparición de los niños, Teo no quería dejar de hacer su parte. Si algo se le había grabado a fuego en las últimas tiempos, era que rehuir las responsabilidades sólo redunda en un daño más grande y más definitivo.

"Me parece que la cagué, nomás", dijo al completar el regreso por el mismo camino. "Todo indicaba que debían andar por acá, pero no están."

"¿Y si el señor Torrejas se perdió?"

"El tipo hace este camino todos los días, no se puede equivocar."

"Todos nos podemos equivocar", dijo Miranda. "A lo mejor se confundió por la nieve. ¡Mirá si se distrajo y se metió en otro camino!"

Teo la miró con el extrañamiento de un neófito ante una bola de cristal.

"¿Estás boludeando, o me estás diciendo algo que de alguna forma... sabés?"

Miranda lo pensó un instante antes de decir:

"¿Cómo me doy cuenta de la diferencia?"

"Buena pregunta."

Pero el comentario de Miranda ya había sembrado la duda. Teo decidió recorrer otra vez el mismo camino, atendiendo ahora a desvíos y bifurcaciones. Prefería hacerlo de forma inmediata en vez de perder tiempo en busca de un teléfono con que plantear la posibilidad al sargento Oliverio.

No tardó demasiado en dar con el camino en que Torrejas se había metido mientras retaba a Marco Granola. Como Teo conducía despacio pasó encima de la lomada sin sobresaltos. Y siguió a ese paso durante media hora más, siempre en bajada, hasta que descubrió que el camino se acababa. En ese páramo helado había un par de casitas. Teo preguntó allí si alguien había visto un ómnibus escolar durante el día. Las dos mujeres que le respondieron (ni siquiera abrieron la puerta, la visión del gigante a través de las rendijas les sugirió prudencia) coincidieron en su apreciación: los vehículos escolares no llegaban hasta allí, ni entonces ni nunca.

En pleno regreso Miranda le dijo a Teo que se estaba haciendo pis.

"Podrías haberlo dicho allá abajo, donde vivían las viejas. ¡Ahora estamos a media hora del inodoro más cercano!", se quejó Teo.

"A uno le viene donde le viene."

"¿Querés bajar y hacer acá? ¡Se te va a congelar el culo!"

"Prefiero eso a hacerme encima."

Detuvo la camioneta allí mismo. Miranda bajó y se escabulló hacia la parte de atrás.

"¿Y?", preguntó Teo enseguida. "No escucho nada. ¿Y el chorrito?"

"Nunca vas a escuchar nada, nene, porque yo tengo chorrito delicado", dijo Miranda desde alguna parte invisible. "¡No como vos, que tenés chorro de elefante!"

Fue en un elefante que Teo pensó cuando vio los árboles de ese paraje. Si miraba a través de la ventana de Miranda, se apreciaba que en ese punto los árboles habían perdido un montón de ramas, como si un elefante se hubiese metido por allí y arrasado con lo que encontraba a su paso. De hecho algunas ramas asomaban en el suelo, semienterradas por la nieve. Por supuesto, si uno miraba al fondo no veía más que nieve, no había ni marcas de neumáticos ni manchas anaranjadas a la distancia, pero de todos modos la inquietud germinó en la mente de Teo. De no haber sido un elefante (posibilidad que sonaba absurda, pero no del todo para un hombre acostumbrado a dialogar con lobos en latín), ¿qué otra razón podía haber para semejante poda?

Miranda regresó entonces a la camioneta.

"¡Brrrr...!", se estremeció. "Tenías razón. *My ass is numb!*", dijo, lo cual sonaba más elegante que decir que tenía el culo insensible.

Teo le dijo que lo esperase allí un segundo y salió al camino.

Anduvo unos pasos hasta dar con las primeras ramas que asomaban entre la nieve. Tiró de la primera, que salió sin demasiado esfuerzo. Era enorme, un brazo lleno de otras ramas todavía llenas de agujas. Con la segunda repitió la experiencia.

"¿Vos que decís?", le preguntó a Miranda, que había bajado su ventanilla para verlo bien. "¿Te parece que estas ramas están cortadas hace mucho o hace poco?"

Miranda se encogió de hombros, no tenía ni idea.

Teo regresó al camino. Vio el tramo que tenía por delante de la camioneta, una curva leve en subida hasta el pico que marcaba la lomada. Le resultó sencillo trazar una línea imaginaria: un vehículo que tomase la loma en dirección contraria y a buena velocidad podría derrapar en el camino helado y meterse entre los árboles en ese punto exacto. Y si el vehículo en cuestión era un ómnibus, tendría la altura necesaria para arrancar esas ramas a su paso. Teo se entusiasmó, era una posibilidad cierta, no se veían marcas porque la nieve había seguido cayendo y las había tapado, la misma nieve que había caído encima de las ramas recién rotas. Pero si su razonamiento era correcto, ¿dónde demonios estaba el ómnibus? ¿Cuánto terreno podía haber recorrido antes de detenerse?

Se apartó del camino, internándose en el bosque helado.

"¿Adónde vas?", preguntó Miranda.

"Necesito ver algo", dijo Teo sin dejar de andar.

El terreno bajaba de forma cada vez más empinada. Y al mismo tiempo Teo se hundía en la nieve con mayor profundidad, era nieve fresca, cedía con facilidad debajo de su mole. Avanzó hasta que la nieve le llegó a las rodillas. Tuvo miedo de seguir, de quedarse atrapado y condenar a Miranda a un susto. Delante suyo la bajada seguía pronunciándose, hasta que se fundía con la montaña. Y en ese paisaje no había la más mínima señal del ómnibus. Sólo nieve, una capa perfecta... y quién sabía cuán profunda.

Teo pegó un par de gritos. Nadie respondió, con excepción del eco y de los pobres pájaros que se quejaron por su estridencia.

"No se oye nada. Por acá no hay nadie", dijo Miranda al verlo regresar.

"¿Y si están ahí abajo? Imaginate que el ómnibus se salió del camino a toda velocidad y se fue por la barranca. ¡Capaz que chocó contra el fondo, produciendo un desprendimiento!"

"¿Vos decís que el ómnibus está ahí abajo, tapado por la nieve?"

"Como decía Sherlock Holmes: una vez que descartaste todo lo posible, sólo queda lugar para lo improbable."

Miranda se bajó de la camioneta y empezó a meterse en el bosque.

"No vayas lejos, te vas a hundir", le dijo Teo.

La niña dio unos cuantos pasos más y se detuvo. Se quedó allí, mirando la gran mancha blanca del fondo. Aun a la distancia, Teo percibió que sus hombritos se estremecían. Después giró, buscando los ojos del gigante, y le dijo que sí con la cabeza. Los ojos se le habían puesto opacos; no había allí ningún reflejo de esperanza.

"Vamos volando", dijo Teo. "Hay que avisarle al sargento. Si llegan a estar acá van a hacer falta palas mecánicas y la mar en coche. Qué jodido. Las palas se las van a ver negras con esta pendiente. Y el frío... ¡Lo más expeditivo sería que cantases *La batalla del calentamiento*!", dijo, tratando de disipar su angustia con una broma.

Pero Miranda no se lo tomó a broma. Asintió con gravedad y después hundió la carita en su pecho. Estuvo así un instante, hasta que reaccionó y se prendió de la manga de Teo.

"Es que no puedo sola", dijo. "¿No entendés? ¡Sola no puedo!"

En sus ojos había un reclamo de color violeta.

CXIV. Un rescate desesperado, como prólogo de otro aun más improbable

El tramo más difícil fue la salida a la ruta. A esa hora ya habían pasado muchos camiones de carga, marcando huellas profundas: eran surcos donde el hielo se mezclaba con el barro, una combinación que hacía inevitables los deslizamientos. Al atravesar el peor tramo se desató un viento cruzado que sacudió la camioneta como si fuese de hojalata. Luchaba con el volante para mantener el rumbo cuando una sombra entró con violencia en su campo visual. Teo se asustó y soltó el acelerador. La sombra se instaló delante del parabrisas y allí se quedó, agitándose al viento como una bandera. Teo esperó que la camioneta dejase de moverse. Entonces salió y quitó el papel que se había enredado en la antena. Le costó trabajo, las ráfagas lo hacían flamear. Estaba a punto de arrojarlo a un costado, pero leyó la palabra SEVER y sintió curiosidad. Debajo del encabezado no había otro texto que el de las reglas de la fiesta, que Teo leyó una vez más:

1. Sos lo que no sos.
2. El adentro es afuera.
3. Todas las normas se invierten.
4. Nuestras faltas nos son perdonadas.

Después lo arrojó al suelo y aprovechó el alto para quitar las cadenas de los neumáticos.

La ruta estaba despejada de nieve, a excepción de las banquinas. Teo aceleró. Cuando se sintió seguro yendo a cien kilómetros por hora, probó suerte con ciento veinte. Cuando se sintió seguro a ciento veinte quiso trepar a ciento cuarenta, pero el viento le dio un susto (otra de esa ráfagas que embestían la camioneta de costado) y decidió amainar un poco. Tenía que ser prudente, demasiadas cosas dependían de que llegase a destino. Pero esa lentitud lo desesperaba. Casi podía oír la vocecita de Miranda, relatando lo que los niños sentían como si estuviese junto a ellos adentro del ómnibus. *Muertos de frío. Sin poder salir. Las puertas están trabadas, las ventanas también. Están atrapados, lastimados. Lloran. Creen que nadie los ayuda, que se olvidaron de ellos.*

Llegó a Bariloche bajo la lluvia. No encontró lugar donde estacionar en las inmediaciones del hospital: la ley de Murphy imponía su rigor. De pronto vio una camioneta estacionada que tenía encendidas las luces intermitentes. Teo pensó que estaba a punto de salir y se detuvo, esperando ocupar el lugar. Lo aturdieron a bocinazos a pesar de que había prendido las balizas. Se había parado en segunda fila y había cortado la mitad del flujo de tránsito en hora pico, tenía suerte de que no hubiese policías, cuando llueve de esa forma los tipos se mandan a mudar.

Al fin su impaciencia pudo más, tocó bocina para apurar al de la camioneta estacionada. Lo hizo cuatro, cinco veces hasta que el viejo que estaba al volante bajó la ventanilla y le gritó que no pensaba salir, estaba esperando a alguien y tenía para un rato.

"¿Y entonces para qué mierda ponés el guiño?", le gritó Teo.

El viejo lo mandó a pasear con un gesto y cerró la ventanilla.

Teo adelantó la camioneta hasta la altura del otro vehículo y se detuvo otra vez. Bajó y cerró la puerta con llave. El viejo quiso protestar, pero cuando descubrió las dimensiones de Teo se limitó a hundirse en su asiento. De haber contado con más tiempo Teo se habría dedicado a asustarlo, pero estaba apurado. Por el momento le bastaba con haberle bloqueado la salida. El viejo lo había hecho esperar al pedo, ahora se las iba a aguantar, Teo tenía cosas urgentes que hacer. Había llegado el momento de observar la primera regla del Sever y de convertirse en quien no era: alguien decidido, y hasta violento de ser necesario.

Miró en derredor antes de entrar al hospital, en busca de alguien que oliese a asesino, a sicario del Ángel Caído. No vio a nadie sospechoso, pero aunque lo hubiese visto habría arremetido de todas formas. A Teo no le quedaba otra posibilidad: tenía que llevarse a Pat de allí, fuese como fuese.

Preguntó por los médicos que conocía. Ninguno de ellos estaba de servicio. Pidió ver al responsable de la sala de terapia intensiva, en carácter de urgente. Tal como ocurría siempre que su figura de ogro reclamaba algo, le obedecieron enseguida.

Mientras esperaba leyó las inscripciones que la gente había hecho sobre el muro de la antesala. Clamaban a Dios y le pedían a los enfermos que tuviesen fuerza. Muchas de aquellas personas debían haber muerto ya. Sin embargo Teo encontró consuelo en esas plegarias torpes y a menudo iletradas, porque eternizaban el momento en que mucha gente había ofrecido su reino a cambio del bienestar de otro.

Cuando el médico llegó, le preguntó por el estado de Pat. No obtuvo grandes novedades: oyó algo sobre signos vitales estables, raptos ocasionales de lucidez y debilidad extrema. Todo lo que restaba hacer era esperar, confiar, paciencia, el discurso de siempre: según el médico, Pat estaba en manos de Dios.

"Me la quiero llevar de acá", dijo entonces Teo.

El médico se mostró sorprendido. ¿Quería llevársela a algún sanatorio? Allí se la estaba tratando con gran cuidado, si existía alguna queja todo lo que el señor Labat debía hacer era pedir una cita con el Departamento de Atención al Público y plantear...

"No, no la voy a llevar a ningún sanatorio. Me la llevo a casa ya mismo. No quiero que esté sola un segundo más", dijo Teo.

El médico no supo qué decir, carraspeó, dijo *imposible* un par de veces.

"Es una emergencia", dijo Teo. "Su hija la necesita. Es cuestión de vida o muerte."

El médico dijo no entender: ¿se la llevaba para que no estuviese sola, o para que atendiese a la emergencia de su hija?

"Qué importa. Si de todas formas no me va a dar el alta", dijo Teo.

"¡Por supuesto que no! ¡Esa mujer está delicada, sacarla de acá sería negligente!"

"Es todo lo que quería saber", dijo Teo. "Muchas gracias."

Entonces se dirigió a las puertas de la sala.

El médico tardó unos segundos en preguntarle dónde iba. Todavía no había empezado el horario de visita, debía esperar a que fuesen las siete y media de la tarde.

Por toda respuesta Teo cargó dos tubos de gas que había en el pasillo y abrió la puerta de una patada.

El médico se fue corriendo, dando gritos que reclamaban la presencia policial.

Teo cerró la puerta desde adentro. Después la trabó con una cama vacía, encima de la cual depositó los tubos de gas y todos los aparatos que encontró desconectados.

Pat estaba flaquísima, la dieta de suero la estaba convirtiendo en un pájaro, eso era, un Pát-jaro. Y aun así se veía como una emperatriz, parecía Cleopatra en su dignidad, sólo que no era Cleopatra triunfante, más bien era Cleopatra después de Actium, Cleopatra en su lecho de muerte, tan empobrecida por la derrota que ni áspides le quedaban, ¡ni siquiera ratas!, no le habían dejado más remedio que roerse los brazos.

Durante un momento Teo olvidó el motivo que lo había llevado allí, agarró un bracito mordido y lo empezó a besar, era un palito del que salía una cánula igual de flaca, Pat había dejado de ser Rita Hayworth para convertirse en Audrey Hepburn, tan frágil que amarla se volvía inevitable, podría haberse quedado allí horas enteras, besándole centímetro a centímetro con rigor de geómetra hasta cubrir toda la piel, deteniéndose en esos labios tan pálidos hasta que la circulación volviese a bendecirlos y le diese la gracia del color, todo lo que ahora quería, todo lo que necesitaba, era amarla.

Pero entonces los golpes lo llamaron a cubierta. Había un agente de policía en la puerta de la sala, lo miraba a través del ojo de vidrio y volvía a golpear, le pedía que abriese, le decía que no lo obligase a entrar, lo cual sonaba gracioso porque era obvio que no podía entrar, se reventaba el hombro contra la puerta pero la barricada de Teo resistía.

El gigante desconectó a Pat con toda la delicadeza que pudo, le quitó sondas y cánulas mientras le decía:

"El adentro es afuera, mi amor. ¡Tenemos que salir!"

Le echó encima su propia chaqueta, para que no tuviese frío. Cuando deslizó sus brazos por debajo del cuerpo para levantarla, Pat abrió los ojos. Lo reconoció de inmediato, o por lo menos eso sugirió su sonrisa somnolienta.

"¿Nos vamos?", preguntó con un hilito de voz rasposa.

"A casa", dijo Teo. Pat pesaba menos que el aire.

Teo forzó la puerta de emergencia que estaba al fondo de la sala (hubiese derribado la Muralla China, de ser preciso) y se perdió en el atardecer debajo de la lluvia.

CXV. En el cual ocurre el milagro y todo se resuelve para satisfacción de la mayoría

La noche no se apiadó de los rescatistas. La temperatura descendió varios grados con la oscuridad, torturando por igual a los que trabajaban y a los que esperaban su turno de empuñar una pala. Hacía tanto frío que la nieve caída entre la madrugada y el mediodía se mantenía intacta sobre los árboles, doblegándolos bajo su peso.

Toda la zona había sido iluminada de manera precaria. Emplearon soles de noche y obligaron a los vehículos a apuntar sus faros en dirección de la búsqueda. También instalaron reflectores que dependían del único generador móvil que había en Santa Brígida, otra cortesía del Sever. En vez de descansar para reponerse, aquellos que habían dejado de cavar al atardecer se aplicaron a encender fogatas cada tantos metros; el área en que buscaban era demasiado grande para las luces de que disponían. Las ubicuas linternas brillaban aquí y allá, agitando nerviosos bastones de luz. En cada penumbra que disolvían encontraban vapor, la gente estaba por todas partes y exhalaba bocanadas tibias, su respiración era siempre agitada, no paraban de moverse, se movían porque al moverse generaban calor y también porque su acción era lo único que podían oponer a la muerte que, voraz, esperaba el desenlace con las fauces abiertas.

A esa hora debía haber no menos de cuatrocientas personas desperdigadas por el terreno, mientras muchos llegaban y otros partían de regreso al pueblo para reclutar más voluntarios. El intendente Farfi se había instalado allí horas atrás, cuando todas las otras hipótesis se cerraron y la sospecha de Teo se convirtió en lo único que conservaba sentido: el derrape del ómnibus sobre el camino helado, la caída hasta el fondo de la pendiente y el alud. En esas circunstancias Farfi agradecía que la catástrofe hubiese ocurrido durante la semana laboral, porque le facilitaba dar lo mejor de sí mismo. En su versión medicada y metódica, pudo organizar las tareas aun en medio del caos que padres y parientes producían de manera inevitable. La urgencia era inequívoca, había que encontrar a esos niños antes de que sucumbiesen al frío. Si querían hacerlo lo antes posible, les convenía respetar las consignas y actuar como un solo hombre.

Teo acertó al sugerir las dificultades que presentaría ese suelo. Las barredoras no resultaban muy útiles sobre superficies tan irregulares, se trababan con piedras y raíces, debían recular y volver a avanzar hasta dar con el siguiente obstáculo. Y las dos grandes palas mecánicas tampoco las tenían todas consigo. Corrían el riesgo de volcarse sobre el terreno descendente; esto obligaba a que operasen de forma lateral, paralelas al camino y con sumo cuidado, lo cual demoraba sus resultados.

Farfi había mandado recoger todas las palas que había en el pueblo, casa por casa, y fraccionado el área de la búsqueda. Allí donde no había vehículos operando, grupos de voluntarios cavaban cada cuatro metros en forma de retícula. Tenían instrucciones de horadar hasta dar con la tierra o bien metro y medio por debajo del nivel de nieve, los cálculos estimaban que no podía haber una capa más alta por encima del micro. En caso de no hallar lo que buscaban, una vez llegados al tope debían iniciar otra perforación, cuatro metros más allá. Después del tercer pozo debían ceder su lugar a un nuevo grupo y descansar durante media hora. Los únicos que estaban exceptuados de este ritmo eran padres y familiares, que habían solicitado que se les permitiese cavar hasta el instante en que ya no diesen más, y volver a la lid tan pronto se sintiesen recuperados. En este afán se unificaban hombres y mujeres (porque ninguna de las madres quiso quedarse llorando a un costado), *hippies* y locales (porque había niños perdidos de todos los orígenes, incluyendo dos mapuches), civiles y uniformados (porque entre los niños estaba el hijo de un gendarme): todos cavaban sin cesar, esperando dar con sus palas contra el metal del ómnibus u oír el grito que anunciaba el hallazgo.

La policía había trazado un cordón paralelo al camino, para impedir que los curiosos entorpeciesen la labor del resto. Pegadas a ese cordón estaban las ambulancias, con sus cajas abiertas como bocas en espera de ración. El personal médico no estaba a la vista, parecía haber desertado; en realidad se habían reunido más allá, lejos de las luces, a fumar y compartir un trago que combatiese el frío mientras se repetían, como si necesitaran convencerse, lo afortunados que habían sido en no subir a ninguno de sus hijos al ómnibus de Torrejas.

Junto a las ambulancias estaba el camioncito de la municipalidad que operaba como cocina móvil. A pedido del intendente, la señora

Pachelbel se había encargado de supervisar la confección y el reparto de viandas entre los rescatistas. Disponía de té caliente, café y caldos, agua y bocadillos de toda clase, puesto que las ofrendas llegaban desde el pueblo de manera constante.

Miranda la ayudaba en esos menesteres, sirviendo infusiones en tazas de plástico. Teo había dejado a la niña en manos de la señora Pachelbel sin dar demasiadas explicaciones: necesitaba ausentarse del lugar por algunas horas y no podía llevársela consigo. El gigante había concluido que de todos sus conocidos, la señora Pachelbel tendría la mejor oportunidad de vigilar a la niña, dado que no la obligarían a cavar ni a involucrarse en ninguna actividad física de rescate. En esto había acertado, pero también era verdad que mientras servía y repartía o supervisaba los grupos de camareras voluntarias, no era mucha la atención que la mujer podía prestarle a Miranda. La mayor parte del tiempo se la pasaba yendo de aquí para allá, mientras oía los comentarios que la desgracia suscitaba.

"El doctor Dirigibus tenía razón", se lamentaba una mujer, conmovida por la angustia de la señora Granola. "¡El pueblo entero está pagando por nuestras faltas!"

Un grupo de mujeres rezaba bajo la guía espiritual de la peluquera Margarita Orozú, experta en rosarios y demás devociones, puesto que el padre Collins no estaba allí sino en medio de la nieve, con las mangas dobladas hasta el codo y cavando a lo loco. El cura tenía claras sus prioridades. Ese era el tiempo de usar la pala. Si el rescate no llegaba a buen término, ya habría tiempo de sobra para consolar a sus feligreses.

Ocho metros más allá se afanaba el grupo que contaba entre sus integrantes a Dirigibus y a Puro Cava. Estos dos trabajaban en silencio, muy cortos de aliento. El jurisconsulto hacía lo mejor que podía, con penosa consciencia de sus limitaciones; en esa hora le habría gustado saber menos de leyes y más sobre la tierra a la que debía horadar, un fenómeno que siempre había observado con respeto y a la distancia. ¿Qué clase de sustancia es la tierra, cuán material es, si al tomarla entre los dedos se va desmenuzando hasta desaparecer? ¿Por qué la asociamos al polvo, a lo yermo, a la suciedad y en consecuencia a las enfermedades, cuando en contacto con agua se convierte en la fuente de toda vida?

Las religiones primitivas, según las cuales el hombre original fue hecho con barro y un soplo divino, compartían la misma impresión sobre el poder de esta materia: la tierra era la realidad más fértil, apenas por debajo de Dios. En ese caso, ¿por qué les habría enviado Dios en ese día semejante masa de agua congelada, toneladas y más toneladas de nieve? ¿Sería porque deseaba generar un barro nuevo, y por ende un hombre nuevo? Dirigibus recordó el poder que las viejas religiones conferían al agua, la capacidad de lavar los pecados. Esa era la ventaja de sitios como Río, Venecia y New Orleans, celebraban el carnaval y vivían todos los excesos porque al final del día podían asomarse al mar, a los canales y a los ríos y quitarse de encima toda impureza. Pero en Santa Brígida no resultaba tan fácil lavar los pecados, porque la mayor parte de su agua era nieve y el hielo no se lleva nada, más bien lo preserva. ¿Era eso lo que debían aprender de su desgracia: que los pecados del pueblo estaban intactos, como nuevos, hasta que cumpliesen con su parte y los sacasen a luz para asumirlos de una vez por todas?

Dirigibus clavó su pala en la nieve y empezó a quitarse un guante.

"¿Qué hacés?", preguntó Puro Cava, medio ahogado.

"Me quiero secar. No sé cómo, pero me entró agua en los guantes."

"No es agua", dijo Puro Cava. "Son las ampollas que se te reventaron. No las mires, es inútil. Yo lo hice recién y te lo juro: el espectáculo no es bonito."

El jurisconsulto entendió que se trataba de un buen consejo, y rescató la pala de su blanca vaina. Mientras tanto Puro Cava ya había vuelto a la tarea, con un frenesí que indicaba cuán dispuesto estaba a honrar los apellidos que le tocaron en gracia.

La señora Pachelbel regresó al camioncito con la bandeja vacía, en busca de más café. Pero su asistente ya no estaba allí.

"¿Miganda?", preguntó. La niña no se veía por ninguna parte. "¿Miganda, nena? ¿Dónde estás?"

Preguntó a las devotas si la habían visto. Nadie supo decirle.

Había descuidado a Miranda, la había dejado sola. Un extraño podía haberse colado entre la multitud para secuestrarla, ¡un hombre a sueldo del Ángel Caído! ¿Qué le diría a Teo cuando regresara, cómo enfrentaría su demanda?

Entonces oyó el sonido de la bocina que tan bien conocía. Vio la camioneta de Teo desde lejos, el vehículo frenó a veinte metros, había tantos autos y ambulancias y patrulleros que resultaba imposible acercarse más. De inmediato reconoció la silueta de Miranda, que se recortó contra las luces del vehículo. Teo bajó, dejando los faros encendidos. Besó a Miranda y se apresuró a abrir la puerta del lado del acompañante.

La señora Pachelbel llamó a Teo a los gritos, pero el gigante no la oyó. Miranda se apartó de las luces, esfumándose de su vista.

Cuando la mujer llegó a la camioneta ya no vio a nadie. ¿Dónde se habían ido con tanta urgencia?

Descubrió que el cordón que los gendarmes habían atado entre árbol y árbol estaba roto a esa altura. Al ver en dirección a la nieve le pareció identificar unas figuras conocidas: el gigante y la niña mínima, alejándose del camino en dirección a... ¿dónde? ¿La engañaban sus ojos, o había un añadido a la figura tradicional de Teo: algo que acarreaba, que llevaba en brazos?

Teo cargaba a Pat, que estaba adormecida. Avanzar se le dificultaba a cada paso, porque aunque Pat no pesaba mucho Teo sí, y esos kilos extra lo hundían aun más en la nieve. Comprendió entonces lo que debió haber sentido San Cristóbal al vadear el agua con el Niño; se tiende a creer que la carga es lo que agobia, cuando lo arduo es el camino escogido.

"¿Adónde vamos?", preguntó Miranda, que se esmeraba en mantener el paso.

"Supongo que cualquier lugar es lo mismo, ¿o no?", preguntó Teo, inclinándose ante la autoridad de la pequeña. "No sé, ¡decime vos!"

Miranda sacó la radio Spica del bolsillo y la encendió. No se oía nada. La llevó a su oreja sin mejores resultados, se sentía frustrada. Siguieron caminando sin rumbo fijo, con la señora Pachelbel a la zaga, mientras Miranda giraba el dial en busca de alguna canción. Transcurrieron desesperantes minutos hasta que al fin la radio se desperezó con un ruido de estática. Sonaba una voz, acompañada apenas por una guitarra: Nick Drake cantando *Cosas detrás del sol*:

Mira alrededor, encuentra el terreno
No está muy lejos de donde estás.

La niña señaló un árbol que se alzaba solitario, un poco más abajo en la ladera.

"¡Teo!", se oyó la voz de la señora Pachelbel, que ya no daba más de caminar en la nieve. "¡Espegame!"

El gigante se detuvo un instante y miró por encima de su hombro. La mujer caminaba de forma muy graciosa, levantando sus borceguíes nevados y dando pasos larguísimos, como si evitase pisar las minas enterradas por el enemigo.

"¡No puedo perder más tiempo!", respondió Teo y siguió su marcha.

El gigante depositó a Pat al pie del árbol. El contacto con el suelo frío la despabiló. Pat vio en derredor y su expresión se llenó de angustia, no recordaba cómo había ido a dar allí. ¿Qué hacía en mitad del bosque, tumbada sobre la nieve? ¿Quién era esa gente que corría a la distancia, qué eran esos gritos, esas máquinas?

"Pat, mi amor, soy yo. Teo", dijo el gigante mientras la arropaba con su chaqueta.

"¿Teo?", preguntó ella, como si oyese el nombre por primera vez. Los labios se le estaban poniendo morados.

"Sí, Teo. Tu marido Teo", dijo, enseñándole su anillo y después tomando la mano en que ella llevaba el propio. "¿Entendés?... Necesitamos ayuda, bonita. Tenemos que invertir las normas, ¡como en el Sever! Convertir el frío en calor."

"Hace... frío", admitió Pat dejando caer la mano del anillo, no tenía fuerzas para mantenerla en alto.

"Por eso mismo", dijo Teo. "¡Hay que ayudar a los chicos ya mismo, antes de que sea demasiado tarde!"

"¿Chicos?", preguntó Pat. Estaba perdida.

Miranda se había detenido a espaldas de Teo, guardando distancias; no tenía coraje para aproximarse más. Ella también estaba confundida, oscilaba entre la alegría del reencuentro con su madre y el extrañamiento que le producía esa figura flaca y macilenta que era todo lo que quedaba de ella. ¿Qué le había ocurrido desde la última vez que la había visto, cuando se vistió de Puck para ponerla contenta? ¿Qué sombra siniestra se le había echado encima, cebándose en su carne y en su sangre?

La señora Pachelbel los alcanzó entonces. Al ver la distancia que Miranda conservaba respecto de su madre, comprendió el dilema en un segundo. Ella sabía que ciertos hechos tienen la propiedad de robar el aire, el equilibrio, la posibilidad de sostenerse en pie; no le costaba mucho recordar los grilletes de hierro sobre sus piernas, las abrazaderas con que habían pretendido ayudarla a andar. Por eso se arrodilló en la nieve y abrazó a Miranda por la espalda, con la misma ternura que su madre empleaba cada vez que la veía asomarse a algún borde, porque lo que necesitamos en esa instancia es respaldo, un punto de apoyo que nos ayude a mover en lugar de ser movidos.

"¿Qué chicos?", repitió Pat. Su desconcierto era absoluto.

La señora Pachelbel pegó un leve empujón en la espalda de Miranda.

Y la niña aceptó el impulso, acortando la distancia que la separaba de su madre.

Cuando llegó junto a Teo, Pat le clavó la vista. ¿Quién era esa nena: uno de los niños de quien le hablaban, esos niños a quienes debía ayudar? Sin embargo había algo familiar en ese rostro, era como mirarse al espejo, ella había sido así, casi idéntica aunque un tanto más morena, hacía diez... no, veinte años atrás.

"¿Miranda?", preguntó, todavía insegura.

"Soy yo, mami." Y agregó, feliz de ser reconocida: *"It's me!"*

Después de lo cual se echó de rodillas y la abrazó.

La señora Pachelbel soltó un grito y se tapó la boca. No podía permitir que sus sentimientos se saliesen de madre, si abría la jaula de esas bestias ¿quién sabe qué estupideces haría, o diría? Pero ya no sabía cómo evitarlo, cómo detener ese proceso, su corazón se sacudía como un árbol cargado de frutas maduras.

"¿Qué hacés acá?", preguntó Pat, acariciando la carita con una mano temblorosa. "¡Hace mucho frío!"

"¡Ya lo sé!", dijo Miranda mientras se la comía a besos. Pat toleraba sus efusiones aunque era obvio que le producían dolor físico. "¡Por eso tenemos que cantar *La batalla del calentamiento*!"

"Cantala vos y yo te miro."

"¡No, las dos!"

"¡Vos la sabés bien, no me necesitás!"

"¡Sí que te necesito, yo te necesito, mami, de verdad!"

Pat pareció dispuesta a protestar. Pero registró la expresión de Teo, que se había quedado en cuatro patas sobre la nieve mientras las veía besarse, y comprendió su error.

"Está bien", dijo.

Miranda se puso de pie de un salto.

Y empezaron a cantar la canción de siempre:

En la batalla del calentamiento
había que ver la carga del jinete.

¡Jinete, a la carga! ¡Una mano!
En la batalla del calentamiento...

La canción volvió a empezar. A la mano inicial se le sumó otra, y a las dos manos se les añadió un pie (Pat lo movía apenas), y ese pie contagió al otro y después se sumaron codos y rodillas y cabeza (Pat no hacía mucho, total Miranda se agitaba por las dos), hasta que no quedó nada en el cuerpo de la niña que no estuviese batiéndose y entonces retornaron al principio, a la mano solitaria que desataría una nueva reacción en cadena.

La primera en percibirlo fue la señora Pachelbel, le empezaron a caer gotas encima y pensó oh, no, por Dios que no llueva y elevó la vista al cielo y descubrió que estaba limpio, no había más que estrellas en la noche negra, ¿cómo era posible? Al moverse un poco entendió que las gotas caían de los árboles, no era lluvia, era la nieve de las ramas que se derretía. *Ein Wunder*, pensó. Su mente se asomaba a la noción del milagro.

El fenómeno se repitió en la distancia, para la gente que cavaba y la que manejaba las máquinas y la que esperaba y también la que rezaba, todos ellos sintieron las gotas y miraron hacia arriba y no encontraron nubes, los árboles llovían, alguien dijo: lloran, los árboles lloran, y otro pidió silencio con un grito y las máquinas se detuvieron. Entonces aguzaron los oídos y registraron una tenue melodía a dos voces, repitiendo palabras que la mayoría conocía desde su infancia:

En la batalla del calentamiento
había que ver la carga del jinete.
¡Jinete, a la carga!

Muchos se preguntaban de dónde salía esa música. Aquellos que estaban más cerca del árbol, y que en consecuencia podían ver a Miranda, se aproximaron para verla bailar. La niña daba saltos y se sacudía sin dejar nunca de cantar, cantaba con esa voz tan clara que no necesitaba volumen para llegar lejos, una música alegre, la melodía que invitaba a moverse, a despertar del letargo, era como echarse agua de deshielo en la cara al levantarse de la cama, Miranda cantaba y su mamá le hacía coros y muchos empezaron a repetir la canción, aunque más no fuese en la mímica de los labios.

Al ver que Teo se quitaba su pulóver asumieron la sensatez del gesto. Aunque pareciese absurdo había empezado a hacer calor en plena noche, una embajada de la primavera en el corazón del otoño. La señora Pachelbel dejó que su chaqueta cayese al suelo y la gente empezó a quitarse gorros, guantes y sobretodos hasta que alguien dijo agua, loco, ¡agua!, y todos vieron que sus pies se habían hundido en líquido, el agua se llevaba los gorros y los guantes, había agua que corría por encima de la nieve, como si de repente se hubiese abierto una vertiente en lo alto de la montaña, como si alguien allá en la cima hubiese descorchado miles de espumantes.

Dirigibus llamó la atención de Puro Cava, mirá el cielo, le dijo. La noche había abierto paso a un resplandor rosado, parece la aurora boreal, dijo, sólo que no podía tratarse de la *aurora borealis*, en todo caso tenía que ser una *aurora australis*, pero Dirigibus nunca había visto nada igual en los años que llevaba en el pueblo, y sin embargo allí estaba, el día en plena noche, la primavera en pleno invierno, una perfecta inversión de las normas.

Fue entonces que sonó el grito, alguien gritó acá está, ¡el ómnibus está acá!, y todo el mundo salió de su estupor y corrió hasta el sitio donde se veía una mancha naranja que se agrandaba a cada segundo, era la cola del colectivo, la parte de atrás, la gente llevó sus palas, algunos resbalaban en la pendiente y caían sobre el aguanieve y se volvían a levantar, Farfi se pegó el porrazo pero siguió como si nada, en cuestión de segundos el mundo entero se había arremolinado en torno al ómnibus y cavaba de forma frenética, las palas se sacaban chispas y el intendente les pasaba el trapo a todos, qué bárbaro, podía sentir a pesar de la medicación, tenía una alegría que era como cien sábados juntos, hasta que una ventanilla quedó al descubierto y alguien iluminó el interior del ómnibus y gritó con angustia, ¡no los veo!

Miranda se puso contenta cuando oyó el revuelo. *La batalla* funcionaba, los chicos estaban ahí, a un pasito, enseguida los sacarían de esa lata helada. Se sentía tan feliz que ni siquiera advirtió que ya cantaba sola, seguía entonando y moviéndose como saltimbanqui porque estaba chocha pero además por necesidad, los chicos necesitaban más calor que nunca, no era un buen momento para detenerse, todo lo contrario.

Lucio Granola rompió una ventanilla con su hacha de mano. Despejó los cristales lo más rápido que pudo y sin esperar más se zambulló dentro del micro, cortándose la ropa y desgarrando su piel en el salto; sin embargo no manifestó queja alguna, no sentía otra cosa que no fuese ansiedad.

Alguien le alcanzó una linterna. En el primer vistazo no encontró nada, los asientos estaban vacíos, pero Lucio creyó ver una mancha de color allá abajo y pronunció el nombre de su hijo, nadie le respondió.

Bajó por los asientos como si fuesen una escalera. Los niños se habían apiñado adelante, casi encima de la puerta de entrada, uno encima de otro para darse calor, los más pequeños en el interior del grupo y los más grandes afuera, de inmediato divisó a un nene que debía tener un brazo roto porque se lo habían entablillado con tres reglas de madera y dos cinturones, pero ninguno de ellos se movía, no había un solo ojo abierto.

Detrás de Lucio se colaron más padres. Nadie decía otra palabra que no fuese el nombre de sus hijos, parecían incapaces de articular un sonido distinto, repetían sus nombres para convencer a los átomos que constituían a los niños de no disgregarse, de seguir creyendo en su existencia. Fueron abrazándolos de a uno para transmitirles su amor pero también su calor, amor era calor, calor era vida, los chicos estaban helados y eso era malo, helado es muerte, helado es lo contrario del calentamiento.

Lucio estrujó al pequeño Marco con tanta fuerza que temió quebrarlo. Pero entonces sintió que el cuerpito perdía su rigidez, el nene se movía, se desperezaba, lo primero que dijo fue calefacción y entonces Lucio se echó a reír y gritó está vivo, está vivo, y sus gritos se mezclaron con otros que anunciaban lo mismo aunque con matices de sexo, está vivo, está viva, habían dejado de decir los nombres pero ahora no podían decir otra cosa que no fuese esa, está vivo, está viva, están vivos.

Miranda oyó estas voces y cayó rendida.

Buscó a su madre con ojos que eran pura luz violeta, quería compartir la alegría del triunfo, una victoria que habían obtenido juntas. Pero Pat estaba hecha un bollito entre los brazos de Teo, parecía un pájaro que el coloso había recogido en la calle, no sabía cómo sostenerla para que no se le rompiese. Miranda pensó: está dormida, Pat tenía los puños pálidos pegados a la boca como los bebés en la cuna.

"¡Mami!"

Al oír la voz amada Pat abrió los ojos y le dijo, con el vestigio de una sonrisa:

"¿Viste que podías hacerlo... sola?"

Miranda gateó hasta su madre, estaba a una cola de distancia de ser un tigrecito.

"No me necesitabas a mí para ayudarlos", dijo Pat. "Ya no te hace f-f-falta mi permiso."

"Pero vos me dijiste..."

"Antes. Eso era antes, cuando estábamos solas, cuando no teníamos... amigos ni... familia."

Dirigibus y Puro Cava se habían aproximado a comunicarles la nueva: todos los niños estaban vivos, magullados y hasta rotos pero vivos. Pero al ver la escena se quedaron mudos. Pat era un suspiro, una figurita quijotesca en brazos del gigante que había empezado a llorar como un chico.

"Ayudalos", le dijo Pat a Miranda. "Porque todavía no pueden solos. Nadie puede solo. Ni siquiera... yo. Menos mal que tuve s-s-suerte." Entonces miró a Teo, que no paraba de sorberse los mocos, y le regaló una de esas sonrisas que a él tanto le gustaban.

"¿Ya te vas?", preguntó Miranda.

"Estoy cansada", dijo Pat. "Dame un beso. ¡Uno que me dure para siempre!"

Miranda le dio un beso que dejó un sabor dulce y tibio en los labios de Pat. Este era un beso de amor, que siguió latiendo en la boca de Pat como si tuviese vida propia. Pero Miranda le dio un beso más en la frente, este era un beso de protección y de consuelo, como esos que padres y madres suelen repartir entre sus niños. Así selló Miranda el pacto entre las dos, entre la mujer que florecía y la mujer que menguaba.

Pat cerró los ojos y se achicó aun más en los brazos de Teo.

Miranda se puso de pie y tocó la mejilla del gigante, que se derretía al igual que la montaña. Después miró al cielo. La luz rosada se extinguía. Suspiró. Y entonces corrió hacia la señora Pachelbel, que la esperaba con los brazos abiertos.

Teo dejó de llorar tan sólo porque quería oír si Pat respiraba, o si su corazón latía todavía. Su sorpresa fue mayúscula cuando Pat abrió los ojos y dijo:

"Teo, amor."

El gigante quiso responder pero no pudo, todo su cuerpo se estremecía.

"Enderezate", dijo Pat.

Después de lo cual cerró los ojos y ya no volvió a hablar.

David Caleufú se había apartado del ómnibus para tumbarse sobre la nieve. Estaba agotado, no había parado un instante desde que comenzó el rescate. Contempló durante un momento el espectáculo de la alegría: los padres que no lograban desprenderse de sus hijos para permitir que los médicos hiciesen su parte, los abuelos y los tíos que luchaban para agarrar aunque más no fuese un pie de las criaturas y ya no soltarlo, los rescatistas que se abrazaban como familiares que habían pasado años sin verse, el intendente Farfi que saltaba y gritaba y puteaba como si no hubiese probado medicación en todo un mes, Margarita Oruzú que repartía bendiciones (bendijo incluso al padre Collins) y su propia mujer, Vera, que le sacaba el jugo a la oportunidad de hablar con todo el mundo al mismo tiempo.

Utilizó los dientes para quitarse los guantes. Fue doloroso, se habían pegoteado a causa de la sangre. Por suerte corría un hilo de agua a tan sólo un metro, el agua que bajaba por la pendiente ya había formado sus cauces, una red de canales por la que fluía un líquido helado. David metió las manos en el agua. El alivio fue inmediato, sus manos estaban al rojo vivo por su color pero también por temperatura, ahora se refrescaban, el placer era infinito. El agua se llevó el ardor y también la sangre, esto también era parte del espectáculo, las manos de David hicieron que el agua se volviese roja primero y rosa después, y esa mancha de color siguió su rumbo en la montaña en busca del punto más bajo, donde al fin se confundiría con la tierra y dormiría para siempre.

"¿Qué pasó?", preguntó Salo. Todavía tenía la pala en la mano, el niño había querido colaborar, se la pasó abriendo pozos en la nieve por su cuenta.

David sacudió sus manos. Seguían lastimadas, pero al menos estaban limpias.

"¿Qué pasó?", insistió su hijo.

Estuvo a punto de explicarle lo obvio, qué va a pasar, ahí están los chicos y la gente anda contenta, pero se detuvo porque se le cruzó la idea de que Salo preguntaba otra cosa en realidad, algo que no era lo obvio, que iba un poco más allá.

Pensó entonces que había pasado lo que tenía que pasar, lo que se esperaba que ocurriese desde el principio, cuando llegamos nadando a este mundo. Había pasado lo que tenía que pasar desde que nos recibieron en esta casa, lo primero que hace la gente cuando nacemos es abrigarnos, porque venimos de un sitio que es siempre tibio, por eso percibimos el frío como violencia. Había pasado lo que tenía que pasar desde el momento en que recibimos el primer abrazo, un abrazo es más que un gesto de afecto, es la forma en que los seres humanos se transmiten el calor unos a otros, el modo en que comparten el fuego interno que necesitan para seguir viviendo. Había pasado lo que tenía que pasar desde que nos criaron, porque padres y madres y abuelos y tíos son muchas cosas pero ante todo son los que nos protegen del frío, el universo es helado y la vida precisa calor para prosperar, un calor que no debe ser excesivo sino justo, una medida exacta de tibieza que no calculamos con termómetros ni generamos con artefactos porque es el calor que tan sólo otro puede darnos, un otro, algún otro: padre, madre, abuelo, tío, amigo, congénere, *otro*, eso es lo que pasó, nomás, lo que tenía que pasar. Gente que le dio su calor a otra gente. Como debe ser.

Pero la explicación le pareció complicada, David no tenía la palabra fácil, ¿cómo hace uno para decirles determinadas cosas a sus hijos? Así se que conformó con abrazarlo, con frotarle el cuerpito aunque le doliesen las manos, dicen que un gesto equivale a mil palabras, David confiaba en que Salo comprendería el mensaje, que entendería lo que trataba de decirle al apretujarlo así y al pegar mejilla contra mejilla como la primera vez, cuando Salo acababa de nacer y Vera se lo dio y lo apuró, *decile algo, tonto, ¡es tu hijo!* y a David no se le ocurrió otra cosa que estrujarlo y besar su carita fría por todos lados hasta dejarle la jeta roja.

Al menos por una vez, o en todo caso por segunda vez, le estaba dando el mensaje correcto a su hijo, porque si todos se estaban abrazando debía ser por algo, tenía que existir un buen motivo por el que Teo abrazaba a Miranda y Miranda abrazaba a Teo y la señora Pachelbel abrazaba a Puro Cava y a Dirigibus y Farfi, político al fin, abrazaba a todo el mundo mientras Vera los buscaba a ellos, a David y a Salo, porque no quería ser la única que no abrazaba a nadie.

Al verla acercarse con los brazos abiertos y la boca echa un nudo, Salo dijo:

"Cagamos. Se viene la lloradera."

David sonrió y apretó a su hijo con más fuerza.

La señora Granola abrazaba a Lucio que a su vez abrazaba al niño rescatado, la mujer de Lucio también estaba ahí, besaba al niño y lloraba como loca pero Marco estaba tranquilo, se restregó los ojos como si despertase de una siesta y preguntó si había salido el sol. Lucio se echó a reír, claro, m'hijo, le respondió, aunque sea de noche el sol sale igual si uno libra la batalla del calentamiento.

Agradecimientos

No hubiese podido escribir esta historia sin la información que me brindaron ciertos libros. Algunas de las nociones que enriquecieron el universo sonoro de Miranda se las debo a La música como medicina del alma, *de June Boyce-Tillman (2000), y a* La música y la mente, *de Anthony Storr (1997). Los elementos matemáticos tan caros a Teo y a la niña los tomé de* The Music of the Primes, *de Marcus du Sautoy (Harper, 2000). Los personajes y anécdotas del folklore irlandés los encontré en* A Dictionary of Fairies: Hobgoblins, Brownies, Bogies and Other Supernatural Creatures, *de Katharine Briggs (Penguin, 1976). Supe de las visiones de Hildegarda de Bingen gracias a* The Man Who Mistook His Wife for a Hat, *de Oliver Sacks (Picador, 1985). El interés despertado por Sacks me condujo a* Vida y visiones de Hildegard von Bingen, *una maravillosa edición de la Biblioteca Medieval (Siruela, 1997), que además incluye un CD con la música de esta visionaria, para la que no existe adjetivo más apropiado que* celestial. *Y no habría podido expresarme en el idioma de la Orden sin la ayuda del volumen de* Frases latinas *compilado por Angela María Zanoner (2000).*

Quiero agradecer además el permanente apoyo de Amaya Elezcano y del equipo de Alfaguara España. A mi representante, Pepe Verdes, y a toda la gente de La Oficina del Autor. A los responsables del blog El Boomeran(g): Basilio Baltasar, Ximena Godoy y Giselle Etcheverry Walker. A Juan Cruz y a Fernando Esteves. A Nelleke Geel y Dirk Vaihinger, que creen desde Kamchatka. *A Julia Saltzmann, Augusto Di Marco, Analía Rossi, Carla Blanco, Adriana Yoel y Claudio Carrizo, que cuidaron de la novela desde Alfaguara Argentina. Al fotógrafo Juan Hitters, por su retrato.*

A mis amigos Miriam Sosa, Marcelo Piñeyro, Paula Álvarez Vaccaro, Cecilia Roth, Ana Tagarro, Nico Lidijover, Andrea Maturana, Miguel Cohan, Isabel de Sebastián, Eduardo Milewicz, Adrián Navarro, Matthias Ehrenberg, Pasqual Górriz.

Quiero dedicarle este libro a dos que ya no están. En primer lugar a mi madre, Alicia Susana Barreiros de Figueras, que fue la primera en sugerirme la importancia de the sound of music. *Y en segundo lugar a mi amigo Joaquín, que, como su homónimo de la novela, se quedó en la montaña. Escribir es tan sólo una forma de conservarlos cerca.*

Sería injusto si no se lo dedicase también a aquellos que me acompañan a diario. A mi padre, Jorge Figueras, y a mis hermanos Flavia y Javier, por su amor inclaudicable. A mi mujer, Flavia, por haber convertido mi vida en una comedia romántica deliciosa. Y a mis hijas Agustina, Milena y Oriana, por haberle cedido a Miranda todos sus poderes.

Índice

Liber primus

Liber secundus

Liber tertius

Liber quartus

Este libro se terminó de imprimir
en el mes de noviembre de 2006
en Encuadernación Aráoz SRL,
Avda. San Martín 1265,
(1407) Ramos Mejía,
Buenos Aires, Argentina.